中国国际法年刊

2011

Chinese Yearbook of International Law

中国国际法学会　主办

世界知识出版社

图书在版编目（CIP）数据

中国国际法年刊.2011 / 中国国际法学会主办.
—北京：世界知识出版社，2012.5
ISBN 978-7-5012-4267-2

Ⅰ.①中… Ⅱ.①中… Ⅲ.①国际法—2011—年刊
Ⅳ.①D99-54

中国版本图书馆CIP数据核字（2012）第082443号

责任编辑	吴　捷
责任出版	林　琦
责任校对	陈可望

书　　名	**中国国际法年刊（2011）** Zhongguo Guojifa Niankan (2011)

出版发行	世界知识出版社
地址邮编	北京市东城区干面胡同51号（100010）
网　　址	www.wap1934.com
经　　销	新华书店
印　　刷	北京楠萍印刷有限公司
开本印张	880×1230毫米　1/32　18¼印张　4插页
字　　数	510千字
版次印次	2012年5月第一版　2012年5月第一次印刷
标准书号	ISBN 978-7-5012-4267-2
定　　价	58.00元

《中国国际法年刊》编辑委员会名单

目 录

特 载

论 文

述 评

活动与动态

文件资料

特　　载

在亚洲国际法学会北京双年会开幕式上的致辞

戴秉国*

尊敬的各位来宾，

女士们、先生们、朋友们：

首先，我对亚洲国际法学会第三届年会在北京召开表示热烈祝贺！对来自各国和各地区的国际法学者及与会嘉宾，表示诚挚的欢迎！

当今世界正处于一个大变革、大调整和大发展的时代，国际体系正经历广泛和深刻的变化，亚洲也在快速蓬勃发展，并迎来了以自身发展推动世界繁荣进步的历史机遇。在此背景下，本届年会从国际法角度，就亚洲和世界在新时代的互动进行讨论和交流，具有重要意义。我们期待着听取学者们宝贵的意见和建议。在此，我也愿和各位分享我的一点看法，说几句行外话：

中国有句古话："法者，天下之公器，天下之度量"。据说国际法学界也有一句名言："在国家关系中，文明的进步表现为从武力到外交、又从外交到法律的运动"。然而，我们一方面注意到各国均强调重视国际法在维护世界和平中的作用，另外一方面也每天都在目睹各种各样的违法行为的发生。

环顾我们共同生活的这个地球，世界仍然很不安宁。但是，我

---

* 中华人民共和国国务院国务委员。

们应该承认，和平与发展的力量从来没有像今天这样强大，多极化趋势从来没有像今天这样清晰，国际合作与国际关系民主化的呼声也从来没有像今天这样强劲。各国互相联系、相互依存、利益交融达到了人类历史上从未有的程度，需要各国携手应对的全球性问题越来越多，合作共赢的愿望越来越强烈。要和平、谋发展、促合作成为不可阻挡的时代潮流。以和平、发展和合作为宗旨的国际法将大有发展，大有可为。

在漫长的人类历史进程中，亚洲人民曾经创造了辉煌璀璨的文明。近代以来，亚洲各国人民在争独立、求解放、谋发展的斗争历程中，风雨同舟，战胜了无数的困难和险阻，取得了举世瞩目的成就，推动了世界的进步，也为国际法的发展与完善做出了特有的贡献。大家肯定还会记得20世纪50年代，著名的“和平共处五项原则”和“万隆会议十项原则”就诞生在我们的亚洲，成为各国相互尊重、求同存异、平等协商、共同发展的“黄金准则”，始终焕发着真理的光辉。

在迅速变动的当今世界，亚洲虽然面临着多方面复杂的问题和挑战，但它以众多的人口、多样的文化、快速的增长、充满活力的区域合作，成为全球最具发展活力和潜力的地区。在21世纪的第二个十年，亚洲崛起的曙光无疑将更加明亮地照在东方的地平线上。我们坚信，只要不断弘扬和谐共处、睦邻友好、协商对话、尊重多元文明和团结合作的亚洲精神，亚洲一定能够把握世纪发展的机遇，一定能为人类和平与发展做出更大的贡献！

各位来宾，朋友们，

改革开放30多年来，中国的发展变化日益受到国际社会的高度关注。中国政府已经表明走和平发展道路的坚定决心，这是我们中国人根据时代发展潮流和自身根本利益做出的战略抉择，是我们100年、1000年也不会动摇的根本方针。和平发展，简而言之，就是对内求和谐、求发展，对外求和平、求合作，它的精髓就是通过争取和平的国际环境来促进自己的发展，又以自己的发展来促进世界的和平与繁荣。从这个意义看，中国的和平发展道路与国际法紧密相联。

中国走和平发展道路是在现有国际体系内进行的，得益于国际法提供的坚实的基础和保障。以和平发展和合作为宗旨的国际法发展得更好、更有效，中国的和平发展道路也就会走得更宽广、更顺利。

同时，中国走和平发展的道路，也一定会进一步推动国际法的积极发展。我们提出了加强国际合作，共建永久和平、共同繁荣的和谐世界的倡议。具体说来，我们主张遵循《联合国宪章》的宗旨和原则，恪守国际法和公认的国际关系准则；我们主张各个国家无论大小强弱一律平等，支持国际关系民主化的发展；我们主张客观看待和尊重各国不同的发展道路和理念，鼓励不同发展模式的相互交流借鉴；我们提倡根据协作和共赢精神开展国际合作，共同应对各类全球性问题，促进共同发展；我们坚持尊重世界的多样性，提倡文明对话和交流；我们主张通过和平方式而不是战争的手段解决国际争端；我们支持对现有国际体系进行必要的改革和完善，更好地反映广大发展中国家的正当诉求，推动建设公正合理的国际秩序。可以说，中国走和平发展道路本身就是尊重国际法、维护国际法和发展国际法的宏伟实践。

各位来宾，朋友们，

中国永远是亚洲各国的好兄弟、好邻居、好伙伴。中国的和平发展道路，也是与亚洲各国团结共行的旅程。面对亚洲崛起的世纪机遇，中国人民愿同亚洲各国人民手牵手，肩并肩，共同推动亚洲的大发展，推动亚洲国际法的大发展，为整个人类文明，包括国际法治的文明，做出新的更大的贡献。

最后，预祝亚洲国际法学会本届年会取得圆满成功！谢谢大家。

2011年8月27日

亚洲与国际法：共同开创一个新的时代

——在亚洲国际法学会北京双年会开幕式上的致辞

李适时*

尊敬的戴秉国国务委员，曹建明检察长，薛捍勤主席，

各位同事：

亚洲国际法学会北京双年会是亚洲国际法学界的一次盛会。我欣喜地看到，在座的各位，既有在国际法领域造诣精深、德高望重的资深学者，又有献身于国际法事业朝气蓬勃、思维敏捷的青年才俊。我谨代表东道主中国国际法学会和外交学院，对来自亚洲和世界各地的代表表示热烈欢迎！欢迎各位！

这里，请允许我感谢亚洲国际法学会执委会的明智决定，你们将本次双年会定在北京召开，使我们深感荣幸！

感谢亚洲国际法学界各位同事积极回应，你们在繁忙日程中拨冗前来与会，提交论文，做出贡献，使我们信心倍增！

感谢来自世界其他地区的国际法学界和一些重要国际组织的代表，你们对亚洲国际法学的关注和重视，使我们深受鼓舞！

感谢会议组委会各位同事为这次会议的成功举办所展示的非凡

---

* 中华人民共和国全国人大常委会法制工作委员会主任，中国国际法学会会长。

组织能力和精心安排！感谢外交学院学生志愿者为保证各项组织工作顺利进行所体现的献身精神！感谢天伦王朝饭店员工的卓越服务！

感谢外交部的鼓励和对签证等事务的协助，感谢深圳证券交易所等机构对会议的慷慨支持！

感谢各位，正因为你们的积极参与和大力支持，开幕式和随后两天会议各项活动必将取得圆满成功！

各位同事，改革开放30多年来，既是中国经历重大历史变革的时期，也是中国国际法学实现大发展的时期，在国际法知识传播、国际法理论研究、国际法人才培养等方面，都取得了前所未有的进步。中国国际法学者越来越多地参与国际事务，积极推动国际法的实践、发展和创新，先后有三位中国国际法学者担任联合国国际法院法官，还有一些中国国际法学者分别在国际刑事司法机构、国际海洋法法庭、联合国国际法委员会等权威国际机构中担负工作。中国国际法学会自1980年创立以来，充分发挥国内外学术桥梁纽带作用，积极开展学术研究交流、学术刊物出版等各项工作，努力促进国际法学在中国的研究、运用和发展。

各位同事，在漫长的历史进程中，亚洲人民以其丰富多彩的灿烂文明，为人类文明的发展和交融做出过巨大贡献。我们见证了，在过去数十年中，亚洲国家不再被动地接受西方国家制定的既存国际规则，而是积极参与改革、丰富和发展国际法，推动建立公正合理的国际政治经济新秩序。我们注意到，亚洲作为世界第一大洲，是当今世界经济增长最快、最富有活力的地区。与之相适应，国际法规则的制定、运用、改革和发展，理应注入更多“亚洲元素”，表达更多“亚洲声音”，体现更多“亚洲关切”。我们还注意到，当前，传统与非传统安全威胁不时出现，错综复杂的国际和地区局势，使得亚洲实现和平与发展仍然面临严峻挑战。许多国际法理论和实践的重大问题亟待研究和解决。作为积极的回应，这次会议的主题是“亚洲与国际法：一个新时代”。我个人认为，这个新的时代，对亚洲国际法学人而言，应当是一个更加注重务实和有针对性地开展理论研究的时代，更加注重立足亚洲和平与发展实际的时代，更加注重传承和传播亚洲文明的时代。我真诚地希望并相信，与会各位将围绕这个主题及创设的14个专题，充分交流、深入探讨，取得积极的学术成果。

各位同事，亚洲国际法学会双年会为我们提供了难得的学术沟通渠道和交流平台，让我们共同携手，深化亚洲国际法学界内的学术交流与合作，加强亚洲与世界其他地区在国际法领域的联系和沟通。我相信，通过亚洲国际法学人的共同努力，必将提升亚洲国际法学的整体水平，推动亚洲国际法学界在世界范围内获得更显著的影响力和更充分的发言权。

各位同事，亚洲国际法学的可持续发展，离不开亚洲国际法学领域的人才辈出。让我们积极争取亚洲各国政府和社会各界对国际法学发展的支持，通过各种途径和方式，加大对亚洲年轻国际法学者和青年学生的培养力度，努力为他们创造更多的学习和发展机会。中国国际法学会从去年开始启动了专门针对青年国际法教师的暑期讲习班，每年举办一期。这次会议，我们积极鼓励中国的国际法学生参与进来，并作为东道主尽力而为，资助了亚洲一些发展中国家的年轻学者参加这次会议。我们期待通过这些努力，使亚洲国际法事业兴旺发达、后继有人。

最后，祝各位与会代表在北京工作顺利、身体健康、万事如意！

谢谢大家！

2011年8月27日

论　　文

国际组织与国际法实施机制的发展

饶戈平*

导 语

法律的目的和意义在于规范社会成员的行为，建立和维持特定的社会秩序。法律的效力有必要通过法律的实施来体现。法律实施的过程就是保障法律所规定的权利义务予以适用和实现的过程，毋宁说法律是用来实施的。一个法律体系如若不具备相应的实施机制，势将形同虚设，不成其为法。在这一点上无论是国内法还是国际法都遵循此道，虽然它们的实施机制大相迥异。

国际法是指主要用来规范国家间关系的原则、规则和制度的法律体系，是由主权国家为主组成的国际社会的法律，国家是国际法的基本主体，而政府间国际组织则构成国际法的一类特殊主体。本文所说的国际法实施主要是指国际法主体对其权利、义务的承担和履行，具体地说就是指国际法规则的遵守、适用和强制执行，包括实施过程中国家间争端的解决。不妨说，这里使用的“实施”一词主要是国内学界在中文语境里的表述，国际法上的“实施”概念在英文表述中似乎缺乏确定的单一的专有词汇。与“实施”相关的英文用语大致有“compliance”，“application”，“enforcement”，“implementation”等。其中“compliance”主要是指国际法义务的承

* 北京大学法学院教授，中国国际法学会常务副会长。

担者自身去实施国际法，即“国家做出的有效承诺在实践中得以充分实现”[①]，汉译多为“遵守”。“application”主要是指国家对国际法规则的具体应用和适用，很多情况下偏重于国际法的国内适用，包括享受权利和履行义务，汉译多为“适用”。“enforcement”通常多指他方为防止或消除国际法规则不被遵守而对义务主体采取的强制性措施，汉译多为“（强制）执行”。而“implementation”一般指为使国际法规则发生效力或在社会生活中得以实现而采取的各种措施，其中既有义务主体自身的实施措施，也可能包括来自他方的强制性措施，汉译多为“实施”。以上四个英文用语内涵有相近甚或重合之处，很难加以严格的区分。比较而言，“implementation”的涵盖面似更宽泛一些，更贴近中文语境中的“实施”一词，故此本文倾向于沿用国内学界的习惯译法，将“实施”一词主要是对应“implementation”，但又不限于此，在有些情况下也多少涵盖其他三个英文用语的内容。需要指出的是，本文所提到的国际法实施，不仅仅指国家对国际法的实施，同时也包括国际组织在国际法实施中的作用。

国际法究竟如何被实施，实施的效果或有效性如何，关系到各国对国际法性质与效力的认定，关系到国际社会法律秩序的确立与改进。同时，这一问题也同各国如何理解与适用国际法密切相关，不但在理论上而且在实践中都显现出重要意义。可以说这一带有基础性的问题是国际法学界不可回避、久经议论但又尚无定见的话题。国际法的实施机制在实践中呈现出多样性、不确定性的特点，研究的难度也较大，因此往往被掩藏在国际法学的深处，不大容易引起人们的关注，以往的研究成果也不是很多。作为一种学术探索，本文尝试着把国际法的实施从国际法学众多问题中单提出来进行专门研究，而且试图寻找一个特定的视角，即从政府间国际组织

① Rüdiger Wolfrum, Means of Ensuring Compliance and Enforcement of International Environmental Law, Offprint from the “Recueil des cours”,Vol.272(1998), Martinus Nijhoff Publishers, 1999, p.29.

的活动来考察国际法是如何被实施的。其原因不但是因为国际组织早已成为国际法的一类特殊主体，成为国际社会组织化和国际法律秩序的重要载体，广泛参与了国际法的实施，而且也因为它们的参与，在实践中改造、丰富了国际法的实施机制，促进了现代国际法的发展。透过这一视角，把国际法实施问题的研究同国际组织的活动联系起来，庶几能够有益于学界加强对国际法实施机制的探索，也藉以拓展和深化国际组织法的研究领域。

一、国际法传统的实施机制

（一）以国家为唯一主体的国际法传统实施机制

自17世纪中叶民族国家确立以来，国家主权原则始终被视为国际社会和整个国际法的基石。从国家主权平等的角度看，国际社会不存在纵向的权力结构，不存在凌驾于国家之上的外在力量，包括不存在凌驾于国家之上的国际法造法机构和强制执行机构。国际法的规则建立在国家同意的基础之上，由主权国家依一定规则共同创设，同时也由国家自身加以实施。在这里国家一身而二任，它们既是国际法的创立者也是国际法的实施者。国际法的这一性质与特点决定着国际法的实施方式。

整体而言，传统上国际法的实施建立在国家主权平等原则的基础上，具有双边的、对等的和自然主义的特点。国家愿意并且能够履行自己的国际义务，是基于善意履行国际法义务这一确定的国际法原则，通常也是建立在一个假定的前提或条件之下，即所有其他国家对其承诺的国际法规则都担负有善意履行的义务，并且也确实在履行自己的国际义务。这一点也恰恰是国际法效力得以实现的内在根据。因此在一般情况下，国际法的实施表现为国家对其承诺的国际义务的一种自我约束、自我遵守，在国际、国内两个层面自觉履行其国际义务。诚如美国学者路易斯·亨金的那段经典论断所表述的，“绝大多数国家，在绝大多数时间，都遵守绝大多数国际法原则和它们绝大多数的国际法义务”[①]。整个国际法正是通过国家的自我遵守和履行来得以实施、得以维持的。国际法发展至今，由国家遵守国际法规则和履行国际义务始终是国际法主要的最重要的实施形式。

然而，国家的自我遵守并非是国际法唯一的或全部的实施方式，围绕国际法的实施，传统上还存在国际社会的谴责、国家的报复（reprisals）和反报（retorsion）等自助行为（self-help），以及用和平或武力办法解决国家间争端等多种方式。在缺乏外在强制执行力的情况下，对于一国违反其国际义务、并对他国权益造成损害的不法行为，国际法的实施在很多情况下是通过相关国家的自助行为来实现的。即国家以本国或国家集团的力量，通过自行确认的反报或报复行动，包括政治的、经济的或军事的，平时的或战时的，作为对他国国际不法行为的回应、制裁和惩罚，以实现自我救济。历史上国家自助行为的终极形式往往就是使用武力，传统国际法也认可国家使用武力救济受到损害的合法权利的合法性。虽然国际实践中不乏通过国家间磋商或国际裁决的方式解决国际争端的事例，但是，在受到国际不法行为的侵害时，国家采取自助手段实现对不法行为的矫正或制裁，可以说是国际法传统的实施机制中常见的实施方式。在传统国际法上，自助曾经被承认为是实施国际法的一种重要的强制手段，是合法的、适宜的，并且客观上也有其发挥法律机能作用的一面[②]。按照主张纯粹法学说的汉斯·凯尔森的说法，报复可称为国际法的制裁措施。报复是对破坏国际法的国际不法行为的反应，是一般国际法所认可的国家的权力。在他看来，战争是一般国际法的最后的制裁手段，甚至作为武力反抗非法使用武力的自卫

① Louis Henkin, How Nations Behave, 2nd edition, New York, Columbia University Press, 1979, p.47.

② 汉斯·凯尔森:《国际法原理》，王铁崖译，华夏出版社，北京，1989年版，第20—21页。

权都可以包含在自助原则之中。[①] 如此等等。

（二）传统的国家自助方式实施国际法的弊端

通过国家自助的传统方式实施国际法，在理论上存在着规则模糊不清和缺乏统一性的缺陷，例如自助的目的、主体、程序、限制与条件，以及自助与争端解决之间的关系等等，在法理上始终存有分歧和争议。在实践中，自助机制往往被滥用，客观上使大国在国际社会中擅自实施国际法的司法权力和基础地位被正当化了。依照这一传统做法，首先，每个国家都可以单方面地自行判断是否存在国际不法行为从而决定是否采取自助措施，这在客观上很容易导致自助成为国家推行其对外政策的工具，而与是否确实存在国际不法行为并不直接相关。其次，作为自助的终极手段，武力被用作国际法实施的最终依靠则可能产生更严重的弊端：国际法规则的目的本应是确立国家间的交往秩序、减少国家间纷争并实现国家间的和平相处；而允许国家使用武力来解决彼此间的争端，则无疑助长了使用武力的合法性。在这里，目的和方法之间显然是自相矛盾的[②]。另一方面，国际实践也表明，这种性质的自助行为往往缺乏严格的规范，在实施过程中存在较多的漏洞和不确定性，很多情况下较多地带有报复国恣意认定不法行为和恣意决定制裁范围的弊端。其实际后果很可能远远超出以自助手段实施国际法的本意，反而造成对国际法的践踏，形成新的国际不公正现象。国际实践中大国、强国滥用自助或以自助为名欺凌小国、弱国的事例时有发生，甚至包括发动战争或使用武力等极端手段，而国际社会力不能逮。缺乏规范的自助机制也因此成为人们诟病的目标。人们注意到，随着国际社会

① 汉斯·凯尔森：《国际法原理》，王铁崖译，华夏出版社，北京，1989年版，第37页，第51页。

② 国际法学者 Gerald Fitzmaurice 曾对以武力作为国际法实施的保障的问题进行过详细的评论，参见 Sir Gerald Fitzmaurice, The Foundations of the Authority of International Law and the Problem of Enforcement, The Modern Law Review, Vol.19, Vol.1(1956), pp.1-13。

的进步和国际法的发展，作为国际法实施手段的国家自助行为虽然继续存在，但逐渐受到严格的限制。就武力使用而言，除了联合国宪章第51条认可的国家在遭受武力攻击情况下的自卫权外，战争及其他使用武力的自助行为已经为国际法所禁止。而非武力的报复制度，通过联合国国际法委员会的编纂工作，已经同国家责任制度密切联系起来，报复制度被进一步限定为反措施制度，而后者不论是实施的主体、目的、程序和限制条件等都在国际法委员会2001年通过的《国家对国际不法行为的责任条款》中有相对明确而详细的限定①。

由上可见，无论是通过国家自我遵守还是通过自助方式来实施国际法，国际法传统的实施方式都明显带有自发的、个体的和分散的特点，松散而原始，缺乏监督和制衡机制，看起来更多的是处于一种自然主义的无组织状态，因此也很难期待这样一种状态能够有效保障国际法的全面而平等的实施。国际法的法律性质与效力一直受人质疑，国际法长期以来被人称为"软法"、"弱法"，同它传统上相对滞后的实施机制是密切相关的。尽管国际法这一传统的实施机制是国际法与生俱来的，是国际法难以逾越的一个本质特征，但毕竟在一定程度上阻碍国际法的有效实施，制约着国际法的发展。

的确，国际社会需要加强国际法的实施，需要改进传统实施机制中的种种弊端，也需要有多种形式、特别是组织化的实施机制来强化实施。面对这种强烈的社会需求，早期的思想家们纷纷提出了自己设想的解决之道。其中，德国哲学家康德和英国法学家边沁各自提出的关于实现国家间永久和平的设想，就包含了设立国家之上

① On elaborated rules of countermeasures, see the text of the ILC Articles on Responsibility of States for Internationally Wrongful Acts, UN A/56/83 (12 December 2001), Part Three, Chapter II. Some clarifications on the terminology of countermeasures and its relationship with other closely related terms such as reprisals and sanctions are made by the ILC in the commentaries to the 2001 articles. See Yearbook of the International Law Commission, 2001, vol. II, Part Two, pp. 75, 128.

的联盟或组织以裁决国家间争端的内容。这些设想虽然带有空想主义的色彩，在当时还难以实现，但对其后来的国际联盟及其他国际组织的设立，在思想上的启蒙作用却毋庸置疑[①]。实践中，国际社会也一直在力图寻找不单纯依靠国家个体的力量，尤其是不单纯依靠武力来实施国际法的解决方案，其中的一个重大努力就是致力于创立和平解决国际争端的国际机制。1899年和1907年的两次海牙和平会议，两个《和平解决国际争端公约》的签订，为国际社会和平解决国际法实施中产生的国际争端做出了很大贡献。但这两次和平会议的历史功绩仅仅是提出了和平解决国际争端的国际法原则，倡议了国际法的发展方向，仍然缺乏有效实施国际法的组织载体和国际机制。

国际社会和国际法的发展呼唤着国际法实施机制的改进和创新。实践表明，在这方面，历史的进步是伴随着国际组织的大量涌现而发展起来的。正是政府间国际组织的介入，国际法的实施机制在二战以来发生了重大变化。本文的意图即在探讨国际组织是如何促进国际法的实施，是如何丰富和发展国际法实施机制的。

---

① 康德（Immanuel Kant）的永久和平设想可以概括为取消各国军队、由国家组成的松散的国际联盟承担保障人权和实施国际法的职能等要点；而边沁（Jeremy Bentham）的设想与其功利主义法律观一脉相承，认为国际法的目标和价值在于实现最大多数人的最大幸福，为此，国家需要摒弃自私的念头，放弃殖民地，解散国家间联盟，设立国家间自由贸易，将海军削减到足以打击海盗的水平和同时裁减军队，而为了解决国家之间对于国际法理解的争端，需要设立一个国际司法法院（a common court of judicature）。康德的思想，主要体现在其著作《论永久和平：基于哲学的架构》（Perpetual Peace; A Philosophical Sketch; Zum ewigen Frieden. Ein philosophischen Entwurf）中，而边沁的思想，主要体现在其著作《一个关于普遍的与永久的和平的设想》（A Plan for an Universal and Perpetual Peace）中。本注中的前述内容，引自 Benjamin B. Ferencz, Enforcing International Law—A Way to World Peace, Oceana Publications Inc., 1983, V1, pp. 19-24，以及 M. W. Janis, Jeremy Bentham and the Fashioning of “International Law”, The American Journal of International Law, Vol. 78, No.2 (1984), pp. 405-418。

二、国际组织的涌现及其参与国际法的实施

（一）国际组织的涌现

随着国际关系的演进，在国家间双边关系依然占据主导地位的同时，国际多边关系逐步进入了国际舞台的主流行列，国家间的多边合作日益凸显出重要地位。国际法也相应表现出从共处到合作的发展趋势，因而有了晚近所谓“合作的国际法”之说[①]，而合作的国际法本身就包含着对加强国际法实施方面的合作要求。可以说国际社会多边关系的发展、多边合作因素的加强，为国际法实施机制的发展注入了强劲动力。

国际社会多边主义的发展催生出一个与之相适应的实现国际多边合作的组织形态，即政府间国际组织（以下简称国际组织），通常理解为是由多个国家或其政府为合作目的、通过订立符合国际法的协议或者依据其他国际法文件而创立的具有常设机构和独立人格的国际实体[②]。国家期望通过这种多边合作形式来寻求各自利益的最大化，同时国际合作也日益成为国际法的一项基本原则，成为国际组织成员国的基本义务。不妨说，国际组织是国际多边主义发展的需求和产物，是国际多边合作的法律形式和制度载体[③]。

国际组织肇启于19世纪上半叶的欧洲，在20世纪中叶进入其世界范围内的黄金发展时期。随着经济全球化时代的到来和冷战的结束，国际组织在世界范围内得到更迅速、更多样性的发展。据设

---

① See Wolfgang Friedmann, The Changing Structure of International Law, London: Stevens & Sons, 1964.

② 这一般是指政府间协定性国际组织（conventional organizations）。实践中国际组织的组织形态不限于协定性组织，还包括集团性组织（G 型组织）、国际多边条约的执行机构等多种形式。

③ 参见 Jan Klabbers, An Introduction to International Institutional Law, 2nd ed. Cambridge University Press, 2009, pp.14-20。

在布鲁塞尔的国际协会联盟（UIA）编纂的《国际组织年鉴》第47版（2010/2011）统计，截止到2009年底，全世界各种性质、各种形式的国际组织和机构共有63397个，其中各种型态的政府间国际组织或机构有7544个[①]，活跃于国际社会的所有领域和所有角落。而政府间国际组织自身也是形态各异、丰富多样的。这其中既有以特定多边条约为基础而创立、组织形式完备的协定性组织，约为240个；有协定性组织内的具有对外职能的内部机构，约为376个；也有组织机制相对松散的论坛性、集团性或其他特别形式的组织，约为845个；还有大量的依附于国际多边条约的各种形式的条约机构，约为2393个[②]。这些形式多样的政府间组织或机构的法律地位、成员类型、结构形式、职能范围、行为能力等不尽相同，不便等量齐观、一概而论。但是它们作为一个整体，或已成为国际社会常设的官方论坛和多边外交场所，担负着维护、促进世界和平与发展、和平解决国际争端的重任，或扮演着国际社会的造法者和治理者角色，其重要性不可一日或缺。

政府间国际组织的涌现，大大改变了国际社会的构成，给传统国际法带来全局性的影响，成为推动现代国际法发展的一大动力[③]。这其中就包括了国际组织卓有成效地参与和推动着国际法实施机制的发展。

（二）国际组织参与国际法实施的职能及机制保障

国际组织的创立目的本身就包含着通过多边合作形式促进国际法实施的使命，参与国际法实施实际上已成为国际组织的一项基本职能。例如，《联合国宪章》开篇就表明决心，要经由联合国“创

① Union of International Associations, Yearbook of International Organizations 2010/2011, 47th ed. Vol.1B. pp. 2983-2984. De Gruyter Saur 2010.

② 该四组数字的引据同上。

③ 王铁崖：“国际法当今的动向”，载《北京大学学报．哲学社会科学版》，1980年第2期。

造适当环境，俾克维持正义，尊重由条约与国际法其他渊源而起之义务，久而弗懈”。其宗旨和原则也强调要促进国际合作，依国际法和平解决国际争端，并把协助联合国的行动规定为成员国的义务①。而在《马拉喀什建立世界贸易组织的协定》中，世界贸易组织（WTO）的本质角色被定位为“提供成员间贸易关系行动的基本制度框架”，并应承担履行、管理和实施多边贸易协定与复边贸易协定、提供谈判场所、审查贸易政策、解决成员间争端等多项职能②。此外，常常出现在公众视野中的国际原子能机构（IAEA），其规约中也明确赋予 IAEA 承担实施和平利用核能的安全保障措施的职能③。

国际组织的制宪性文件通常针对成员国如何在国际层面实施条约义务做出了不同程度的规定，从而促使国际法的实施不再局限于单纯的国家个体行为，而是把它们纳入进国际组织的多边规范和合作机制之中。这在《联合国宪章》、联合国各专门机构的基本文件以及涉及人权、环境保护、贸易、安全方面等有关机构的多边条约中都有具体体现。如《联合国宪章》把国际合作规定为成员国的基本义务，规定大会和安理会有权介入成员国之间的争端解决过程，有权运作全体成员国都有义务参加的集体安全体制。④ 在许多特定领域的多边条约中常有规定，缔约国负有将其履行条约义务的情况定期向某个国际组织的特定机构或者某个特定的条约机构进行报告的义务。如《公民权利和政治权利国际公约》的人权事务委员会、WTO 的秘书处、多边环境协定的缔约方大会等等，就是这类性质的

① 《联合国宪章》，序言部分以及第一条、第二条。

② Agreement Establishing the World Trade Organization, Article I and II.

③ 《国际原子能机构规约》，第三条。

④ 见《联合国宪章》第一条、第二条及第六章、第七章。

机构，而对这些报告的审议也由该等组织或条约机构负责[①]。这类国际组织或机构之所以具有这样的职能，正是以成员国或缔约国承担了实施条约的特定义务为前提条件的。

国际组织具有独立的法律人格和系统的组织框架，形成了各自的组织内法律秩序。其组织机构的常设性、国际性、相对独立性和透明度等特质，都为国际组织参与、促进国际法的实施提供了组织机制上的便利和保障。事实上，相当多国际组织的活动都不同程度地同国际法的实施联系在一起。在一定意义上不妨说，一部国际组织史就是国际组织参与国际法的发展、参与国际法实施的历史。

诚如前述，国际法的实施主要是指当事国对自身权利的行使、对本国国际义务的遵守和履行，承担相应的国际责任，也包括国家对他国违反、践踏国际义务行为的反措施，以及解决围绕国际法实施而产生的国家间争端。迄今为止，国际法的实施仍然主要是依赖于国家的自我遵守、自我适用和自我救助。

作为一类特殊的国际法主体，相当多的国际组织以其各具特色的方式参与到国际法的实施，成为国际法实施队伍中的重要一员，改变了国际法实施的状况，这在下文中将有详细的描述。这里需要指出的是，在这一过程中，一方面国际组织直接参与某些特定国际法规则的实施，表现为国际法的直接的实施者；但是另一方面更为重要的形式是间接地参与实施，即国际组织并非要试图取代国家或凌驾于国家之上，去直接实施特定的国际法规则，而是主要表现为以组织约章和国际法为依据，运用组织的整体力量，通过国际多边合作的制度性安排，去敦促、协助和监督成员国履行其国际义务、实施国际法。比较起国家对国际法的直接实施而言，虽然国际组织也在一定范围内直接参与国际法特定规则的实施，但更多的是表

① 具体可参见《公民权利和政治权利国际公约》、《禁止酷刑和其他残忍、不人道或有辱人格的待遇或处罚公约》、《保护臭氧层维也纳公约》及其《蒙特利尔议定书》、《联合国气候变化框架公约》及其《京都议定书》、乌拉圭回合一揽子协议中的《关于通知程序的决定》等文件中关于缔约国报告义务的相应条款。

现为一种间接的辅助的参与实施的形式，表现为一种集体的、组织化、机制化的实施形式。从宏观上看，通过国际组织参与和促进国际法的实施，本质上是对国家实施国际法的一种必要补充，是国际法实施的辅助机制，它和国家的主体作用一起构成国际法实施的现代机制。这一点也许可视为二战后国际法发展中的一个重要内容，也可视为现代国际法的一个特征。

三、国际组织参与和促进国际法实施的主要形式

在一个呼唤国际治理的全球化时代，政府间国际组织，这里主要是指协定性组织和条约机构，被越来越多地赋予参与国际法实施的职能和机制。国际组织在各自职权范围内建立起各具特色的法律秩序，不但要求成员国严格履行自身承担的国际义务，而且通过组织自身的机制和措施，形成了对成员国实施国际法的监督执行机制、争端解决机制、制裁惩罚机制等一系列机制，有力地促进着国际法实施的发展。

（一）和平解决国际争端机制

通过法律的或政治的手段和平解决国家间争端，是国际法规定的权利义务关系得到实施和实现的一个重要途径。不妨说，和平解决国际争端本身可视为国际法实施的一种形式。和平解决国际争端被国际社会公认为现代国际法的一项基本原则，其实施已经不仅仅依赖于争端当事国本身，而是在很大程度上也有赖于国际组织的参与，有赖于国际组织的相关机制。相当多国际组织的基本文件都把和平解决成员国之间的争端明确规定为自己的一项重要职能，建立起政治解决或司法解决程序，有效地促成各类国际争端的和平解决。

联合国宪章把和平解决国际争端列为成员国的一项基本义务，规定了和平解决争端的各项方法及联合国的机制措施。安理会不但

有权在必要时促请各当事国循此办法解决其争端，要求成员国将争端提交大会或安理会讨论，而且其本身可直接对争端或情势予以调查，做出断定，建议适当程序或调整办法，并规定具有法律性质的争端应由当事国按国际法院规约提交国际法院审理[①]。联合国在其66年的实践中已经建立起一套行之有效的和平解决国际争端的完整机制，将成员国之间争端的解决，由原本各自分散的自行其是的方式，纳入到联合国的整体运作当中。这种由一个相对独立、中立的国际组织介入和监督成员国争端解决的机制不仅仅存在于联合国，在区域性国际组织，如欧洲联盟、美洲国家组织、非洲联盟，以及一大批专门领域的国际组织，也都制定有和平解决国际争端的文件或机制。尤其值得注意的是，冷战结束后国际社会越来越重视借助和发挥国际司法机构的职能，加强用法律手段促进国际法实施过程中争端的和平解决。近年来国际司法机构的种类和数目明显增加，受理和审结的案件显著增多[②]，即可为证。

特别值得一提的是世界贸易组织（WTO）的争端解决机制。这一组织根据其《关于争端解决规则和程序的谅解备忘录》（DSU）建立了一套完整的机构、规则与程序，可以说是运用国际组织机制解决国际贸易争端的经典之作。根据DSU，这一机制排除了成员国采取单边行动、自行解决贸易争端的办法，而是强制性要求成员国在世界贸易组织框架内，运用DSU所规定的规则与程序来解决相互之间的争端，从而确立起和平解决国际贸易争端的多边的组织化机制[③]。WTO成立以来其争端解决机制受理案件之多、审决效率之快，世界贸易秩序之稳定有序发展，都从一个侧面反映了WTO争端解

---

① 参见《联合国宪章》第六章。

② 以联合国的国际法院（ICJ）为例。在其成立至今的60多年中，总共受理了大约150件案子，其中绝大部分属国家间的争端案件（contentious case），而半数以上的争端案件的判决是在20世纪90年代之后做出的。具体可见国际法院网站，http://www.icj-cij.org/docket/index.php?p1=3&p2=2&sort=1&p3=0，最后访问：2011年6月30日。

③ DSU第23条，Strengthening of the Multilateral System。

决机制的成功。

（二）制止武装冲突、维护和平的强制执行机制

在某种意义上说，一部国际法史，就是国际法对战争态度的变迁史，就是曾经用以解决国家间争端的战争手段从被视为合法到受到限制直至被禁止的历史。防止和消弭武装冲突、维护和平与安全，是以联合国为代表的政治性国际组织的重要职责。《联合国宪章》把不使用武力或武力威胁规定为成员国的义务，将之发展为国际法的一项强行法规则，要求并监督成员国实施；同时，联合国在实践中还建立起一整套应对威胁、破坏和平及侵略行为的强制执行机制，联合国不单自身行动，而且组织成员国一起行动[①]，对国际社会实施不使用武力原则起到了重大的全局性作用。安理会有权判定威胁、破坏和平的行为及侵略行为的存在，促请成员国遵守联合国为此采取的维持和平与安全的建议与措施，包括组织实施维和行动等临时办法；有权做出决定，促请成员国执行非武力的各类强制措施，直至决定采取军事行动；规定所有成员国都有义务“通力合作，彼此协助，以执行安全理事会所决定之办法”。联合国存续60多年，其最大的价值和功绩也许就在于它所创立的集体安全体制。在一定程度上可以说，这一机制就是联合国为实施禁止使用武力原则、维护世界和平与安全而建立的强制执行机制，也是迄今为止一个国际组织所承担的最具国际法执行力的机制。虽然这一机制远非十全十美，需要改进的地方还很多，但很难否认的一点是，60多年来，正是由于它的存在和运作，曾经有效地缓和、平息了多起地区武装冲突和内部动乱，防止了战火的蔓延和升级，为恢复和平、解决争端铺平了道路。二战以来，世界范围内和平大局得以维持，和平成为不可逆转的时代潮流，联合国功不可没，联合国集体安全体制功不可没。

---

① 参见《联合国宪章》第七章。

除了联合国，其他相关的国际组织也在裁军等方面为实施不使用武力原则、维护国际和平做出了贡献。国际原子能机构对于核能和平利用的监督与核查，虽然未必能从根本上杜绝核武器的研究和发展，但是，其致力于国际核安全的努力，将发展核武器的不法行为公之于众，使得发展核武器的国家面临国际社会的谴责和压力，并为联合国安理会采取有效行动提供了强有力的支持[①]。《禁止化学武器公约》致力于禁止发展、生产获取、存储、保有、转让和使用化学武器并销毁该等武器，为履行公约中的义务，成员国被要求在其国内设立一个“国家主管部门”来负责提交履约报告、接受核查等职能。不仅如此，依据该公约第8条设立的禁止化学武器组织（Organization for the Prohibition of Chemical Weapons，“OPCW”），还直接参与和监督该公约规则的实施。在从1997年公约生效到2010年9月30日的十几年内，OPCW在该公约的81个缔约国内进行了4167次同禁止化学武器相关的核查，并对公约中所列的化学武器全部进行了核查与清点，宣布了与化学武器有关的227处地点中，有195处经受了核查。经过OPCW的努力，到目前为止，全世界存储的71194吨化学武器战剂中，已有接近62%（44131吨）被销毁，而867万件化学武器弹药和容器中，已有超过45%（395万件）被销毁[②]。OPCW的工作从一个侧面印证了国际组织的强制执行机制在国际条约实施中的作用。

如果说上述两点是着重说明国际组织以某种方式直接参与国际法实施的话，那么以下四点则主要是说明国际组织通过国际多边合作的制度性安排，去敦促、协助和监督成员国履行其国际义务，间接参与了国际法的实施。具体地讲，就是探讨国际组织在多边条约实施中的方式与作用。

---

① 参见《国际原子能机构规约》第一条、第二条。

② 数据来源，可见OPCW中文官方网站：http://www.opcw.org/cn/news-publications/，最后访问：2011年6月30日。

（三）多边条约实施中的报告与通知制度

国际多边条约以法律形式集中体现了国际多边合作的意愿和行为规范，而多边条约的实施往往又离不开相关的国际组织和机构。实践中，国际多边合作、多边条约、国际组织三者的关系密不可分，产生了国际组织参与国际多边条约实施的多种形式。以下试图从条约实施的视角，从国际组织在多边条约实施中发挥作用的形式，来讨论国际组织对国际法实施机制发展的影响。

相当多的多边条约规定，缔约国应就本国如何履行条约义务及实施情况向相关国际组织或机构提交履约报告或通知。例如人权、贸易、核安全、气候变化、禁止化学武器等领域的国际公约中都明确规定了缔约国的报告与通知制度①。不妨说，这一信息报告/通知制度已成为多边条约实施过程中最基本、最常见的一项制度。在这一制度中，每一缔约国都有义务以书面形式，定期或不定期地向特定国际组织或机构报告本国的履约情况，把本国履约过程自动置于国际组织或机构的监督之下；倘若不报告即构成对条约义务的违反。缔约国的这一报告也将由该组织或机构向全体缔约国通报，以满足所有缔约国对其他合作伙伴履约信息了解和判断的要求，有利于缔约国之间的相互监督与制约，有效促进国际多边条约的实施。

国际组织或机构的报告和通知制度是信息公开及透明度原则在国际条约实施中的具体要求和体现，旨在达到国际监督的效果，这一意图只有借助、经由国际组织或机构的制度性安排才能得到实施。

① 例如，《经济、社会、文化权利国际公约》第16条第1款、《公民权利和政治权利国际公约》第40条、《消除对妇女一切形式歧视公约》第18条、《禁止酷刑公约》第19条、《消除一切种族歧视国际公约》第9条，以及《国际货币基金组织协定》第4条第2节（a）项、《联合国气候变化框架公约》第12条及《京都议定书》第7条、《保护臭氧层维也纳公约》第5条及《蒙特利尔议定书》第7条。

（四）多边条约实施中的审议与核查制度

国际组织或机构在多边条约实施中的作用不止于接受和散发国家的履约报告和通知，而且被赋予对这些报告进行审议和核查的职能，力图预防和消除缔约国的不遵约现象。不少多边条约都规定有审议与核查制度，即由相关国际组织或机构对缔约国提交的履约信息进行鉴别和判断①。为保障国际组织或机构履行审议和核查的职能，多边条约往往还赋予这些组织和机构自行获取为审议所需的其他信息的便利和职权。因此这一审议/核查程序既是对缔约国自报信息的鉴别过程，也是国际机构进一步收集信息的过程。组织审查完成后发出的报告，将被各缔约国作为判断被审议国是否存在不遵约、不合作行为的依据。

很多涉及环境保护的国际多边条约设置有审查制度（system of implementation review，“SIR”）。这一制度包括对缔约国实施条约的信息开展收集、实施审查、处理不遵守情势并调整缔约方承诺的一整套程序②。这套程序的实施主体，就是依公约或其议定书而产生的一批国际机构，如缔约方大会（COP）、缔约方会议（MOP）、秘书处以及《蒙特利尔议定书》的实施委员会（implementation committee）、《京都议定书》的遵守条约义务委员会（compliance committee）等。

审议与核查制度往往分为两个层面。首先一个层面是常规性审议与核查，这是占主导地位的一种实践，即以缔约国提交的履约

① 核查机制较早的例子是《核不扩散条约》的第3条，而较为引人注目的应当是世界贸易组织的贸易政策审查机制，另外，DSU 第23条，Strengthening of the Multilateral System 中所提及的多边条约，基本上都有由特定组织或机构对成员国提交的报告进行审议或核查。

② 关于 SIR 的具体定义与描述，可参见 David G. Victor, The Operation and Effectiveness of Montreal Protocol’s Non-Compliance Procedures, in David G. Victor et. all (ed.), The Implementation and Effectiveness of International Environmental Commitments: Theory and Practice, the MIT Press, 1998, p. 137。

报告为依据，定期查验该国是否较好地履行了自己的条约义务。例如，2006年成立的联合国人权理事会建立有普遍定期审查制度，负责对所有联合国会员国履行人权义务和承诺的情况进行普遍定期的审查。又如《核不扩散条约》规定，由国际原子能机构对无核缔约国进行核查，查验其是否存在将核能从和平用途转用于核武器或其他核爆炸装置等事由。再如，世界贸易组织设立有贸易政策审查机构（TPRB），负责对所有成员国的贸易政策和实践进行定期审议。该机构根据各成员国在世界贸易总额中所占的比重，分别确定以2年、4年或6年为其审议周期，审查各成员国提交的国家贸易政策报告，同时讨论WTO秘书处基于该报告提供的信息而草拟的报告[①]。另一个层面是针对有否存在不遵约情势的审查。其启动的理由和所依据的信息通常不是或不限于当事国自身提交的报告，而是以负责审查的组织或机构所掌握的其他信息为据，或者以其他缔约国、非缔约方、非政府组织甚至个人指称某缔约国不遵守条约义务情势而提供的信息为据，启动审议程序，旨在指出消除和解决可能存在的不遵守条约义务的问题，具有某种监督和鉴别的意义。诚然，国际组织的审议与核查制度里通常也包含有监督的成分，二者存在密切关联，很难严格区分，但是这一机制的功能主要是进行审议核查，因为在多边条约的实施中往往专门设置有监督制度，下面将要专节讨论。

（五）多边条约实施中的监督制度

不少多边条约规定，国际组织或机构有权对缔约国实施条约的过程进行跟踪监督并直接采取主动措施，形成多边条约的实施监督制度。该制度是指负有条约实施监督职能的国际组织或机构有权收集、鉴别缔约国的履约信息，促进履约过程的透明度；有权采取行

① 参见Agreement Establishing the World Trade Organization, Annex 3: Trade Policy Review Mechanism，C. Procedures for Review。

动，监督条约的履行情况，防止或制止现实或潜在的不履行条约义务的行为。通过这一制度，有关国际组织或机构及时有效地把握着缔约国的履约信息，监督条约的实施过程，随时施加组织整体的影响力和威慑力，防止和矫正不履约行为，有力地促进着多边条约的实施。《国际货币基金组织协定》第4条第3节规定，该组织可以对成员国汇率政策进行严密监视，并要求成员国就此与组织磋商；组织还可制定具体准则以指导成员国的汇率政策[①]。而国际人权公约则普遍设置有实施监督制度。如《公民权利和政治权利国际公约》第41条规定了国家间来文制度，公约下属的人权事务委员会可接受和审议一个缔约国指控另一缔约国不履行条约义务的通知，要求被指控国提交澄清指控事项的书面解释或声明；可在指控国与被指控国之间进行斡旋；可就该事项审议结果制成报告，提交有关缔约国[②]。该公约的任择议定书还规定了个人申诉制度，允许人权事务委员会有权接受和审查该议定书缔约国所辖的个人指控该缔约国违反人权公约义务的来文[③]。《禁止化学武器公约》则设置了质疑视察（challenge inspection）制度，规定任何一个成员国均有权要求OPCW对其他成员国境内或其所控制区内的任何设施和场所进行质疑视察；该视察程序一旦启动，被质疑的成员国有义务配合视察[④]。

（六）多边条约中的缔约国履约能力建设制度

为培养和提高缔约国履行条约义务的能力，不少多边条约还设置了为有关缔约国提供资金支持、专业人员培训和技术培训的制

① 《国际货币基金组织协定》，载王铁崖主编：《联合国基本文件集》，中国政法大学出版社，1990年版，第630—632页。

② 《公民权利和政治权利国际公约》，载于王铁崖主编：《国际法资料选编》，法律出版社，1981年版，第179—180页。

③ 《公民权利和政治权利国际公约任择议定书》，载于白桂梅、李红云编：《国际法参考资料》，北京大学出版社，2002年版。

④ 参见《关于禁止发展、生产、储存和使用化学武器及销毁此种武器的公约》（1993年1月13日在巴黎开放签署），第9条。

度，这些措施被人们称之为缔约国履约能力建设制度[①]。

根据《国际货币基金组织协定》，该组织的一项重要职能即为向成员国提供技术培训援助，着力提升成员国、特别是发展中国家的金融监管机构的专业素质[②]。根据《世界卫生组织组织法》，该组织的职权包括在成员国政府请求或愿意接受援助时，向他们提供适当的技术援助，并可在紧急状态下给予必要的援助[③]。

国际环境多边条约更是发展和强化了缔约国履约能力建设的制度，这也是该类条约实施的复杂性、艰难性和高成本所要求的。该机制尤其突出了环境多边条约实施中的资金援助力度，在这方面，国际社会先后设立了三类资金支持机制[④]。第一类是具有政府间组织性质的全球环境基金（GEF）[⑤]，充当了若干个多边环境公约的资金支持机制的角色。该基金主要是针对生物多样性、气候变化、国际水域、土地退化、臭氧层破坏以及持续性有机物污染等六个领域多边条约的实施，向发展中国家提供了用于环境保护的捐赠和优惠贷款。迄今为止，GEF已发放的资助金额高达88亿美元，受益者超过160个国家，成为资助改善全球环境项目的最大的资金支持机制[⑥]。

---

① 履约能力建设（capacity building）制度是学者们对这一套制度的概括性称谓，可参见 Rüdiger Wolfrum, Means of Ensuring Compliance and Enforcement of International Environmental Law, Offprint from the Rescueil des cours, Volume 272(1998), Martinus Nijhoff Publishers, 1999, at p. 122。

② 《国际货币基金组织协定》，载王铁崖主编:《联合国基本文件集》，中国政法大学出版社，1990年版，第633页。

③ 《世界卫生组织组织法》，载王铁崖主编:《联合国基本文件集》，中国政法大学出版社，1990年版，第375页。

④ 下文中关于三类资金支持机制的分类，借鉴了Rüdiger Wolfrum教授的分类方法。见Rüdiger Wolfrum, Means of Ensuring Compliance and Enforcement of International Environmental Law, Offprint from the Rescueil des cours, Volume 272(1998), Martinus Nijhoff Publishers, 1999, at p.122。

⑤ 致力于维护全球环境的政府间金融机构，成立于1990年11月，现有成员国182个。参见 http://www.thegef.org，最后访问：2011年10月28日。

⑥ 参见 http://www.thegef.org/gef/whatisgef，最后访问：2011年6月30日。

第二类是专门为特定多边环境公约的缔约方加强履约能力而设立的各种专项基金，如依据《蒙特利尔议定书》设立的多边臭氧基金，依据《湿地保护公约》设立的湿地保护基金，依据《联合国气候变化框架公约》设立的气候变化特别基金、最不发达国家基金，依据《生物多样性公约》设立的生物多样性合作基金，依据《世界遗产公约》设立的世界遗产基金等。第三类资金机制是指上述两类资金支持机制以外的、为实现条约总体目标而设立的资金支持机制，如发展援助机制。在技术援助机制方面，相当多的环境多边条约中也包含了对成员国提供技术援助的规定[①]。

这里，特别值得提及的是《京都议定书》所创设的一类条约实施机制，即以市场调节为基础，通过经济刺激手段影响缔约国实施条约义务的一种机制，人称“京都机制”。该机制包括联合实施机制、清洁发展机制和排放贸易机制三方面的内容，为强化多边环境条约的遵守和实施提供了一个全新的思路。京都机制在强调缔约方动用国内资源实现其减排承诺的同时，也兼顾发达国家之间、发达国家与发展中国家之间履约能力的不同差异，鼓励利用市场调节手段，在缔约国之间开展碳排放贸易，以促进条约的整体目标在全球范围内得到更好的实施[②]。

需要指出的是，国际组织参与国际法实施的方式并不限于以上所述六种，实践中可能还存在其他的多样化的方式。

四、国际组织参与和促进国际法实施的制度优势

国际组织作为一类特殊的国际法主体之所以能够参与并且加强

① 参见Rüdiger Wolfrum, Means of Ensuring Compiance and Enforcement of International Environmenta Law, Offprint from the Rescueil des cours, Vol.272（1998），Martinus Nijhoff Publishers，1999，p.122。

② 参见谭家悦:《国际组织在多边条约实施中的角色》，北京大学博士研究生学位论文，2010年10月，第144—145页。

国际法的实施，应该说有其独特的权利能力和行为能力，具有单纯由各个国家各自实施所难以具备的优势和特点。概括起来讲，这些优势主要表现为：可促进国际法实施过程中的组织化、制度化安排，具有参与过程和结果的有效性、透明度，具有国际法实施的较高效率和较低成本，能够实现国际法从国家个体的自助式实施到多边合作的组织化实施的历史进步。

（一）成员国负有接受和服从国际组织参与国际法实施活动的义务

就其性质而言，国际组织的基本文件通常就是一份国际多边条约，如同承担一般条约的国际义务一样，成员国均负有忠实履行组织章程的义务。基本文件关于国际组织参与相关国际法原则、规则与制度的实施活动的规定对成员国有拘束力，成员国承担着接受和服从国际组织参与国际法实施活动的义务，诚如前述。不仅如此，国际组织的某些决议也起到制约或拘束成员国行为的效果。通常来说，国际组织的决议可分为建议、宣言、公约文本和拘束性决定四种形式。一般而言，前二者并不对组织成员国产生拘束力，公约文本经签署并生效后才对其成员产生效力，而组织约章中不乏规定成员国有义务遵守组织的拘束性决定的先例[①]。然而，即使是建议或宣言这两种不被认为具有拘束力的决议，经组织的议事规则和表决程序做出后，其中所包含的是否存在违反条约义务的内容，即已为各成员国确立了一套据之采取相应对策的依据。在实践中，很少有成员国愿意公然对抗组织的建议或宣言，其道理就在于当被认定存在违反组织义务行为的成员国在面对该等建议或宣言时，必须考虑到其他成员国将对其采取相应措施的利害得失；倘若公然对抗组织建议或宣言，实质上等于宣布自己没有履行多边条约义务的诚意，其结果将可能导致其他成员国对其疏远、隔离或制裁，从而对该成员

① 参见饶戈平主编:《国际组织法》，北京大学出版社，1996年版，第259—280页。

国的利益造成负面影响。而如果不履行公约义务或不遵守具有拘束力的组织决定，此行为本身即已构成国际不法行为，行为国须就此承担责任。质言之，接受和服从国际组织参与相关国际法的实施活动实际上已成为成员国的一项组织义务，这也在很大程度上构成国际组织参与国际法实施的法律基础和效力根据。

（二）国际组织拥有参与国际法实施的独立人格及中立性、多边性特质

国际组织的独立国际人格及其多边性、中立性特质是国际社会所认同的，作为一个独立的国际法主体，国际组织在国际法上拥有一定的权利能力和行为能力，并可以其自身名义参与国际法的实施。这意味着，一方面，国际组织与其成员国之间存在着一道“防火墙”，国际组织的行为不再被视为某个或某些成员国的行为，而被认为是一个独立的国际法主体的行为，从而淡化了其参与国际法实施行动的政治色彩；另一方面，独立的国际法律人格也意味着国际组织有职权、有能力参与国际法的实施，原则上能够独立承担实施行为的法律后果，在很大程度上避免因为组织不当的实施行为所产生的责任波及到其成员国。

单纯从法律上看，国际组织不从属于或屈从于任一成员国的政治意志，能够在国际关系中保持着某种中立性。这种中立性有利于保障国际法实施过程中公正、平等原则的适用，有利于平等地保障所有成员国的合法权益。在国际组织参与多边条约实施的各项机制中，能够保障国际组织所做出的判断和所采取的行动符合事实和法律，而避免成为某个或某几个成员国意志的延伸，从而有助于国际组织实施国际法的行动和结果能为多数国家所接受。[①]

国际组织本身就是国际多边合作的产物，其行为带有鲜明的多

① Kenneth W. Abbott & Duncan Snidal, Why States Act Through Formal International Organizations, Journal of Conflict Resolution, Vol.42, No.1(1998), pp. 3-32.

边性特质。这种多边性行为能够形成对成员国实施国际法行为的国际监督与制衡，能够将国家实施国际法的个体行为纳入国际多边的监督和管理体系，可以避免因成员国之间恣意采取单边的自助行为而产生的混乱与不公。与此同时，这种多边性还特别有利于增强和平解决国际争端过程的公正、透明和效率。

（三）国际组织拥有参与国际法实施的组织机制和程序规则

国际组织区别于国际会议和集团性国际合作的一大特点，在于它拥有一套有相对独立意志的常设性机构，拥有确定的会议制度和议事规则，拥有一支高专业水准的国际公务员队伍，从而为它参与国际法实施的活动提供了单个国家不可能具备的制度优势。国际组织机构的常设性质及其行之有效的运作与单个国家相比，更有利于国际法实施的效率提高和成本降低。国际组织中的常设机构能够提供一个稳定、快捷的谈判场所和议事平台；既定的程序规则能够随时、快速地适用于国际法实施的组织、监督和冲突解决过程；而训练有素的国际公务员团队能够为处理这一过程中的问题提供高品质的专业服务。这些都是国家间松散的、随机的双边谈判难以实现的。同时，比较而言，国际组织可以实现低成本、高效率地处理国际法实施过程中的相关问题，例如，关于对违反条约义务的行为的辨认、确定以及采取对策的问题，处理这些问题并不致刻意加大国际组织的运行成本，但有助于提高解决问题的效率。相比而言，如果单纯依靠国家自身力量实施国际法，每个国家所需投入的成本通常会随着问题的增多而成比例地增大[①]。

以通过实施国际制裁方式促使国际义务的违反者遵守国际法的情况为例，经由国际组织（如联合国）来对某国违反国际义务行为

① 这方面的资料可参见谭家悦：《国际组织在多边条约实施中的角色》，北京大学博士学位论文，2010年，第四章。

实施制裁，较之由另一国家（包括某一大国或强国）采取的制裁措施，不仅可以减少制裁行动的物质成本，而且减少其政治成本。在此过程中，国际组织或机构通常经由三种方式达到降低制裁的政治成本之效：一是国际组织或机构对所涉及的模糊不清的国际法规则予以澄清，由此解决“解释的冲突”问题；二是它们通过提供高度透明的监督性措施，有助于判定某一国家行为是否为不守法行为；三是国际组织或机构能够帮助提供有关信息以推动各国在组织框架内或通过组织进行互动。①

五、国际组织参与国际法实施对国际法发展的影响

（一）国际组织的参与改变、扩充了国际法实施中的成员构成

由于国际组织的参与，国际法的实施不再局限于或停留于国家的个体的自我遵守和自助式行为，而是辅以国际组织的多边合作的制度性安排。国际组织通过直接或间接参与的方式，成为国际法实施中活跃的不可或缺的一员，从而改变、扩充了国际法实施中的成员构成，在很大程度上增强了国际法的实施力量。

国际组织作为国际法的一类特殊主体参与了进来，大大改善、改变了国际法实施中的单一的、无序的无组织状态。这样不单国家不再是国际法实施的唯一主体，也有助于有效减少个别国家单方面地恣意解释国际法并按其国家利益来进行自认的国际法实施的现象。国际组织正在成为国际法实施机制中一个影响力日益扩大的成员，而在某些领域，如国际贸易和经济关系中，世界贸易组织内各项机制的成功运作，甚至可以说已经具有了超越成员国单方面实施的效果；对于 WTO 争端解决机制的裁定结果，成员国负有义务遵

① 参见 Alexander Thompson, The Rational Enforcement of International Law: Solving the Sanctioners' Dilemma, International Theory, vol.1, pp.317-318。

守与执行，从而有力地加强了国际贸易规则的实施效果。

（二）国际组织的参与丰富和充实了国际法的实施方式

如果说国际法传统的实施方式主要是依赖于国家个体的单一的自我遵守和自助式行为，那么，国际组织参与国际法实施的方式在实践中则表现得丰富多彩、各式各样，大大丰富和发展了国际法的实施方式，适应了国际社会对国际法多样性实施方式的需求。这在前面已经有所论述。诚然，国际法的实施方式并无定规，也没有高下低劣之分，只要能达到国际法的效力得以实现的目的就好。但是实施队伍成员的扩充及实施方式的多样化能够促进和加强国际法的实施，却也是国际社会有目共睹的事实。

国际组织实施国际法的多样性方式主要源于且取决于国际组织本身的多样性。各类政府间国际组织虽然属于同一类国际法主体，但是它们之间在法律地位和能力上的差别远远大于国家之间。由于各个国际组织在其性质、宗旨、职能、权利能力与行为能力等方面存在着差异，其参与国际法实施的具体工作方式因各组织的不同情况而呈现出各式各样，没有也不可能强求一致。不妨说，有多少个国际组织，就可以有多少个实施国际法的方式。甚至在同一个国际组织内，如联合国，其内部不同的机构实施国际法的方式也可能是不相同的。这里的关键是要因地制宜，要适合各个组织自身的情况。国际组织之间与生俱来的多样性特点，决定了他们参与国际关系的多样化方式。不难理解，为什么国际组织的参与能够为国际法实施方式的多样化注入极大的活力。从国际条约和规则的组织实施、监督实施、到和平解决实施中的争端、再到针对违反国际义务行为的制裁惩罚，可以说国际法实施过程的各个环节，都存在着国际组织各具特色的工作机制。当然也应该看到，这些多样性方式本质上仍然属于国家间多边合作的组织化、机制化行为，是国际多边合作的一种方式，是寓于同一性中的个别性。

（三）国际组织参与国际法的实施增强了国际法的效力及其实施效率

二战以后国际社会的一大变革表现为国际组织的大量涌现，表现为各个领域国际多边合作机制的建立和发展[①]；而国际社会对加强国际法作用的追求，很大程度上也正是通过国际组织这个载体得以实现的。国际组织不仅仅是国际法发展和编纂的主要组织者和推动者，而且也是加强国际法实施、推进该机制发展的重要参与者。国际组织以一特殊身份参与到国际法的实施，借助一系列多边合作的制度性安排对国家实施国际法的全过程形成制约和监督，在单个国家之外形成了一套行之有效的制度化、组织化的国际机制。这种机制改变了单个国家实施国际法时常见的分散、随意、低效率等弊端，有利于保障国际法规则得到尊重和遵守，有助于降低国家的实施成本，从而强化了国际法的实施效力，提升了实施效率[②]。这一机制连同国家原有的实施方式，从整体上加强了国际法的实施机制，有助于改善国际法的“弱法”、“软法”状况。冷战结束后有人一再呼吁“给国际法装上牙齿”，在很大程度上就是寄托于国际组织在国际法实施方面发挥更大的作用。100多年前边沁所倡导的由国际组织统领国际法的解释和实施的设想，目前看来虽说尚未真正实现，但国际组织参与甚或主导多边条约的实施，已经改变了人们印象中国际法过于软弱的印象[③]。在当今的全球化时代，国际组织参与

① 参见饶戈平：“国际法律秩序与中国的和平发展”，载《外交评论》，2005年第6期。

② 参见谭家悦：《国际组织在多边条约实施中的角色》，北京大学博士学位论文，2010年，第四章。

③ 联合国安理会或世界贸易组织的争端解决机构自不必说，就是实施机制更强调非对抗性和预防性的多边环境协定，也规定缔约方大会（COP）或缔约方会议（MOP）有权对不遵守条约义务的国家采取诸如暂停享受条约中所赋予的权利、罚款等带有一定强制性色彩的措施。而现实中也已经发生了COP针对不遵守条约义务的国家采取该等措施的例子。具体可见陈晓华：《试论多边环境协定的缔约方大会模式——国际造法与条约实施的一种新机制》，北京大学法学院2010年博士学位论文，第118—120页。

国际法的实施有望得到进一步的发展和强化。

六、国际组织参与国际法实施存在的问题

实践表明，国际组织参与国际法的实施是必要的、合理的，是行之有效、大益于国际法的，可以说是国际法的一个大进步，正在逐渐表现为国际法发展的一种趋势。同时也应当实事求是地看到，国际组织在国际法实施中的作用仍然主要是从属性的、有限度的；同时由于种种原因，国际组织参与国际法的实施至今还缺乏确定的规则，其法律性质和作用不论在理论上还是实践中都存在着不确定性，尚处于发展、研讨的过程中。

（一）国际组织在国际法实施中作用的不确定性

仔细考察前述所列六种运作形式，不难发现国际组织在国际法实施过程中的作用和性质是有差异的，呈现出多样性特点。在维持和平的强制行动机制中，国际组织扮演了对破坏和平行为的裁定者、实施强制执行行动的授权者和组织者的角色。在和平解决国际争端机制中，国际组织或机构扮演的是调查、调停、和解、仲裁和司法裁判的角色。在多边条约实施过程中的报告/通知制度、审议/核查制度、履约监督制度中，国际组织或机构扮演的主要是履约信息的收集、鉴别和透明化作用，监督作用，以及预防和惩罚缔约方违约行为的作用。至于在履约能力建设制度中，国际组织或机构则表现出一种国际治理的组织协调和资源提供者的建设性作用。总体来讲，国际组织在国际法实施中的职能是多样性的，不统一的，发挥作用的程度也不一致。而且通常国际组织或机构较少地直接参与国际法的实施，也不是代替国家去实施，而是充当国家实施国际法过程中的组织者、监督者、裁决者和管理者角色，在国际法实施过程中主要发挥着从属的、辅助的作用。国际组织实施国际法方式的多样性特点固然有其合理因素，但也可能伴生出类似于国际法“碎

片化”的问题[1]。迄今为止，国际社会还没有出现一套可以普遍适用于所有国际组织参与国际法实施的一般性规则和制度，这种统一的规制能否出现、何时出现尚有待国际实践的发展。

（二）国际组织参与国际法实施的或然性

笔者虽然强调国际组织参与国际法实施的重要意义，但需要指出的是，实践中并非所有国际法规则的实施都有必要依托于国际组织的参与。国家对国际法的自我遵守和适用仍然构成国际法实施的主要形式，绝大多数双边条约、相当多的习惯法规则都是依赖国家而无需国际组织的参与就得以实施的。即便是多边条约，也未必全都需要或能够依托国际组织参与实施的。比如，《维也纳外交关系公约》、《维也纳领事关系公约》，主要是规定了缔约国之间的权利义务，所依赖的是缔约国的自我遵守和实施，并未载明国际组织在两公约实施中的具体职能。

同时，相比国际组织以第三方身份介入以及某些情况下较为强烈的准司法色彩，传统的由争端当事国通过谈判和协商来解决纷争、实施国际法，仍然获得很多国家特别是发展中国家的青睐。一方面，由争端当事国自行解决争端，较好地保护了有关国家对于私密性的需求，而一旦由国际组织介入，必然使有关争端国际化和公开化，在很多情况下争端当事方反而丧失了解决争端的主导权，不一定有利于争端的迅速解决。另外，通过国际组织解决国际争端、实施国际法，往往需要当事国具备熟悉有关国际法、外语、专业领域的相关知识以及国际组织运作的高端人才，实践中不是所有国家

① A study group was set up by the International Law Commission to take up the issue of fragmentation of international law in 2002 and finally ended up with 42 conclusions in 2006. See Conclusions of the work of the Study Group on the Fragmentation of International Law: Difficulties arising from the Diversification and Expansion of International Law, Report of the International Law Commission: Fifty-eighth session (1 May-9 June and 3 July-11 August 2006), pp. 400-423.

都能满足这些要求的，因此运用国际组织来解决争端的门槛准入比较高，相反，当事国通过自主协商来解决争端往往可以灵活地解决分歧并有效实现国际法义务。

同样需要指出的是，实践中并非所有的国际组织都必须或能够参与和承担实施国际法的职能。由于国际多边合作的多样性、多元化需求，国际组织呈现出多样性、多元化的组织形态，他们在法律地位、宗旨职能、行为能力等方面显现出很大的差异。一些组织，例如亚非法律协商组织（AALCO），并没有被赋予参与国际法实施的职能，不具有实施国际法的行为能力。一般来说，国际组织能否参与国际法的实施主要取决于多边条约的规定，取决于对国际组织介入的需要及组织本身的可能，所以说这里存在着国际组织参与的或然性。

此外，或然性还表现为国际组织参与国际法实施的程度差异。各种国际组织参与国际法实施的机制不同，其参与的深度、广度和力度也是各不相同的，很难找到一个统一的标准。有鉴于此，对国际组织参与国际法实施的考察，很难就这种实施机制轻易做出一般性或普遍性的结论，或找出某种普适性规则。因此在这方面的研究不宜首先从一般性、原则性问题入手，而应该着重针对不同的国际组织和多边条约，进行个案的具体的分析，了解和把握特定国际组织在特定领域实施国际法的具体机制。普遍性存在于或然性之中。只有在获取众多国际组织的丰富实践的基础上，只有在掌握大量个案的基础上，才有可能进行分析、比较、归纳和提炼，才便于更好地对国际组织参与国际法的实施机制进行一般性、共同性问题的研究。

（三）国际组织在国际法实施中的局限性

国际组织虽然表现为国际多边合作的制度性安排和组织载体，是当今国际社会不可须臾缺位的重要角色，但它们远不是十全十美、无懈可击的，不论在制度层面还是政治运作层面，它们都大有改进、革新的必要。国际组织产生于成员国合意的基础上，体现了成员国的协调意志，显然也是国家间利益妥协的产物。它们的作为不但受组织章程的限制和约束，而且在实际运作中难免受制于成员国之间的政治较量和利益博弈，难免受国际政治的影响，因此国际组织的独立性其实是相对的，在国际多边合作中发挥的作用也是有限度的。

国际组织并非是圣殿净土。实践中不容忽视的是，在一些重要的国际组织，不论是全球性的还是地区性的，大国、强国、发达国家的利益权衡和价值取向在组织运作过程中往往占据主导地位，看似独立、中立的国际组织未必总能维护国际公平和正义，未必总能平等地维护所有成员国的权益。大国、强国主导的强权政治对国际组织参与国际法的实施不可能不产生干扰影响。冷战后某些大国借国际组织之名，对小国、弱国行武装干涉之实的案例历历在目，往往让人们对国际组织的公正性打上问号。此外，国际组织本身存在的一些制度性缺陷、积重难返的官僚传统以及效率问题也难免会影响到国际组织作用的发挥。所以，尽管国际组织参与国际法的实施被视为历史的进步，但是同人们所期待的加强国际法实施的愿景相比，恐怕还有很长一段距离。

结束语

国际组织如何参与和强化国际法的实施，可以说是探究当代国际法发展的一条独特路径，一个重大课题，关涉到国际法的各个领域，其包容性、实用性都很强，不但在实践层面还是理论层面都大可值得好好研究。然而实事求是地讲，迄今为止，国际组织参与国际法的实施仍然是国际法研究中一个重视不够的问题，现有成果非常有限。这固然有待于国际实践的发展和丰富，尤其需要学界的高度重视、倾注精力。本文在这方面的探索只是提出和强调了这一问题的重要性，着重从实证角度对一些领域国际组织参与国际法实施的实践进行描述、梳理和总结，试图揭示国际组织在国际多边条约实施中的作用与机制。总体而言，这些研究还是初步的、启始性的，期待能够抛砖引玉，推动学界的关注和进一步研究。

“法律利益”概念对受害国以外的国家援引国家责任的意义

——从国际法院判例和条约法的视角

李永胜*

“法律利益（legal interest）”是与国家责任法密切关联的一个重要概念。在拟订国家责任条款草案过程中，国际法委员会在审议受害国以外的国家（State other than the injured State）[①]援引责任问题时所遵循的重要思想就是法律利益概念，即受害国以外的国家是否有权援引责任取决于它是否对被违反的多边义务的履行拥有法律利益。[②]在国际法委员会看来，对多边义务的履行拥有法律利益是受害国以外的国家援引责任的前提条件。本文拟通过对国际法院相关判例和条约法的研究，对法律利益概念及其对受害国以外的国家援引责任问题进行探讨，主要回答：法律利益概念能否作为受害国以外的国家援引责任的法律依据；如果前一问题的回答是肯定的，那么法律利益能否进一步对采取何种援引责任的方式包括采取反措施

---

* 外交部条约法律司官员，法学博士。本文仅表达个人观点。

① 该概念首先出现在2001年国际法委员会二读完成的《国家对国际不法行为的责任》条款草案中，其第48条规定了“受害国以外的国家援引责任”，第54条规定了“受害国以外的国家采取的措施”。

② 该概念并未出现在国家责任条款草案中，但条款草案第48条、第54条等有关条款体现了对它的运用，参见 Yearbook of the International Law Commission, 2000, vol.I, p. 393。

给予明确的指引。

一、国际法院的司法实践与法律利益[①]

国际法院审理案件过程中，主要在两种情况下涉及法律利益问题，一是第三国参加诉讼，二是国家在自身权利未受特别影响情况下对某项义务的履行拥有法律利益。

（一）第三国参加诉讼情况下涉及的法律利益问题

法律利益本来是国内法概念，具有多种含义，其中一项是指当某一诉讼活动及其结果可能使某人的权利受到影响时，该人就有权基于拥有法律利益提出参加诉讼。[②] 国际法院在审理争议案件过程中，当第三国提出参加诉讼时，就涉及法律利益问题。《国际法院规约》（下称《规约》）规定了两种诉讼参加的制度，其一是基于第62条。《规约》第62条第1款规定，“某一国家如认为某案件之判决可影响属于该国具有法律性质之利益时，得向法院声请参加”；第2款规定，“此项声请应由法院裁决之”。申请参加国需向法院说明其拥有参加诉讼所必需的法律利益，法院根据其申请做出是否准许参加的决定。其二是基于第63条的规定。《规约》第63条第1款规定，“凡协约发生解释问题，而诉讼当事国以外尚有其他国家为该协约之签字国者，应立由书记官长通知各该国家”；第2款规定，“受前项通知之国家有参加程序之权；但如该国行使此项权利时，判决中之解释对该国具有同样约束力”。

在国际法院的前身常设国际法院时期，常设国际法院只在温伯顿案（Wimbledon Case）中因涉及1919年《凡尔赛和约》的解释而

---

① 其他国际司法机构也有规定第三国参加诉讼的制度的情况，如《国际海洋法法庭规约》第31条规定的第三方参加诉讼的程序。

② Ballentine's Law Dictionary, 3rd edition, Copyright 2010 LexisNexis [# 174], a Division of Reed Elsevier, plc.

允许波兰参加诉讼。① 国际法院迄今受理的有关国家提出参加诉讼申请的约有10次，②涉及受到核武器试验的影响、海洋或陆地划界以及条约的解释等情况，获法院允许的仅有4件。③ 可见，法院对允许第三国以拥有法律利益为理由参加诉讼采取了相当谨慎的态度。④

上述情况表明，对某一事项拥有法律利益使第三国拥有某种程度的程序上的介入的权利，这种介入旨在维护第三国自身的实体权利。第三国基于第62条申请参加，多因为有关案件的审理会影响到作为第三国的具体国家的具体法律利益，第三国的范围相对比较窄，有资格提出申请的国家不具有广泛性。基于第63条的参加稍有不同。这种情况下的参加不需要参加国举证特别的利害关系。参加国只需凭借自己是发生争议的条约的缔约国这一事实，就可以获得参加诉讼的资格。之所以如此，是因为存在着一个假定，即第三国作为该条约缔约国，当然和条约的解释有利害关系。在此意义上，

① Case of the S.S. "Wimbledon", Question of Intervention by Poland, Judgment of 28th June 1923, P.C.I.J. Series. A, No. 1 p. 11.

② 最近两次：1. 哥斯达黎加、洪都拉斯分别在“领土、海洋争端”中申请参加诉讼，见 Territorial and Maritime Dispute (Nicaragua v. Colombia), Application by Costa Rica for Permission to Intervene, Judgment, 4 May 2011; Territorial and Maritime Dispute (Nicaragua v. Colombia), Application by Honduras for Permission to Intervene, Judgment, 4 May 2011.）; 2. 希腊在“国家管辖豁免”案中申请参加诉讼，见 Jurisdictional Immunities of the State (Germany v. Italy), Application by the Hellenic Republic for Permission to Intervene, Order of 4 July 2011。

③ 1. 古巴在“哈亚·德·拉·托雷”案中参加诉讼，见 Haya de la Torre Case, Judgement of June 13th 1951, I.C.J. Reports 1951, p. 71, at pp.76-77；2. 尼加拉瓜在“陆地、岛屿和海洋边界”案中参加诉讼，见 Land, Island and Maritime Frontier Dispute (El Salvador/Honduras), Application to Intervene, Order of 28 February 1990, I.C.J. Reports 1990, p.3；3. 赤道几内亚在“陆地和海洋边界”案中参加诉讼，见 Case concerning Land and Maritime Boundary between Cameroon and Nigeria (Cameroon v. Nigeria)，Application by Equatorial Guinea for Permission to Intervene, Order of I.C.J. of 21 October 1999, p.1029；4. 希腊在“国家管辖豁免”案中参加诉讼，参见 Jurisdictional Immunities of the State (Germany v. Italy), Application by the Hellenic Republic for Permission to Intervene, Order of 4 July 2011。

④ Edith Brown Weiss, Invoking State Responsibility in the Twenty-First Century, 96 AJIL, 2002, p.805; Louis Henkin, Richard C. Pugh, Oscar Schachter and Hans Smit, International Law: Cases and Materials, 2nd edition, West Publishing Co. 1987, p. 650.

第63条的参加可以说是针对多边条约解释的特殊形式，表明多边条约缔约国对该条约的解释拥有法律利益。在这种情况下，虽然实际上作为第三国申请参加诉讼的条约缔约国可能为数有限，但除诉讼当事国外，所有其他该条约缔约国都有申请参加诉讼的资格，申请参加国具有潜在的广泛性。

可见，对判决拥有法律利益是第三国参加诉讼的前提条件，赋予第三国采取诉讼行动的理由，当然是否被接受需要法院决定。这与受害国以外的国家援引国家责任问题具有相似性，区别在于在分散的国际社会里，国家以法律利益为由援引别国国家责任是单边的，并没有国际司法机构进行有约束力的评判。

（二）国家自身权利未受特别影响情况下涉及的法律利益问题

与第三国根据诉讼参加制度为维护自身权利基于法律利益可能受到影响参加国际法院争议案件的诉讼不同，国际法院司法实践中还有个别国家在其自身权利未受特别影响时基于对某项义务的履行拥有法律利益而主张有权援引国际不法行为国的责任的情况，此时，这类国家即具有国家责任法范畴内的受害国以外的国家的地位。在有关判决中法院还提出并发展了诸如对一切义务等概念。这些情况下，有关国家对多边义务的履行拥有法律利益成为重要的考量因素。

1. 西南非洲案

该案涉及个别国家为集体利益向国际法院提起诉讼的情况。[①]1960年11月，埃塞俄比亚和利比里亚分别对南非提起诉讼，要求国际法院确认西南非洲作为委任统治领土的地位以及南非采取了一系列违反《西南非洲委任统治书》和《国际联盟盟约》第22条

---

① 本案第一阶段情况见 South West Africa Cases (Ethiopia v. South Africa; Liberia v. South Africa), Preliminary Objections, Judgment of 21 December 1962: I.C. J. Reports 1962, p. 319。

规定的做法，特别是施行种族隔离。依据1920年《西南非洲委任统治书》第7条[①]和《国际法院规约》第37条，以及《联合国宪章》第80条第1款，两国认为国际法院对本案拥有管辖权。南非提出其初步反对主张，认为埃、利两国在本案中没有提起诉讼的资格（no locus standi），法院对本案没有管辖权，理由是，随着国联的解散，西南非洲的委任统治书不再是《国际法院规约》第37条意义下有约束力的条约；埃、利两国不具有《西南非洲委任统治书》第7条中“另一成员国”的地位，因而没有起诉资格；埃、利两国与南非间的争议并非该委任统治书第7条意义上的争端，此事也不涉及两国政府或国民的实质利益（no material interests...involved therein or affected thereby）。

1962年12月，国际法院就南非的初步反对主张做出判决。法院判定当事双方就南非履行委任统治义务问题存在争端。委任统治制度包含若干重要原则，一是承认欠发达地区人民拥有某些权利；二是建立监护制度，由委任统治国代表国联行使；三是赋予国联及其成员国“文明的神圣信托”（a sacred trust of civilisation）。该制度旨在促进当地人民的福祉，委任统治国的权力不过是落实和实现上述原则和目标的工具。[②]国联是西南非洲的委任统治书的当事一方，对该项制度的履行，所有国联成员国都拥有利益，[③]委任统治国有义务接受国际监督，监督权属于国联及其理事会、大会、常设的委任统治委员会以及所有成员国。法院的作用特别重要，是防止滥用和违反委任统治权的最后防线。由于国联及理事会没有诉诸法院的资格，对“神圣信托”的唯一有效保护就是国联成员国根据委任统

---

① 该条主要内容如下：The Mandatory agrees that, if any dispute whatever should arise between the Mandatory and another Member of the League of Nations relating to the interpretation or the application of the provisions of the Mandate, such dispute, if it cannot be settled by negotiation, shall be submitted to the Permanent Court of International Justice... 。

② I.C. J. Reports, 1962, p. 319, at p.329.

③ Ibid., at p.332.

治书第7条诉诸法院。就南非关于本案不涉及埃、利两国实质利益的观点，法院认为第7条的范围和目的表明，可以认为国联成员国对委任统治国遵守其对当地人民以及对国联及其成员国所负有的义务，拥有法律权利或利益。① 基于上述理由，法院驳回了南非的初步反对主张，判决其对本案拥有管辖权。

1966年7月，法院做出本案第二阶段判决，② 认为埃、利两国对本案实质问题没有法律权利或利益，其请求不能予以满足。③ 法院开门见山地指出，与本案实质问题相关且具有先决性质的重要问题是起诉方在本阶段是否拥有诉权的问题，即它们对作为本案实质问题的其诉求的事项是否拥有法律权利或利益的问题。④ 法院认为委任统治书中的条款可分为两类，一类是规定委任统治国如何行为的"委任统治行为"（conduct of the mandate）条款，一类是赋予任何国联成员国对该委任统治拥有一定权利的"特别利益"（special interest）条款。⑤ 起诉国的请求仅针对前一类条款，但对"委任统治行为"条款，个别成员国没有法律联系。⑥ 即使在国联存在期间，对追求国联集体和机制性行动以及要求履行委任统治义务，成员国也没有任何独立于国联以外的权利。⑦

埃、利两国主张，法律利益并非必然是物质的或可触摸的，即使未受到物质损害，法律权利或利益也可能受到侵害。人道主义性质的国际文书和许多国际裁判都表明，国家可以对维护国际法拥有

① I.C. J. Reports, 1962, p. 319, at p.343. 相关内容如下：For the manifest scope and purport of the provisions of this Article indicate that the Members of the League were understood to have a legal right or interest in the observance by the Mandatory of its obligations both toward the inhabitants of the Mandated Territory, and toward the League of Nations and its Members.

② South West Africa, Second Phase, Judgment, I.C.J. Reports 1966, p. 6.

③ I.C.J. Reports 1966, p. 6, at p.51.

④ Ibid., at p.18.

⑤ Ibid., at p.20.

⑥ Ibid., at p.26.

⑦ Ibid., at p.29.

法律利益，有权支持某些普遍原则，或要求象征性赔偿，即使其物质利益未受到影响。法院未否认该观点，但认为这类法律权利或利益存在的前提是它被明确规定在国际法的有关文件里。[①] 对“文明的神圣信托”任何国家都拥有利益，但若使这种利益具有法律性质，“神圣信托”本身不能仅停留在道德或人道理想层面，它应当拥有法律的表达。[②] 委任统治就是一种表达方式。个别国家对该制度被尊重拥有利益，但应通过适当的国联机构行使，而不是自行其是。[③] 法院认为，起诉方的主张相当于要求法院允许一项“大众行动”（actio popularis），即国际社会的任何成员都有权为维护公共利益而采取法律行动。[④] 虽然这种权利可能在某些国家法律制度中找到，但在当今国际法中还不存在，它也不能被视作《国际法院规约》第38条意义上的“一般法律原则”。[⑤]

西南非洲案是一个颇具争议的案例，法院先后做出了看上去前后矛盾的两个判决。

首先，1962年判决显示，法院结合具体情况，认可个别国家即使在其自身权利未受影响的情况下，也可对公共利益的维护和多边义务的履行拥有法律利益，并且因而有权采取一定行动。具体而言，根据法院判决，在国联委任统治这一特定的法律框架内，存在着委任统治国接受国际监督的义务，这种义务源于“文明的神圣信托”，是对国联及其理事会、大会、常设的委任统治委员会以及所有成员国负有的，因而属于多边义务。基于这种多边义务，即使其自身权利未受到特别影响，国联成员国对委任统治国有关义务的履行也拥有法律利益，有权为维护具有公共利益性质的委任统治制度

① I.C.J. Reports 1966, p. 6, at p.32.

② Ibid., at p.34.

③ Ibid., at p.35.

④ 另见Sir Robert Jennings and Sir Athur Watts ed., Oppenheim’s International Law, Longman Group UK Limited and Mrs Tomoko Hudson, 1992, 9th ed., vol.1, Peace, Introduction and part 1, p.5。

⑤ I.C.J. Reports 1966, p. 6, at p.47.

这一“文明的神圣信托”而诉诸国际法院。采取这种诉诸国际法院的援引责任的特定行动仍然是依据有关条约规定进行的，判决也用了很大的篇幅论证《西南非洲委任统治书》和《国际联盟盟约》有关规定为法院行使管辖权提供了充足的依据。但法院并未在一般意义上肯定任何对义务的履行拥有法律利益的国家，仅凭对公共利益及相关义务的履行拥有法律利益即可诉诸法院。

其次，法院没有否认个别国家在其权利未受影响时可能对某项公共利益的维护拥有法律利益，并且为维护公共利益采取法律行动，但强调这需要找到现行国际法依据。法院关于当今国际法中不存在“大众行动”的观点，也并非意味着它在一般意义上对此予以否定，而是表明它认为从现行国际法中尚找不出这类行动的法律依据。法院紧扣《西南非洲委任统治书》的双边性质，认为对委任统治国义务的履行，国联成员国既无法律联系，也没有独立于国联以外的权利。

第三，两阶段判决中，前者肯定了在委任统治情况下，委任统治国负有多边义务和国联成员国对该义务的履行拥有法律利益，并因而有权诉诸法院，后者则对此予以否认。但两者在法律利益问题的处理上也有一定相似性，实际上都赞同需要从现行国际法中寻找相关依据。只不过前者认为，现行国际法为个别国家对某项义务的履行拥有法律利益并因此有权采取维护公共利益的行动提供了法律依据，而后者认为当时这样的法律依据尚不存在。两个判决结论虽相反，但其在立足于现行国际法寻找依据的思路上是大体一致的，不同的结论很大程度上是由于对有关条约条款的不同解释造成的。正如布朗利所言，“法院两派之间的区别实际上体现在为处理国际关系的经济和社会问题而采取的一种假定和解释风格间的不同”。[①] 当然，1962年判决强调“文明的神圣信托”，多少具有自然法因素，

① Ian Brownlie, Principles of Public International Law, 5th ed., Clarendon Press, Oxford, 1998, p.473.

而1966年判决则紧扣现行国际法进行论述，体现出更多的实在法倾向。

第四，关于法律利益问题，从两判决可提出如下初步看法：一是法律利益是个别国家针对别国的违法行为采取法律行动包括提出要求的前提或依据（standing）；[①]二是一旦确立拥有法律利益，有关国家就拥有采取一定行动的权利，即援引责任的权利。本案中是诉诸国际法院的权利；三是法律利益是否存在需结合具体情况，在现行国际法中寻找依据；四是拥有法律利益并不以遭受物质的或可触摸的损害为前提。拥有法律利益的国家未必是国际不法行为的受害国；五是当自身权利未受影响时，为公共利益采取行动所需的法律利益所指向的义务应当是某种多边义务；六是不具有法律形式的人道主义等道义考虑不能成为拥有法律利益的依据。

第五，参加本案审理的法官中，倾向于赞同个别国家对维护公共利益拥有法律利益的不乏其人，否则就不会出现对判决的投票几乎势均力敌的情况。例如，杰塞普法官在其个别意见中对法律利益问题作了阐述。他认为国际法早就承认即使一国的实在、物质或可触摸的利益没有受到影响，该国也可以对某些事项拥有法律利益，例如关于保护少数者的条约、防止及惩治灭绝种族罪公约、国际劳工组织章程等，这都是所有国家为保护人类总体利益而拥有法律利益的情况。[②]

2. 巴塞罗那牵引力公司案

本案是比利时针对西班牙提起的一项涉及公司外交保护的案件。在判决中，法院阐述了“对一切义务”（obligations erga omnes）

① 在1966年判决中法院认为，本案的实质问题是“请求方是否拥有要求履行委任统治‘行为’条款的法律权利”；“当一国有意创设一项此类行动的权利的时候，它会采取不同的手段”。见I.C.J. Reports 1966, p. 6, at p.40, p.39。

② I.C. J. Reports 1962, p. 319, at pp.424-433.

概念。法院认为：[①]

［第33段］……应当就国家对整个国际社会所承担的义务与在外交保护领域中仅对另一国家承担的义务做出本质区别，就其性质而言，所有国家对前者都具有关切。鉴于其所涉权利的重要性，所有国家对其保护都拥有法律利益，它属于对一切义务。

［第34段］在当代国际法中，此类义务可产生于禁止侵略和灭绝种族，以及关于基本人权的原则和规则，包括免受奴役和种族歧视。某些被保护的权利已成为一般国际法，还有一些规定在普遍或准普遍性质的国际文书中。

［第35段］外交保护义务的履行不是同类问题。不能认为具体案件中涉及外交保护这类义务时，所有国家对其遵守都拥有法律利益。对违反这类义务提出求偿，国家首先应确立其求偿权利，包括两个前提："一是被告国违反了对国籍国所负义务，二是只有国际义务所指向的国家才能就违反提出求偿"。（"为联合国服务中遭受损害的赔偿案咨询意见"，I.C. J. Reports 1949, pp.181–182）……

经常被援引的还有判决第91段：[②]

［第91段］……在普遍层面，体现人权的各种文书没有赋予国家不顾这类权利遭受侵害的受害者国籍而对其进行保护的能力。因此对这类问题只能在区域层面寻求解决。在欧洲理事会，西班牙不是其成员，本案求偿的可接受性问题已经被《欧洲人权公约》解决，公约赋予各缔约国针对其他缔约国违反公约提出指控的权利，而无需顾及受害者的国籍。

① Barcelona Traction, Light and Power Company, Limited, Judgment, I.C.J. Reports 1970, p. 3, at pp.32-33.

② I.C.J. Reports 1970, p. 3, at p. 47.

德尔布鲁克对该判决关于对一切义务的阐述给予很高评价，称其为“国际法宪法化之路的组成部分”。[①] 克劳福德认为，法院在本案判决中在一般意义上提出对一切义务概念，回应了对1966年西南非洲案判决的批评，纠正了1966年判决的错误，同时避免使用“强制规范”（peremptory norms）[②]。巴塞罗那牵引力公司案原则上隐含承认了受害国以外的国家对对一切义务以及对对全体缔约方所负义务的履行拥有法律利益并使其拥有一定的行动的权利，但同时也带来新的问题。

首先，判决第91段与第33、34段内容似乎存在矛盾，一方面判决表明所有国家对对一切义务的履行都拥有法律利益，但又说国家无权不顾受害者国籍对其进行保护。对该问题，希马认为，第33段仅指从对一切义务的性质看它是对整个国际社会所负有的，因而任何国家对该义务的履行都拥有法律利益。第91段则强调，只有有关保护的权利特别赋予一国，拥有法律利益才能发展成为该国法律上的诉权（jus standi），或者采取反措施的权利。因此，尽管“法律利益”与“行动能力”（capacity of action or qualite pour agir）含义相同，但具有自足制度性质的特别法可能为行动能力规定了适当的程序。[③] 因此，即使拥有法律利益，但是否拥有采取行动的权利以及采取什么样的行动仍要看具体法律规定是否赋予了行动权，这与法院1966年西南非洲案第二阶段判决思想是一致的。

克劳福德认为，法院这样做可能基于几种考虑，一是它只把一

---

① Jost Delbrück, Laws in the Public Interest-Some Observations on the Foundations and Identification of Erga Omnes Norms in International Law, in: Liber Amicorum Günther Jaenicke-Zum 85. Geburtstag (Götz et al. Eds., 1999), p. 35. 转引自 Christian Tams, Enforcing Obligations Erga Omnes in International Law, Cambridge University Press, 2005, p. 3.

② James Crawford, Multilateral Rights and Obligations in International Law, Recueil des Cours, Collected Courses of the Hague Academy of International Law, 2006, Martinus Nijhoff Publishers, p.423, p.410.

③ Bruno Simma, From Bilateralism to Community Interest in International Law, Recueil des Cours, Collected Courses of the Hague Academy of International Law, 1994, VI, p.296.

般国际法明确承认的原则或规则视为对一切义务；二是它虽承认存在对一切义务，但并不认为国家拥有相应的进行保护的权利，现有的关于求偿或指控可接受性的规则仍然适用于对对一切义务的违反，这与法院1966年判决也是一致的。克劳福德又在巴塞罗那案的具体情况下提出新的解释，他认为比较合理的解释是，法院在试图对外交保护框架下的救济与人权框架下的救济做出区别。[①]因此，他并不认为判决不同段落表面上的矛盾起到否定一国对对一切义务的履行拥有法律利益因而使该国拥有行动权的效果。

其次，第34段说某些权利已成为一般国际法，还有一些规定在普遍或准普遍性质的国际文书中。学者们对该段内容含义也存在分歧。不少学者认为这里既包括对整个国际社会所负有的“对一切义务”，还包括对某项多边条约或机制全体缔约方所负的义务（obligations erga omnes partes）。例如沙赫特就认为，多边条约中可以含有对一切义务，并且对该概念的接受暗示着有关国家拥有类似“大众行动”的权利。他认为该问题涉及多边条约的个别缔约国，当对该条约义务的违反没有对其造成损害时是否有权寻求救济的问题。因为多边义务是对全体缔约方负有的，任何违反都使任一缔约方就寻求救济拥有足够的法律利益。沙赫特意识到可能会有人认为他所谈的实际上属于对全体缔约方的义务，并不是对一切义务。所以随即他又设法向对一切义务靠拢，他说当然缔约国基于条约的权利比“大众行动”要窄，但这并不重要，因为像《联合国宪章》、《防止及惩治灭绝种族罪公约》、《消除一切形式种族歧视国际公约》以及《公民权利和政治权利国际公约》等条约，都含有巴塞罗那牵引力公司案判决所称的对一切义务，而且几乎世界上所有国家都是其

① James Crawford, Multilateral Rights and Obligations in International Law, Recueil des Cours, Collected Courses of the Hague Academy of International Law, 2006, Martinus Nijhoff Publishers, p.325, at pp.423-425.

缔约国。当然涉及诉诸国际司法机构时，要受国家同意的制约。[①]塔姆斯则认为，从法院判决本意和其后判决看，判决该段实际上肯定的是对一切义务源自一般国际法，之所以提及也可出自普遍或准普遍性国际条约，是指对一切义务也受到这类国际条约的保护。[②]

沙赫特肯定判决第34段暗示一种“大众行动”的权利，是对判决的恰当理解。但其问题是，他虽承认对一切义务可以规定在多边条约中，但其论述中却针对的是对全体缔约方所负义务的情况，并通过条约的普遍参加把对全体缔约方所负义务转化为对一切义务。塔姆斯看法的问题在于，对一切义务可能最终是源于一般国际法，但它既可直接以一般国际法（即习惯国际法）姿态出现，也可间接产生于国际条约，经过从条约法向一般国际法的转变。“某些被保护的权利已成为一般国际法”表明，法院关注的更多的是结果，而不是对一切义务产生的渊源及过程，因此很难把第34段中“还有一些规定在普遍或准普遍性质的国际文书中”理解为对一切义务是从条约法产生而来的一般国际法。而且，对一切义务所保护的相应权利，既受到一般国际法保护，也可能受到国际条约保护，但判决没有必要特别强调国际条约对相关权利的保护。

把判决第34段的论述理解为涵盖对一切义务以及对全体缔约方的义务这两种情况似更为贴切。[③]表面上，该段论述似乎表明法院认为对一切义务主要产生于一般国际法（即习惯国际法）以及国际条约，有些习惯法规则或原则直接就具有对一切的性质，尽管其未规定在条约中；有些条约规则或原则则经普遍接受，超出了作为其

① Oscar Schachter, International Law in Theory and Practice, Martinus Nijhoff Publishers, 1991, pp. 209-210.

② Christian Tams, Enforcing Obligations Erga Omnes in International Law, Cambridge University Press, 2005, pp. 120-128.

③ 2005年国际法学会克拉科夫会议上通过《国际法上的对一切义务》决议，决议中的对一切义务既包括对一切义务（obligations erga omnes），即对整个国际社会所负担的义务，也包括对全体缔约方所负义务（obligations erga omnes partes）。

载体的条约的范围，成为一般国际法并具有对一切义务的性质。但从判决“某些被保护的权利已成为一般国际法”这一判断可认为，不论有关对一切义务是否源自习惯或条约，当我们审视这些义务的时候，其都已具有了一般国际法的性质。而“还有一些规定在普遍或准普遍性质的国际文书中”一句则更倾向于指的是对全体缔约方所负义务，因为除了“已成为一般国际法”的，剩下的只能是条约规则了。因此，规定在“普遍或准普遍性的国际文书中”的义务，不会是已确立起来的习惯国际法的内容，而仍属于条约规则，此时有关权利所涉及的义务就只能是对该国际文书全体缔约方所负的义务了。此外，普遍性多边条约中规定的义务虽然与对一切义务更近似，但它并不等同于对一切义务，而是一种对全体缔约方所负的义务。“准普遍性质”的国际文书所指的可能包括《欧洲人权公约》等区域性条约，其规定的义务就更仅具有对全体缔约方所负义务的性质，而无涉对一切义务了。

由上可见，判决相关论述更倾向于承认了在对一切义务和对全体缔约方所负义务两种情况下，个别国家对义务的履行都拥有法律利益，有权因此采取必要行动。① 由于多边义务主要包括上述两种情况，这也就意味着个别国家对多边义务的履行可以拥有法律利益，当然该国应当是整个国际社会或有关条约组成的小范围国际社会的成员。

然而，判决并未指明拥有法律利益的效果是什么，但对义务的履行拥有法律利益自然意味着使有关国家获得一定的为援引责任采取行动的权利，否则法律利益就没有存在的价值，也不值得法院

---

① ND White, A Abass, Countermeasures and Sanctions, in Malcolm D. Evans (ed.), International Law, 1st ed., Oxford University Press, 2003, p.517. 作者认为，第三国只能在回应违反对一切义务和对全体缔约方的义务时，才可采取措施。另见 Report of the Study Group on Fragmentation of International Law: Difficulties arising from the diversification and expansion of International Law, in Report of the International Law Commission, 58th Session, 2006, Official Records of the General Assembly, A/61/10, p.422。

对其予以论述。正如沙赫特所说，判决暗示有关国家拥有采取“大众行动”的权利，任何违反都使个别国家拥有寻求救济的足够的权利。① 希马认为“法律利益”与“行动能力”含义相同。② 在东帝汶案判决反对意见中，维拉曼特里法官（Judge Weeramantry）认为，对一切义务使所有国家拥有援引责任的权利。③ 国际法委员会也认为，违反相关义务不仅涉及直接受害方，而且涉及国际社会的所有其他成员，因此应当认为任何国家都有权援引——可能通过司法途径——从事国际不法行为国家的责任。④ 判决对这种行动的范围也未涉及，但表示“……在普遍层面，体现人权的各种文书没有赋予国家不顾这类权利遭受侵害的受害者国籍而对其进行保护的能力。因此对这类问题只能在区域层面寻求解决”。⑤ 由此看来，判决在个别国家可采取的行动问题上，仍沿用了1966年西南非洲案第二阶段判决的处理方式，又回到要从现行国际法中寻找行动依据的道路上来。判决虽然承认对一切义务，而且隐含承认对对一切义务的履行拥有法律利益的个别国家有权采取行动，但并未在一般意义上赋予这类国家以脱离现行国际法行动的权利。因此，义务的对一切性质并不具有在一般意义上推翻和否定现行国际法的效力。即使它以某项新的强行法规则姿态出现，也仅具有否定该项旧有强行法规则的效力。⑥ 巴塞罗那案判决提出了一个新的概念，但把概念在国际法中的确立留待国际法的发展去解决。难怪特尔维认为巴塞罗那案判

① Oscar Schachter, International Law in Theory and Practice, Martinus Nijhoff Publishers, 1991, pp. 209-210.

② Bruno Simma, From Bilateralism to Community Interest in International Law, Recueil des Cours, Collected Courses of the Hague Academy of International Law, 1994, VI, p.296.

③ East Timor (Portugal v. Australia), Judgment, I. C.J. Reports 1995, p. 90, at p.90, p.172.

④ Report of the International Law Commission, 28th session, 1976, Official Records of the General Assembly, A/31/10, p. 99.

⑤ I.C.J. Reports 1970, p. 3, at p. 47.

⑥ 从《维也纳条约法公约》第53条可见，新的强行法仅具有更改关于同一事项的旧的强行法的效力，并不具有更改国际法其他规则的效力。

决无非是一个空洞的姿态而已。[①]

另一方面，基于上述思路，在对全体缔约方所负义务的情况下，法院认为个别国家对相关义务的履行拥有法律利益，有权采取相关国际法规定的行动。判决称对人权的保护“……只能在区域层面寻求解决。在欧洲理事会，……本案求偿的可接受性问题已经被《欧洲人权公约》解决，公约赋予各缔约国针对其他缔约国违反公约提出指控的权利，而无需顾及受害者的国籍”。[②] 实际上，根据《欧洲人权公约》第33条，一国参加公约就被认为接受了欧洲法院有权受理其他缔约国对它违反公约的指控，正如1961年欧洲法院在奥地利诉意大利案中所作判决所显示的，申诉国不必表明它对被侵犯的受害者或所涉及的事项存在任何特殊的利益或关系。[③] 国际法院在巴塞罗那案判决中认可了基于《欧洲人权公约》的这种区域层面实践。

第三，由于判决一方面承认对一切义务是对整个国际社会所负有的，因此就在个别国家与国际社会间建立起一种双边义务关系，但同时判决又说所有国家对有关权利的保护、也就是义务的履行拥有法律利益，这就又建立起多边义务关系。因而对该判决就产生两种不同的理解，开启了两条道路。

主流派认为整个国际社会不具有独立的法律人格，而是一个国家的集合体，该集合体不具有单独的求偿权，每个国家对对一切义务的履行拥有法律利益就使其对违反义务拥有采取一定行动的权利。正如普罗斯贝尔·维叶所说，当前不得不承认，国际社会只是

---

① Hugh W. A. Thirlway, The Law and Procedure of the International Court of Justice-Part One, 60 British Yearbook of International Law, 1989, p.100.

② I.C.J. Reports 1970, p. 3, at p. 47.

③ Thomas Buergenthal, Dinah Shelton and David P. Steward著:《国际人权法精要》，第四版，黎作恒译，法律出版社，2010年12月第1版，第122页。Edith Brown Weiss 还列举了一些例子，见 Edith Brown Weiss, Invoking State Responsibility in the Twenty-First Century, 96 AJIL, 2002, p.806。

存在于人们头脑中的一种秩序，国际生活的现实表明它正走向现实，但它尚不能代表已确立起来的秩序。[①] 克劳福德阐述了主流派观点。他说，在巴塞罗那牵引力公司案中，国际法院指出存在对整个国际社会所负的义务，该义务不是对个别国家负有的，虽然个别国家是整个国际社会的成员并且有权援引责任。相反，该义务是对集体（collective）负有的。悖论在于，虽然义务是对一个集体负有的，但是这个集体却是不存在的。正如菲茨莫里斯在纳米比亚案的反对意见中指出的，整个国际社会并不是一个单独的法律实体，没有人被授权一般性地代表它，也没有机关像普通法制度中总检察长代表公共利益那样代表国际社会。[②]

在这种情况下，由于每个国家都对整个国际社会负担对一切义务，整个国际社会又不具有法律人格，对一切义务就转化为每个国家对构成整个国际社会的所有其他国家所负担的义务。这样一来，作为整个国际社会成员的每个国家就对对一切义务的履行拥有法律利益。因此就形成了一个由整个国际社会所有国家参加的关于对一切义务的法律关系网。可推论出，由于每个国家都对所有其他国家负有该义务，所有其他国家都是该义务所指向的对象，因此对对一切义务的履行拥有法律利益就意味着任何国家对确保义务的履行都拥有一定范围内的行动权。

另一派观点认为整个国际社会具有独立的法律地位，因而只有整个国际社会或其代表才有权对违反对一切义务做出反应。或者，不论整个国际社会是否具有独立法律地位，都应通过采取集体行动而不是个别国家的单独行动来维护其权利。例如俄罗斯籍前国际法委员会委员卢卡舒科（Lukashuk）认为，随着全球化的发展，整个国际社会的利益越来越重要，国际法的一项重要任务就是维护整个国际社会的利益。该任务只有在全球基础上才能实

① Prosper Weil, Towards Relative Normativity in International Law? 77 AJIL, 1983, p.441.

② Yearbook of the International Law Commission, 2000, vol.I, p. 7.

现，任何个别国家或国家集团都未被赋予代表整个国际社会的权利。在联合国及其专门机构框架下或有代表性的国际会议，才可能实现该目标。因此，卢卡舒科建议国际法委员会在国家责任条款草案中加上一条“国家对国际社会的责任（Responsibility of the State in respect of the international community）：在违反对一切义务情况下，国家对由普遍性国际机构或组织代表的国家之国际社会负有责任。（In the case of a breach of an obligation erga omnes the State bears responsibility towards the international community of States represented by the universal international organs and organizations.）”[①] 国家责任专题特别报告员罗伯特·阿戈认为，对对一切义务原则的日益肯定使得对该义务的违反构成对国际社会所有成员的侵犯。其主旨是应团结应对对国际秩序最严重的侵犯，任何国家都有权个别地对责任国采取惩罚措施。但是国际社会如果要寻求更加有组织的结构，就应当授权国际组织而不是国家来全权承担起应对之责，由它来判断是否出现对整个国际社会基本义务的违反并决定采取何种应对措施。根据《联合国宪章》，这些责任被授予相应的机关。[②] 国家责任专题特别报告员里法根拟订的国家责任若干条款草案规定，关于国际不法行为法律后果的规定，不影响《联合国宪章》关于维持国际和平与安全的有关条款和程序（第4条）；对国际罪行的情况，国家应比照《联合国宪章》关于维持国际和平与安全的有关程序（第14条）。[③] 他强调联合国集体行动在援引国家责任特别是在国家犯下国际罪行时的独特作用，其所指的国际罪行的情况，基本与国家对整个国际社会所负有的对一切义务相吻合。

第四，在对全体缔约方所负义务情况下，应当在个案基础上进行分析。如果一个以多边公约为纽带形成的“国际社会”拥有法律人格，是具有独立国际行为能力的国际组织如联合国，那其成员所

① Yearbook of the International Law Commission, 2000, vol.I, pp. 76-77.

② Yearbook of the International Law Commission, 1979, vol. II (Part One), pp. 33-34.

③ Yearbook of the International Law Commission, 1984, vol. II (Part One), p.3, p.4.

负有的对全体缔约方的义务就直接指向该国际组织，此时的义务可能就更具有双边性质，其他成员国是否因此对该义务的履行拥有法律利益并有权采取行动是有疑问的，至少应遵循该国际组织的成立文件等相关文件或组织机构的有关决议行事。另一种情况下，如果有关多边公约为纽带形成的关于某一事项的范围较窄的“国际社会”没有独立的法律人格，没有独立的行为能力，那么其根本利益的维护仍仰仗其成员国。个别成员国对对全体缔约方所负义务的履行拥有法律利益，有权为相关权利的维护采取行动，行动的范围首先要从相关多边公约建立的特别法（lex specialis）或自成一体的制度（self-contained regime）中去寻找。

3. 若干其他判例

（1）东帝汶案 国际法院于1995年6月就该案做出判决，认为人民自决是当代国际法的一项核心原则，具有对一切义务的性质。但一项原则具有对一切的性质与同意法院管辖是两回事。不论所涉义务的性质如何，法院都不能就非本案当事国的行为合法与否做出判断。[①] 因此，义务的对一切性质，以及由此引出的每个国家对该义务的履行拥有法律利益，并不能赋予有关国家不顾法院管辖权条件而提起诉讼的权利，也就是说，法院管辖基于国家同意的原则并不因所涉义务的对一切性质而改变。[②] 东帝汶案判决并未在巴塞罗那牵引力公司判决基础上有所前进，[③] 而是继续坚持法院行使管辖权的前提，并实际上坚持了西南非洲案第二阶段判决关于在现行国际法中寻找依据的立场。

（2）隔离墙咨询意见案 该案判决中，法院重申了巴塞罗那原则，认为以色列违反了人民自决权以及若干国际人道法领域的对一

① East Timor (Portugal v. Australia), Judgment, I. C.J. Reports 1995, p. 90, at p. 102.

② Christian Tams, Enforcing Obligations Erga Omnes in International Law, Cambridge University Press, 2005, p. 160.

③ Bruno Simma, From Bilateralism to Community Interest in International Law, in Recueil des Cours, Collected Courses of the Hague Academy of International Law, 1994, VI, p.297.

切义务。所有国家负有义务对以色列建墙造成的情势不予承认，对维持该情势不得提供协助或援助，并且在遵守《联合国宪章》和国际法的前提下，确保使任何影响巴勒斯坦人民行使自决权的行为终止，所有《关于战时保护平民的日内瓦公约》的缔约国，有义务确保以色列遵守该公约中体现的国际人道法原则。[①] 该咨询意见参照了国际法委员会国家责任条款草案相关条款，但做了变通处理。草案第三章规定了严重违背依强行法承担的义务的情况，各国有义务合作制止严重违背强行法的行为，对所造成的情势不得承认为合法，不得协助或援助维持该情势。[②] 该咨询意见实际上在对一切义务的处理上，参照了国家责任条款草案关于严重违背强行法义务的后果的规定，暗示法院认为违反对一切义务可以具有严重违背强行法义务的法律后果，在对一切义务与强行法之间建立了某种程度的对应关系。[③] 进而，所有国家对以色列履行对一切义务拥有法律利益的后果是，所有国家都负有大体相当于各国在面对严重违背强行法义务时所负有的义务，其中有些是不作为义务，如不承认、不协助、不援助；有些是积极义务，甚至是对各国采取行动的某种授权，如确保不法行为的终止，[④] 确保国际人道法原则得到遵守。值得注意的是，咨询意见没有如条款草案第42条那样强调合作的义务，似乎表明各国既可合作行动，也不排除单独采取行动的可能。由此可

① Legal Consequences of the Construction of a Wall in the Occupied Palestinian Territory, Advisory Opinion, I. C. J. Reports 2004, p. 136, at pp. 199-200.

② 《国家对国际不法行为的责任》条款草案，第三章，第40条、第41条。

③ 克劳福德认为对一切义务的主要例子都是具有一般国际法性质的不得损抑的义务，与强制规范义务实际上是共存的。因为如果义务可被两个国家通过自由处置被解除，那就难以认为该义务是对整个国际社会所负有的。参见 James Crawford, Third Report on State Responsibility, 15 March 2000, UN General Assembly, A/CN.4/507, pp. 46-47. 另参见 James Crawford, Multilateral Rights and Obligations in International Law, Recueil des Cours, Collected Courses of the Hague Academy of International Law, 2006, Martinus Nijhoff Publishers, p.475。

④ 这与条款草案关于受害国以外的国家援引责任的第48条第2款第1项规定也有相似之处。

见，该咨询意见既坚持了巴塞罗那原则，又在其基础上有所前进，对各国针对严重违反对一切义务的情况基于对义务的履行拥有法律利益所可能采取的行动、即此时援引责任的范围给予了一定程度的触及。

（3）**刚果领土上的武装活动案** 该案判决认为，正如东帝汶案判决所表明，规则的对一切性质与法院管辖权是两回事，争议涉及一般国际法强制规范并不能提供法院管辖的基础，虽然禁止种族灭绝当然具有强行法性质。根据法院规约，其管辖权总是建立在当事国同意基础上。[①] 专案法官杜加德尔认为这是法院首次承认强行法。法院花这么久才得出这一结论有点离奇，因为它毫不犹豫地接受了对一切义务。对一切义务与强行法一起肯定了国际法是有规范等级的。实际上，正是法院创造了对一切义务。法院判决强调了，强行法的范围也不是不受限制的，而且该概念不能起到推翻国家同意作为法院管辖基础的作用。[②] 该案判决对强行法的肯定，可能起到进一步把法院审判实践与国家责任条款草案相关规定联系起来的作用，使条款草案中关于严重违背依一般国际法强制规范承担的义务等相关条款在法院审判实践中得以适用，循法院对对一切义务的处理以及国家责任条款草案相关条款的思路，承认受害国以外的国家对依据强行法承担的义务拥有法律利益，并因此拥有援引严重违反强行法的责任国的责任。

综上可见，国际法院判决承认个别国家对多边义务——包括对一切义务和对全体缔约方所负义务——的履行拥有法律利益，并因此有权在即使其自身权利未受侵害的情况下为维护集体利益援引责

① Armed Activities on the Territory of the Congo (New Application:2002) (Democratic Republic of the Congo v. Rwanda), Jurisdiction and Admissibility, Judgment, I.C.J. Reports 2006, p. 6, at p.32, p.52.

② Separate Opinion of Judge Ad Hoc Dugard, Armed Activities on the Territory of the Congo (New Application:2002) (Democratic Republic of the Congo v. Rwanda), Jurisdiction and Admissibility, Judgment, I.C.J. Reports 2006, p. 6, at p.86, p. 87, p.91.

任国的责任，并相应采取必要措施。判决没有在一般意义上明确有权采取行动的范围以及是否包括采取反措施，但强调采取行动仍应受现行有效国际法的管制。循法院的思路，在对一切义务情况下，作为整个国际社会成员的任何国家都对该义务的履行拥有法律利益，有权援引违反该义务的国家的责任。其次，在对全体缔约方所负义务的情况下，尽管相关机制的个别成员对义务的履行拥有法律利益，对维护集体利益有权采取必要行动，但其行动能力和范围首先取决于该特定机制的具体规定，其次才考虑在国家责任的一般法层面援引责任。

二、多边条约义务与法律利益

在多边条约中虽然很少看到直接提及法律利益，但多边条约与法律利益问题也是密切相关的。一方面，正如巴塞罗那牵引力公司案判决所说，当多边条约中的义务被普遍接受为对一切义务后，国际社会的任何国家就因此对该义务的履行拥有法律利益，有权在一定范围内援引违反该义务的责任。另一方面，在多边条约所建立的具体制度框架内，所有缔约国对该条约所规定的多边义务的履行拥有法律利益，并因此在其未受到违反条约义务行为直接影响，也就是说即使该国不是受害国的情况下，由于其对有关多边义务的履行拥有法律利益，也在一定范围内拥有援引违约责任的权利。

（一）多边条约中的义务种类

多边条约中包含两类义务，一类是双边义务。多边条约可以规范当事国间的双边关系。[①] 例如一般认为，《维也纳外交关系公约》、

---

① 例如，亚辛的观点，Yearbook of the International Law Commission, 1966, vol.I (Part One), p.62; 克劳福德观点，James Crawford, Multilateral Rights and Obligations in International Law, Recueil des Cours, Collected Courses of the Hague Academy of International Law, 2006, Martinus Nijhoff Publishers, 2007, p.408。

《维也纳领事关系公约》虽是多边公约，却主要以规范各国间的双边外交和领事关系为主，因为双边性是国家间的外交和领事关系的基本特征，此时其所规定的义务也主要是双边性质的义务。另一类是多边义务。在《国际法中的多边权利与义务》一文中，克劳福德指出，多边权利或多边义务是大量成员共同拥有的权利或对大量成员共同负担的义务，包括对整个国际社会所负担的义务。[①]可见，他认为多边权利是一种集体权利，多边义务是对集体负有的义务。他认为没有任何先验的理由否认，各国在不涉及其自身的特殊利益情况下，可以对确保某项政策或结果拥有共同利益。普遍性多边条约是国际法律体系这样的水平层面的分散体系所能达到的与立法最为接近的程度。[②]按克劳福德观点，多边义务主要包括两类，一类是对一切义务（obligations erga omnes），也就是对整个国际社会所负担的义务，多边条约中可以含有这样的义务，正如条约中可以含有习惯国际法规范，但这种情况已经超出了条约法范畴。另一类与多边条约直接相关，是对全体缔约方所负担的义务（obligations erga omnes partes），指的是在依据特定多边条约建立起的一套国际制度的情况下，该条约的所有缔约国也都是该制度的当事国。这样的制度包括依据《联合国宪章》建立的各种制度，保护环境的制度，裁军制度，人权保护制度等。[③]多边条约中的多边义务指的主要是这种对全体缔约方所负担的义务。同一项多边条约中，可能仅含有多边义务，也可能同时含有双边义务和多边义务，但仅规定双边义务的多边条约可能是少见的。因为至少多边条约中体现该条约的宗旨和目的的义务更多地会属于多边义务。

---

① James Crawford, Multilateral Rights and Obligations in International Law, Recueil des Cours, Collected Courses of the Hague Academy of International Law, 2006, Martinus Nijhoff Publishers, 2007, p.344.

② Ibid., pp.344-345.

③ James Crawford, Third Report on State Responsibility, 15 March 2000, UN General Assembly, A/CN.4/507, p.47.

学者们结合对条约的分类，对多边义务进行了进一步的分类。多边条约中的多边义务主要包括客观制度（objective regime）、整体义务（integral obligations）或称相互依存义务（interdependent obligations）以及绝对义务（absolute obligations）等。

在条约与第三国关系问题上，麦克奈尔（McNair）、菲茨莫里斯、沃多克（Waldock）把某些条约称作客观制度条约，这类条约无需第三国同意即可为其创设权利或义务，包括规定国际水道制度、和平探索和利用外层空间制度、非军事化制度以及建立国际组织的条约等。① 一些国际法学者从事实上的国际政府去解释客观制度条约效力的广泛性。例如罗伊特（Reuter）和布罗（Braud），认为这反映出缔约国的实际权力达到了使它们有手段给予该条约所规定的制度以第三国实际上不可能反对的那种效力。② 麦克奈尔也认为，有时一些大国或很多国家，获得通过多边条约创建新的制度或地位的权力。所创建的制度或地位很快获得广泛接受，其影响超出了实际的缔约国的范围，使其具有了客观存在的效果，当涉及公共利益的时候，就会涉及该权力的运用。③ 国际法委员会在审议条约法专题过程中，特别报告员曾建议把客观制度写入条约法，但委员会经过反复讨论后未予接受。④

菲茨莫里斯提出条约中的整体义务和绝对义务的概念。他曾任国际法委员会条约法专题特别报告员，所提交的第二份报告就条约的时间效力、终止和暂停条约等提出了条款草案建议案文。其建议案文第19条1（ii）（b）项规定，“……根据条约的性质，任何当事方履行条约有赖于所有其他当事方均等地或相应地履行……”，第

① Ian Brownlie, Principles of Public International Law, 5th edition, Clarendon Press, Oxford, 1998, pp. 638-639.

② 参见李浩培:《条约法概论》，法律出版社，2003年1月第二版，第402—412页。

③ Separate Opinion by Sir Arnold McNair, International Status of South-West Africa, Advisory Opinion: I.C.J. Reports 1950, p. 146, at p. 153.

④ Yearbook of the International Law Commission, 1964, vol. I, pp. 96-109.

19条1（iv）项规定，“……任何其他条约，其义务的法律效力是内在的，并且不依赖于条约其他当事方相应地履行义务……因此该义务具有自行存在的性质（self-existent）……”。[①] 前者即整体义务，后者是绝对义务。菲茨莫里斯对两类义务进一步作了阐述。关于绝对义务，他认为，某项人权条约的一个当事国对该条约的根本性违反不能作为终止条约的理由，也不能作为受侵害的当事国针对其本国国民违反该条约的理由。该逻辑也适用于国际劳工组织框架下关于工作条件标准的义务，海事公约中关于海上安全标准的义务，以及关于人道法的日内瓦四公约中的义务，特别是共同第2条。这些条约的特点是，任何当事国的义务都不依赖于其他当事国相应履行义务。这些义务是绝对的而非对等的。该义务是对全世界负担的，而不是对特定当事国负担的。可以把这类义务称作自行存在的。绝对义务与整体义务的区别可拿裁军条约来说明。裁军条约中每一当事国的义务，是依赖于所有其他当事国相应履行义务的，因为这类条约的核心是每一方的履约应获得其他各方承担相似义务的回报。个别缔约国的违约因此使其他缔约国有理由相应地不遵守有关义务，一方相当于废弃条约的一般性的或实际上根本违约，将导致条约的终结。[②]

（二）条约法中法律利益的具体情况[③]

缔约国对多边条约中的多边义务拥有法律利益，有权援引违反条约义务缔约国的责任。非缔约国在某些特定情况下，对条约中多边义务的履行也拥有法律利益并有权援引违反该义务的缔约国的

① Yearbook of the International Law Commission, 1957, vol. II, p.31.

② Ibid., p.54.

③ 双边条约也可以创建国家间的陆地边界、海域界限等客观制度。第三国对这类客观制度应予尊重，对制度的建立、变更也拥有一定的法律利益，例如第三国飞机飞越有关国家领空需向相应国家申请许可，就会受到有关国家边界变更的影响。这类基于双边条约的客观制度的当事国也应及时周知制度的创立和变更。

责任。但是援引责任的行动范围首先要遵循具体的条约制度即特别法而定。在没有特别法制度的情况下，才可以根据国家责任法采取必要的合法措施。而且，通过下文分析可以看出，基本上，条约法框架内对援引责任所可以采取的具体行动总体而言也没有明晰的指引。

1. 从一般意义上，多边条约缔约国对条约义务的履行拥有法律利益

1966年国际法委员会第17届会议上，委员会审议了条约法专题。在讨论条约的终止和暂停实施时，委员会围绕特别报告员沃多克在其第5份报告中提出的新案文进行了讨论。案文中提及“对多边条约的重大违反使得任何其利益受到违约影响的其他缔约国，在其与违约国之关系上，可以此作为全部或部分暂停条约实施的理由”。① 案文提及缔约国的“利益”。讨论中，罗森（Rosenne）、沃多克、菲德罗斯（Verdross）、布里格斯（Briggs）、亚辛（Yasseen）、童金（Tunkin）等委员普遍认为在多边条约中，缔约国对条约的履行一般性地拥有法律利益。② 罗森的观点具有代表性，他认为国际法中的“法律利益”概念未获得很好的定义，国际法院在判决中也避免下一般性定义。多边条约的所有当事国对该条约的遵守拥有相同的利益。他举了《国际法院规约》第63条作为例证，该条给予多边条约缔约国因条约的解释而介入诉讼的权利。此外，保留制度也体现了所有缔约国对条约拥有法律利益的思想。菲德罗斯认为，违反条约可能特别影响到某个缔约国的权利，但无疑也会使所有缔约国的利益受损。③

2. 多边条约的宗旨和目的是条约中的基础性多边义务

正如克劳福德所言，多边条约创立的制度无需明确承认集体利

① Yearbook of the International Law Commission, 1966, vol.I (Part One), p.59.

② Ibid., pp. 59-64.

③ Ibid., pp. 60-61.

益，只要能从条款的解释中明确解读出来就可以了。[①] 其实，每项多边条约从某种意义上讲，都不同程度地创立了某种制度。其条约的宗旨和目的就反映了该制度的基本要求和关键所在，也是缔约国的集体利益所在。正如日本、阿根廷对国家责任条款草案相关条款的评论中所说，任何多边条约，都在某种程度上确立起集体利益。[②] 英国则进一步认为所有多边条约以及其他多边义务的所有当事国都是利益相关的国家（interested States），并建议国家责任条款草案中关于受害国以外的国家援引责任的条款中删去“为保护集体利益”（established for the protection of a collective interest）的表述。[③] 正是在这个意义上，1969年《维也纳条约法公约》第60条第3款规定，“违反条约规定，而此项规定为达成条约目的或宗旨所必要者”构成“重大违约”。例如《联合国宪章》，开宗明义第1条即规定了宪章的三大宗旨。《联合国宪章》第1条第4款紧接着规定，“（联合国）构成一协调各国行动之中心，以达成上述共同目的”，明确规定各国应通过联合国来为实现其宗旨而采取协调行动。多边条约的宗旨和目的，构成了多边条约的基础性多边义务，它体现了对全体缔约方的基本要求，所有缔约国不可能不对该义务的履行和实现拥有法律利益，不可能不对该义务的违反在一定限度内拥有援引责任的权利。

即使在以规定双边权利义务关系为主的多边条约中，只要该条约有其宗旨和目的，就也存在着多边义务。例如《维也纳外交关系公约》主要规定了缔约国间的双边权利义务。在国与国的双边关系

---

① James Crawford, Third Report on State Responsibility, 15 March 2000, UN General Assembly, A/CN.4/507, p.47.

② State Responsibility: Comments and Observations Received from Governments, 19 March 2001, UN General Assembly, A/CN.4/515, p.64; Addendum, 28 June 2001, UN General Assembly, A/CN.4/515/Add.3, p. 8.

③ State Responsibility: Comments and Observations Received from Governments, 19 March 2001, UN General Assembly, A/CN.4/515, p.71.

中，一般性的违反公约的行为司空见惯，但这通常只涉及有关国家的双边关系范围内，并不使其他缔约国对义务的履行拥有法律利益并因此有权援引责任国的责任。但如违反义务损及公约的宗旨和目的因而构成“重大违约”，则受害国以外的缔约国就对该义务的履行拥有法律利益并有权在一定范围内援引责任国的责任。国际法委员会认为，特定国家成为《维也纳外交关系公约》的受害国并不排除所有缔约国都可能对国际法的遵守和国际机制和安排的延续一般性地拥有利益。① 科斯肯涅米也认为，当有关义务是为了一般利益设立的时候，虽然某个国家是受害国，但其余国家对采取行动是拥有利益的。例如把使馆人员扣为人质并威胁到外交关系的稳定是非常严重的违反《维也纳外交关系公约》的行为。此时虽然一国受害，但所有国家都有理由制止这种行为。②

在德黑兰人质案判决中，国际法院把伊朗境内发生的劫持外交官作为人质的事件提升到破坏《维也纳外交关系公约》宗旨和目的的高度，指出劫持外交官作为人质不可能不对人类历经数世纪小心地构建起来的相关法律大厦造成破坏。确保国际社会成员有序交往的法律比以往任何时候都更加重要，其维护对于当今纷繁复杂国际社会的安全和福祉至关重要，务须给予一贯和严格遵守。③ 鉴于事件严重违反了公约的宗旨和目的，1980年4月22日，欧洲共同体外长决定对伊朗实施制裁，5月18日有关决议通过，规定所有1979年

① Report of the International Law Commission, 53rd Session, 2001, Official Records of the General Assembly, A/56/10, 2001, p.298.

② Martti Koskenniemi, Solidarity Measures: State Responsibility as A New International Order? 73 British Yearbook of International Law, 2001, p.345.

③ United States Diplomatic and Consular Staff in Tehran, Judgment, I.C.J. Reports 1980, p. 3, at p.43.

11月4日以后签订的合同都予以中止。①

1999年5月8日，以美国为首的北约悍然轰炸中国驻前南斯拉夫联盟大使馆，造成中国重大人员和财产损失，粗暴践踏了国际法准则。正如中国前外交部长唐家璇所说，“一国或一个军事集团轰炸一个主权国家的使馆，是外交史上罕见的、粗暴违反国际法准则的野蛮行径”。② 以美国为首的北约这一公然违反国际法准则的行径震惊了全世界，受到国际社会的强烈谴责。5月8日，俄罗斯总统叶利钦发表声明，强烈谴责北约袭击中国使馆的野蛮行径。亚洲、非洲、拉丁美洲多国领导人也分别致电致函中国领导人，谴责以美国为首的北约轰炸中国驻南联盟大使馆，积极声援中国政府。③5月14日，联合国安理会发表主席声明，声明对中国使馆遭到轰炸深表悲痛和关注，对轰炸事件深表遗憾，重申依据国际公认的原则，在任何情况下都必须尊重外交人员和馆舍不可侵犯原则，强调必须对事件进行全面、彻底调查。④ 美国此举严重违反了《维也纳外交关系公约》的宗旨和目的，虽然中国是受害国，但对公约的这种严重违反显然已超出中美双边关系范围，至少使公约任何缔约国都拥有在一定程度上援引美国不法行为责任的权利。各国对中国的声援虽然难以构成严格的法律意义上的援引责任，但起码显示了各国对关涉公约宗旨和目的重要义务的履行是拥有法律利益的。安理会主席声明也可被视为代表整个国际社会表达了对事件的关切和谴责的基本态度。

① Bulletin EC, 1980, No.4, 20-26, 25. 转引自 Jochen A. Frowein, Reactions by Not Directly Affected States to Breaches of Public International Law, in Recueil Des Cours-Collected Courses of the Hague Academy of International Law, 1994 IV, Tome 248 de la collection, 1995, Martinus Nijhoff Publishers, p.417。

② 唐家璇:《劲雨煦风》，世界知识出版社，2009年12月第一版，第172页。

③ 同上，第175页。

④ 同上，第179页。

3. 整体义务和绝对义务情况下的法律利益

在整体义务情况下，每一缔约国履行条约义务是依赖于其他缔约国相应履行义务的，义务的履行是相互依存的。每个缔约国所负担的义务不是指向特定缔约国的具体权利，而是指向条约构建的制度本身，所有缔约国对条约所建立的制度的存续都拥有法律利益，对每个缔约国都负有整体义务，每个缔约国对其他缔约国履行该义务都拥有法律利益，也都从法律上受到该义务违反的影响，因而被授权要求停止违反义务的行为并要求赔偿。[①]《维也纳条约法公约》关于“条约因违约而终止或暂停施行”[②]的第60条，体现了整体义务思想。

首先，第60条第2款（甲）项规定，多边条约当事国之一重大违约时，其他当事国有权以一致协议采取行动，在各该国与违约国关系上或在全体当事国之间，将条约全部或局部暂停实施或终止该条约。“全体一致”既体现了维护条约稳定性的努力，也反映出各当事国履行义务是相互依存的，对重大违约都拥有法律利益并有权采取援引责任行动的思想。这种行动是一种集体行动，并且是在条约法框架下采取的，并不是一般意义上的在国家责任法范畴内援引责任。

其次，根据第60条第2款（丙）项，如果由于条约性质关系，遇一当事国对其规定有重大违反情事，致每一当事国继续履行条约义务所处之地位因而根本改变，则违约国以外之任何当事国皆有权

① James Crawford, Multilateral Rights and Obligations in International Law, Recueil des Cours, Collected Courses of the Hague Academy of International Law, 2006, Martinus Nijhoff Publishers, 2007, p.444.

② 该条标题英文作准文本为“Termination or suspension of the operation of a treaty as a consequence of its breach”，法文作准文本为“Extinction d’un traité ou suspension de son application comme conséquence de sa violation”，中文作准本文标题和文内把suspension均译为“停止”，有一定误导性。李浩培在其自译中把suspension译为“暂停”，其所译标题为“条约因违约而终止或暂停施行”，更为贴切。见李浩培，《条约法概论》，法律出版社，2003年1月第二版，第584页。

援引违约为理由将条约对其本国全部或局部暂停施行。重大违约包括两种情况，一是废弃条约，此种废弃不被条约法公约所准允；二是违反为达成条约目的或宗旨所必要的条约规定。该项规定的是典型的整体义务的情况。由于义务是相互依存的，一国重大违约使得其他该公约当事国很难继续履行条约义务。由于每个当事国都对其他当事国履行义务拥有法律利益，违反整体义务威胁到整体条约框架，使得每个当事国拥有援引重大违约的权利，有权在条约法框架内全部或局部暂停施行该条约。该项规定旨在回应在条约法公约起草过程中一些国家对规定整体义务的条约、如裁军条约的评论。在裁军条约情况下，一国违反条约冲击的是该条约建立的整个制度。此时面对重大违约，第60条第2款（甲）项和（乙）项不足以保护个别当事国的利益。由于义务是相互依存的，个别当事国如果要暂停履行对违约国的义务，将同时违反它对其他当事国所负担的义务。但如果该国不采取行动，它就无法维护自身权利。为解决该问题，委员会认为必须允许任何当事国在无需事先征得其他当事国同意的情况下，在该国与该条约所有其他当事国的关系上，暂停条约的施行，第60条第2款（丙）项就是循该思路拟订的。[①] 实践中这种重大违约的情况是相当少见的。该项规定从条约法的特定情况出发，本着尽量维护条约稳定性的目的，特别要求违反需构成“重大违约”（material breach），并且具有“根本改变”（radically changes）的效果，暗示此时个别当事国暂停实施条约的权利是受到限制的，其行动权比在国家责任法范畴内的相对要严格。但第60条该项规定显然并没有排除当事国在国家责任法范畴内采取行动的权利。在国家责任法框架下，受害国以外的条约当事国援引违反整体义务的责任，就不必受到《维也纳条约法公约》第60条第2款（甲）项和（丙）项的限制。实际上，还可认为第60条第2款（甲）项和（丙）项，

① Sir Arthur Watts, The International Law Commission:1949-1998, Vol. Two: The Treaties, Part II, Oxford University Press, 1999, p.756.

是对整体义务的履行拥有法律利益的受害国以外的条约当事国，针对条约某当事国从事的“重大违约”行为，以终止或暂停条约施行这样的特定行动作为援引违约国责任的具体方式，甚至可以认为这是允许受害国以外的国家采取反措施的一个特例。[①] 正如国际法委员会在对该条（原委员会草案第57条）的评注中所说，违反条约义务，正如违反其他义务一样，可赋予其他当事国进行非强制性报复（non-forcible reprisals）的权利，这种报复可以指向违约国在该条约下享有的权利。[②] 虽然这里所说的非强制性报复的权利的范围要大于终止或暂停条约实施，但它无疑包含了终止或暂停条约实施这种情况。《维也纳条约法公约》除就重大违约规定了以终止或暂停条约施行，作为受害国以外的国家所采取的反措施的特例，它没有在国家责任法范围内就这类国家面对“重大违约”时所有权采取的行动做出一般性规定，也没有涉及受害国以外的国家在面对一般性违反条约的情况时所有权采取的行动。因此，难以在一般意义上认定受害国以外的国家为援引从事了“重大违约”的缔约国的责任而有权采取什么样的行动，也不能认定这类国家在面对一般性违约时所有权采取的行动。在上述情况下，都不能得出这类国家在一般意义上有权采取反措施的结论。

菲茨莫里斯认为，在绝对义务情况下，条约的任何当事国的义务都不依赖于其他当事国相应履行义务。这些义务是绝对的而非对等的，是对全世界负担的，而不是对特定当事国负担的。菲茨莫里斯还说，这类多边条约并不涉及当事国的直接利益。这种利益具有普遍性质，产生于对普遍的“善”这一共同事业的参与。作为履行条约义务相对方的条约当事国所能要求的，就是其他每个当事国认

① Linos-Alexander Sicilianos, The Relationship between Reprisals and Denunciation or Suspension of a Treaty, 4 EJIL, 1993, p.359.

② Sir Arthur Watts, The International Law Commission:1949-1998, Vol. Two: The Treaties, Part II, Oxford University Press, 1999, p.753.

真履行该义务。[①] 实际上，在绝对义务情况下，缔约国所负担的除非茨莫里斯所指的对整个国际社会的义务（obligations owed to the international community as a whole），如《防止及惩治灭绝种族罪公约》所规定的禁止种族灭绝的义务，也包括对全体缔约方所负担的义务（obligations *erga omnes partes*），如一些区域人权条约中所规定的义务。[②]1989年，国际法学会通过《保护人权与不干涉国家内部事务原则》的决议。决议认为，人权是个人尊严的直接表达，国家保护人权的义务源于对这一尊严的承认。保护人权的义务是对一切义务，是整个国际社会的任何国家都应当负担的，任何国家对人权的保护都拥有法律利益。违反保护人权义务的国家不得以有关情势属于内政为由解除其国际责任。在不影响联合国职权以及不得使用武力的前提下，任何国家都可以采取单独或集体的外交的、经济的或其他措施来制止违反义务的行为。有关措施不得被视为干涉有关国家内政。[③] 可见，国际法学会把保护人权的义务视为绝对义务，并且未对基本人权与非基本人权、普遍性人权与区域性人权义务做出区别，认为所有国家对保护人权都拥有法律利益，并有权为保护人权采取措施，甚至暗含包括反措施。国际法学会的观点是激进的，并非建立在充分的国际实践基础上，也超出了国际法逐渐发展的范畴。

在《防止及惩治灭绝种族罪公约》保留案咨询意见中，国际法院指出，在这类公约中缔约国没有任何其自身利益，它们全体拥有

① Gerald Fitzmaurice, Fourth Report on the Law of Treaties, 载Yearbook of the International Law Commission, 1959, vol. II, p.54.

② 例如《欧洲人权公约》第1条规定，缔约国应当“确保其管辖范围内的每个人的权利和自由获得保障”。该义务即是个别缔约国对该公约全体缔约国所负担的义务，这种义务是基于欧洲人权公约所建立的人权保护制度产生的。每个缔约国履行义务是绝对的，不依赖该公约其他缔约国相应地履行义务。

③ Resolution: The Protection of Human Rights and the Principle of Non-intervention in Internal Affairs of States, Institut de Droit International, Session of Santiago de Compostela, 1989. 见国际法学会网站：http://www.idi-iil.org/idiE/navig_chon1983.html, 2011年8月1日访问。

一个共同的利益，那就是实现公约的最高宗旨。因此在这样的公约中，看不出个别国家会受有哪些好处和不利之处，或者维持契约上权利与义务的良好平衡。以缔约国共同意志体现出来的激发制定公约的崇高理想，构成了公约的基础和衡量所有条款的尺度。法院接着说，公约的宗旨和目的不但限制了提具保留的自由，也限制了反对保留的自由。是否与公约的宗旨和目的相一致构成衡量保留与反对保留可接受性的标准。[①] 这意味着，缔约国自由选择脱离绝对义务约束（contracting out）的权利是受到限制的。《1949年8月12日日内瓦四公约关于保护国际性武装冲突受难者的附加议定书（第一议定书）》(即1977年第一附加议定书）中规定了绝对义务以及对严重违反绝对义务的制裁。议定书第85条详细规定了严重破坏本议定书的行为，这些行为属严重侵犯被保护人员权利及损害民用物体的行为，相关义务是不得克减的。严重违反有的可由个人犯下，有的是由军队有组织的犯下，因而应由军队所属国承担国家责任。第89条规定，在严重违反四公约或本议定书的情形下，缔约各方承诺在与联合国合作下按照《联合国宪章》采取共同或单方行动。该条旨在避免报复的实施，避免通过对公约和议定书的进一步违反来制止违反行为。根据该条评注，该条强调与联合国的合作，同时未否认缔约方根据《联合国宪章》所享有的通过行使自卫权来制止严重违反义务行为的权利。[②] 由此可推论，该条可能也未否认缔约方在不违反国际法的限度内采取非武力的反措施来回应对有关义务的严重违反。《欧洲人权公约》第33条的国家间指控程序（interstate procedure），以及联合国若干核心人权公约如《消除一切形式种族歧视国际公约》中所规定的国家间指控程序，也体现了绝对义务理

① Reservations to the Convention on Genocide, Advisory Opinion: I.C.J. Reports 1951, p. 15, at pp. 23-24.

② Yves Sandoz, Christophe Swinarski, Bruno Zimmermann, Commentary on the Additional Protocols of 8 June 1977 to the Geneva Conventions of 12 August 1949, International Committee of the Red Cross, Matinus Nijhoff Publishers, Geneva 1987, p.1032.

念。其本国国民权利未受违反义务影响的个别缔约国，因对义务的履行拥有法律利益，有权援引违反公约义务国家的责任，提起国家间指控程序。[①]

根据绝对义务的性质以及循国际法院巴塞罗那牵引力公司案判决原则，作为受害国以外的国家的条约缔约国，对绝对义务的履行拥有法律利益，有权单独或集体采取行动，援引他国违反义务的责任。克劳福德认为，（绝对义务）暗示着所有国家都有权援引不履行义务的行为，不论其是否实际上遭受了违反义务的损害。[②] 在国家责任法的一般意义上，这种援引责任的范围和程度是不明确的。《维也纳条约法公约》第60条第5款更明确规定，该条第1款至第3款关于停止和暂停条约实施的各种规定，不适用于各人道性质之条约内所载关于保护人身之各项规定，尤其关于禁止对受此种保护之人采取任何方式之报复之规定。这说明，缔约国不得以停止或暂停履行绝对义务，作为其对违反绝对义务的回应，不得以终止或暂停实施规定绝对义务的条约来回应对该条约所规定的绝对义务的违反。此外，在绝对义务情况下与在其他条约框架下的情况类似，基于特别法优于一般法原则，援引责任时应优先适用条约制度下的特别法规定，然后才可考虑适用国家责任法相关规定的可能性。这表明，在绝对义务情况下，虽然作为受害国以外的国家的条约缔约国有权援引责任，但是其援引责任的范围和程度仍然是不清楚的，具体条约制度也基本上未明确规定这类国家有权采取反措施。

4. 当事国主张条约与强行法相抵触而无效

可以认为，当前国际社会对强行法已具有基本共识，强行法概念的内涵已建立起来。由于国际法原则、规则是不断发展的，因而

---

① Henry J. Steiner, Philip Alston, International Human Rights in Context Law, Politics, Morals: Text and Materials, 2nd edition, Oxford University Press, 2000, pp. 804-805.

② James Crawford, Multilateral Rights and Obligations in International Law, Recueil des Cours, Collected Courses of the Hague Academy of International Law, 2006, Martinus Nijhoff Publishers, 2007, p. 413.

强行法概念的外延是开放的，国际社会已广泛承认不使用武力、人民自决、禁止种族灭绝等国际法原则、规则属于强行法，这个清单将不断丰富。如前所述，强制规范所涉及的义务具有对一切义务的性质，整个国际社会的所有国家对强制规范所涉义务的履行都拥有法律利益。《维也纳条约法公约》除提出强行法概念，还建立了条约当事国主张条约与强行法相抵触而无效的法律制度。公约第53条规定，条约在缔结时与一般国际法强制规律抵触者无效，并规定了强行法的概念。第64条规定新的一般国际法强制规律产生时，任何现有条约之与该项规律抵触者即成为无效而终止。公约未明确谁有权提出条约与强行法相抵触而无效的主张。但公约第66条（甲）项规定，关于第53条或第64条之适用或解释之争端之任一当事国得以请求书将争端提请国际法院裁决之，但各当事国同意将争端提交公断者不在此限。此外，从公约第65条规定看，只有有关条约的当事国才有权提出该条约的失效、终止、退出条约或停止施行条约。公约第71条规定了条约与强行法相抵触而失效的后果：在第53条情况下，有关条约当事国有义务尽量消除依据与强行法规则相抵触而失效的条约规定所实施的行为的后果，并使彼此关系符合该强行法；在第64条情况下，当事国继续履行旧条约的义务被解除，但其在条约终止前因实施该条约产生的权利、义务或法律情势不受影响，但其今后的保持不得与新的强行法相抵触。

公约上述规定表明，公约认为只有有关条约的当事国才有权提出条约因与强行法相抵触而无效，而且公约也并未要求提出条约与强行法相抵触而无效的国家受到该抵触的特别影响，即认可受害国以外的国家也有权提出。由此可推论出所有条约当事国对维护强行法所涉义务的优先地位一般性地拥有法律利益，[①] 但公约把有权提出主张的国家仅限于在条约当事国，限制了条约以外的国家提出相关

① James Crawford, Multilateral Rights and Obligations in International Law, Recueil des Cours, Collected Courses of the Hague Academy of International Law, 2006, Martinus Nijhoff Publishers, 2007, pp. 430-431.

主张的资格，这与强行法所涉义务的对一切性质是不协调的。

5. 客观制度条约情况下的法律利益

国际法委员会在审议条约法专题过程中，特别报告员沃多克曾专门就客观制度条约拟订条款草案建议案文。根据他的建议案文，“如果从条约的规定和其缔结时的情况看，缔约国有意图为了一般性利益，就一个特定的地区、国家、领土、地方、河流、水道，或者海上的特定区域、海底或空气空间，创设一般性的权利和义务，并且缔约国中包括其领土能力与该条约的主题事项相关的任何国家，或者任何此类国家同意了该条约有关条款”，[①] 那么该条约就是客观制度条约。通常情况下，客观制度条约建立的是一种对一切的制度（regime *erga omnes*），条约当事国负担的义务是对整个国际社会的义务。个别当事国的任何违约行为，如果破坏了该制度，损害了客观制度条约的宗旨和目的，就直接或间接影响到该条约的其他当事国。

直接受到影响的条约当事国当然有权以受害国的资格援引责任，受害国以外的条约当事国，也对义务的履行拥有法律利益，有权援引责任。在温伯顿案中，作为原告的英国、法国、意大利、日本与被告德国都是《凡尔赛和约》当事国，温伯顿号是一艘租给法国的英国船，德国阻碍该船通过基尔运河直接侵害了英国和法国的权利，因而英、法是受害国。意大利、日本权利并未受到直接侵害，但也依据和约第380条对德国提出诉讼。常设国际法院认为，英法意日四国均对和约中与基尔运河相关条款的执行拥有利益，因为它们都有各自的舰队和商船，符合第386条第1款规定的起诉条件。[②] 从法院上述判决观点可以认为，意日两国实际上具有受害国以外的国家的身份，基于对德国履行附着在基尔运河上的对所有国

① Sir Humphrey Waldock, Third Report on the Law of Treaties, Document A/CN.4/167, and Add.1-3, 载 Yearbook of the International Law Commission, 1964, vol.II, p.26。

② Case of the S.S. “Wimbledon”, P.C.I.J. Reports, Series A, No. 1, p.15, at p.20.

家负有的国际地役义务拥有法律利益而起诉。[1] 条约当事国此时有权采取的行动，也仍首先要遵循相关条约确立的特别法。

6. 设立集体利益的条约的当事国与第三国的关系

如前所述，对一切义务和对全体缔约方所负义务都设立了某种集体利益，个别国家对对一切义务和对全体缔约方所负义务的履行拥有法律利益，有权在一定情况下援引责任国的责任。这里所处理的情况是，拥有法律利益的国家与责任国同为整个国际社会或者相应条约制度的当事国，处理的是制度内部由不法行为引起的国家责任问题。其实还存在设立集体利益的条约与位于其外部的条约第三国的关系问题。一般来说，第三国与设立集体利益的条约的关系有两种情况：一是设立集体利益的条约所设立的集体利益不仅涵盖该条约当事国，也包括条约第三国，即条约第三国虽不是该条约当事国但却是该条约所设立的集体利益的当事国；二是设立集体利益的条约所设立的仅是该条约当事国范围内的集体利益，第三国不仅对该条约是第三国，对该条约所设立的集体利益而言也是第三国。

（1）条约当事国与作为条约所设集体利益当事国的条约第三国的关系

当条约所设立的集体利益不仅包括条约当事国，同时也包括条约第三国的时候，条约当事国与条约第三国实际上都是条约所设立的集体利益的当事国，它们所负有的义务属于多边义务，它们之间的关系是有关该集体利益的制度内的关系。它们都对集体利益的维护拥有法律利益，有权在一定限度内援引损害集体利益国家的责任。

如果设立集体利益的条约当事国违反了条约中设立集体利益的多边义务，损害了条约所设立的集体利益，作为集体利益当事国的条约第三国有权援引该条约当事国的责任。例如在规定客观制度条约情况下，由于客观制度的对一切性质，它也适用于条约第三国。

① Case of the S.S. “Wimbledon”, P.C.I.J. Reports, Series A, No. 1, p.15, at p.21.

在客观制度条约当事国违反条约的情况下，如果条约第三国直接受到该违反条约的影响，那么该国就成为受害国；[①] 否则条约第三国作为受害国以外的国家，也因为其对客观制度的维护，也就是说对条约当事国履行义务拥有法律利益，而有权援引该当事国违反条约的责任。但第三国所能采取什么样的行动，是不明确的。

作为条约所设立的集体利益当事国的条约第三国，如果损害了条约所设立的集体利益，违反了设立集体利益的多边义务，那么条约当事国——不论其是否是受害国——也有权在一定限度内援引该第三国的责任。例如，可以认为《联合国宪章》就维持国际和平与安全设立了集体利益，该集体利益不仅包括联合国会员国，也包括非会员国。《联合国宪章》第2条第6款规定，联合国在维持国际和平与安全之必要范围内，应保证非联合国会员国遵行第2条规定的各项原则。1990年伊拉克入侵科威特后，安理会通过制裁伊拉克的第661（1990）号决议。其执行段第5段规定，“要求所有国家，包括非联合国会员国，……皆须严格按照本决议的规定行事”，明确为第三国设定了义务。此时会员国对非会员国维持国际和平与安全拥有法律利益，如果非会员国损害了国际和平与安全，则联合国会员国可依据《联合国宪章》采取行动。再如，关于国际人道法的日内瓦四公约共同第1条规定，各缔约国承诺在一切情况下尊重本公约并保证本公约之被尊重。该条就武装冲突中确保各项人道待遇设立了超出四公约范围的集体利益，四公约缔约国对公约第三国尊重战时基本人道义务拥有法律利益，如公约第三国损害了该集体利益，四公约缔约国就可在一定限度内援引其责任。

（2）条约当事国与作为条约所设集体利益非当事国的条约第三国的关系

当条约仅在条约当事国范围内设立集体利益时，条约第三国同时也是条约所设立的集体利益的第三国。此时，在条约当事国与

---

① 参见《国家对国际不法行为的责任》条款草案，第42条第（b）（i）项。

第三国之间，不共处于相同的多边义务框架之下，缺乏法律上的联系。如果第三国受到条约当事国单独或集体侵害，可直接援引有关国家的责任。如果条约创建了具有法律人格的国际组织，第三国也可能有权同时援引该组织的责任。这属于一种双边的责任关系。反过来，如果第三国侵害了条约当事国权利，或者侵害了条约所设立的集体利益，在条约框架内，作为受害国以外国家的条约当事国可能有权甚至有义务依据条约规定针对第三国采取援引责任的行动；如果有关条约建立了具有法律人格的国际组织，该组织也可针对第三国采取援引责任的行动。然而这种行动是直接依据条约规定进行的，并不是基于对被违反的义务拥有法律利益。

从上述分析可以看出，多边条约中的多边义务包括对一切义务与对全体缔约方所负担的义务两大类，都创建某种集体利益。多边条约缔约国，包括受害国以外的国家，对条约中的多边义务的履行拥有法律利益，有权在一定限度内援引违反该义务国家的责任。援引责任时，首先要看是否存在可遵循的特别法制度，其次可考虑在国家责任法框架下采取行动。总的看，条约法对受害国以外的国家援引责任的范围、程度和形式的涉及都十分有限，更没有在一般意义上涉及采取反措施问题。

三、国家责任条款草案对国际法院判决和条约法规定的借鉴、编纂与发展

国家责任条款草案超越了传统国际法上的双边主义，给予多边义务以重要地位，[①] 并建立起一套多边义务情况下援引责任的制度。草案在受害国以外的国家援引责任等问题上，参照了国际法院有关

① Christian Tams, Enforcing Obligations Erga Omnes in International Law, Cambridge University Press, 2005, p. 49.

判决，特别是巴塞罗那牵引力公司案判决[①]和条约法的有关规定，并在发展国际法的意义上有所创新。

首先，条款草案虽未直接写入法律利益概念，但其对援引责任问题的处理是建立在国际法院有关判决以及体现在条约法制度中的有关对多边义务的履行拥有法律利益思想基础之上的。其关于受害国概念的第42条、关于受害国以外的国家援引责任的第48条，都体现了对该概念的运用，以特别报告员克劳福德建议的基于“法律利益”思想的案文为基础。[②]

其次，草案运用了国际法院巴塞罗那牵引力公司案判决确立的对一切义务思想，只是把该义务用“对整个国际社会承担的义务”（obligations towards the international community as a whole）所代替。正如特别报告员克劳福德所说，对整个国际社会承担的义务并不是国际法委员会发明的，该思想是国际法院引进来的，委员会只是认可了它，剩下的问题是在什么范围内予以运用。[③]条款草案关于受害国概念的第42条、关于受害国以外的国家援引责任的第48条，均写入了对整个国际社会承担的义务，即对一切义务。巴塞罗那案判决中的对全体缔约方所负义务的思想，也体现在条款草案中，草案第42条、第48条都有明确规定。

第三，条款草案在受害国以外的国家援引责任问题上借鉴了条约法规定。一是草案有关条款的思想和措辞参照了1969年《维也纳条约法公约》有关规定。例如，关于受害国概念的第42条，就紧密参照了条约法公约第60条。[④]在条约法公约第60条第2款（乙）项

① James Crawford, Third Report on State Responsibility, 15 March 2000, UN General Assembly, A/CN.4/507, p.43, p.44.

② 特别报告员克劳福德建议案文明确写出“法律利益”，见克劳福德拟订的第40条bis案文，载于James Crawford, Third Report on State Responsibility, 15 March 2000, UN General Assembly, A/CN.4/507, pp. 54-55。

③ Yearbook of the International Law Commission, 2000, vol.I, p.87.

④ 关于第42条的评注，载Report of the International Law Commission, 53rd session, 2001, Official Records of the General Assembly, A/56/10, pp. 295-296。

下的受重大违反多边义务特别影响的国家，被条款草案第42条视为一类受害国。第60条第2款（丙）项关于整体义务情况下未受违约特别影响的国家暂停施行条约的规定，其思想及措辞被草案第42条（b）（ii）项所借鉴。二是草案第48条关于受害国以外的国家援引责任的规定，也参考了多边条约中体现的对一切义务和对全体缔约方所负义务的思想。① 再者，条款草案引入了条约法中的强行法概念，并就严重违反强行法拟订了一套国家责任制度。

第四，条款草案一方面借鉴了国际法院有关判决和条约法中关于法律利益和对一切义务等思想，同时在国际法发展的意义上又进行了较大的理论创新。国际法院判决和条约法虽然承认任何国家对对一切义务和对全体缔约方所负义务的履行拥有法律利益，并因此有权援引责任，但均未在一般意义上明确指出受害国以外的国家援引责任究竟可以采取什么样的方式，更无从谈及明确授权采取反措施问题。相反，法院有关判决一再强调，就个别国家因拥有法律利益而有权援引责任而言，仍应在现行国际法中寻找依据，义务的对一切性质并不能在一般意义上推翻或否定现行国际法的效力。条约法也体现了援引责任的有关行动要遵循国际法具体规定尤其是相关特别法制度的思想。因此，正如斯特恩所说，……国际社会成员对国际法普遍受到尊重拥有利益并不足以确立其在国际法院的起诉权，或使第三方采取反措施成为合法。……在没有特别条约规定的情况下，国家并不具有确保国际法被执行的作为“国际法监护人”的一般能力。②

然而，国家责任条款草案明确规定受害国以外的国家为援引责任，有权要求责任国停止不法行为、提供不重复的承诺和保证，并

① 参见James Crawford, Third Report on State Responsibility, 15 March 2000, UN General Assembly, A/CN.4/507, p.47; Oscar Schachter, International Law in Theory and Practice, Martinus Nijhoff Publishers, 1991, p.208。

② Bollecker-Stern, Le Préjudice dans la Théorie de la Responsabilité Internationale, Paris, Pedone, 1973, p.50, p.58, p.82.

向受害国或被违背义务的受益人进行赔偿，以及“采取合法措施以确保停止该违背义务行为和使受害国和被违背之该义务的受益人得到赔偿”，① 对受害国以外的国家采取反措施也持中立态度，把这类国家是否有权采取反措施问题留待国际法将来的发展去解决。② 草案还建立了包括受害国以外的国家在内的所有国家援引严重违背强行法责任的制度，如合作制止、不承认违法情势、不协助或援助保持违法情势等。因此，似可认为条款草案在国家责任法范畴内，一方面对国际法院判决以及条约法中有关法律利益、对一切义务等进行了一定程度的编纂，同时还对相关形成中的国际法因素进行了发展。

四、中国的相关立场和实践

中国利用对第52届国际法委员会的起草委员会二读暂时通过的条款草案的有关条款进行评论的机会，表达了相关立场。从相关立场和实践看，似乎可以认为，中国原则上并不反对受害国以外的国家基于对有关义务的履行拥有法律利益依据现行国际法援引责任，但明确反对这类国家采取反措施。

首先，中国对起草委员会二读暂时通过的国家责任条款草案中允许受害国以外的国家对另一国援引责任的第49条未发表明确的看法，只是结合对规定受害国以外的国家有权采取反措施的第54条的否定态度，主张把第49条与第54条一并删去。③ 中国主张删去

---

① 见《国家对国际不法行为的责任》条款草案第48条、第54条。国家责任条款草案第48条评注承认，该规定具有发展国际法的性质。见 Report of the International Law Commission, 53rd Session, 2001, Official Records of the General Assembly, A/56/10, p.323.

② 关于第54条的评注，载 Report of the International Law Commission, 53rd Session, 2001, Official Records of the General Assembly, A/56/10, p.355。

③ 国家责任：各国政府提出的评论和意见（中文），19 March 2001, UN General Assembly, A/CN.4/515，第60—61页；另参见 UN General Assembly 55th Session, Official Records, 6th Committee, Summary Record of the 14th Meeting, 10 November 2000, A/C.6/55/SR.14, pp. 8-9。

第49条可能更多是基于该条与第54条相关连的原因，并不一定意味着中国对第49条持完全的否定态度。中国认为，如多数国家坚持保留上述条款，则应“为受害国以外的利害关系国援引国家责任和采取合法措施建立一个集体授权机制，规定这些非受害国必须获得联合国或其他能够代表国际社会整体利益的各国公认国际机构的授权……”[①] 可见，中国未明确反对受害国以外的国家基于对有关义务的履行拥有法律利益而援引责任国的责任，但主要针对的是对一切义务即对整个国际社会所负义务的情况，未涉及对全体缔约方所负义务的情况。在对一切义务情况下，中国不反对采取机制化的行动。

其次，中国的相关立场还可从2009年2月6日中国常驻联合国代表团就冲之鸟礁大陆架问题致联合国秘书长照会[②] 看出些许迹象。该照会是就日本于2008年11月12日向大陆架界限委员会提交的200海里以外大陆架划界案表明的立场。照会表示，《联合国海洋法公约》（下称《公约》）“缔约国在行使其确定大陆架外部界限的权利的同时，也负有确保尊重作为人类共同继承财产的国际海底区域（下称‘区域’）范围的义务，不应影响国际社会的整体利益。（...not to affect the overall interests of the international community as a whole）。《公约》的所有缔约国都应全面遵守《公约》，确保《公约》的完整性，特别是不使‘区域’范围受到任何不合法的侵蚀”。照会接着指出，“所谓‘冲之鸟岛’实际上是《公约》第121条第3款所指的岩礁。因此中国政府提请委员会委员、《公约》缔约国和联合国会员国注意，日本将冲之鸟礁列入其划界案中是不符合《公约》的”。这类岩礁“不应有专属经济区和大陆架，更不具备扩展200海里以外大陆架的权利。……鉴于冲之鸟礁不具备拥有任何范围大陆架的权利基础，日本划界案中以冲之鸟礁为基点划出的200海里以

① 段洁龙主编:《中国国际法实践与案例》，法律出版社，2011年3月第一版，第58页。

② 照会见 http://www.un.org/Depts/los/clcs_new/submissions_files/jpn08/chn_6feb09_c.pdf，2011年8月24日访问。

内及以外的部分均超出了《公约》有关委员会做出建议的授权。中国政府谨要求委员会不对上述部分采取任何行动”。

该照会表明，中国实际上是在以受害国以外的国家的资格，从对日本履行《公约》有关义务拥有法律利益出发，为维护国际社会整体利益而依据现行国际法援引日本的责任。一是中国认为，《公约》缔约国在行使权利的时候，不应影响国际社会整体利益。二是中国认为日本以冲之鸟礁为基点划定大陆架，不符合《公约》，侵犯了国际社会整体利益，这意味着中国政府认为日本从事了一项违反《公约》的国际不法行为。三是日本之举并未直接侵犯中国权利，中国政府提出该照会并非旨在维护自身权利，而是以拥有法律利益为由，旨在维护国际社会整体利益，即“确保《公约》的完整性，特别是不使‘区域’范围受到任何不合法的侵蚀”。四是中国提出了明确的要求，即要求大陆架界限委员会对日本划界案中以冲之鸟礁为基点的部分不采取任何行动。如大陆架界限委员会接受了中国提议，日本提交的大陆架划界案将受到影响。可以认为，提交该照会以及该照会中表达的内容，是一项中国以受害国以外的国家资格为维护国际社会整体利益援引责任的明显例子。

第三，中国反对受害国以外的国家以拥有法律利益为由采取反措施。在对起草委员会二读暂时通过的国家责任条款草案第54条评论中，中国指出，该条在履行国家责任的领域中引进了类似于“集体制裁”或“集体干涉”的因素，扩大了有权采取反措施国家的范围，形成了所谓的“集体反措施”，这是与反措施应该由而且只能由国际不法行为的受害国采取的基本原则相违背的。更为严重的是，“集体反措施”可能为在国际关系中推行强权政治增加新的借口，因为通常只有较为强大的国家和国家集团才有能力对相对弱小的国家采取集体反措施。“集体反措施”也与相称性原则不相符。同一种类的反措施的强度会因非受害国的加入而加强，导致大大超出所遭受损害的恶劣后果。最后，集体反措施使本已十分复杂的反措施问题变得更加复杂。[①]

五、结论

通过审查国际法院判例和条约法可以看出，法律利益是与国家责任相关的一个重要概念，确切界定这个概念并不容易。但可以认为，作为国际社会成员的任何国家对被违反的对一切义务的履行都拥有法律利益，有权援引责任国的责任；作为特定国际制度成员的任何国家，都对被违反的对全体缔约方所负义务的履行拥有法律利益，有权遵循该制度或在可能情况下依据国家责任法援引责任国的责任。然而，判例和条约法都没能对援引责任的具体方式给出进一步指引。因此，受害国以外的国家仅凭对被违反的多边义务的履行拥有法律利益并不能得出其有权采取援引责任的特定行动包括采取反措施的结论，这在某种意义上是对国际关系中第三国的单边干涉或制裁行为的否定。国家责任条款草案在受害国以外的国家援引责任问题上遵循了法律利益概念，同时对相关国际法进行了编纂和发展。中国的相关立场和实践体现了对法律利益概念和对一切义务的原则接受，以及中国对维护国际社会整体利益所作的努力，是与现行国际法相契合的。

① 国家责任：各国政府提出的评论和意见（中文），19 March 2001, UN General Assembly, A/CN.4/515，第60—61页。另参见 UN General Assembly 55th Session, Official Records, 6th Committee, Summary Record of the 14th Meeting, 10 November 2000, A/C.6/55/SR.14, pp. 8-9。

后冷战时代的不干涉内政原则

——西方新干涉主义理论及其批判

陈一峰[*]

不干涉内政原则，又称不干涉原则，[①] 是当今国际社会普遍承认的国际法基本原则之一。联合国大会1970年通过的《国际法原则宣言》明确宣告不干涉内政原则是国际法的基本原则。[②]《国际法原则宣言》也被公认为是对不干涉内政原则的权威说明。[③] 依据《国际法原则宣言》，不干涉内政原则主要包括以下几个方面的内容：第一，“每一国均有选择其政治、经济、社会及文化制度之不可移让之权利，不受他国任何形式之干涉”。第二，“任何国家或国家集团均无权以任何理由直接或间接干涉任何其他国家之内政或外交事务”；“武装干涉及对国家人格或其政治、经济及文化要素之一切其

---

* 北京大学法学博士，芬兰赫尔辛基大学法学院博士后研究人员。

① “不干涉内政原则”，容易让人望文生义的误认为国际法仅仅禁止对一国内政的干涉。事实上，国际法禁止一国对他国包括内政和外交在内的所有主权事务的干涉，而不限于内政。

② “关于各国依联合国宪章建立友好关系及合作之国际法原则之宣言”，A/Res/2625 (XXV)，1970年10月24日。

③ 例如，德国马克斯·普朗克比较公法与比较法教授拜耳林认为1970年《国际法原则宣言》有关不干涉原则的条款很大程度上反映了不干涉原则的习惯法。参见 Ulrich Beyerlin, Prohibition of Intervention, in Rüder Wolfrum ed., United Nations: Law, Policies and Practice (Martinus Nijhoff: Dordrecht, 1995), Vol.2, 805-813, at 807。

他形式之干预或试图威胁，均系违反国际法。”第三，“任何国家均不得使用或鼓励使用经济、政治或任何他种措施强迫另一国家，以取得该国主权权利行使上之屈从，并自该国获取任何种类之利益”；“任何国家均不得组织、协助、煽动、资助、鼓动或容许目的在于以暴力推翻另一国政权之颠覆、恐怖或武装活动，或干预另一国之内争”。

虽然国际法先驱德国学者沃尔夫和瑞士学者瓦泰尔在18世纪中期最早提出了不干涉内政原则，① 但是从实在国际法角度来看，不干涉内政原则最早起源于20世纪初美洲国家反对欧洲殖民主义和反对美国干预拉美事务的实践。② 二战之后，随着联合国的建立，广大亚非拉国家的反殖民主义运动的兴起，不干涉内政原则获得了一个新的政治基础和法律生命，从一个区域性的法律制度发展成为当代国际法的基本原则和国际关系的基本准绳。可以说，二战以后不干涉内政原则普遍化和法制化的过程，也是亚非拉国家不断融入国际社会、参与制定国际规则的反霸权主义历程。中国是不干涉内政原则坚定的倡导者和实践者，对不干涉原则的发展做出了积极的贡献。不干涉内政也是中国建国以来一贯坚持的基本外交政策和国际法主张，写入了中国的宪法。不干涉内政作为中国提出和主张的和

① 参见 Christian Wolff, Jus Gentium Methodo Scientifica Pertractatum (1749), trans. by Joseph H. Drake, 1934；E. de Vattel, The Law of Nations or the Principles of Natural Law Applied to the Conduct and to the Affairs of Nations and of Sovereigns (1758), trans. by Charles G. Fenwick, 1916。

② 参见 G. Arangio-Ruiz, “The Normative Role of the General Assembly of United Nations and the Declaration of Principles of Friendly Relations”, 137 Recueil des Cours 419 (1972), at 547-9; also Dominic McGoldrick, The Principle of Non-Intervention: Human Rights, in Vaughan Lowe and Colin Warbrick ed., The United Nations and The Principles of International Law: Essays in Memory of Michael Akehurst (Routledge: London, 1994), 85-119, at 87。

平共处五项原则的核心内容之一，[①] 为中国团结广大亚非拉国家和反对帝国主义、霸权主义起了重要作用，是中国对国际法发展和世界和平的贡献。

不干涉内政原则在国际关系的实现和实际运作，不能脱离国际社会的政治现实。冷战结束后，随着苏联和东欧社会主义阵营的解体，以人权和民主为核心的西方意识形态也成为了现今国际关系的主流话语。随着国际关系力量对比的改变，民主和人权等价值观在后冷战时代开始大量进入国际法领域，国际社会在人权和人道问题上变得更为积极主动。[②] 这在很大程度上影响了国际法的价值导向，对国际法的制定、解释、适用和发展都发生了重大的影响。人权和主权成为引领当代国际法发展的两种基本价值。[③]

不干涉原则在后冷战时代面临着深刻的挑战和变革。实践中，鉴于其在政治、经济和军事上的优势地位，西方国家的外交政策表现出干涉主义、军事主义和暴力主义的倾向。[④] 作为推行西方维护

① 1954年4月29日中印（度）两国签署了《中华人民共和国和印度共和国关于中国西藏地方和印度之间的通商和交通的协定》，该协定序文最早提出了和平共处五项原则："……双方同意基于（一）相互尊重领土主权、（二）互不侵犯、（三）互不干涉、（四）平等互惠、（五）和平共处的原则，缔结本协定……" 参见中华人民共和国外交部编：《中华人民共和国条约集第三集（1954）》，法律出版社，1958年，第1—4页。

② 亨金很细致的分析了全球化和人权运动对主权的影响，See Louis Henkin, That "S" Word: Sovereignty, and Globalization, and Human Rights, Et Cetera, 68 Fordham law Review (1999–2000) 1-14。关于冷战后国际法的发展，莱斯曼教授曾经在1990年做了预见性的分析，很多判断对今天依然很有参考价值。See W. Michael Reisman, International Law after the Cold War, 84 American Journal of International Law (1990) 859-866.

③ 李鸣："当代国际法的发展：人权定向对主权定向"，载《武大国际法评论》，第14卷第2期，2011年，第154—168页。亨金总结了传统的以国家主权中心的国际法的基本假定，并且提出了以人权为中心的相反假定。See Louis Henkin, Human Rights and State "Sovereignty", 25 Georgia Journal of International and Comparative Law (1995–1996) 31-45.

④ 澳大利亚墨尔本大学国际法学者奥弗特（Orford）教授对西方国家后冷战时代的干涉主义进行了深刻的批判。参见 Anne Orford, Reading Humanitarian Intervention: Human Rights and the Use of Force in International Law (Cambridge University Press: Cambridge, 2003)。

和扩张霸权的重要手段，干涉现象层出不穷。例如，1999年北约在没有联合国授权的情况下对前南斯拉夫非法空袭，并且导弹袭击了中国驻前南斯拉夫大使馆，悍然违反了国际法，也严重损害了联合国集体安全体制的权威。最近的例子是2011年北约国家滥用联合国安理会授权，对利比亚进行空中封锁和军事打击。军事干涉已经成为西方国家强化西方意识形态，推行政权更迭，扶植亲西方政治势力的重要工具。相应的，除了传统的“人道主义干涉”之外，西方国际法学界也在冷战之后不断提出新的干涉主义的国际法理论、学说和概念，例如“为了民主的干涉”、“保护的责任”等等，试图为西方的干涉主义行为提供国际法辩护和正当理由。这些新的干涉实践和理论可能会在一定程度上影响今后国际法上不干涉原则的理论和实践。

在新的历史背景下，分析和阐明不干涉内政原则，不仅仅具有重大理论意义，而且对于中国的和平发展有着直接的现实意义。一方面，国际法上的不干涉内政原则为中国在国际事务中的不干涉政策提供直接的理论和法律依据。例如，在叙利亚和伊朗等问题上，中国坚持不干涉当事国内政，反对军事干预，这些外交政策是受到国际法不干涉内政原则所支持的。另一方面，从根本来说，互不干涉内政原则也是建构和谐世界的必要条件。① 只有国家间相互尊重国家主权和领土完整，尊重各国自主选择社会制度和发展道路的权利，才有可能实现持久和平、共同繁荣的和谐世界。② 本文试图对冷战之后的这些新干涉主义进行分类整理和总结，分析和阐明其基本学说要点以及当前学术上各方的主要意见，并结合中国的立场进

① 2007年3月6日，在第十届全国人大五次会议举行的记者招待会上，时任中国外交部长李肇星在回答记者提出的“中国政府倡导的和谐世界究竟应该是一个什么样的世界”问题时，明确表示：互不干涉内政是构建和谐世界的必要条件。http://politics.people.com.cn/GB/1027/5444304.html。

② 胡锦涛：“努力建设持久和平、共同繁荣的和谐世界”，联合国成立60周年首脑会议发言（2005年9月15日），http://news.xinhuanet.com/world/2005-09/16/content_3496858.htm。

行分析、批判和回应。

一、人民主权理论

冷战结束之后，西方国际法学界致力于用自由主义的意识形态重新界定国际法的一些核心概念和根本原则，其核心是强化人权、弱化主权。[①] 这些新的国际法理论和学说以后民族国家（post-national）形态出现，批判传统国际法的国家中心主义，同时融合了全球化理论和西方的人权理论。[②] 少数西方国际法学者在国际法层面提出和推行“人民主权”（people’s sovereignty）理论，[③] 对不干涉原则有直接影响。这个理论涉及的根本问题是：谁是主权者？

1990年，纽黑文学派的主要创始人、耶鲁大学国际法教授赖斯曼发表了《当代国际法上的主权和人权》一文，集中的阐述了人民主权理论的观点。他认为，人民主权的含义是，公共权力来自于人民意愿；它起源于美国革命和法国革命，但是二战之后，人民主权已经牢牢确立为政治合法性的一个基本假定。[④] 赖斯曼援引了1948年《世界人权宣言》的第21条第3款：“人民意志应为政府权力之基础；人民意志应以定期且真实之选举表现之，其选举权必须普遍而

① “正是因为人权规范是构成性的，其他规范必须依据它们来解释，以免造成与时不合。这个更新（updating）、与时俱进（contemporization）或法国学者所称之现实化（actualisation）的过程，在国际法上并不陌生。” W. Michael Reisman, Sovereignty and Human Rights in Contemporary International Law, 84 American Journal of International Law (1990) 866-876, at 873.

② 科恩对西方学界的全球化条件下的新主权学说或超越主权学说进行了一个简明的梳理和分析，认为传统主权学说遭到了普遍主义的人权学说和美国的帝国扩张两个方面的挑战，参见 Jean L. Cohen, Whose Sovereignty? Empire Versus International Law, 18 Ethics & International Affairs (2004) 1-24。

③ 关于人民主权学说的政治学研究，See, e.g., Robert Jackson, Sovereignty: Evolution of an Idea (Polity Press: Cambridge, 2007), at 78-113.

④ See W. Michael Reisman, Sovereignty and Human Rights in Contemporary International Law, 84 American Journal of International Law (1990) 866-876, at 867.

平等，并当以不记名投票或相等之自由投票程序为之。”[①]他认为这个表述存在于国际法的宪法性法律文件中，具有习惯法的性质。[②]赖斯曼说，在现代国际法上，“国际法仍然保护主权，但是，并不令人意外，它是人民的主权，而非主权者的主权。”[③]据此，他认为一个政府严重侵犯本国人权就是侵犯了本国的人民主权，[④]相反，一个外国使用武力推翻专制政府，成立一个选举政府不能被认为是违反了这个国家的主权。[⑤]人民主权理论反映了西方学者在冷战结束之后，试图用人权的概念来重新解释和限定主权的尝试和努力。

英国牛津大学国际法教授洛威（Lowe）把人民主权的概念适用到了不干涉原则方面。他追溯了不干涉原则的历史起源，他认为，瓦泰尔首先讨论了政府的义务，然后才讨论了国家之间的关系，因此，“在瓦泰尔的框架中，主权（不论是个人的或机构的）的权力源于构成国家的个人。主权者有义务按照国家最优利益的方式行事，提供文明生活和商业行为的基本条件，保护国家免受外部攻击。”[⑥]而不干涉原则是所有国家平等的逻辑结果。洛威认为，人民主权的观念也一定程度上反映在了联合国宪章“我联合国人民”这样的措辞中。[⑦]因此，他认为，“主张免受外部干涉的权利源于每个社会自我规制的权利，在此意义上，这个权利在专制的主权者压迫其国民意愿的情形下明显受到了损害。”[⑧]因此，他认为，内部正当性和外

---

① Universal Declaration of Human Rights, A/Res/217 (III).

② See W. Michael Reisman, Sovereignty and Human Rights in Contemporary International Law, 84 American Journal of International Law (1990) 866-876, at 867-8.

③ Id.,at 869.

④ Id., at 872.

⑤ Id., at 873.

⑥ Vaughan Lowe, The Principle of Non-intervention: Use of Force, in Vaughan Lowe and Colin Warbrick ed., The United Nations and The Principles of International Law: Essays in Memory of Michael Akehurst (Routledge: London, 1994), 66-84, at 75-76.

⑦ Id., at 76.

⑧ Id., at 76-77.

部独立性是相联系的，当专制主义对人民的压迫达到一定的程度，那么外部干涉就是合法的，冷战之后通过联合国干涉来保护人权人道价值已经成为可能。[①] 麦戈德里克（McGoldrick）在探讨不干涉原则和人权保护的时候，也表达了类似的观点。“国家主权也许是平等的，但是越来越有限了。主权不再是绝对的了，如果它曾经是的话。……重点已经转移到了一个基于跟联合国合作以及国家间合作来保护人权的更为积极的主权观念”。[②]

总的来说，赖斯曼、洛威等人以人民主权说为基础，认为所谓“流氓国家”、“专制国家”的政府本身压制了人民的主权，换言之，这些国家和政府不具有国际法上的主权权利，而西方的政治和军事干预不过是促成这些国家的人民的主权得以实现，其政治效果在于使西方国家利用军事干涉促使政权更迭的做法获取正当性。美国正是用这种人民主权学说为其1989年入侵巴拿马辩护的。1989年12月，美国政府出动1.4万人的军队，入侵了巴拿马，逮捕了巴拿马的军人总统诺列加（Mannel Noriega），有关军事行动至少造成了3000巴拿马人民的死亡。对此，美国代表在美洲国家组织解释说，“今天我们再次生活在一个历史的时刻：一个伟大的原则像野火一样向全世界传播的时刻。这个原则，正如我们都知道的，是一个革命性的观念，即人民，而非政府是主权的……在今天，民主和世界上的正当性是同义词，简单来说，它是我们这个时代的普遍价值。”[③] 美国试图维持其对巴拿马运河的控制和扶植亲美政权被认为是此次

---

① Vaughan Lowe, The Principle of Non-intervention: Use of Force, in Vaughan Lowe and Colin Warbrick ed., The United Nations and The Principles of International Law: Essays in Memory of Michael Akehurst (Routledge: London, 1994), 66-84, at 77-81.

② Dominic McGoldrick, The Principle of Non-Intervention: Human Rights, in Vaughan Lowe and Colin Warbrick ed., The United Nations and The Principles of International Law: Essays in Memory of Michael Akehurst (Routledge: London, 1994), 85-119, at 106.

③ Quoted from Karsten Nowrot & Emily W. Schabacker, The Use of Force to Restore Democracy: International Legal Implications of the ECOWAS Intervention in Sierra Leone, 14 American University International Law Review (1998-1999) 321-412, at 383.

军事行动的基本动机，有关侵略行为也遭到了美洲国家和国际社会的强烈谴责。

需要指出的是，这种人民主权说，在国际法上并没有受到学者的一般接受；相反，一些学者提出了鲜明的批评意见。加拿大不列颠哥伦比亚大学拜尔斯（Byers）教授和新加坡国立大学法学院院长切斯特曼（Chesterman）提出了强有力的批评意见。他们认为，第一，“人民主权在当代国际法上有着重要的作用，但并不意味着一个政权的不正当性就是授权一个外国，任何外国（虽然人们可以猜想是哪个外国），使用武力来安置一个新的和正当的政权。”[①]第二，国际社会的各种不同价值都需要尊重和平衡。人民主权是有积极意义的，但是很难说，它已经比和平这个价值更重要。[②]第三，人民主权的理论在逻辑上是矛盾的，国际法承认这些非民主形式国家可以缔结条约，可以承担义务，那么为什么它们却不能因此享有国际法上的权利，包括受到禁止使用武力原则的保护。[③]

作者认为，有必要区分国内宪政意义上的人民主权学说和试图把这种宪政模式作为国际法义务强加给各国的国际法上的人民主权学说。从国内宪政的角度来看，各个国家的政制体制实践，包括在处理公民权利和国家机构公权力之间的关系问题上，在很大程度上都反映了各国特定政治历史、文化传统和宪政实践。例如，有种观点：美国是由欧洲移民美洲大陆形成的，强调人的自由和平等，因此形成了人民主权学说，表现为公民宪法权利保护、三权分立以及权力相互制衡。英国是君主立宪制，因此强调君临议会（Queen in Parliament）以及议会主权。中国1982宪法确认一切权力属于人民，在实践中采纳的是全国人民代表大会制和地方各级人民代表大

① Michael Byers & Simon Chesterman, “You, the People”: Pro-democratic intervention in International Law, in Gregory H. Fox & Brad R. Roth eds., Democratic Governance and International Law (Cambridge University Press: Cambridge, 2000), 259-292, at 269.

② Id.

③ Id., at 269-270.

会制。因此，从宪政的角度来调整公民权利和国家公权力之间的关系，具有一般性的，是各国建立和发展其政治体制不可避免要解决和处理的一个问题，但是具体怎么实践，各国都有着自己的特色。从国家的角度来看，并不存在一个一般意义上的要求各国实践特定形式宪政制度的国际法规则，国际法并不要求各国必须实践美国的宪政制度，各国的政制属于主权国家的国内管辖事项。从实在国际法的角度来看，人民主权学说只是少数西方国际法学者的理论学说，并非国际法学界的主流意见，不构成当代国际法的实然法（lex lata），甚至也不构成国际法的应然法（lex ferenda）。

另外，这种人民主权理论，还存在着以下重大缺陷。首先，这种理论把国家和政府分为受到国际法保护的主权政府和不受国际法保护的主权政府，而是否享有主权，则是以是否符合了自由主义理念为准绳，而最后的决定权在于掌握政治和军事优势的西方国家。这种做法破坏了国际法的普遍性和严肃性，不仅把国际社会的弱小国家排除在国际法的保护之外，还把西方国家凌驾在国际法之上。国际法沦为一种选择性适用的政策性工具，更何谈国际社会的民主和法治！其次，这种理论认为主权在于人民，而不属于政府，不仅仅在理论上是牵强的，而且在实践中是危险的。一个政府是否代表人民，需要由有关国家的人民自己来决定，这种人民主权理论把人民和政府对立起来，仅仅强调西方民主的投票形式，而忽视了一个国家的政治传统和社会现实，以实现人民主权为名而在事实上侵犯了有关国家的领土主权和政治独立。例如美国1989年入侵巴拿马就导致了大量巴拿马平民的死亡和流离失所，这才是对巴拿马人民的主权的最严重侵犯和违反。

二、民主治理和参与理论

长期以来，一个国家的政府组织形式和内部治理模式，本质上属于一个国家的主权事务。[①] 在冷战之后，随着苏联东欧社会体制的剧变，西方国家在政治上全面推崇西方民主体制在国家政治体制方面的正统性。西方民主世界在意识形态上充满了胜利主义的乐观情绪，美国学者福山（Fukuyama）于1992年出版的《历史的终结及最后之人》一书认为自由主义已经取得了全面的胜利。[②] 英国剑桥大学国际法教授克劳福德（Crawford）在1993年指出，"自1986年以来，世界发生了巨大的变化，特别是在民主平衡方面发生了重大的改变。在过去10年，采纳民主制度的国家的比例急剧的增加了，虽然是不稳定和暂时性的，这个过程始于南欧，扩展到拉美、东欧、前苏联及很多它的加盟共和国，甚至是东亚。"[③] 随着这种国际形势的变化，西方国家"开始强调民主作为国家和国际事务的价值甚至是主导价值"。[④] 这个问题事实上涉及的是主权的国内行使方式和所谓内部正当性的问题。

民主体制正统性的观念也自然反映在西方国际法学界的有关研究。1992年是一个转折点，国际法学界发表了几篇有相当影响的研究民主治理和参与的国际法论文。美国纽约大学教授弗兰克在《美国国际法杂志》上发表了《形成中的民主治理的权利》一文。他主张："这个新近形成中的要求通过民主来赋予政府合法性的法律，不纯粹是对国家治理施加前提条件的一个特定国家的法律，例如美国

① 用克劳福德的话来说，"毫不奇怪，在国际法上（除了条约），并不存在对民主原则的一般支持。并不要求一个国家的政府，为了成为一个政府，必须是民主选举的，或者它必须获得其人民的一般支持"，"并且，传统国际法的其他特征是高度非民主的，或者至少是可以以一种高度非民主的方式运作。" James Crawford, Democracy and the Body of International Law, in Gregory H. Fox & Brad R. Roth eds., Democratic Governance and International Law (Cambridge University Press: Cambridge, 2000), 91-120, at 95.

② Francis Fukuyama, The End of History and the Last Man (Free Press: New York, 1992).

③ James Crawford, Democracy and the Body of International Law, in Gregory H. Fox & Brad R. Roth eds., Democratic Governance and International Law (Cambridge University Press: Cambridge, 2000), 91-120, at 100-101.

④ Id., at 101.

及其宪法。它也正在成为国际法的要求，在区域性和国际性组织的帮助下，适用于所有国家并且通过全球标准在实现。”① 他详细考察了国际法上民主和自决权、民主和言论自由、以及民主和自由选举权之间的关系，认为民主和人权有着内在关联，通过对国际实践的考察，他主张国际法上正在形成一个民主治理的权利。② 同一年，美国学者福克斯在《耶鲁国际法杂志》发表了《国际法上的政治参与权》一文。他首先分析了关于政治参与的协定国际法，考察了1966年《公民权利和政治权利国际公约》有关规定，欧洲、美洲和非洲的有关实践，得出结论说：“作为一个条约性法律规则：一个自由、公平和法律上充分的选举包括以下四个要素：普遍和平等的选举权；秘密投票；在一个合理的期限定期选举；不存在对投票人、被选举人及正当的歧视。”③ 他还考察了联合国选举监督的有关实践，认为这是对政治参与权的阐释和实施。他总结说，“总之，主要人权公约的缔约国已经创设了一个参与权的国际法。他们同意为了确保程序公正的最低标准而开放其政治机构接受核查。在这个过程中，19世纪的民族国家概念发生了根本性的变化：合法性的国际概念不再是与政府的起源无关的了，而是非常接近人民主权理论中包含的那些国内理念。”④ 麦戈德里克也在1992年发表的谈论不干涉原则和人权的论文中认为：“国际法明确的趋向于国家的民主合法性的观念。”⑤ 此后，民主体制一直是西方国际法学界研究和阐释的热点问

① Thomas M. Franck, The Emerging Right to Democratic Governance, 86 American Journal of International Law (1992) 46-91, at 47.

② Id., at 46-91.

③ Gregory H. Fox, The Right to Political Participation in International Law, 17 Yale Journal of International Law (1992) 539-607, at 570.

④ Id., at 607.

⑤ Dominic McGoldrick, The Principle of Non-Intervention: Human Rights, in Vaughan Lowe and Colin Warbrick ed., The United Nations and The Principles of International Law: Essays in Memory of Michael Akehurst (Routledge: London, 1994), 85-119, at 105.

题，出版了相当数量的专门研究。[①]

早在1989年，美国哥伦比亚大学国际法教授达姆罗施（Damrosch）在《美国国际法杂志》发表的《跨越边界的政治：不干涉和对国内事务的非武力影响》，就已经把不干涉原则和民主政治联系在一起，从民主参与的角度来研究不干涉原则。她说，国际法的原则可以分为两簇价值体系，一个是人权价值（human rights values），另一个是国家体系价值（state system values），两个都起源于联合国宪章，并在宪章的嗣后实践中得到了确认和强化，分别表现为《世界人权宣言》和1970年《国际法原则宣言》。[②] 她因此主张，"如果不同时考虑国家体系价值和人权价值，任何不干涉规范的公式都不是完整的或令人满意的。"[③] 她认为，国家体系价值下的主权国家的政治独立是和人权价值体系下的治理的公民参与密切联系的，"只有当它的人民可以自由选择，一个国家才是'自由地'选择其政治制度。把政治独立和政治权利联系起来的必要性在前面提到的鲜明的案例里是特别明确的，……在这种情况下，通过强化一个国家的人民政治权利来反对这个体制的自私自利，外部援助是促进了而不是削弱了国家对国家所保证的政治独立。"[④] 因此，她认为，国际法上保障公民个人民主参与的国际法规则正在形成中，普遍的国际实践表明，国际社会趋向于"支持政治改革的要求和保证选举

---

① See, e.g., Gregory H. Fox & Brad R. Roth eds., Democratic Governance and International Law (Cambridge University Press: Cambridge, 2000). 这本论文集收录了1992年到2000年之间西方学术界关于国际法与民主问题的最具代表性的论著，比较侧重理论分析。最近的对民主问题的国际法研究，例如，Niels Peterson, The Principle of Democratic Teleology in International Law, 34 Brooklyn Journal of International Law (2008) 33-84. 彼特森认为现阶段国际法并不存在一个无条件的民主治理的权利，民主既不是一个绝对的权利，也不是一个严格的义务，而是存在一个民主目的论原则（a principle of democratic teleology），即国家有义务发展民主。

② See Lori Fisler Damrosch, Politics Across Boarders: Nonintervention and Nonforcible Influence over Domestic Affairs, 83 American Journal of International Law (1989) 1-50, at 34-35.

③ Id., at 35.

④ Id., at 38.

公正的支援”。①

达姆罗施进一步主张，要把政治独立和人权相联系的方法来解释不干涉原则的一些具体问题。对于竞选资助，她提出，“只要一个目标国尊重国际承认的政治参与权，包括结社和言论自由，那么它就没有义务允许国内政治力量在该国家组织（polity）之外获得财政资助，”“人权价值和国家体系价值都支持对不干涉原则这样一个解释，即允许这些国家通过其国内法律程序来决定是否允许外国对选举竞选的参与”。② 相反，如果一个国家的立法或有关措施在于防止反对党组织和强化其力量，那么外部国家就可以依据人权价值而不管国内限制提供竞选资助，当然，她强调说，这应当限于有关立法严重违反政治权利的情况。③ 对于经济制裁，她主张，“在人权价值方面，有一个渐增的趋势，不仅仅是使用经济制裁来促进人权目标，还有为该目的使用这种措施的合法性的接受。”④ 因此，“当一个国家使用经济制裁来促使目标国举行自由和公正的选举或促进其对政治参与的人权原则的遵守，并不违反不干涉规范（或任何其他国际法规则）。”⑤

此外，西方学者还探讨了为了推行民主体制而积极进行国际干涉的问题。例如，美国著名国际关系学者古德曼（Goodman）教授主张，“应当忽略绝对主权的限制，通过干涉促进世界范围的民主”，⑥“未来的问题不是国家是否应当忽略主权来干涉他国事务以支持民主；相反，现在和未来关注的问题是考察在哪些不同的情况下

① See Lori Fisler Damrosch, Politics Across Boarders: Nonintervention and Nonforcible Influence over Domestic Affairs, 83 American Journal of International Law (1989) 1-50, at 40-41.

② Id., at 41.

③ Id., at 44-45.

④ Id., at 46.

⑤ Id., at 46.

⑥ Louis W. Goodman, Democracy, Sovereignty, and Intervention, 9 American University Journal of International Law and Policy (1993-1994) 27-32, at 31.

干涉将发生，以及干涉可以持续多久。”① 弗兰克认为，“民主权利，受到了与其他基本人权和相应的对其遵守之国际监督的支持，已经战胜了不干涉原则。这样一个假定，似乎正在赢得越来越多的支持（甚至，也许特别是，曾经为极权统治的国家）。”② 他认为，为了重新实施或者恢复一个国家内部的民主体制，国际社会应当采取行动，特别是通过多边机制来实施。③ 甚至有学者主张一个国家有权单方面的为了实现或者维护一个国家的民主制度来使用武力。

还有学者主张，国际法应当允许第三国拥有干涉权，只要其目的是为了恢复他国的民主体制。民主选举的政府因为国内动乱被推翻了，不适用国际法上禁止对内战干涉的规则，相反，可以请求国际社会援助以恢复民主秩序。④ 美国明尼苏达大学法学院院长惠普曼（Wippman）认为，“与促进民主的干涉不同，不论是民主治理的权利或是允许一个国家的人民排他的通过内部政治程序组成政府的权利，防止民主（或革命）的干涉不能被认为是与自决相符的。”⑤

另外，本杰明·卡多佐法学院建院教授哈贝斯塔姆（Halberstam）还探讨了1990年《欧洲安全合作会议关于人道事务会议的哥本哈根会议文件》的有关条款：“……（6）与会国宣告，通过定期和真正选举而自由和公正表达的人民的意愿，是所有政府权力和正当性的

① Louis W. Goodman, Democracy, Sovereignty, and Intervention, 9 American University Journal of International Law and Policy (1993-1994) 27-32, at 32.

② Thomas Franck, Legitimacy and Democratic Entitlement, in Gregory H. Fox & Brad R. Roth eds., Democratic Governance and International Law (Cambridge University Press: Cambridge, 2000), 25-47, at 46.

③ Id., at 46-7.

④ See, e.g., David Wippman, Pro-democratic Intervention by Invitation, in Gregory H. Fox & Brad R. Roth eds., Democratic Governance and International Law (Cambridge University Press: Cambridge, 2000), 293-327; Tervor Redmond, Power to the People? Intervention to Restore Democracy, 12 Irish Student Law Review (2004) 3-18.

⑤ David Wippman, Pro-democratic Intervention by Invitation, in Gregory H. Fox & Brad R. Roth eds., Democratic Governance and International Law (Cambridge University Press: Cambridge, 2000), at 326.

基础。与会国尊重其本国国民，直接或通过公正选举自由选择的代表参与本国管理的权利。它们认可其通过各自法律、国际人权义务和国际承诺，来捍卫和保护通过人民意愿自由建立的民主秩序，反对那些从事或拒绝放弃旨在推翻该秩序或另一缔约国秩序的恐怖或暴力的个人、集团或组织进行的活动”，[①] 她认为该条款在一定程度上在与会国之间确立了为保障民主体制而进行干涉的权利和义务。对一个已经实施自由选举来施行民主制度的国家，由于恐怖或者暴力行为被推翻的情况下，这个条款授权进行包括单边或者多边的干涉来恢复该国民主秩序的权利。[②] 她认为应一个自由选举产生的政府的邀请来进行干涉不构成对宪章第2条第4款的违反。并且，在一定的紧急情况下，甚至自由选举的政府没有请求支援，他国也可以进行干涉，这样的武力干涉行为也不违反禁止使用武力原则。[③] 哈贝斯塔姆的理论事实上意味着民主国家之间建立了一个同盟体制，在民主同盟内部，相互之间可以用军事干预以支持和维护这些国家的民主体制。

上述民主和干涉理论，目前还主要是西方学界在探讨，在国际实践中并没有获得一般的接受，因此作者在这里仅仅进行一个简单的分析和评价。首先，实在国际法并不要求一个国家的政府必须采取民主制度，民主也并不是唯一正确或者合法的政治制度。民主制度并非是一个新国家或者新政府获得国际社会承认的一般标准。相反，现行国际法主张，只要一个国家或者政府对有关领土和人民行使实际控制，就应当获得国际社会的承认和认可。并且，民主本身的概念是多元的，由谁依据什么标准来判断一个国家是不是

① Document of the Copenhagen Meeting of the Conference on the Human Dimension of the Conference on Security and Cooperation in Europe (June 29, 1990), in 29 International Legal Materials (1990) 1305-1322, at 1309.

② See Malvina Halberstam, The Copenhagen Document: Intervention in Support of Democracy, 34 Harvard International Law Journal (1993) 163-175, at 164, 171.

③ Id., at 167.

民主也是不确定的。从实在法的角度来看，一般国际法上并不存在一个民主治理或者参与的权利，甚至在笔者看来也不属于应然法的范畴。当然，它可能在一些区域性的政治和法律实践中被接受为协定国际法，但是从当前的国际实践来看，其有效性并没有超出这个协定法的范围。西方学者在冷战之后积极的把民主的概念引入国际法，体现西方意识形态对国际法的渗透。其次，从现在的国际法学说来看，学者学说是通过把人民自决权、公民投票权、免于歧视的权利、国际组织特别是联合国在一些国家和地区开展的投票监督实践混合在一起，来解释国际法上的民主治理的权利，本身在一定程度上就是歪曲和曲解了这些制度本身所具备的独立的政策目标和功能。当然，一定意义上，民主治理的概念在有限的程度上使上述制度获得了某种沟通性和共通性的可能，这是有积极意义的。第三，上述民主学说还在很大程度上把特定的西方式的民主，规定为人类社会应当追求的线性发展目标，这也是错误的。依据前述学说，民主国家可以为了恢复一个国家民主制度而进行干涉，在效果上排除一个国家内部起义推翻既有制度进行其他形式的社会制度建设的可能性。这种学说完全是基于对西方民主正统性的认识和价值判断。第四，国际法上并不承认为了民主而干涉他国内政的权利。[①] 西方学者的民主干涉理论，为其西方国家的全球性干涉和霸权主义政策提供法律上的辩护。不少西方学者也反对一个国家为了民主而对其

① 沙赫特从禁止使用武力原则出发，认为国际法不允许为了支持民主而进行的干涉。See Oscar Schachter, The Legality of Pro-democratic Invasion, 78 American Journal of International Law (1984) 645-650. 另有学者从考察国际社会支持民主的国家实践，得出结论说，“20世纪90年代之前关于民主干涉权的国家实践远不是明确的，对于这样一个权利在国际法上的存在并没有提供有力的支持。” Karsten Nowrot & Emily W. Schabacker, The Use of Force to Restore Democracy: International Legal Implications of the ECOWAS Intervention in Sierra Leone, 14 American University International Law Review (1998–1999) 321-412, at 384.

他国家行使单边主义干涉的权利。[①] 他们也承认，在绝大多数情况下，为了民主的干涉（pro-democratic intervention）可能在事实上是有害人权的，应当由人民自己决定民主治理的内容和方式。[②] 第五，虽然民主治理权尚未在实在国际法上获得承认，但是必须承认，这种学说开始在一定程度上对不干涉原则的解释和适用有所影响。这种影响表现为，例如，一些西方学者试图主张为了民主的干涉确认是不干涉原则的例外，或者在一定情况下为干涉行为提供了辅助性的正当理由；也还有学者主张把侵害民主制度的情势视为对国际和平与安全之破坏，进而要求联合国安理会授权西方国家采取军事行动，等等。这些新的发展都对以主权为基础的不干涉原则提出了新的问题和挑战。

三、主权的人本化学说和“保护的责任”

后冷战时代的国际法在学说上的新发展，突出的表现为近些年

① See James Crawford, Democracy and the Body of International Law, in Gregory H. Fox & Brad R. Roth eds., Democratic Governance and International Law (Cambridge University Press: Cambridge, 2000), 91-120, at 105-6; See Michael Byers & Simon Chesterman, "You, the People": Pro-democratic intervention in International Law, in Gregory H. Fox & Brad R. Roth eds., Democratic Governance and International Law (Cambridge University Press: Cambridge, 2000), 259-292, at 291-2.

② See Michael Byers & Simon Chesterman, "You, the People": Pro-democratic intervention in International Law, in Gregory H. Fox & Brad R. Roth eds., Democratic Governance and International Law (Cambridge University Press: Cambridge, 2000), 259-292, at 291-2.

来的国际法的人本化现象。[①] 国际法人本化是多层次多方面的，它既包括了在实然法的层面上出现了专门以尊重和保护人的价值和尊严的国际法原则、规则和制度，例如国际人道法、国际人权法和国际刑法的迅速发展；它也包括了传统上以调整国家间关系为主要目的和内容的部门国际法的具体制度，受到人权人道价值影响，一定程度上背离了最初的纯粹国家间的性质，以保护人权人道价值导向的新规则替代了原有的规则，或者对原有的规则赋予了有利于人权人道价值的新的解释；[②] 最为根本的是，一般国际法（general international law）在人权人道价值的影响下发生了变化和发展，即国际法的核心价值和基本前提、效力基础、渊源和运行机制等国际

① 近年来，人本化（humanization）一词在国际法学界日益流行，首先得益于美国国际法学者 Theodor Meron 的大力提倡。2000年，Meron 在美国国际法杂志上发表了题为《The Humanization of Humanitarian Law》的论文，详细的阐明了国际人道法在国际人权法的影响之下的重大发展。2003年 Meron 在其海牙国际法学院以“人权时代的国际法”为题作了讲演，在讲演稿的基础上，2006年整理出版了《The Humanization of International Law》一书，从战争法、违反国际人道法的刑事责任化、条约法、国家责任、国际法主体、国际法渊源、国际法院、联合国机构共八个方面详细探讨了国际法的人本化现象。Theodor Meron, The Humanization of Humanitarian Law, 94 American Journal of International law (2000) 239-278; idem, The Humanization of International Law (Martinus Nijhoff: Leiden, 2006). 现任巴西籍国际法院法官 Antônio Augusto Cançado Trindade 是国际法人本化的另一个有力倡导者，他在2005年海牙国际法学院的以“服务于人类的国际法：迈向新万民法”为题作了讲演，他从建构一个以人为中心的国际法出发，全面系统的探讨了国际法的人本化现象。Antônio Augusto Cançado Trindade, International Law for Humankind: Towards a New Jus Gentium (I), 316 Recueil des Cours (2005) 9-439; idem, International Law for Humankind: Towards a New Jus Gentium (II), 317 Recueil des Cours (2005) 9-312. 中国学者也对此现象予以了关注，例如，曾令良，“现代国际法的人本化发展趋势”，载《中国社会科学》2007年第1期。

② 例如，传统的外交保护制度和领事保护制度出现了人本化的发展现象。详细的研究，参见 Vasileios Pergantis, Toward a “Humanization” of Diplomatic Protection? 66 Zeitschrift für ausländisches öffentliches Recht und Völkerrecht (2006) 351-397; Antônio Augusto Cançado Trindade，The Humanization of Consular Law: The Impact of Advisory Opinion No. 16 (1999) of the Inter-American Court of Human Rights on International Case-law and Practice, 6 Chinese Journal of International Law (2007) 1-16; Martin Mennecke, Towards the Humanization of the Vienna Convention of Consular Rights – the LaGrand Case before the International Court of Justice, 44 German Yearbook of International law (2001) 430-468。

法之根本都依据人权人道价值进行重构和再解释，用美国著名国际法教授、现任前南斯拉夫国际刑事法庭庭长梅隆（Meron）的话来讲，是“人权和人道法对国际公法的其他领域已经产生或正在产生的放射性（radiation）或者改革性效应”。①

在此背景之下，主权作为传统国际法的核心概念，也不可避免的受到外来国际法人本化进程和趋势的影响。主权的人本化解释成为一个国际法最新的学说发展。人权不仅仅是一个在主权之外的、和主权相对应的、或是一个从外在限制主权的概念，而且已经是一个从内部来突破主权、通过人权价值来重新解释和定义主权并从而赋予主权正当性的一个概念。因此，主权的人本化所涉及的是主权的本体、目的论及其正当性问题。

“保护的责任”这个概念在一定程度上可以认为是国家主权人本化的一个反映。②2001年，加拿大成立的“干涉和国家主权国际委员会”（International Commission on Intervention and State Sovereignty）提交了《保护的责任》报告，首次提出了“保护的责任”这个概念。③“保护的责任”这个概念的提出，就是为了回避在政治和法律上一直有争议的人道主义干涉这个概念。根据学者总结，保护的责任和传统的人道主义干涉学说有以下三个主要的不同方面。第一，该委员会是从需要得到保护的群体的权利和利益出发，而不

① Theodor Meron, The Humanization of International Law (Martinus Nijhoff: Leiden, 2006), Introduction.

② “保护的责任这个概念的阐明是一个显著的成就。《成果文件》中包含了这个概念，不仅仅是表明了它是2005年世界首脑会议最重要的成果之一，而且表明了国际法上一个更广泛的系统性转变，即越来越倾向于承认主权原则受到保护人类安全的限制。” Carsten Stahn, Responsibility to Protect: Political Rhetoric or Emerging Legal Norm? 101 American Journal of International Law (2007) 99-120, at 100-101. 相似的意见，参见 Gareth Evans, From Humanitarian Intervention to the Responsibility to Protect, 24 Wisconsin International Law Journal (2006-2007) 703-722, at 708-709。

③ Responsibility to Protect (December 2001), Report of International Commission on Intervention and State Sovereignty, 其官方网站上有该报告的全文，http://www.responsibilitytoprotect.org/。

是从干涉国和干涉权的视角来解读干涉问题。[①] 有学者认为把人道主义干涉转换为保护的责任这个概念就是委员会最大的贡献。[②] 第二，该委员会在主权和干涉之间引入了第三个概念，责任；而责任是由个人的国籍国或所在国与国际社会共同承担。第三，干涉的概念被扩大了。保护的责任不仅包括了传统干预责任（即做出反应的责任），还包括了危机前的预防责任和危机后的重建责任。[③] 这份报告虽然试图提出新的国际法概念和视角来回避和拓展人道主义干涉的内容，但在实质上换了一个角度来肯定和正当化了人道主义干预的实质内容。[④] 一方面委员会强调要加强联合国的作用，但是另外一方面确认了在联合国安理会不能达成一致的时候，联大和区域组织可以采取行动，并且也不排除其他国家单方面采取行动的可能性。

保护的责任这个概念在2004年威胁、挑战和改革问题高级别小组的报告《一个更安全的世界：我们的共同责任》[⑤] 和2005年联合国秘书长的报告《大自由：实现人人共享的发展、安全和人权》[⑥] 中得到了肯定。首先要指出的是，这两份报告都是在倡导联合国改革的过程中产生的，因此“保护的责任”这个概念是从改革和加强联合国集体安全体制的角度来探讨的，特别是指出了安理会在实现保护

---

① 干涉和国家主权国际委员会刻意在术语上选择了“保护的责任”来替代传统的“干涉权”，Responsibility to Protect (December 2001), Report of International Commission on Intervention and State Sovereignty, paras. 2.28-2.29.

② 参见 Adam Roberts, Intervention: One Step Forward in the Search for the Impossible, 7 International Journal of Human Rights (2003) 142-153。

③ 关于这三点总结，参见 Carsten Stahn, Responsibility to Protect: Political Rhetoric or Emerging Legal Norm? 101 American Journal of International Law (2007) 99-120, at 103。

④ 有学者认为，就干涉和武力问题而言，保护的责任不过是传统国际法上人道主义干涉的翻版，并无创新。See Gelijn Molier, Humanitarian Intervention and the Responsibility to Protect after 9/11, 53 Netherlands International Law Review (2006) 37-62, at 47-52.

⑤ UN Document A/59/565.

⑥ UN Document A/59/2005.

的责任方面承担着责任。[①] 两份报告都强调了“如果发生灭绝种族和其他大规模杀戮，国际社会集体负有提供保护的责任，由安全理事会在万不得已情况下批准进行军事干预”。当然，两份报告也有不同的方面，高级别小组报告是在武力使用问题下探讨了保护的责任，而秘书长报告则是在“尊严的生活”部分下“法治”下面来探讨的，保护的责任不仅仅与武力相关，而且是从建构国际社会普遍法治的目的出发的。

2005年《世界首脑会议成果文件》[②] 有限的接受了“保护的责任”这个概念，但是特别值得注意的是，《世界首脑会议成果文件》并没有采用“保护的责任”这样的措辞，而是很明确和具体的“保护人民免遭灭绝种族、战争罪、族裔清洗和危害人类罪之害的责任”。《世界首脑会议成果文件》在第138段说：“每一个国家均有责任保护其人民免遭灭绝种族、战争罪、种族清洗和危害人类罪之害。”第139段说：“国际社会通过联合国也有责任根据《宪章》第六章和第八章，使用适当的外交、人道主义和其他和平手段，帮助保护人民免遭种族灭绝、战争罪、种族清洗和危害人类罪之害。在这方面，如果和平手段不足以解决问题，而且有关国家当局显然无法保护其人民免遭种族灭绝、战争罪、种族清洗和危害人类罪之害，我们随时准备根据《宪章》，包括第七章，通过安全理事会逐案处理，并酌情与相关区域组织合作，及时、果断地采取集体行动。我们强调，大会需要继续审议保护人民免遭种族灭绝、战争罪、种族清洗和危害人类罪之害的责任及所涉问题，要考虑到《宪章》和国际法的相关原则。我们还打算视需要酌情做出承诺，帮助各国建设保护人民免遭种族灭绝、战争罪、种族清洗和危害人类罪之害的能力，

① 有学者分析和反驳了第三世界视角（Third World Approach）对“保护的责任”的批判，肯定了这个概念在促进安理会透明度方面的作用。See Sue Robertson, “Beseeching Dominance”: Critical Thoughts on the “Responsibility to Protect” Doctrine, 12 Australian International Law Journal (2005) 33-55.

② UN A/Res/60/1.

并在危机和冲突爆发前协助处于紧张状态的国家。”可以说，《世界首脑会议成果文件》是一份很成功的文件，一方面具体的限定了责任适用的对象范围，即限于灭绝种族、战争罪、种族清洗和危害人类罪四种情况；另外一方面《世界首脑会议成果文件》不承认国家不经联合国授权而有单方面行使保护责任的权利。

“保护的责任”这个概念在前述四份文件中的范围和法律含义是不同的，[①] 本文主要参考2005年《世界首脑会议成果文件》中对保护的责任的界定。从实然法的角度来看，保护的责任对既有国际法的发展是极其有限的，更多的是对传统国际法上既有规则的重新组合和解释。《世界首脑会议成果文件》明确了主权国家有责任保护其人民免遭灭绝种族、战争罪、种族清洗和危害人类罪之害，同时强调了在主权国家无法履行保护职责的时候，联合国，特别是安理会，逐案处理，并酌情与相关区域组织合作，及时、果断地采取集体行动。第一，就执行部分来看，“保护的责任”明确了安理会在存在灭绝种族、战争罪、种族清洗和危害人类罪的情况下采取执行行动的权力。前述四种罪行均为一般国际法所禁止，并且有关国际法规范通常被认为具有国际强行法的性质；并且发生上述罪行的有关情势在多数情况下可以被解释为宪章第七章下“对和平与安全之威胁或破坏”，因此可以说，保护的责任的意义仅仅是进一步明确的确认了安理会在上述四个罪行方面行动的权力，并没有突破联合国已经确立的实践。第二，“保护的责任”并不意味着安理会在法律

① 关于“保护的责任”在四份文件中的区别的详细讨论，参见 Carsten Stahn, Responsibility to Protect: Political Rhetoric or Emerging Legal Norm? 101 American Journal of International Law (2007) 99-120, at 102-110; Peter Hilpold, The Duty to Protect and the Reform of the United Nations – A New Step in the Development of International Law? 10 Max Planck Yearbook of United Nations Law (2006) 35-69. 国内学者对保护的责任的发展线索也做了简要的说明和比较，参见李杰豪：“保护的责任对现代国际法规则的影响”，载《求索》2007年第1期，第101—103页。

上负有行动的义务；如果说是义务，那也是道德上的义务。[①] 第三，对于单边人道主义干涉的问题，虽然在2001年干涉和国家主权国际委员会的报告中确认了个别国家可以在特定情况下符合严格的条件来进行干涉，但是单边人道主义干涉的问题在此后的三份报告中都没有获得承认。[②] 因此，迄今为止，“保护的责任”这个概念并不支持单边人道主义干涉的合法性。[③] 第四，如果有创新的话，保护的责任在于从理论上确立了以人类安全为核心的权利义务框架，即人类安全是最核心的要素，在严重侵害人权的情况下，国际社会承担集体责任。[④] 因此，就现在而言，从实在国际法的角度来看，从规范的意义来分析，“保护的责任”对不干涉原则并没有直接的实

① 这也是美国在2005年世界首脑会议上采取的立场。“我们注意到，宪章从来没有被解释为对安理会成员国创设了在涉及严重破坏国际和平的各种案件下支持执行行动的法律义务。”“我们不接受联合国作为整体、安理会或者个别成员国有在国际法上干涉的义务。”See Letter form John R. Bolton, The Representative of the United States of America to the United Nations, to UN Member States Conveying U.S. Amendment to the Draft Outcome Document Being Prepared for the High Level Event on Responsibility to Protect (August 30, 2005), available at http://www.responsibilitytoprotect.org/files/US_Boltonletter_R2P_30Aug05%5B1%5D.pdf, latest visited on 2010-03-15. 但是也有学者主张国际法正在朝着让安理会承担法律义务的方向发展。See Anne Peters, Humanity as the A and Ω of Sovereignty, 20 European Journal of International Law (2009) 513-544, at 538-540.

② See Carsten Stahn, Responsibility to Protect: Political Rhetoric or Emerging Legal Norm? 101 American Journal of International Law (2007) 99-120, at 120.

③ 关于2005年首脑成果会议文件和传统上单边主义干涉的比较，See Alicia L. Bannon, The Responsibility to Protect: The U.N. World Summit and the Question of Unilateralism, 115 Yale Law Journal (2005-2006) 1157-1165.

④ See Carsten Stahn, Responsibility to Protect: Political Rhetoric or Emerging Legal Norm? 101 American Journal of International Law (2007) 99-120, at 115-116.

际的突破；[①] 如果说它对不干涉原则有什么影响，这种影响在作者看来，不是在一个规范的意义上对不干涉原则本身有什么直接的突破和改变，而是它挑战了不干涉原则所赖以存在的整个国际法框架和结构。

从国际实践的角度来看，“保护的责任”（responsibility to protect）这个概念在国际社会的实践和影响正日益扩大。《世界首脑会议成果文件》所规定的“保护人民免遭灭绝种族、战争罪、族裔清洗和危害人类罪之害的责任”，并且有必要强调这种责任仅仅应当通过联合国机构来行使，在采取军事行动方面，必须获得联合国安理会的授权，并且以授权为限。《世界首脑会议成果文件》虽然对保护的责任进行了限定，但是从实践来看，保护的责任还是继续在为一些西方国家单方面行使武力提供辩护和辩解。

“保护的责任”的提出和流行并不是一个孤立的或是偶然的事件，它呼应了国际法上一些通过人权来解释、渗透、重构和限制主权的理论和学说。[②] 这些新的主权学说可以概括的说是西方学界把主权人本化的尝试，其简要观点概述如下。

---

① 国内有学者讨论了“保护的责任”对不干涉内政原则的影响。例如：李斌：“《保护的责任》对‘不干涉内政原则’的影响”，载《法律科学》2007年第3期，第131—139页；李寿平：“‘保护的责任’与现代国际法律秩序”，载《政法论坛》2006年第3期，第99—107页；国内国际法学者对主权问题的概述性研究，参见杨泽伟：《主权论——国际法上的主权问题及其发展趋势研究》，北京大学出版社，2006年，第256—257页。另外，也有学者从武力干涉的授权机制分析，认为“保护的责任”并不否定禁止使用武力原则和不干涉原则。“但也应该看到，‘保护的责任’理论主张军事干预应获得安理会授权，将军事干预纳入《联合国宪章》和联合国框架内。说明它注意到了防止一国任意对他国动武的问题，赞成维护宪章确立的不使用武力原则和授权使用武力的程序。从这个意义上讲，该理论并未构成对不干涉原则的根本否定。”徐杰：“‘保护的责任’与国家主权”，载《中国国际法年刊》（2005），世界知识出版社，2007年，第154—155页。

② See, e.g., Kurt Mills: Reconstituting Sovereignty: A Human Rights Perspective, 15 Netherlands Quarterly of Human Rights (1997) 267-290; Christian Reus-Smit, Human Rights and the Social Construction of Sovereignty, 27 Review of International Studies (2001) 519-38; Anne Peters, Humanity as the A and Ω of Sovereignty, 20 European Journal of International Law (2009) 513-544, at 538-540.

第一，主权的人本化理论和学说侧重从义务而不是权利的角度、从责任而不是控制的标准，来重新阐述和界定了主权。[①] 例如，干涉和国家主权国际委员会的报告中提出：“主权意味着双重的责任：对外是尊重别国的主权；对内是尊重国内所有人的尊严和基本权利。”[②] 瑞士巴塞尔大学国际法教授、现任欧洲国际法学会主席彼得斯（Peters）主张，“主权的渊源和目的是人道原则（humanity），可以理解为国家必须保护人的权利、利益、需要和安全，以及消除人权和主权基本对立的原则。”[③] 从人权义务而不是权利的角度来界定主权，甚至一定程度体现在了2007年国际法院对“《防止及惩治灭绝种族罪公约》适用案（克罗地亚诉塞尔维亚）”的判决书里。国际法院指出，国家有防止和惩治灭种罪的义务，以及不得从事灭种行为的义务。[④]

第二，主权并不是绝对平等的，“对国家在形式上的不同待遇，尤其是在具体的法律制度下，是允许的，如果是为了实现国际法规定的目标是必要和充分的、并且只要在其限度内。”[⑤] 彼得斯认为，对基本人权的尊重是据以区别对待不同国家的一个正当的标准，保

① 关于国家主权的概念从责任到控制的转换，See Gareth Evans, Responsibility to Protect: Political Rhetoric or Emerging Legal Norm? 101 American Journal of International Law (2007) 99-120, at 81-84。

② Responsibility to Protect (December 2001), Report of International Commission on Intervention and State Sovereignty, para. 1.35. 阿尔瓦雷泽指出，“保护的责任”通过人权和人类安全等当代价值重新解释了宪章下的国内管辖和领土主权，参见 Jose E. Alvarez, The Schizophrenias of R2P, in Philip Alston and Euan MacDonald eds., Human Rights, Intervention, and the Use of Force (Oxford University Press: Oxford, 2008), 275-284, at 278。

③ Anne Peters, Humanity as the A and Ω of Sovereignty, 20 European Journal of International Law (2009) 513-544, at 543.

④ International Court of Justice, Case Concerning the Application of the Convention on the Prevention and Punishment of the Crime of Genocide (Bosnia and Herzegovia v. Serbia and Montenegro), Judgment of 26 February 2007, not yet published, at paras. 165-167, available on http://www.icj-cij.org/docket/files/91/13685.pdf.

⑤ Anne Peters, Humanity as the A and Ω of Sovereignty, 20 European Journal of International Law (2009) 513-544, at 529.

护人权的关注超越了对国家的形式平等的保护。[①]

第三，国家享有的主权是有条件的主权，是基于它对人权的保护。或者说，“是国家和国际社会整体的一种社会契约”，“国家承诺保护其居民而换取国际社会对其主权的尊重”。[②]“在国家防止或制止种族灭绝或者危害人类罪的义务没有履行的限度内，国家主权的外部效果和不干涉原则，就中止或者至少削弱了。”[③]因此，在一个国家不能或不愿保护基本人权的时候，外部干涉就不构成对这个国家的主权的侵犯或者违反。

第四，国际社会负有保护人权的剩余责任(residual responsibility)。国家保护基本人权的义务，不仅仅是对这些权利所有人的责任，也是对国际社会的责任。[④]彼得斯认为，“在战争罪、种族灭绝和危害人类罪等严重情况下，以国际社会名义的外部干涉不构成对国家主权的侵犯。相反，国际社会保护的剩余责任甚至要求干涉。”[⑤]但彼得斯并不承认个别国家有单方面干涉的权利，认为只有安理会才有权干涉。[⑥]相反，美国国际法学者达马托（D’Amato）则认为个别国家可以为了保护人权进行单方面的干涉。“我并非主张说，为了建立民主、寡头政治、社会主义、共产主义或任何形式的政府而进行的干涉是合法的。但是，任何这些形式的政府变成了亚里士多德意义上的腐败了，造成了对其居民的暴政——我认为当那些人拥有对一个国家的武器和压迫工具的垄断性控制并把这些武器和工具针对其自己的人民，就存在暴政——我认为外部干涉不仅在法律上是合法

① Anne Peters, Humanity as the A and Ω of Sovereignty, 20 European Journal of International Law (2009) 513-544, at 529.

② Id., at 535-536.

③ Id., at 535.

④ Id., at 526-527; Gareth Evans, Responsibility to Protect: Political Rhetoric or Emerging Legal Norm? 101 American Journal of International Law (2007) 99-120, at 709.

⑤ Anne Peters, Humanity as the A and Ω of Sovereignty, 20 European Journal of International Law (2009) 513-544, at 536.

⑥ Id., at 536-540.

的而且是道德所要求的。”[①]

上述四个方面的观点可以说是主权人本化的基本理论主张，有必要做一个简单的评价和回应。第一，主权并不是绝对的，一个国家依据其承担的协定国际法或者习惯国家法下的义务对人权提供保护，这是传统国际法所承认的。但是，把主权解释为其渊源和正当性都来源于对人权的保护，并且没有超出保护人权之外的其他价值，这是片面、狭隘和不平衡的。二战以后国际人权法的迅速发展，离不开主权国家在人权事务方面的积极参与和推动，1948年《国际人权宣言》是由联合国大会决议通过的。1966年《公民权利和政治权利公约》和《经济、社会及文化权利公约》的制定也都获得了主权国家的支持和参与，中国不仅在2001年批准了《经济、社会及文化权利公约》，也在1998年签署了《公民权利和政治权利公约》。但是主权国家不仅仅有人权职能，还有经济职能、政治功能、社会服务职能和历史文化职能等其他职能。主权国家在履行这些职能的时候，一定意义上都与个人的权利和利益息息相关，但是不能简单化的片面化的把主权国家的价值局限于人权价值，特别不能是西方化的人权价值观来限定和取代主权价值。

第二，主权人本化提倡主权的等级观和不平等观，通过人权来解释和限定国家主权，在根本上是要强化发达国家的主权，而以人权保护为名取消和削弱发展中国家的国家主权。[②] 换言之，在所谓普遍人权的背后，是通过对人权普遍性的解释，通过对发展中国家人权的批判，来贬低发展中国家的政治经济文化建设所取得的成就，以及否定非西方化的政治经济社会模式的合法性。这突出的表

① Anthony D'Amato, The Invasion of Panama was a Lawful Response to Tyranny, 84 American Journal of International Law (1990) 516-524, at 519.

② 有学者主张，“主权规范并不许可发展中国家为了完成民族国家建设可以使用任何必要的手段”，特别是不允许侵犯人权。See Jennifer M. Welsh, From Right to Responsibility: Humanitarian Intervention and International Society, 8 Global Governance (2002) 503-521, at 513.

现在所谓的主权等级观，把一些国家推到了国际法保护（例如主权平等、领土完整、不干涉、禁止使用武力、不受侵略）之外，同时又使一些西方国家凌驾于国际法之上的做法获得了合法性。

第三，国家享有主权这个事实，并不以国家达到西方标准的保护和尊重人权为条件，这是国际实践和国际社会的历史经验所承认的。从实在国际法的角度而言，如果一个国家违反了其承担的协定国际法或者习惯国际法义务，那么应当承担国家责任。国际法委员会起草通过的2001年《国家对国家不法行为的责任条款》同样也适用于一个国家违反人权义务的情况。[①] 此外，一个国际组织和机构也有权依据其组织章程规定的管辖范围，采取符合章程的行动。例如，安理会可以就构成对国际和平与安全之威胁或者破坏的情势，根据联合国宪章第7章的规定采取执行行动。有些人权公约还专门建立了人权机构，那么在一个国家的承担人权义务范围内，人权机构也可以采取相关行动。总之，一个国家违反其国际人权义务的情况，可以通过一般国际法制度和国际组织来追究其国家责任，而并非是取消其主权。

第四，国际社会对一国内部人权保护的执行手段而言，必须要有国际法依据，遵守法治原则。联合国安理会在履行其维护国际和平与安全的职责范围内，可以在个案中保障和促进人权。但是联合国宪章和一般国际法并没有对安理会施加义务，换言之，保护的责任是一个指导性的概念，而不是一个义务性的概念，安理会如果不能达成一致，未能就在一国境内发生严重侵犯人权的情况采取行动，安理会承担的是道义上的责任，而不是法律上的责任。此外，还要指出的是，在未经联合国授权的情况下，一国无权以他国侵犯人权为由，单方面的军事人道主义干涉。这种以霸权主义和暴力主义来处理国际关系的做法，不论是叫做人道主义干涉还是保护的责

---

① Draft Articles on Responsibility of States for International Wrongful Acts, with Commentaries, in Yearbook of International Law Commission (2001), Vol. II, part II, pp. 26-143.

任也好，现行国际法都不认可其合法性。

四、结论和反思

首先，就现在的实然国际法来讲，所有国家之间相互尊重主权和不干涉，这是确定的国际法规范。国际法并不以议会制和自由选举等政治制度作为主权的判断标准，所有国家，不论其社会制度、政党制度、经济发展阶段或是特定的意识形态，其主权和不受干涉的权利都受到国际法的平等保护，这也是世界各国和平共存的基本条件。前述西方国际法学界新干涉主义理论，虽然切入点不同、视角不同、表现形式不同，但本质上都是一致的，那就是通过对主权限定新的条件和内涵，事实上要把西方的人权和民主等意识形态凌驾于国家主权之上。批判的来看，这是在国际法上引入了一个新的所谓“文明国家”（civilized nations）的标准。[①] 这意味把国家根据其民主程度或者人权实现的程度，分成三六九等，[②] 只有民主国家和保护人权的国家才享有充分的主权。而且，国家享有的主权不仅是等级制的，而且是有条件的，一旦一个国家不能充分的履行保护人权和实施民主体制，那么这个国家的对外主权和不受外部干涉的权利就可能被中止或取消，外部干涉就不构成对这个国家主权

---

① 巩（Gong）详细讨论了19世纪和20世纪初国际法上对文明的标准的界定和实践，并且他认为这种标准并未完全消亡，人权的保护很可能成为衡量一个国家是否属于文明国家的新的标准。See Gerrit W. Gong, The Standard of “Civilization” in International Society (Clarendon: Oxford, 1984), at 90-93. 有学者总结说，国际社会采纳了五个方面标准来衡量文明：（1）行政的有效性；（2）人权；（3）民主化；（4）法治；（5）建立自由市场经济。See Dominik Zaum, The Sovereignty Paradox: the Norms and Politics of International Statebuilding (Oxford University Press: Oxford, 2007), at 38-43.

② 国际关系学者罗伯特·基欧汉（Keohane）明确主张把国家主权分成不同的等级，而不是全有或全无。See Robert Keohane, Political Authority after Intervention: Gradations in Sovereignty, in J. L. Holzgrefe and Robert Keohane eds., Humanitarian Intervention: Ethical, Legal and Political Dilemmas (Cambridge University Press: Cambridge, 2003), 275-298.

的侵犯。这意味着，一个非西方式的所谓非民主国家，是在法律之外，得不到法律的充分保护，包括不受国际法上禁止使用武力原则和不干涉原则的保护；相反，一个所谓民主国家，不仅受到国际法上禁止使用武力原则和不干涉原则的保护，还享有对非民主的国家进行干涉的权力。[①] 这种主张不仅在事实上违反了国家主权平等原则，并且为大国滥用权力使用武力开了合法的口子，是非常危险的倾向。上述理论目前在西方国家日渐兴盛，如果一旦在实在国际法或者国际实践中加以实施，对于发展中国家和弱小国家而言是非常危险的，不干涉原则也将被架空或者取消。

其次，从法律技术的层面来看，上述人权和民主学说，一定程度上，正在或者可能会直接或间接地影响、渗透和改造传统国际法上的不干涉内政原则。“人权和主权是引领当代国际法发展的两种基本价值，人权的价值取向（人权定向）与主权的价值取向（主权定向），贯穿于当代国际法发展的始终，两种价值取向之间的博弈，构成当代国际法特别是其晚近20年发展的主线。”[②] 不干涉原则的发展和变化，也取决于未来在人权和主权意识形态方面国际关系的力量对比。就目前来看，在解释和适用不干涉原则的方面，传统的主权原则在一定程度上妥协和考虑了人权原则。这带来了不干涉内政原则的一些新的或者潜在的发展和变化：第一，少数严重侵犯人权的行为，例如灭绝种族、战争罪、种族清洗和危害人类罪，这些罪行已经确定无疑的成为国际社会关注事项。如果有关情势构成对国际和平与安全的威胁，联合国安理会在上述问题上采取执行措施，是受到国际社会的积极支持的。在联合国不能采取有效措施制止正在发生的大规模人道主义灾难的情况下，一个国家或者多个国

---

① 不少西方学者持这种民主正统主义的观点，有关学说参见 Anne Peters, See Anne Peters, Humanity as the A and Ω of Sovereignty, 20 European Journal of International Law (2009) 513-544, at 521.

② 李鸣：“当代国际法的发展：人权定向对主权定向”，载《武大国际法评论》，第14卷第2期，2011年，第154—168页。

家是否可以采取单边主义的措施来应对上述人道危机？总体来说，传统的国际法是不承认它的合法性，但是它在西方正在获得越来越多的支持，因此，在这个领域，西方的干涉实践和发展中国家反对干涉主张之间的紧张对立将在一定时间内长期存在，国际法正在或可能在将来呈现出一定的不确定性。第二，国家主权的面纱正在慢慢被揭开，人权日益渗透不干涉原则的解释和适用。一项行为是否构成干涉的判断标准不仅仅是该行为是否损害国家主权的形式要素，而是要考察其人民的自决权是否得到了尊重、保护和实现。这种以人权为基础重构的不干涉学说正在和以领土主权为基础的不干涉学说相互竞争，就现阶段来说，它还没有替代后者成为不干涉原则的主流学说，但是它已经开始在一定程度上影响不干涉原则的解释和适用。以人权为基础的不干涉学说和以领土主权为基础的不干涉学说，在不少方面存在着深刻的冲突，它的发展今后可能会一定程度上侵蚀和损害传统不干涉原则，给不干涉原则的解释和适用带来一定的不确定性。第三，有必要指出的是，就一个国家的宪政建设而言，我们有必要坚持人权和主权的统一性。[①] 主张人权来取消或者否定主权，或者片面强调主权而忽视对人权的保护，都是不合理的。我们一方面要注意维护好中国的对外主权和独立，另外一方面也要坚持和推进中国国内人权的不断发展和完善，两者是相辅相成的。

最后，西方的新干涉主义理论对中国国际法学者的理论研究提出了新的挑战。首先，中国学者要积极批评和反思西方学者的干涉理论，就不能只是就规则论规则，而必须看到这些新干涉理论背后深刻的国际政治背景。在干涉问题上，必须加强国际法和国际关系的交叉研究。如果仅仅适用实在国际法方法，仅仅以西方的实践和理论作为分析基础，而缺乏宏观的国际关系背景，国际法学者很容

① 参见刘楠来："人权与主权"，载中国法学网，http://www.iolaw.org.cn/showArticle.asp?id=594，访问日期2012年4月8日。

易进入国际法作为法律技术的迷雾，运用了西方学者预设的前提和方法，就有可能做出符合西方政治需求的主张。其次，如果在民主和人权理论成为主流话语的今天，创造性的解释和运用不干涉内政原则，为中国的外交政策和国际法主张提供理论支持和法律支持，维护国家的核心利益，实现和维护有利于我们和平发展的国际格局和区域环境，需要我们深入研究不干涉原则的一系列理论和法律问题。反对霸权主义和维护国家主权是研究不干涉原则的基本出发点。本文只是初步整理和批判了西方学界自冷战结束以来的新干涉主义理论，就创造性的解释和运用不干涉理论而言，还有待今后追踪西方理论动态，密切关注国际实践，结合中国的外交和国际法实践，进一步展开深入研究。

外交邮袋法律地位的若干问题和中国的实践

——以《维也纳外交关系公约》第27条相关条款的解释为中心

张新军*

引　言

国家通过互派外交使节进行交往并处理外交关系，这在各大文明体系内的国家实践中都有悠久的历史。在现代国际法上，上述有关交往中对于外交使馆的特权和豁免的规范，却无疑是根源于西方“文明国家”的实践，并形成了相关的习惯法规则。① 这其中，也包括了确保外交使节通讯自由的外交邮袋的相关规则。联合国成立之后，国际法的编纂和发展是联合国的任务之一，② 而摆脱殖民统治的亚非拉新独立国家的诞生，客观上增加了对上述习惯法进行编纂的需要。该领域的重要成果就是1961年通过的《维也纳外交关系公

---

* 清华大学法学院副教授；本文得到教育部“新世纪优秀人才支持计划资助”。

① ［英］戈尔－布思 (Lord Gore-Booth) 主编:《萨道义外交实践指南》，杨立义等译，上海译文出版社，1984年版，第157—160页。

② 《联合国宪章》第13条。参见王铁崖、田如萱编:《国际法资料选编》，法律出版社，1986年版，第866页。

约》(以下简称《维约》)。《维约》第27条就外交邮袋做出了如下的规定：[①]

三、外交邮袋不得予以开拆或扣留。

四、构成外交邮袋之包裹须附有可资识别之外部标记，以装载外交文件或公务用品为限。

七、外交邮袋得托交预定在准许入境地点降落之商营飞机机长转递。机长应持有官方文件载明构成邮袋之邮包件数，但机长不得视为外交信差。使馆得派馆员一人径向飞机机长自由取得外交邮袋。

习惯国际法上，外交邮袋的法律地位规则规定并不特别禁止对邮袋的检查或拒收。[②] 与之相比，《维约》第27条尽管没有明文规定外交邮袋"不可侵"(inviolability)，该条第3款的"不得予以开拆或扣留"的规定无疑给予了外交邮袋超出传统习惯法规则更为绝对的保护。[③]《维约》有关外交邮袋的地位已经接近"不可侵"或被称为是"功能性的不可侵"(functional inviolability)。[④] 在习惯国际法上对外交邮袋有限的保护已经被《维约》更为严格的"功能性的不可侵"的标准所取代。[⑤]

虽然和习惯法规则相比，对外交邮袋的保护标准有所提高，但是，《维约》第27条对外交邮袋的规定中，既没有出现对外交邮袋

① 《维也纳外交关系公约》第27条。中文文本参见，王铁崖、田如萱编:《国际法资料选编》，法律出版社，1986年版，第643—657页。以下引述或引注《维也纳外交关系公约》条文时不再一一注明。

② Eileen Denza, Diplomatic Law: Commentary on the Vienna Convention on Diplomatic Relations, Oceana Publications, 1976, pp.125-126.

③ ［英］戈尔－布思 (Lord Gore-Booth) 主编:《萨道义外交实践指南》，杨立义等译，上海译文出版社，1984年版，第170页。

④ Jeffrey F. Addicott, The Status of the Diplomatic Bag: A Proposed United States Position, 13 Hous. J. Int'l L. 221 (1990–1991), p.227.

⑤ Ibid., p.229.

的定义，也没有明确规定外交邮袋体积和重量的范围。《维约》有关外交邮袋的地位仍然存有解释的空间。解释空间之所以存在，除了上述缺乏明确的对外交邮袋的定义之外，相关条文的不明确性也是一个原因。

例如，虽然限制邮袋“以装载外交文件或公务用品为限”，但这一限制似乎完全依赖于外交邮袋发送国的善意。由于仅规定了接受国“不得予以开拆或扣留”却未明确赋予其采取其他预防性措施（如X光扫描）或事后救济措施（如存有严重怀疑外交邮袋被滥用时要求发送国外交人员在场开拆外交邮袋）等搜查的权利，在条约的后续实践中屡屡发生滥用外交邮袋的事件。滥用事件包括走私毒品和黑市商品以及艺术品，走私用于恐怖行动的武器，甚至于走私人质或人犯。[①] 有观点认为，在外交邮袋法律地位问题上，《维约》第27条对习惯法的“发展”毫无疑问地造成了更严重的滥用。[②]

国家十分清楚滥用外交邮袋的危险性，但是同时他们也会担忧，如果明确赋予搜查的权利，该权利也可能存在被滥用的危险，[③] 以至于通过外交邮袋实现通信自由的目的根本无法达成。国家的种种纠结，也常常会随着情势的变迁发生变化。如传统上强调外交邮袋不可侵的西方国家，在洛克比空难事件后，开始担忧外交邮袋可能被滥用于针对民航飞机的恐怖行动。[④] 由此可见，解释空间的存在不仅是可能的，而且也有现实需求。正是因为《维约》第27条解释空间有存在的可能和必要，国家会出于各自外交需求上的利益考量，在通过外交邮袋实现通讯自由的需要和防止外交邮袋滥用两者

① Amy Zeidman, Abuse of the Diplomatic Bag: A Proposed Solution, 11 Cardozo L. Rev. 427 (1989-1990), pp.430-431.

② Jeffrey F. Addicott, The Status of the Diplomatic Bag: A Proposed United States Position, 13 Hous. J. Int'l L. 221 (1990–1991), pp.226-227.

③ ［英］戈尔－布思 (Lord Gore-Booth) 主编：《萨道义外交实践指南》，杨立义等译，上海译文出版社，1984年版，第173页。

④ Amy Zeidman, Abuse of the Diplomatic Bag: A Proposed Solution, 11 Cardozo L. Rev. 427 (1989–1990), p.440.

之间，选取平衡点。相应地，在解释空间允许范围内做出限制性或宽容性的解释。

在这样的背景之下，联合国国际法委员会在联合国大会的多次决议下开展了有关“外交信使和没有外交信使护送的外交邮袋的地位”的国际法编纂活动，意图对外交邮袋地位做出进一步的明确规定。1986年国际法委员会向联合国大会提交了一读稿。1989年国际法委员会做出了二读并形成最终稿，[①] 并根据《国际法委员会章程》第23条向联合国大会推荐这一《草案》（1989年《草案》），召开多边会议研究草案并缔结条约。[②] 然而，在之后进入联合国大会第六委员会的数次审议中，这一努力遭遇重大挫折。有关的草案条款，特别是1989年《草案》第28条有关外交邮袋不可侵的条款［加入了“不可侵”（shall be inviolable）的表述］，第六委员会内部国家意见分歧巨大。联大在1995年12月11日决定将草案及联大第六委员会审议中的分歧一同交由成员国，让他们考虑在今后适当的时机对该领域的国际法进行编纂。[③]1989年《草案》未能形成条约，而且考虑到各国对该条款草案的重大分歧和目前审议的停滞状态，该条款草案显然也未能反映该领域习惯法的状态。

“9·11”事件之后，各国加大了对包括机场在内的出入境口岸的边防安检措施。这使得草案中的分歧变得更为复杂。不仅如此，原来争议并不是很大的机长转交邮袋（《维约》第27条第7款）也成为问题——机场的反恐安检措施也使得机长传递外交邮袋成为规制的对象。在新的形势下，各国针对外交邮袋的国内法措施纷纷出台。

中国外交部在2005年9月7日向各国驻华大使馆、各国际组织

① Draft Articles on the Status of the Diplomatic Courier and the Diplomatic Bag Not Accompanied by Diplomatic Courier and Draft Optional Protocols, 1989. http://untreaty.un.org/ilc/texts/instruments/english/draft%20articles/9_5_1989.pdf.

② http://untreaty.un.org/ilc/summaries/9_5.htm.

③ http://untreaty.un.org/ilc/summaries/9_5.htm.

驻华代表机构发出了《部礼字第172号照会》，针对外交邮袋将采取以下的一些规制措施：[1]

一、外交邮袋须附有可资识别的外部标记，以装载外交文件或公务用品为限。

二、外交邮袋的重量和体积应是合理的，集装箱不得作为外交邮袋。托运或以专（包）机、火车、轮船等方式运输入境的外交邮袋每批次总重量不得超过1000公斤，单件重量不得超过100公斤，单件物体为任何边长不超过1米的立方体。对于托运的在此限量内的外交邮袋，卸载后需运入海关监管仓库，托运方向主管地海关办理申报手续后方可提取。对于超出限量的部分，托运方须按公务用品办理报关和提货手续。如托运方持有异议，有权将其外交邮袋复运出境。

三、外交信使乘坐飞机、火车或轮船时携带随身外交邮袋的重量和体积须符合有关交通运输部门（公司）的规定。

四、"9·11"事件发生后，为保障机场、车站和码头的安全，中方有关部门对上述区域采取了更加严格的安保措施。凡押运的人员（信使）、提取托运入境或办理托运出境的外交邮袋的使馆人员须遵守机场、车站和码头的管理规定，这些人员及其车辆不得进入机场停机坪、车站和码头的隔离区域。

……

照会第二条对外交邮袋规格重量实行的限制，以及对以货运方式运入的外交邮袋与普通货物一样，应当运入海关监管仓库、通过海关监管程序后提取的要求，第四条不允许使馆有关人员进入机场停机坪提取邮袋（包括通过商业飞机机长转递时）的做法，引起了英国等国的不满，并表示希望与中国在联合国常任理事国的定期的

① 引用文档为笔者持有。

条约法律事务交流中就该问题展开磋商。

中国对出入境外交邮袋的规定和做法，从《维约》后续之国家实践的角度来看，本质上就是为防止滥用外交邮袋而采取的国内法措施。在法律适用上，无论1989年《草案》对外交邮袋地位的发展或澄清做出了怎样的努力，[①] 由于联大审议中表现出的国家立场上的巨大差异，以及联大延后对相关问题的国际法编纂的决定，现阶段对各国出于反恐或其他目的的对外交邮袋的限制措施的合法性评价，仍然是《维约》第27条相关条款的解释问题。讨论中方措施是否具有国际法上的合法性，也必须紧紧围绕《维约》第27条的解释和适用展开。

在条约的解释和适用上，应当以条约文本为中心，参考条约起草过程，紧紧围绕特权和豁免的主要目的——外交使团正常履行职能上的必要[②]——展开；同时，应当结合条约后续实践，特别是"9·11"以来的各国的反恐措施，考虑其对外交邮袋地位相关规则的影响；最后，尽管外交邮袋主要是和使馆的信息通讯有关的豁免，但在对其规制时也涉及到对人和物的特权和豁免，以及防止上述权利滥用的国内规制的合法性问题，必须结合条约的相关条款，统筹加以考虑。

---

① 与中方第172号照会采取措施相关的1989年《草案》条款包括：第3条第1款（2）有关外交邮袋的定义：这在《维约》中没有，但是在此处的定义也仅仅根据功能和外观做出，也并未提及外交邮袋的质量和数量；和"直接和自由提取规则"相关的第23条第3款：明确规定"unimpeded access to the ship or aircraft in order to take possession of the bag directly and freely from the captain or to deliver the bag directly and freely to him"；有关海关监管措施的第27条规定："the receiving State or transit State shall…ensure that such dispatch is not unduly delayed or impeded by formal or technical requirements"；有关"不可侵"和不得"扣留"的第28条规定。相关条款和国际法委员会的评注见，Draft Articles on the Status of the Diplomatic Courier and the Diplomatic Bag Not Accompanied by Diplomatic Courier and Draft Optional Protocols thereto with Commentaries 1989, Yearbook of the International Law Commission, 1989, vol. II, Part Two, pp.15-16; pp.37-39; p.42; pp.42-43.

② Draft Articles on Diplomatic Intercourse and Immunities with Commentaries, Yearbook of the International Law Commission, 1958, vol.II., p.95.

如果在解释问题上《维约》第27条允许解释空间存在，那么在合法性问题之外，还应当考虑对等原则带来的问题。限制性解释下的措施并没有违反《维约》，国家在外交特权和豁免问题的实践中，对此类的并未违法的单方行为普遍根据对等原则采取相应措施。[①] 因此，在政策论上有必要对中国的相关措施进行进一步的评估。

一、中国限制外交邮袋规格重量的措施

根据172号照会的规定，限制外交邮袋规格重量的措施涉及两个方面的问题。一是对单体外交邮袋的体积和重量的限制（单件重量不得超过100公斤，单件物体为任何边长不超过1米的立方体，集装箱不得作为外交邮袋）；另一个是对单次批量的总重量的限制（总重量不得超过1000公斤）。

《维约》没有对外交邮袋的单件和单批的重量和体积予以限制的规定，但是也没有禁止缔约国对外交邮袋的"量（quantity）"进行限制的明文规定。从《维约》第27条第3款和第4款的文本及起草过程来看，上述两款的有关外交邮袋规则，都是围绕着外交邮袋的性质以及外交邮袋性质的物品的不可侵展开的。其中第4款不允许缔约国就外交邮袋的内容（特别是所谓的"公务用品"）设限，凡是满足该款中的外交邮袋的外观要求的，在性质上就是外交邮袋；第3款规定不得打开或扣留。从整体上看，《维约》27条第3款和第4款的外交邮袋规则，对外交邮袋的"量（quantity）"没有进行任何直接的规范。

但是，皮之不存，毛将焉附？尽管外交邮袋规则仅仅涉及邮袋定性的问题，但没有量作为基础，外交邮袋的定性就成了一纸空文。极端的情况是缔约国将外交邮袋解释为零质量，这样的解

---

① 也见于《维约》第47条第2款（甲）的规定："接受国因派遣国对接受国使馆适用本公约任一规定有所限制，对同一规定之适用亦予限制"。

释，将使得外交邮袋的规定失去意义。可见，在外交邮袋规则的解释和适用上，对邮袋“量”的限制间接但也是必然地存在着合理性要求。从《维约》第27条第3款和第4款的文本和条约的文脉来看，解释中必要的合理性要求是什么？中方的限制措施是否满足相关的合理性要求？

首先，外交使团的人、物和信息是维持和保障使团职能所必需的，但这并不意味着在量上上述三个要素是无限的。对于外交使团的规模，《维约》要求有合理的限度，接受国可以进行限制。[①] 在物（公务用品）的问题上，《维约》第36条明确允许接受国对公务用品进行国内法规制。既然《维约》在文脉上允许对保障外交使团职能的三大要素中的人和物的数量上可以限制，这初步意味着（*prima facie*）接受国如果认为有必要的话，也可以对信息及信息载体进行合理的限制。

其次，在《维约》1958年草案中，外交邮袋问题和无线电台以及外交信使问题一道，都是在“通讯”这一标题下规定的。也就是说，外交邮袋规则本质上保护的是信息交换。尽管《维约》第27条4款中的“以装载外交文件或公务用品为限”没有明确一定是信函或文件，但从该条文的保护通讯自由的目的来看，对通讯载体的合理限制不会导致对外交使团信息交换的妨碍。

退一步讲，即使《维约》第27条4款允许“物”（公务用品）搭上通讯载体（外交邮袋）的便车，这也绝不意味着外交使团的“物”都有必要受到外交邮袋规则的保护，否则就没有必要通过《维约》第36条，另行制定有关“公务用品”的规则。该规则明确规定接受国可依本国制定之法律规章，准许其入境。然而，如果大部分的“物”（公务用品）在实践上是作为《维约》第36条下的“公务用品”处理以满足使团职能上对“物”的需要的话，对搭上外交邮袋便车的第27条项下“公务用品”的限制（如中方照会中对单件和批件的

---

① 《维约》第10条。

限制），也不会影响到使团在履行职能上对“物”的需求。

再次，在外交邮袋的量的问题上，的确，《维约》第27条没有赋予接受国进行限制的明文规定，但从外交邮袋规则的文本的通常意义上考虑，“邮袋”这一措辞本身就应当意味着对其质量有合理性要求。在国际法委员会的草案条文评注中，认为外交邮袋可定义为承装文件和公务用品的袋子（bag），括弧注解它是“sack，pouch，envelope or any type of package whatsoever。”[①] 美国国务院有关外交邮袋的03-54号照会（2003年8月28日）上，对“bag”的定义也是指“pouch，package，envelope，bag，or other container that is used to transport official correspondence，documents and articles intended for official use”。[②] 这些描述的对象在常识上不可能是指过大过重的物体。并且，作为并列关系的“any type of package whatsoever”也好，“other container”也罢，从修辞上说通常也不可能超出与其并列的“sack, pouch, envelope”或“pouch, package, envelope, bag”的范畴。

最后，在实践上一个著名的案例是发生在前苏联、瑞士和联邦德国之间的外交事件。1984年前苏联将其载重卡车整体作为外交邮袋通过瑞士边界遭到拒绝。瑞士认为合理的外交邮袋的上限是450磅。前苏联不得不退回联邦德国，并允许联邦德国检查卡车，仅将其中的207个箱子作为外交邮袋。[③] 这从一个侧面支持了可以对外交邮袋进行量的限制这一解释，尽管具体的限量上限仍将取决于国家的裁量。裁量的合理性因素更多的和前述两点（即作为通讯的物质载体和文本上“bag”的通常意义）相联系。中方限制外交邮袋的量的措施，远远没有超出合理性的要求，既不可能损害《维约》的目的，也不会产生《维约》不能履行的后果。

---

① Draft Articles on Diplomatic Intercourse and Immunities with Commentaries, Yearbook of the International Law Commission, 1958, vol.II., p.97.

② http://www.state.gov/documents/organization/24009.pdf,p.2.

③ Chuck Ashman, Pamela Trescott Diplomatic Crime: Drugs, Killings, Thefts, Rapes, Slavery & Other Outrageous Crimes, Acropolis Books, 1987, pp.190-193.

二、中国要求以货运方式运入的外交邮袋与普通货物一样，运入海关监管仓库、通过海关监管程序后提取的做法是否构成《维约》所禁止的“扣留”邮袋行为

《维约》第27第3款禁止扣留外交邮袋。但是，对于何种行为构成条约禁止的“扣留”，从草案的起草过程和外交会议上国家对草案的审议过程看，既没有很大的争议，也没有给出明确的指南。[①] 我们从国家实践和文本文意上再审视“扣留”的意义。

首先看国家实践。

许多国家对货运方式运入的外交邮袋在海关和边境防卫机关的行政管理上，通过国内法措施予以限制。如美国国务院有关外交邮袋的03-54号照会（2003年8月28日）中，对无人陪伴的外交邮袋（unaccompanied pouches），要求在邮袋另挂上证明标签，标签上必须注明重量，写上只装有公用信函、公用物品的声明，并由发出国或发出国际机构负责人的签名。[②] 美03-54号照会中表示对符合上述要求的外交邮袋予以迅速的处理（expeditious processing）。问题是，何为迅速的处理（expeditious processing），似乎取决于美国海关和边境防卫机关的判断；更为关键的是，上述承诺似乎也可以理解为，当外交邮袋不符合美方有关证明标签要求时，美方不会予以迅速的处理（expeditious processing）。

澳大利亚在对外交邮袋的通关上，也指出，外交邮袋和信使是否能够确切和迅速的移动取决于是否有适当的识别和记载。[③] 这也

---

① 《维约》第27条争议的中心在无线电台的设置问题上。Ernest Kerley, Some Aspects of the Vienna Conference on Diplomatic Intercourse and Immunities, 56 AJIL 88-129 (1962).

② http://www.state.gov/documents/organization/24009.pdf, p.4.

③ “5.4.1 Couriers and Diplomatic bags”, http://www.dfat.gov.au/protocol/Protocol_Guidelines/05.html#541.

意味着，起码海关在外交邮袋的处理上是需要进行通关的，通关的速度取决于外交邮袋的标识是否适当。

英国对于托运的外交邮袋，只要使馆或其报关代理适当地予以识别，则海关予以即刻的通关。①

在外交邮袋通过海关的问题上，上述三国的要求都比较宽松。但是从上述实践看出，要求宽松也不意味着对于托运外交邮袋可以无条件迅速放行。满足相关技术要求的外交邮袋（如美国对无人陪伴的外交邮袋要求另挂上证明标签，并对标签提出形式和内容上的要求）会予以迅速的通关，但也意味着不满足要求的在通关时间上可能会有延迟。从上述实践上看，海关的通关措施并不当然构成“扣留”；海关通关措施的时间长短也不是判断是否构成“扣留”的决定要素。

其次，我们再重审一下“扣留”的文意。

究竟什么才是“扣留”？尽管《维约》第53条规定中文、英文、法文、俄文及西班牙文各本同一作准，但由于对中方照会的质疑主要来自西方英语国家，在这里为了进行有针对性的辩论，选取英文文本“detain”作为对象文本。对于“detain”一词，牛津的英语词典②的解释是：

– to keep somebody in an official place...

– (formal) to delay somebody or prevent them from going somewhere

韦伯斯特新世界词典③对“detain”的释义：

1. To keep in custody; confine

① “immediate clearance”，英国法律意见第5点。

② Oxford Advanced Learner’s Dictionary, 7th Ed., Oxford University Press 2005.

③ Webster World Dictionary, Second College Edition, William Collins Publishers1979.

2. To keep from going on; hold back;

3. To withhold

布莱克法律词典[①]对 detain 的解释是：

To retain as the procession of personality. To arrest, to check, to delay, to hinder, to hold, or to keep in custody, to retard, to restrain from proceeding, to stay, to stop...

在牛津字典和布莱克词典的解释上，非常明确的一点是，“detain”和人相关；在韦伯斯特新世界词典上，“detain”一词的主要用法也似乎是和对人的拘禁或控制联系在一起。在《维约》第27条的解释上，一个有意思的问题是：为什么对外交邮袋这一“物”仍然采用“detain”这一措辞？一个可能的合理解释是，正是因为“detain”的对象是人，“detain”这一行为的主要特征是违背人的意愿对其予以物理性的控制。即使对“物”本来没有“detain”一说，在这里采用“detain”一词，强调的是外交邮袋所有人的意愿不能违背。也就是说，判断某项对物的行为是否构成“detain”，该行为的持续时间的长短和行为的方式不是决定性的，关键是当物的所有人提出请求时，“detain”者不能抗拒该项请求，否则就构成“detain”。

中方对外交邮袋，采取运入海关监管仓库、通过海关监管程序后提取的规制措施。这些技术要求可能会使得外交邮袋的通关有所延迟。但是时间上的延迟并不当然构成《维约》第27条所说的“detain”。值得指出的是，在实施时，首先应该大力宣传采取运入海关监管仓库、通过海关监管程序后提取是一项正常的通关措施，在主观上没有对抗外交邮袋所有人意愿，控制外交邮袋的意图；其次，对于外交邮袋所有人或其代理人要求迅速获取的外交邮袋，在

① Black's Law Dictionary, 7th ed. West Group, 1999.

海关制度上应该设立相应的申请和加急通关制度，使得相关请求能够迅速得到实现。

三、中国不允许使馆有关人员进入机场停机坪提取邮袋（包括当由商业飞机机长转递时）的做法和《维约》第27条第7款

《维约》第27条第7款有关机长转递外交邮袋的规定要求，对通过上述方式转递的外交邮袋，“使馆得派馆员一人径向飞机机长自由取得外交邮袋”（“The mission may send one of its members to take possession of the diplomatic bag directly and freely from the captain of the aircraft）。这里的问题是，不允许使馆人员进入停机坪提取上述邮袋是否违反了“直接和自由（directly and freely）提取”这一规则？

《维约》第27条第7款的直接和自由提取规则，并没有对提取的地点予以限定。既没有限定该地点必须是停机坪，甚至也没有限定提取地点必须是机场。在何处提取上述邮袋，这似乎和直接和自由提取规则没有太大的关系。尽管通常允许使馆人员进入停机坪提取的做法被认为是满足直接和自由提取规则要求的，但这既不能保证在停机坪上的提取就一定不会出现违反该规则的情形，更不意味着其他地点的提取一定会违反该规则。

就其他地点而言，直接性的要求似乎是最不会产生争议的。也就是说，只要外交邮袋没有经过第三人再转递给使馆人员，就不会构成对直接性要求的违反。可能产生的争议是，不允许使馆人员进入停机坪提取，是否违反自由性的要求。

如前文所述，“自由地提取”这一行为，和行为的发生地没有关系。但是，如果这一问题一定要和提取地点相联系的话，其前提是行为人的双方（提取者和转送者）都必须处于某种“自由”的状态。假定提取的地点决定“自由地提取”这一论断是正确的，需要比较的是在停机坪和机场的其他地点，提取者和转送者双方的“自由”

状态有什么不同。

首先必须明确的是，所谓的“自由”状态在《维约》中不是绝对的，而必然是受到《维约》规范制约的某种“自由”状态。例如，《维约》第26条后半段的移动和旅行的自由（freedom of movement and travel），受前半段接受国的禁区或限制区域的限制；《维约》第27条第1款前半段的通讯自由（free communication），就无线电台的设置而言，也必须得到接受国的同意。[①] 不言而喻，转运邮袋的机长和前来提取的使馆人员，即使在“自由提取”这一行为中，其本身的自由也不是绝对的，而是受到接受国的规制。

主张只有停机坪交接外交邮袋才能满足《维约》第27条第7款的“自由提取”的一个假设前提是，转运邮袋的机长和前来提取的使馆人员只有在停机坪进行转递才满足自由提取所要求的自由状态。因此，主张停机坪之外的提取违反自由提取的要求，则必须证明两点：第一，停机坪之外的地点，机长和前来提取的使馆人员受到的限制和他们在停机坪受到的限制不同；第二，停机坪受到的限制是衡量是否能够“自由提取”的唯一的也是最高的限制标准，超出此标准即构成对“自由提取”规则的违反。

就机长而言，在《维约》第27条第7款中并不享受信使的待遇。[②] 一旦飞机抵达机场，不论在机上、在停机坪，还是在其他地点，他的地位都是一样的，受东道国的国内法规制也没有任何不同。从这个意义上，他的“自由状态”在上述地点没有变化。

就前来提取的使馆人员来说，该类人员并无特殊地位。在机场

---

① 《维约》第27条第1款：“一、接受国应允许使馆为一切公务目的自由通讯，并予保护。使馆与派遣国政府及无论何处之该国其他使馆及领事馆通讯时，得采用一切适当方法，包括外交信差及明密码电信在内。但使馆非经接受国同意，不得装置并使用无线电发报机。”重点为笔者所加。

② 《维约》第27条第7款：“外交邮袋得托交预定在准许入境地点降落之商营飞机机长转递。机长应持有官方文件载明构成邮袋之邮包件数，但机长不得视为外交信差。使馆得派馆员一人径向飞机机长自由取得外交邮袋。”重点为笔者所加。

的任何一处均连续性地受机场通行规则的限制，本来就不存在不同地点限制的高低之分，更谈不上把在某一地点（停机坪）上受到的限制作为判断其自由状态的唯一标准。西方国家的实践也证明了这一点。例如，美国要求该类人员佩戴足以满足安检要求的识别并遵守机场所有的安检规定；[①]澳大利亚要求该类人员必须事先取得海关的识别，并且进入机场限制区域时必须监护进入；[②]即使是英国，也要求该类人员事先申请机场通行证，并且该通行证只允许其进入旅客上下的廊桥（jetties）。[③]

从上述国家实践上看，是否允许使馆人员进入停机坪以及以何种方式进入停机坪，和对该类人员在机场的限制（包括禁止进入停机坪）一样，都只是接受国在《维约》上有权自行规制的一种。这样的国内法措施，不仅并不影响该类使馆人员的“自由状态”，对于发送国而言，该类使馆人员也有遵守之义务。[④]

综上所述，中方不允许使馆人员进入停机坪提取外交邮袋，并不构成对《维约》第27条第7款“直接和自由（directly and freely）提取”这一规则的违反。

四、限制性适用和对等原则

对于有关国家对中国172号照会的异议，从上述分析上看，中方照会上的措施在合法性问题上没有任何问题。然而，有关国家的质疑并非无事生非。之所以对中方措施提出反对，可能是基于其自身在外交需求上的利益考量，使得在通过外交邮袋实现通讯自由的需要和防止外交邮袋滥用两者之间所选取的平衡点和中国有所不

① http://www.state.gov/documents/organization/24009.pdf, p.6.

② “escorted access”, 5.4.1 Couriers and Diplomatic bags, http://www.dfat.gov.au/protocol/Protocol_Guidelines/05.html#541.

③ 英国法律意见第9点。

④ 《维约》第41条。

同。实质上他们不满的是中方在解释空间允许范围内做出限制性规定，或《维约》所称的限制性适用。[①] 这与《维约》上的解释适用的合法性主张无关，而是通过国际法上的对等原则进行调整的问题。

事实上，在利比亚大使馆射杀英国女警察事件发生之后，针对外交特权的滥用问题，英国政府曾发布过关于外交特权与豁免的白皮书（1985年）。白皮书中英国认为对外交邮袋的内容和使用做出正式的限制是困难的，也是不可取的。因为这样的限制对英国的外交邮袋的安全也会产生对等效应。[②] 这里英国没有担心措施的合法性问题，担心的是对等原则（Principle of Reciprocity）可能对其产生的不利后果。

和中方照会中对外交邮袋“量”进行限制性适用直接相关的一个导致对等原则适用的实例发生在美国和尼加拉瓜之间。1986年9月，尼加拉瓜政府通告美国，只允许每周150千克和每月600千克可以作为外交邮袋发送。美国国务院迅速做出反应，只字未提《维约》更谈不上追究尼加拉瓜措施的合法性问题，仅仅简单通知尼加拉瓜美方将做出对等性的限制，即也将尼加拉瓜发送至其驻美使馆的外交邮袋限制于每周150千克和每月600千克。[③]

几乎可以肯定，不仅是对外交邮袋数量和批量的限制，中国172号照会的其他限制性适用（通关要求和不允许使馆人员进入停机坪提取外交邮袋的限制），将很有可能招致有关国家，特别是提出异议的国家的对等措施。在今后的实践中，有必要根据中国外交需要，对相关措施的实施情况及时做出评估，并进行政策上的调整。

---

① 《维约》第47条第2款（甲）。

② Higgins, UK Foreign Affairs Committee Report On The Abuse of Diplomatic Immunities..., 80 AJIL 135-140 (1986).p.137.

③ Jeffrey F. Addicott, The Status of the Diplomatic Bag: A Proposed United States Position, 13 Hous. J. Int’l L.221 (1990-1991), p.235.

论跨界核损害的民事义务和国际责任

郭红岩*

跨界核损害是指在核装置国的领土上或在其管辖或控制下的地方所从事的核活动在核装置国以外的另一国领土上或在该另一国管辖或控制下的其他地方所造成的人身、财产和环境损害。关于跨界核损害的赔偿问题，国际社会已经分别建立了以1960年《核能领域第三者责任的巴黎公约》为基础的巴黎公约体系和以1963年《核损害民事责任维也纳公约》为基础的维也纳公约体系。这两套公约体系关于跨界核损害责任和义务的规定大体相同。对于跨界核损害引起的损失，核设施经营人应当承担首位限额民事责任，核装置国依国际条约和国内法设立的核损害赔偿基金承担次位限额民事赔偿义务。但是，跨界核损害损失的巨大性和严重性表明，仅仅依靠核设施经营人的限额民事责任和核装置国的限额基金义务，是不能满足对受害者“及时和充分的赔偿”的。跨界核损害的赔偿问题必然涉及核装置国的国际赔偿责任。尽管现有跨界核损害的条约体系对核装置国是否承担国际赔偿责任没有明确规定，但实践中已有核装置国对跨界核损害承担国际责任的具体案例。因此，为了保证对跨界核损害的受害者进行及时和充分的赔偿，必须发展和完善关于跨界核损害损失分担机制的国际法制度，即由核设施经营人承担首位民事责任，由核损害基金承担次位民事赔偿义务，由核装置国承担补

---

* 法学博士，中国政法大学副教授，中国政法大学国际环境法研究中心副主任。

充的国际赔偿责任。

一、跨界核损害的概念和跨界核损害损失分担

（一）跨界核损害的定义和特征

跨界核损害属于跨界损害[①]，但关于跨界核损害的定义，到目前为止的相关国际文件都没有进行通常意义的界定，只是在有关跨界核损害责任的国际条约中，根据条约的具体内容给出了条约范围内的定义。

1960年《核能领域第三者责任的巴黎公约》[②]（以下简称1960年《巴黎公约》）规定，核损害是指由于核设施内或在核物质运往或运出核设施过程中的核事故引起的生命丧失、人身伤害或财产的损害或灭失。[③] 该公约的2004年修正议定书[④]（以下简称2004年《巴黎公约》）扩展了损害的范围，认为核损害包括生命的丧失或人身伤害、财产的损失或损害、有关经济损失、受损环境的恢复措施的费用、收入损失、预防措施费用等六大项。[⑤] 该公约还扩大了适用的地理

---

① 跨界损害在英文中一般表述为“transboundary harm”（A/CN.4/562/Add.1）或“transboundary damage”(Xue Hanqin: Transboundary Damage in International Law, Cambridge University Press, 2003.) 2006年国际法委员会二读通过的《关于危险活动造成的跨界损害案件中损失分担的原则草案》规定，“跨界损害”指在起源国以外的另一国领土上或在该国管辖或控制下的其他地方所造成的人身、财产或环境损害。

② Convention on Third Party Liability in the Field of Nuclear Energy. 该公约于1960年7月29日在巴黎通过，并分别经1964年1月28日、1982年11月16日和2004年2月12日的议定书修正。其缔约国包括比利时、希腊、斯洛文尼亚、丹麦、意大利、西班牙、芬兰、荷兰、瑞典、法国、挪威、土耳其、德国、葡萄牙和英国。见于网址：http://www.oecd-nea.org/press/press-kits/nuclear-law.htm, 2011年8月12日最后访问。

③ 1960年《巴黎公约》第3条。

④ 1960年《巴黎公约》及其1964年议定书于1968年4月1日生效；1982年议定书于1988年10月7日生效。到2011年3月底，只有挪威和瑞士批准了2004年议定书，因此，2004年《巴黎公约》还没有生效。见于网址：http://www.oecd-nea.org/law/paris-convention-ratification.html，2011年8月12日最后访问。

⑤ 2004年《巴黎公约》第1条（a）项（七）关于核损害的界定。

范围，既适用于缔约国领土内发生的核损害，也适用于非缔约国领土内发生的核损害；既适用于缔约国有管辖权的海区或在该国登记的船舶或飞机的核损害，也适用于非缔约国有管辖权的海区、或在该国登记的船舶和飞机的核损害。①

1963年《核损害民事责任维也纳公约》②（以下简称1963年《维也纳公约》）规定，核损害是指由于来自、产生于一个核装置或运往一个核装置的核材料中的或属于上述核材料的核燃料或放射性产品或废料的放射性性能或放射性性能同具有毒性、爆炸性或其他危险性性能的混合而引起或造成的生命丧失、人身损害或对财产的损失或破坏、任何其他损失或破坏、或由核装置内任何其他放射源所发出的其他电离放射所引起或造成的生命丧失、人身损害或财产的损失或破坏。③1997年“关于修正1963年《维也纳公约》的议定书”④（以下简称1997年《维也纳公约》）在1963年《维也纳公约》的基础上又增加了相关经济损失、受损环境恢复措施的费用、由于环境的明显损坏所引起的收入损失、预防措施的费用及由此类措施引起的进一步损失或损害、以及环境损坏所造成的损失以外的任何其他经济损失，只要这些损失在主管法院法律所保护的范围之内。⑤

---

① 2004年《巴黎公约》第2条。

② Vienna Convention on Civil Liability for Nuclear Damage, 1963年5月21日在维也纳通过，1977年11月12日生效。到2011年3月29日，只有包括俄罗斯在内的38个国家接受该公约的约束，美国、英国、中国、日本等都没有参加该公约。见于网址：http://www.iaea.org/Publications/Documents/Conventions/liability_status.pdf，2011年8月12日最后访问。

③ 1963年《维也纳公约》第1条第1项第11款。

④ Protocol to Amend the Vienna Convention on Civil Liability for Nuclear Damage，该议定书于2003年10月4日生效。到2011年3月29日，只有阿根廷、白俄罗斯、哈萨克斯坦、拉脱维亚、黑山、摩洛哥、波兰、罗马尼亚和沙特阿拉伯等9个当事国。见于网址：http://www.iaea.org/Publications/Documents/Conventions/protamend_status.pdf，2011年8月12日最后访问。

⑤ 1997年《维也纳公约》第1条第1项第（k）、（m）、（n）、（o）款。1997年《核损害补充赔偿公约》关于核损害的界定和1997年《维也纳公约》基本一致。

1986年《及早通报核事故公约》规定，本公约适用于发生在缔约国或其管辖或控制下的人或法律实体的设施或活动、由此而引起或可能引起放射性物质释放、并已经造成或可能造成对另一国具有辐射安全重要影响的超越国界的国际性释放的任何事故。

综合有关跨界核损害责任国际公约的规定，且本文不论及对对公海、国际海底区域、南极地区、大气层以及外层空间等公域环境[①]的核损害问题。因此，跨界核损害应当是指在核装置国的领土上或在其管辖或控制下的地方所从事的核活动在核装置国以外的另一国领土上或在该另一国管辖或控制下的其他地方所造成的人身、财产或环境损害。其中，身体损害包括精神损害。[②]1986年发生的切尔诺贝利核电站事故，对其他许多国家和国民的生命、财产和环境造成了巨大损害。因此，该事故在前苏联领域外所引起的损害被认为是典型的跨界核损害。

跨界核损害一般表现为跨界环境损害，并以跨界环境损害为媒介，进而对其他国家或其他国家国民的生命、健康、财产或动植物等环境要素造成损害。跨界核损害具有如下特征：

第一，跨界核损害中受损的一方是核装置国之外的另一国或该另一国的国民。核装置国是指在其领土上或在其管辖或控制下进行核活动的国家。因此，跨界核损害中的“界”不仅指领土界限，有些情况下还包括管辖界限、控制界限、国际界限等。领土是隶属于国家主权管辖和支配下的地球的特定部分，包括领陆、领水和领空。这些区域作为国家领土，当然在该国的管辖和控制之下。除领土以外而属于该国管辖范围的区域主要包括一国的专属经济区、大

---

① 林灿铃称其为“公域环境”，参见林灿铃：“国际环境法之立法理念”，《清华法治论衡》，2010年6月，第13辑，第198页。有些学者称其为全球公域（global commons），参 见 Xue Hanqin: Transboundary Damage in International Law, Cambridge University Press, 2003, pp.15-16；国际法委员会第42届会议特别报告员巴尔巴萨的工作报告（中文版）。

② Xue Hanqin, Transboundary Damage in International Law, Cambridge University Press, 2003, p. 5.

陆架等。另外，一国在其领土或地域管辖范围外航行的悬挂其国旗的航空器、船舶等也受该国管辖。因此，跨界核损害除了包括在一国领土范围内进行的核活动对另一国领土内的人员、财产、环境造成的损害性后果外，还应包括在一国管辖或控制的区域内、或受该国管辖或控制的船舶、航空器等移动设备的核活动对另一国权属区域内造成的损害。

第二，跨界核损害的过程具有复杂性的特点。重大核事故除直接造成对人身、财产和环境的损害外，其后续污染又通过核物质污染自然环境而间接造成损害，且这种损害持续进行并逐步累积，损害后果具有严重性和不确定性，涉及人数多、范围广、时间长、危害后果严重。如2011年4月，发生在日本福岛的核泄漏导致包括中国、美国、韩国、俄罗斯等国空气中的核物质超标以及对于海水的污染等。

第三，导致跨界核损害的行为应当是国际法未禁止的，如果是国际法明令禁止的，则核装置国应承担国家责任，而不仅是民事赔偿义务或国际赔偿责任。当然，即使是国际法不加禁止的核活动，核装置国如果未尽谨慎的预防义务，也可能导致国家责任。

第四，在一般的跨界损害事件中，非人类行为（Acts of God）的自然现象所引发的跨界损害事故，一般不引起跨界损害责任。关于核损害是否必须是人类行为导致的结果，1997年《维也纳公约》和《核损害补充赔偿公约》都规定“除非装置国的法律做出相反的规定，运营者对直接由异常性质的严重自然灾害引起的核事件所造成的核损害不承担责任”。[①] 但无论核装置国的法律是否做出“相反的规定”，风险预防原则作为国际环境法的基本原则，要求核装置国承担预防的义务，即核装置国有义务防止发生跨界核损害。即使是非人类行为所引起的，核装置国也有防止跨界核损害扩大的义务。

① 1997年《核损害补充赔偿公约》附件第2条第5项（b）。

跨界核损害的特征决定了跨界核损害赔偿制度的特殊性，即不能仅限于民事赔偿的范围，而应扩展到公共赔偿；不能仅适用过错赔偿原则，而应适用无过错责任原则或绝对责任原则；不能仅考虑经济损失的填补，更要考虑生态环境的恢复；不能只注重事后补救，必须强调事前预防。损害再小，也坏于不发生！因此，有效预防跨界核损害的发生，才是解决跨界核损害损失的最佳途径。

（二）跨界核损害赔偿的国际立法概况

关于跨界核损害的赔偿问题，现行国际立法主要体现在条约方面。这些条约可以概分为巴黎公约体系和维也纳公约体系。

巴黎公约体系以西欧国家在欧洲核能机构（Nuclear Energy Agency）的主持下缔结的1960年《巴黎公约》为基础。该公约虽然试图确保遭受核损害的人可以获得充分和公平的赔偿，但公约只规定由核设施经营人作为民事责任人对核事故负全部限额赔偿责任。由于核损害的损害范围大、后果严重的特点、以及经营人赔偿能力的有限性，该公约缔约方于1963年1月21日通过了《关于1960年巴黎公约的布鲁塞尔补充协定》[①]（以下称1963年《布鲁塞尔补充协定》）。该协定不仅大大提高了对每一核损害事故的赔偿限额，并规定了由缔约国提供的公共资金和各缔约方按比例支付的额外赔偿基金进行补充赔偿。1960年《巴黎公约》和1963年《布鲁塞尔补充协定》都分别经过1964年1月28日、1982年11月16日和2004年2月12日特别议定书的修正。其中，2004年特别议定书分别被称为2004

① The 1963 Agreement Supplementary to the Paris Convention of 1960. 其缔约国包括比利时、斯洛文尼亚、丹麦、意大利、西班牙、芬兰、荷兰、瑞典、法国、挪威、德国和英国。见于网址：http://www.oecd-nea.org/press/press-kits/nuclear-law.html，2011年8月12日最后访问。

年《巴黎公约》和2004年《布鲁塞尔公约》[①]。

维也纳公约体系是以东欧各国于1963年5月21日在国际原子能机构（International Atomic Energy Agency）主持下签订的《维也纳公约》为基础建立的。公约规定经营人和核装置国在500万美元的限额内，对受害者进行赔偿。[②] 为了更好地履行核设施经营人的民事责任，通过对1963年《维也纳公约》的修订，不仅形成了1997年《维也纳公约》，还同时通过了1997年《核损害补充赔偿公约》[③]，使对受害者的赔偿数额大大提高。

1986年4月26日发生的切尔诺贝利核电站事故，泄漏出大量的放射性物质。由于疏散和防范措施不及时，当地居民遭受了严重的核辐射，许多人死于这次事故的核污染。国际原子能机构于1986年紧急通过了《及早通报核事故公约》[④] 与《核事故或辐射紧急情况援

① 1963年《布鲁塞尔补充协定》及其1964年补充议定书于1974年12月4日生效；1982年议定书于1991年8月1日生效。2004年议定书只有西班牙和瑞士批准，因此还未生效。见于网址：http://www.oecd-nea.org/law/brussels-convention-ratification.html，2011年8月12日最后访问。

② 1963年《维也纳公约》第7条第1款。

③ Convention on Supplementary Compensation for Nuclear Damage，1997年9月12日通过，同年9月29日在维也纳开放供签署。根据公约第XX条，该公约将在至少有五个其核装机容量单位数最少为400 000的国家交存了有关文书之日以后第九十天生效。参加该公约的国家必须首先是《维也纳公约》或《巴黎公约》的当事国，或者声明其国家立法与本公约附件规定相一致的国家，且在其领土内设有1994年《核安全公约》中所规定的核装置的情况下的1994年《核安全公约》的当事国。见于网址：http://www.iaea.org/Publications/Documents/Infcircs/1998/Chinese/infcirc567_ch.pdf，2011年8月12日 最后访问。到2010年10月27日，只有14个国家签署该公约，其中的阿根廷、摩洛哥、罗马尼亚和美国交存了批准书。见于网址：http://www.iaea.org/Publications/Documents/Conventions/supcomp_status.pdf，2011年8月12日最后访问。

④ 该公约通常简称"通报公约"，1986年9月26日订于维也纳。1986年10月27日正式生效。1986年9月26日，中国政府代表作了有待核准的签署，1988年12月29日该公约对中国生效。参见国际环境保护总局政策法规司：《中国缔结和签署的国际环境条约集》，学苑出版社，1999年7月第1版，第270页。日本也参加了《及早通报核事故公约》，日本在2011年4月这次核损害事故中是否履行了通报义务，是一个必须具体调查和研究的问题。

助公约》[①]。1994年又通过了《核安全公约》[②]，以加强国际核技术的交流与合作，防止核事故的发生以及减轻事故的危害后果。

为了协调巴黎公约体系和维也纳公约体系的冲突问题，国际原子能机构和经济合作与发展组织于1988年9月21日在维也纳联合通过了《关于适用维也纳公约和巴黎公约的联合议定书》[③]，该议定书于1992年4月27日生效。该议定书不仅把1960年《巴黎公约》和1963年《维也纳公约》联系起来，而且扩大了这两项公约中有关民事责任规定所提供的好处，以避免在同一核事故中因为适用这两项不同的公约可能引起的冲突。

另外，1962年5月25日在布鲁塞尔召开的第11届海洋法外交会议上，黎巴嫩、荷兰、葡萄牙、叙利亚、扎伊尔（今刚果民主共和国）、马尔加什（今马达加斯加）等国通过了《核动力船舶经营人责任公约》，对核动力船舶经营人造成的跨界核损害的责任问题做出具体规定。再有，1992年《跨界环境影响评价公约》直接把与核能相关的活动引起的跨境环境影响纳入其范围。

除上述条约性的国际文件外，包括1945年《联合国宪章》、1972年《联合国人类环境宣言》以及1992年《里约环境与发展宣言》等国际环境软法文件中所确立的不损害国外环境权益原则、预防原则等也是跨界核损害责任的国际法依据。

---

① 该公约通常简称“援助公约”，于1986年9月26日订于维也纳，1986年10月27日正式生效。1986年9月26日，中国政府代表作了待核准的签署，1987年10月14日对中国生效。中日均参加了《核事故或辐射紧急情况援助公约》，但该公约仅允许援助方就因提供援助遭受的损失向请求方索赔。

② Convention on Nuclear Safety。该公约于1994年6月17日在维也纳通过。1996年4月9日，中国向国际原子能机构总干事提交了批准书，90天后，该公约对中国生效。

③ Joint Protocol Relating to the Application of the Vienna Convention and the Paris Convention，见于网址：http://www.iaea.org/Publications/Documents/Infcircs/Others/inf402.shtml. 到2009年7月28日，有26个国家批准或加入该议定书。见于网址：http://www.iaea.org/Publications/Documents/Conventions/jointprot_status.pdf，2011年8月12日最后访问。就海上运输领域而言，巴黎公约体系和维也纳公约体系都被1971年12月17日的《海上运输核物质领域民事责任公约》所补充。

（三）跨界核损害损失分担

跨界核损害损失分担是指在跨界核损害发生后，为了实现对受害者及时和充分的赔偿，由核设施经营人、核损害赔偿基金和核装置国，按照一定的次序、按照一定的归责原则和责任额度，分别履行各自的义务，共同分担跨界核损害引起的损失。具体来说即由核设施经营人承担首位限额民事责任，由核损害赔偿基金承担次位限额民事赔偿义务，由核装置国承担补充的国际赔偿责任。

跨界核损害损失分担机制可以调动所有损失分担者的预防风险、保护环境的积极性，使发生跨界核损害的风险降到最低。在跨界核损害损失分担的情况下，以“损失”代替“责任”，不是字面上的变化，而是使赔偿义务的性质发生了变化，使赔偿义务的履行不再有否定性评价的效果，反而有一种主动承担社会责任的效果。因此，国际法委员会在研究涉及有关跨界损害损失分担国际法制度的工作中，把跨界核损害问题作为一个专门领域进行研究。

核设施经营人有时是直接的致害行为人，有时不是直接的致害行为人，只是对致害行为或活动有一定控制权的人。核设施经营人分担跨界核损害的损失，从总体上说，可以分为三类：首先，跨界核损害事故一旦发生，最先表现出来的损失就是经营人所经营的财产或设施的毁损，同时或随后伴有对他人生命、财产和环境的损害。这种设施或装置毁损的损失，核设施经营人不得不承担。第二，在跨界核损害发生时，如果经营人同时经管着第三人的财产，则还要对该第三人的财产损失负赔偿责任。并且，核设施经营人要对有关操作人员生命、健康和财产的损害和损失承担相应的责任。第三，跨界核损害的损失分担并不背离“污染者付费原则”，导致跨界核损害的核设施经营人在跨界核损害发生后，必须按照国际法或相关国内法的规定，对污染受害者承担民事责任，履行赔偿义务。核设施经营人的民事责任是跨界核损害损失分担的起点。本文所讲的核设施经营人对跨界核损害损失的分担不包括对核设施经营人自身或有关操作人员所造成的损失的分担，仅仅指“第三”种情况中的给第三方受害者所造成的损失的分担。而且，这里的“受害者”是指核装置国以外的其他国家的受害者。

在核设施经营人的赔偿不能满足对受害者及时和充分赔偿的情况下，核装置国设立的核损害赔偿基金应当在基金范围内对受害者进行补充赔偿，履行赔偿义务。但这种义务不是核装置国的国际责任，而是民事赔偿义务。

另外，如果核设施经营人和核装置国的核损害赔偿基金不能满足对受害者及时和充分的赔偿，根据不损害国外环境权益原则和预防原则，核装置国应对核损害的受害者进行国际赔偿，履行国际赔偿责任。

巴黎公约体系中的1963年《布鲁塞尔补充协定》是最早确定由民事责任人、核装置国的公共基金和各缔约方按比例支付建立的额外基金分担限额赔偿义务的国际文件。① 2004年《布鲁塞尔公约》不仅沿用了跨界核损害的损失分担，并依次增加了三重赔偿的数额。② 维也纳公约体系中的1997年《维也纳公约》和《核损害补充赔偿公约》不仅大大提高了对受害者的赔偿额度，同时明确了民事责任人的赔偿责任只是对损失的分担，剩余部分由装置国补充赔偿。③

从总体上看，不论是在巴黎公约体系中，还是在维也纳公约体系中，都确立了由核设施经营人和核装置国分担跨界核损害损失的两重以上的赔偿机制，特别是强调了核设施经营人和核装置国的民事赔偿义务，但对于核装置国国际赔偿责任的规定却不尽人意。

---

① 1960年《巴黎公约》没有涉及第二重主体的赔偿问题，即没有涉及损失分担问题；参见 A/CN.4/543，第50页。

② 在第一重中，经营人的最低赔偿责任限额为7亿欧元；第二重的5亿欧元由核装置国提供的公共资金担保；第三重的3亿欧元由各缔约国提供的额外补充基金担保。这使赔偿责任总额增加到15亿欧元。

③ 1997年《维也纳公约》第5条。

二、跨界核损害中的民事赔偿责任和民事赔偿义务

跨界核损害中的民事赔偿责任和民事赔偿义务都是属于民事性质的，都是由条约和国内法共同设定的。根据相关国际条约和国内法的规定，跨界核损害的民事赔偿责任是指由核设施经营人承担的民事赔偿责任，民事赔偿义务则是由核装置国承担的基金限额内的赔偿义务。

（一）跨界核损害中核设施经营人的民事赔偿责任

核设施经营人（nuclear operator）是指由核装置国指派或认可的某核装置的运营人员，有时被称为“许可证持有者”或“管理人”。

1. 核设施经营人民事赔偿责任的性质

跨界核损害中核设施经营人民事赔偿责任的性质可从以下三点进行分析：

首先，跨界核损害中核设施经营人的民事赔偿责任是具有国际性的法律责任，既要对核装置国领土内、或管辖或控制范围内的受害者进行赔偿，也要对受害的外国及外国国民进行赔偿。核设施经营人对外国及外国国民进行赔偿，履行的是自己责任，不是他人责任或替代责任，是在核装置国使用本国环境资源时不得损害国外环境权益原则的前提下，直击跨界核损害的源头。因为只有强调核设施经营人的民事赔偿责任，才能从源头上找到致害的根源；只有对核设施经营人课以民事赔偿责任，才能激励其尽最大注意防止损害的发生，把风险内化在日常管理中。

第二，跨界核损害中核设施经营人的民事赔偿责任一般是在绝对责任原则基础上的限额责任，即在一定的限额内承担责任，而不是全部责任或完全责任。这种制度设计，一是考虑跨界核损害所涉行业本身特殊的危险性以及核设施经营人的实际承受能力；二是跨界核损害自身的特点；三是要保证对受害者进行及时和充分的赔

偿。这也是建立和完善跨界核损害损失分担制度以及该制度存在的基础和前提。

第三，在跨界核损害中，核设施经营人只要被确定为民事责任人，就要作为第一重义务主体承担首位责任。所以，在跨界核损害损失分担中，核设施经营人的责任不同于参与分担损失的核装置国的民事赔偿义务，核设施经营人的民事赔偿责任更具有强制性的特点。1994年《核安全公约》第9条明确规定了许可证持有者，即核设施经营人的责任，“每一缔约方应确保核设施安全的首要责任由有关许可证的持有者承担，并应采取适当步骤确保此种许可证的每一持有者履行其责任”。

2. 核设施经营人的限额责任和财务保证

1962年《核动力船舶经营人责任公约》规定，经营人应对涉及其经营的核动力船舶的核燃料或该船产生的放射性产物或废料的核事故所致的核损害负绝对责任。[①] 当核损害及核损害以外的其他损害系一起核事故造成，或系核事故与一起或多起其他事件共同造成，并且核损害与此种其他损害不能合理分开时，就本公约而言，应将全部损害视为由核事故单独引起的核损害。[②] 该公约还规定，即使核事故可能系经营人的过失或私谋所致，经营人就一艘核动力船舶的任何一次核事故所承担的赔偿责任，以15亿法郎为限；这一限额不应包括依据本公约在赔偿诉讼中法院判定的利息或费用。[③]

在巴黎公约体系中，1960年《巴黎公约》规定，核设施经营人对于在其管理的核装置中发生的一次核事件、或涉及的核材料是来自或产生于其核装置的核事故所造成的人身、财产损害的最高责任限额为1500万特别提款权。1963年《布鲁塞尔补充协定》第3条规定，核损害赔偿的数额为每一核事件3亿特别提款权，其中至少有500万特别提款权由核设施经营人通过保险或其他财务保证提供。

① 1962年《核动力船舶经营人责任公约》第2条第1、2款。

② 同上，第4条。

③ 同上，第3条第1款。

2004年《布鲁塞尔公约》把来自于经营人财务担保的最低赔偿责任限额提高到7亿欧元。

在维也纳公约体系中，1963年《维也纳公约》规定，核装置管理人的责任限额为每一核事件不少于500万美元。[①]1997年《维也纳公约》规定，经营人或经营人和核装置国共同对任一核事件的责任限额不少于3亿特别提款权。其中，经营人的赔偿限额可在装置国提供资金保证的情况下，可以达到不少于1.5亿特别提款权；或者在考虑所涉核装置或核物质的性质以及由此发生的事件的可能后果，允许装置国规定一个较低的经营人责任数额，但在任何情况下，所规定的数额均不得少于500万特别提款权，同时装置国要确保提供最高至3亿特别提款权的公共资金。[②]1997年《核损害补充赔偿公约》附件第4条规定，核装置国可将经营人对任何一次核事件的责任限额设定为不少于3亿特别提款权或在提供1.5—3亿特别提款权的核损害赔偿公共资金的条件下不少于1.5亿特别提款权。

关于保险和财务保证，1962年《核动力船舶经营人责任公约》规定，经营人应以签发许可证的国家所规定的金额、种类和条件，就其所承担的核损害赔偿责任维持保险或其他财务保证。[③]保险款项必须专款专用，即专门用于本公约规定的赔偿。[④]经营人或签发许可证的国家将有关基金提交给法院，用以赔付任何此种索赔。[⑤]

1963年《维也纳公约》第3条规定核设施管理人必须提供由承保人或其他财政保证人签发的证件。1997年《维也纳公约》第7条规定经营人应保持保险或其他财务保证以涵盖核装置国在数额、类别和范围方面规定的运营者对核损害的责任。保险或其他财务保证资金应专用于赔偿。任何承保人或其他财务担保人，在未至少提前

① 1963年《维也纳公约》第3条、第5条第1项。

② 1997年《维也纳公约》第5条第3项。

③ 1962年《核动力船舶经营人责任公约》第3条第2款。

④ 同上，第9条。

⑤ 同上，第11条。

两个月向政府主管部门书面提出中止或撤消其保险或其他财务保证的情况下，或者在保险或其他财务保证涉及核材料运输而此类材料正处于运输期间时，不得中止或撤消此类保险或其他财务保证。

3. 核设施经营人的免责范围

1962年《核动力船舶经营人责任公约》规定，如果经营人证明，核损害全部或部分地是由于遭受损害的人有意造成此种损害的行为或不为所引起，则有管辖权的法院可以全部或部分地免除经营人对该人的责任。[①] 而且，经营人在一定条件下具有追偿权：如果核损害是由于某人有意造成此种损害的行为或不为所引起，经营人有权向具有这种意图而做出行为或不为的人追偿；如果核事故是由于任何沉船起浮作业而发生，且这种作业是在未经经营人，或对沉船签发许可证的国家，或沉船所处水域的国家授权的情况下进行的，经营人有权向进行此种作业的人追偿；如果合同对追偿作了明确规定。[②]

1963年和1997年《维也纳公约》都规定，管理人对下列核损害不负责任：完全或部分地是由于受到损害的人的重大疏忽，或是由于此人蓄意的行为或不行为所产生的核损害；[③] 直接由武装冲突、敌对行动、内战或暴动等行为引起的核事件造成的核损害、以及由特大自然灾害直接引起的核事件所造成的核损害不负任何责任，除非装置国的法律有相反的规定；[④] 对核装置本身的核损害、对在核装置地点使用的或拟使用的同核装置有关的任何财产的核损害、以及对运输工具的核损害等。[⑤] 此外，跨界核损害赔偿的免责也体现在有关管辖法院和诉讼时效的规定方面。

关于管辖法院，巴黎公约体系和维也纳公约体系的规定基本相

① 1962年《核动力船舶经营人责任公约》第2条第5款。

② 同上，第2条第6款。

③ 1963年《维也纳公约》第4条第1款。

④ 同上，第4条第2款。

⑤ 同上，第4条第4款；也参见1997年《维也纳公约》第4条第2、3款。

同。只有在其境内发生核事件的缔约国法院拥有对有关跨界核损害赔偿案件的管辖权；当核事件发生在任何缔约国领土或其他管辖区域之外，或当核事件的地点不能确定时，对该项诉讼的管辖权属于应负责任的管理人所属装置国的法院。[①]很显然，在后一种情况下，只有核装置国的法院有管辖权。在前一种情况下，由于核事件是指"造成核损害的任何事件或有同样起因的一系列事件，或仅就预防措施而言，则指产生造成此种损害的严重和紧急威胁的上述事件"[②]而言的，所以，核事件的发生地就被限定在核装置国了。因此，有管辖权的法院还是只有核装置国。如果受害者无力求偿，就等于免除了核设施经营人的民事赔偿责任。

关于诉讼时效，巴黎公约体系和维也纳公约体系都规定了10年的基本时效期间，除非法律有特别规定，可以达到20年。[③]1997年《维也纳公约》和2004年《巴黎公约》对生命的丧失与人身损害与其他损害进行区分，就生命丧失和人身伤害，自核事件发生之日起30年，就其他损害而言，自核事件发生之日起10年。[④]虽然公约规定，"只要尚未做出最后判决，在根据本条可适用的期限内声称受到核损害并已为赔偿而起诉的任何人员，即使在该期限届满后也可修正其索赔以考虑核损害的任何加重情况"[⑤]，但在实践中，操作的高难度实际上阻却了诉讼时效期满后才发现的跨界核损害的损失赔偿请求。

---

① 1960年《巴黎公约》第13条；1963年《维也纳公约》第11条。1997年《维也纳公约》第11条关于管辖权的规定与1963年《维也纳公约》大体相同，只是增加了关于在沿海国专属经济区内发生核事件时的管辖规定，以及关于有权提出诉讼请求的主体的规定。

② 不同公约中的规定大体相同，但也有细微差别。1963年《维也纳公约》第1条第12项；1997年《维也纳公约》第1条第1项；1997年《维也纳补充赔偿公约》第1条第i项。1960年和2004年《巴黎公约》第1条（a）(i)。

③ 1960年《巴黎公约》第8条；1963年《维也纳公约》第6条。

④ 1997年《维也纳公约》第VI条第1项（a）；2004年《巴黎公约》第8条（a）。

⑤ 1960年《巴黎公约》第8条（e）；1963年《维也纳公约》第6条第4款；1997年《维也纳公约》第6条第4款；2004年《巴黎公约》第8条（f）。

（二）跨界核损害中核装置国的民事赔偿义务

跨界核损害发生后，受害者没有义务承担祸从天降的后果，他们的权利应当得到维护和恢复，他们所受到的损害和损失应当得到救济，得到及时和充分的赔偿。但跨界核损害后果的严重性和损失的巨大性，使得核设施经营人即使倾其所有也无法满足对受害者的赔偿。因此，在跨界核损害发生的情况下，核装置国必须履行相应的民事赔偿义务。

核装置国的民事赔偿义务是指核装置国对其批准或核准的核设施经营人引起的核事故所造成的跨界损害，依据国际条约，以基金的形式承担的赔偿义务。在核设施经营人不能或不足以对受害者进行及时和充分赔偿的情况下，核装置国以预先建立的专项基金，对受害者进行补充赔偿。这种义务是一种次位民事义务，居于核设施经营人的民事责任之后，且限定在一定的数额之内。

关于跨界核损害的巴黎公约体系和维也纳公约体系都规定了核装置国建立核损害赔偿基金进行补充赔偿的义务，但这种义务不是核装置国的国家义务，有关国际公约都允许核装置国在备选方案中进行选择，只要从立法上达到公约所要求的保证资金额度即可。[①] 其中的资金安排以及损害事故发生后用基金对受害者进行赔偿是核装置国对民事赔偿义务的履行。[②] 所以，核装置国的民事赔偿义务不是来自于国家在国际法上的一般义务，而是具体义务，是可以以条约和国内法设定或排除的义务。

核损害赔偿基金是根据有关国际条约的规定，由核装置国依国内法建立。核损害赔偿基金可以由缔约国财政出资建立，作为国家

---

① 1997年《维也纳公约》第5条；2004年《布鲁塞尔公约》第3条。

② 外空活动责任制度直接把发射国确定为跨界损害民事责任的主体。发射国作为首位民事责任人是不同于一般的经营者的，其性质既包含了一般经营者的民事责任的特点，又具有国家的国际赔偿责任的特点，即保证性的特点，也就是应对所有的损害承担赔偿责任。在发射国这个民事主体之外，不会再有其他主体有义务对受害者进行补偿。

预算的一部分，也可以由核设施经营人出资建立，如美国的核损害赔偿基金，是由在美国领土上、或在美国管辖或控制下的区域内经营核设施的人出资建立的。实践中，不同的国际条约所建立的核损害赔偿基金的形式和内容不完全相同。

1. 1962年《核动力船舶经营人责任公约》中的必要基金

1962年《核动力船舶经营人责任公约》第3条在规定了经营人必须“维持保险或其他财务保证”的基础上，要求签发许可证的国家应通过设立“必要基金”，在其保险或其他财务保证不足以满足对核设施经营人提出的并已认定的核损害赔偿请求时，保证此种请求的赔付。这里的“必要基金”是指在核动力船舶的经营人及其保险人的保险之外的基金，只有在民事责任人和保险人的赔付履行以后，才能动用该项基金进行赔偿。条约只要求签发许可证的国家设立该必要基金，“不是要国家来承担责任”①，只是明确该项基金应当用于对损失的分担，用于对受害者的补充赔偿。

2. 巴黎公约体系中的核损害赔偿基金

1960年《巴黎公约》并没有涉及建立核损害赔偿基金的问题。1963年《布鲁塞尔补充协定》开始建立核损害赔偿基金，该协定规定，对每一核损害最高可提供3亿特别提款权的赔偿，其中，从500万到1.75亿特别提款权由核设施所在缔约国的公共资金支付，作为赔偿的第二级；从1.75亿至3亿特别提款权由该公约的各缔约方按比例支付的额外基金赔偿，作为第三级。②2004年《布鲁塞尔公约》规定，第二级赔偿的5亿欧元由装置国提供的公共资金担保，第三级赔偿的3亿欧元由各缔约国提供的公共资金担保。③ 该两条约中为第二、三级赔偿所建立的基金都属于核损害赔偿基金，这两级基金都是在核设施经营人的限额责任不能或不足以赔偿受害者的损失时对受害者进行补充赔偿的，只是该两级基金有位次上的先后。

---

① 1962年《核动力船舶经营人责任公约》第3条。

② A/CN.4/543，第50页。

③ 2004年《布鲁塞尔公约》第3条。

3. 维也纳公约体系中的核损害赔偿基金

1963年《维也纳公约》没有建立核损害赔偿基金。1997年《维也纳公约》[①] 将赔偿责任限额增加至每事故3亿特别提款权，允许缔约国采取以下方式：经营人的赔偿限额不少于3亿特别提款权；核设施经营人的赔偿责任限额不少于1.5亿特别提款权，在这种情况下，核装置国应就超过此数额到至少3亿特别提款权之间的部分提供公共资金。[②] 这就是说，1997年《维也纳公约》允许缔约国选择是否设立核损害赔偿基金。缔约国既可以要求核设施经营人承担跨界核损害的全部民事赔偿责任，即3亿特别提款权，也可以要求核设施经营人只承担部分民事赔偿责任，即不少于1.5亿特别提款权，剩余部分则由缔约国建立的核损害赔偿基金进行补充赔偿。

三、跨界核损害中核装置国的国际义务和责任

在跨界核损害的情形下，核装置国的国际义务和责任既包括有关国际公约和国际习惯法所设定的应急和援助等一般义务，也包括预防义务、防止义务以及由预防和防止义务产生的国际赔偿责任。

（一）跨界核损害中核装置国的应急和援助义务

为了保护环境，各国应按照本国的实际情况，广泛适用预防措施，遇有严重或不可逆转的损害的威胁时，不得以缺乏科学充分的确定证据为理由，延迟采取符合成本效益的措施防止环境恶化。[③] 各国应将可能对他国环境产生突发有害影响的任何自然灾害或其他紧急情况立即通知这些国家。国际社会应尽力帮助受灾国家。[④] 国

---

① 1997年《核损害补充赔偿公约》关于核损害赔偿基金的规定和1997年《维也纳公约》基本相同。

② 1997年《维也纳公约》第7条第1款 a、b。

③ 1992年《里约环境与发展宣言》原则15。

④ 同上，原则18。

际习惯法中的谨慎义务使相关国家有责任始终保持警惕，随时准备尽力预防损害，在损害实际发生时以现有最佳技术减轻损害的影响。[①] 因此，在跨界核损害发生时，核装置国应履行下列义务：

1. 通知和磋商的义务

通知和磋商的义务是指在跨界核损害事故发生或可能发生时，核装置国应当就引发事故的设施或活动、事故发生或可能发生的时间、地点、性质、有关跨界核损害的特点和发展趋势、已采取或计划采取的预防措施等尽速通知可能受影响国，并磋商可能的防止损害扩大和减少损害的办法。

通知和磋商的义务是核装置国的国家义务。一是因为国家在利用本国环境资源时不得损害国外环境权益，二是因为只有核装置国是最好的履行该项义务的主体。尽管核装置国有时不直接参与对核设施或核活动的经营和管理，但其相关部门应保有有关在该国领土上或管辖或控制下的核设施或核活动的资料。而且，核装置国以国家名义更方便和有关国家或国际机构进行联系和磋商协调。而且在跨界核损害发生的情况下，只有核装置国很好地履行了该项义务，才能最大限度地防止损害的扩大，为受害者争取更多的时间和机会，减少跨界核损害所引起的损失。因此，国际社会在有关跨界核损害责任的文件中，都把通知和磋商的义务作为核装置国的一项基本义务。一旦发生或可能发生跨界核损害，无论在核装置国境内是否同时发生损害，核装置国都应当首先从核设施经营人方面了解事件的全部可知事实，特别是事件对居民及其财产以及对其他国家环境构成或可能构成的损害，并尽早通知受影响国或可能受影响国。

1986年《及早通报核事故公约》是在跨界核损害情况下关于核装置国通知和磋商义务的专门性条约，其目的是防止发生核事故和如果发生任何这类事故，则尽量减少其后果。公约规定，在发生核

① A/CN.4/566，第32段。

事故时，缔约国应立即直接或通过国际原子能机构，将该核事故向那些实际受影响或可能会受影响的国家和机构尽速通知。[①] 这些情报应包括：核事故的时间、在适当情况下确切地点及其性质；涉及的设施或活动；推测的或已确定的有关放射性物质超越国界释放的核事故的起因和可预见的发展；放射性释放的一般特点，按实际可能和适当情况，包括放射性释放的性质、可能的物理和化学形态及数量、组成和有效高度；预报放射性物质超越国界释放所需的当前和预测的气象和水文条件的情报；有关放射性物质超越国界释放的环境监测结果；已采取或计划采取的场外保护措施等。[②] 并应在适当间隔时间补充提供有关紧急情况事态发展的进一步情报，包括可预见终止或实际终止紧急情况的情报，以及尽其实际可能迅速地响应受影响的缔约国关于谋求提供进一步情报和进行协商的请求，以尽量减少对该国的辐射后果。[③]

2. 采取应急措施和援助的义务

在跨界核损害实际发生时，核装置国应当采取应急措施，以现有最佳技术，减轻损害的影响。核装置国有义务根据其对风险的认识以及可利用的技巧、技术和财政手段，以应急措施的形式做好必要的应急准备。一旦出现紧急情况，利用所掌握的最佳手段管理紧急情况。受影响国在得到通知后，也有义务采取一切适当、合理的措施以减轻所面临的损害。国家在此方面的尽责义务是与善政相关的义务。[④] “有关各国应于适当时，特别通过协议的紧急计划和互助办法进行合作，以避免严重情况的发生，或尽量消除、减少或纠正此种情况或事件的影响。”[⑤]

① 1986年《及早通报核事故公约》第2条。

② 1986年《及早通报核事故公约》第5条第1款和第6条。

③ 同上，第5条第2款。

④ A/CN.4/566，第32段。

⑤ 1978年5月19日联合国环境规划署理事会以第6/14号决定通过的《指导各国养护及和谐利用两个或两个以上国家共有自然资源的环境方面行动守则》中守则9（3）。

这些预防措施和应急措施不仅应包括核装置国境内的环境清理和修复措施，也应扩大到损害波及的区域，以防止其发展为跨界核损害。预防措施和应急措施有时是很难分开的。1972年《防止倾倒废物及其他物质污染海洋公约》①规定，在恶劣天气引起不可抗力的情况下，或对人命构成危险或对船舶、航空器、平台或其他海上人工构筑物构成实际威胁的任何情况下，当保证人命安全或船舶、航空器、平台或其他海上构筑物的安全确有必要时，或当对人类健康造成不能容许的危险，并且没有其他可行的解决办法的紧急情况下，如果倾倒是防止威胁的唯一办法，并确信倾倒所造成的损失将小于用其他办法而招致的损失，则可以以倾倒作为应急措施采取。②但2011年4月日本福岛核泄漏事故发生后，日本向海洋中排放核污染水是否属于应急措施，日本至今也没有提供令国际社会满意的依据。

1986年《核事故或辐射紧急援助公约》是关于核事故紧急援助的专门性条约，也是在1986年前苏联切尔诺贝利核泄漏事故发生后，在国际原子能机构主持下紧急制订的关于核事故或辐射的紧急援助公约。公约全文共19条，对援助的目的、援助的提供、援助的内容和方式、受援国的义务、援助事项的管理、援助费用、以及国际原子能机构在援助过程中的作用都做了明确的规定。

关于援助的提供，公约在第2条明确规定，若一缔约国在发生核事故或辐射紧急情况时需要援助，不论这种事故或紧急情况是否起始于其领土、管辖或控制范围内，它可以直接或通过国际原子能

---

① 该公约通常被称为“1972年伦敦倾废公约”或“伦敦公约”。1972年12月29日订于伦敦、墨西哥城、莫斯科和华盛顿。该公约于1975年8月30日生效，1985年12月15日对中国生效。参见国际环境保护总局政策法规司编：《中国缔结和签署的国际环境条约集》，学苑出版社，1999年7月第1版，第202页。

② 1972年《防止倾倒废物及其他物质污染海洋公约》第5条。另外，“倾倒”是指：从船只、飞机平台或其他海上人造建筑物上有意地向海上倾倒任何废弃物及其他物质等。参见1972年《防止倾倒废物及其他物质污染海洋公约》第3条第1、2款。

机构向任何其他缔约国和向国际原子能机构或酌情向其他政府间国际组织请求援助；请求国应详细说明所需援助的范围和种类，并按实际可能向援助方提供必要的情报，以便援助方确定其能满足请求的程度；受请求国应迅速决定并直接或通过国际原子能机构通知请求国，它是否能够提供所请求的援助以及可能提供援助的范围和条件，并应在其力所能及的范围内确定并通知国际原子能机构，在核事故或辐射紧急情况下向其他缔约国提供援助可动用的专家、设备和物资以及据以能够提供这种援助的条件，尤其是财务条件；任何缔约国可以请求对受到核事故或辐射紧急情况影响的人进行医疗或暂时安置到另一缔约国领土内的援助。

对于援助的提供者，公约没有特别强调核装置国的首位援助义务，但是公约在涉及到援助的费用问题时指出，任一援助方可向请求国免费提供援助。在确定是否免费提供援助时应考虑的因素包括：核事故或辐射紧急情况的性质；核事故或辐射紧急情况的起源地；发展中国家的需要；无核设施国家的特殊需要；以及任何其他有关因素。[①] 之所以把“核事故或辐射紧急情况的性质”列为第一个要考虑的因素，是因为核损害不同于其他的跨界损害，其损害的大范围性使得如果仅强调起源国的援助，可能只是杯水车薪，不利于防止损失的扩大和对受害者的援助。公约接下来就把“核事故或辐射紧急情况的起源地”作为又一个要考虑的因素，说明在核损害的情况下，核装置国对受害者的援助应当是无偿的。

但是，公约只是规定被申请援助的国家应当立即决定是否给予援助，而没有对任何国家，即使是核装置国，施以强制的援助义务，如果拒绝援助也不引起违反国际法的责任。[②]

---

① 1986年《核事故或辐射紧急援助公约》第7条第1款。

② Alexandre Kiss, State Responsibility and Liability for Nuclear Damage, Winter 2006, 35 Denv. J. Int’l L. & Pol’y 67.

（二）跨界核损害中核装置国的国际赔偿责任

核装置国的国际赔偿责任不同于民事赔偿义务，尽管核装置国的民事赔偿义务也是通过国际条约设立的，但它不是国际法上的一般义务，而是具体义务，是可以以条约设定或排除的契约性义务，甚至是可以通过国内法设定或排除的义务。如果核装置国设立了核损害赔偿基金，且在事故发生后以基金的名义对受害者履行了赔偿义务，核装置国的契约性义务即民事赔偿义务就履行完毕。但如果仍不能满足对受害者的赔偿，就有可能产生核装置国的国际赔偿责任。

关于核装置国的国际赔偿责任，首先是某种形式的保证。由于核损害的特殊危险性，有关国际文件一般都要求核装置国承担赔偿的保证责任。1962年《核动力船舶经营人责任公约》第15条规定，国家必须采取一切必要措施防止悬挂其国旗的核动力船舶无许可证运营。如果国家做不到这一点，而悬挂其国旗的核动力船舶对其他人造成伤害，则船旗国被视作许可证发证国，并应按第3条规定的义务承担对受害者的赔偿责任。该个规定实际是让核装置国承担对受害者赔偿的保证责任。1994年《核安全公约》在序言中明确强调，认识到确保核能利用安全、受良好监督管理和与环境相容对国际社会的重要性，应当促进世界范围内的高水平的核安全，核安全的责任由对核设施有管辖权的核装置国承担。[①] 亚历山大·基斯在论述“关于核损害的国家责任和国际责任”[②] 时指出，在发生核损害事故时，核装置国不仅要承担国际赔偿责任，甚至应承担国家责任。他认为，只要发生了核损害，就说明核装置国疏于履行应有的注意义务。

但从传统的国家责任和国际赔偿责任的国际法实践来看，国家

① 1994年《核安全公约》序言（i）、（ii）和（iii）。

② Alexandre Kiss, State Responsibility and Liability for Nuclear Damage, Winter 2006, 35 Denv. J. Int'l L. & Pol'y 67.

责任和国际赔偿责任是两类不同性质的责任。只要核设施在核装置国的运营没有违反核装置国的国际义务，即使发生核损害，也不引起该国的国家责任。但为了满足对受害者的赔偿，核装置国应当承担国际赔偿责任。虽然还没有形成关于起源国国际赔偿责任的专门性国际条约，但跨界损害起源国的国际赔偿责任早已在“特雷尔冶炼厂案”、“科孚海峡案”以及“拉努湖仲裁案”中得到确立。在发生跨界核损害的情况下，如果有关国际公约规定的数额不足以满足对受害者的赔偿时，核装置国还有进一步的赔偿义务，而这种义务恰恰是起源国的保证义务，以及由其保证义务所延伸出的国际赔偿责任。

因此，核装置国的国际赔偿责任是指核装置国以国家名义对于在本国领土上发生的、或是该国管辖或控制下的区域内的核活动所造成的跨界损害后果承担的赔偿责任。这是一种国际责任（international liability），既不同于核装置国的国际不法行为的国家责任（state responsibility），也与依条约确定的基金形式的民事赔偿义务有所不同，具体可从以下几个方面来说明。

1. 性质不同

从总体上说，不论是核装置国的民事赔偿义务，还是核装置国的国际赔偿责任，两者都具有一定的国际性。但核装置国的民事赔偿义务是基于民事责任而产生的，具有一般民事赔偿的性质和特点，属于广义的民事责任的范畴。而核装置国的国际赔偿责任是在传统的国际不法行为责任的基础上逐步延伸出来的，是国家对在其领土内、或在其管辖或控制范围内的国际法不禁止行为所引起的跨界损害的后果责任，是依国际法产生的，应当属于国际赔偿责任的范围。

2. 法律渊源不同

核装置国民事赔偿义务的法律渊源虽然也包括条约等国际法渊源，但不包括习惯国际法，而且其实施必须以核装置国国内法的制度保障来完成。而核装置国国际赔偿责任的法律渊源主要是国际法，且主要是国际习惯法。到目前为止，尽管联合国国际法委员会试图对此方面的国际法进行编纂，并且做了大量的工作，但还没有形成具体的条约制度。但无论如何，随着科学技术的发展，人类利用自然能力的增强，国家领土、管辖或控制范围内的私人或实体所从事的国际法不禁止行为，尤其是其所从事的危险活动造成的跨国污染事件时有发生，如1986年瑞士桑多斯制药公司污染莱茵河事件、1986年切尔诺贝利核泄漏事故、2000年罗马尼亚金矿氰泄漏污染多瑙河事件、2005年中俄松花江水污染事件、2011年日本福岛核泄漏事故等，使国家有义务为跨界损害承担国际赔偿责任。尽管还没有系统的条约制度对起源国的国际赔偿责任进行规制，或者在跨界损害事件发生后，起源国国际赔偿责任的确定和履行受到很多因素的影响和制约。但毋庸置疑的是，一般国际法已经给所有国家设定了对于在其领土上发生的或是该国管辖或控制下的国际法不禁止的活动所造成的跨界损害后果负有国际赔偿责任。进而言之，国家的国际赔偿责任是不可以以国际条约加以否定或排除的。

3. 责任限制方式不同

核装置国的民事赔偿义务一般是基于有效的跨界损害民事责任条约确定的，在赔偿范围方面和经营者的民事责任相同，而且都采取绝对原则下的限额责任。而核装置国的国际赔偿责任虽然应遵循绝对责任原则，但对赔偿的额度没有限制。对于核装置国来说，如果应当对跨界核损害的受害者履行国际赔偿责任，一般是补充性的无限责任，直到受害者获得及时和充分的赔偿为止。从这个意义上说，核装置国的民事赔偿义务容易确定，在跨界核损害发生后，受害者要获得限额内的赔偿，也是比较容易实现的。而核装置国的国际赔偿责任则具有不确定性，不仅在赔偿义务范围上没有约定，而且在求偿途径等问题上也有较大的不确定性。这种不确定性恰恰说明了国际赔偿责任是属于国家的国际责任而非契约性的民事义务的属性。实践中，即使是承认此项国际义务的国家，在涉及具体损害的实践中，又往往受到当时的国际政治经济形势、核装置国的对外政策和偿债能力、以及受害者求偿能力的限制。

4. 受害者获偿的方式和途径不同

核装置国的民事赔偿义务是基于核设施经营人的民事责任产生的，所以，核装置国一般不以国家名义出现，而是以其设立的基金、即法人的名义履行赔偿义务。受害者可以通过协商、民商事仲裁或有管辖权的国内法院裁判等私法途径直接向基金求偿，而不是向核装置国求偿。而在国际赔偿责任的情况下，核装置国以国家名义履行国际义务，其在受害者求偿过程中的地位一般不以法人的名义出现；受害者虽然也可以直接对核装置国求偿，但实践中往往通过其国籍国，采用外交谈判、国际仲裁或国际司法裁判等公法途径解决。

实践中，特别是美国在马绍尔群岛求偿案中态度的变化，使我们看到了国家对跨界核损害承担国际赔偿责任崎岖的历史进程。

马绍尔群岛求偿案是指由于美国在1946—1958年间在马绍尔群岛进行的67次核试验而引起的损害求偿案件。[①]1946—1958年间，美国把这个本来风景秀丽的热带天堂变成了充满核辐射的地狱，也让附近太平洋海域的环境遭受了永久的破坏。破坏力最严重的一次是1954年3月1日，美国在马绍尔群岛比基尼环礁将一颗预测为600万吨TNT当量的氢弹放置引爆。由于事先没有估计到如此大的爆炸威力，美军没有及时撤离附近的居民和在海上作业的各国渔船，造成了太平洋上最大的核污染事件。其中，致命的永久核污染区近2万平方公里。氢弹爆炸时，日本渔船“福龙丸”号正在200公里外的海域进行捕捞作业，当这些渔民回到自己的港口时，很多人已经奄奄一息。9月23日，船上40岁的发报员爱吉久保山离开了人世。1955年，美国专家进行了一次调查，结果在接受调查的241名渔民当中，试验当年就有12名渔民死于肝硬化、癌症；一年后，又有61

① 见于网址：http://news.xinhuanet.com/st/2005-10/31/content_3706577_1.htm，最后访问日期，2011年8月12日。

人死于白血病、癌症或肝硬化。在这次氢弹试验后，马绍尔人向联合国派出了请愿团，要求美国停止在该群岛的核试验，但直到1958年7月，美国才迫于全世界的压力，停止了在马绍尔群岛的核试验。据统计，从20世纪40年代到90年代，美国共进行了上千次核试验。其中，仅在马绍尔群岛就进行了67次核试验，而23次在比基尼环礁进行。在1954年的一年内，马绍尔群岛所属岛屿上就接连爆炸了三颗1000万吨以上当量的核武器。这些核爆炸的放射性散落物飘落到了群岛的其他地区，甲状腺疾病和恶性肿瘤也成为当地的常见病。两个岛屿被气化而永远地消失了。

1955年1月4日，美日双方通过互换照会达成协议，美国对日本渔民因1954年在马绍尔群岛进行核试验所受到的损害和伤害表示关切和遗憾，并出于恩惠，给予200万美元，赔偿所造成的损害和伤害，作为对日本方面就核试验导致的一切损害、损失和破坏提出的任何和全部要求的一揽子解决办法。暂且不说这些赔偿是否足够补偿对受害者的损害，且说美国当时根本不认为他们负有赔偿责任，而是当做一种“恩惠”赏赐给受害者的！

针对马绍尔群岛国的请求，美国参议院内政和岛屿事务委员会的报告说，虽然美国已经提供了大量的医药援助，“然而，不能说迄今已采取的补偿措施是足够充分的”[①]，有必要在参议院提出关于赔偿付款的议案，以使美国能公平对待这些人。1964年8月22日，约翰逊总统签署一项法律，确定美国应承担“同情性责任”，对太平洋岛屿托管领土朗格拉普环礁居民由于1954年3月1日马绍尔群岛比基尼环礁的热核爆炸所遭受的辐照进行赔偿，并批准95万美元按均等金额支付给朗格拉普环礁受害居民。1982年6月，里根政府准备付给马绍尔群岛政府1亿美元，以清偿岛民因健康和财产受到1946年至1963年间美国在太平洋进行核武器试验的影响而对美国提

---

① A Report of the Committee on Interior and Insular Affairs of the United States Senate. See A/CN.4/543, p.136, para.406.

出的一切索赔要求。[①] 但这些赔偿远远不够补偿美国的核试验所造成的损害。根据《美国和马绍尔群岛政府间关于实施自由联邦条约第177节规定的协议》[②]，马绍尔群岛核索赔法庭于1988年成立，负责审理对美国在1946年至1958年间进行的核试验所造成或引起的土地损害的集团索赔诉讼。法庭最后裁定赔偿总额为324949311美元，其中包括就埃尼威托克环礁过去和将来的损失对索赔者的赔偿194154811美元、为使埃尼威托克恢复到安全和丰饶多产的状况赔偿91710000美元、以及对埃尼威托克民众由于丧失土地而重新安置所遭受的艰难困苦赔偿34084500美元。然而，这些赔偿还远远不够使马绍尔群岛恢复其本来的自然面貌，受害者的创伤也无法抚平。2005年10月24日，马绍尔群岛共和国再次向美国提出了30亿美元的巨额赔偿要求。[③]

在此，暂且忽略美国在马绍尔群岛进行核试验的国际法性质，仅从马绍尔群岛案的发展进程中我们即可看到，国家对于在其管辖或控制下的行为所造成的跨界核损害后果应当承担国际赔偿责任。尽管在争端解决初期美国不认可这种责任，只把对日本渔民损失的给付当做一种“恩惠”，但随着国际法的发展，随着受害者权利意识的提高，马绍尔求偿法庭得以建立，核装置国对在其领土内或在其管辖或控制下的活动所造成的跨界核损害的国际赔偿责任不仅是受害者的单方诉求，也得到包括核装置国在内的国际社会的广泛认可。

关于核装置国对受害者的责任形式，实践中除金钱赔偿外，也可采用恢复原状等其他责任形式。如在帕洛马列斯事件中，美国没有对西班牙进行金钱赔偿。

① A/CN.4/543，第123—124页，第406段。

② Agreement between the Government of the United States and the Government of the Marshall Islands for the Implementation of Section 177 of the Compact of Free Association.

③ http://news.xinhuanet.com/mil/2009-06/04/content_11478900.htm，最后访问日期：2011年7月10日。

1966年1月17日清晨，美国一架B-52G型核轰炸机在西班牙海岸外加油时，与一艘KC-135型加油机相撞，四枚破坏能力达150万吨级的钚－铀235核弹（相当于在广岛投下的原子弹爆炸力的75倍）失落。第一枚和第二枚在落地的一刹那发生爆炸，核物质泄露，污染了周围的农田。第三枚直落海中，随后被深水潜艇打捞上来。第四枚看似完好，当美军搜索人员发现它时，一名当地农民还骑在上面试图搞明白这到底是个什么东西。但当搜索人员对弹体作了全面检查后，发现这枚核弹的六道保险有5道已经失效，再有一次意外撞击就可能酿成灭顶之灾。美国虽然没有为这次事故引起的不安和损害做出任何金钱赔偿，但把1750吨受到辐射的西班牙土壤埋到了美国国内，[①] 即以恢复原状的方式履行了国际赔偿责任。

四、结论

跨界核损害是在核装置国领土上或在其管辖或控制下的地方从事的核活动在核装置国以外的地方所造成的人身、财产和环境损害。根据巴黎公约体系、维也纳公约体系及其他国际公约和国际习惯，对于跨界核损害所造成的损失，核设施经营人应当承担首位限额民事责任，核装置国依国际条约或国内法设立的核损害赔偿基金承担次位赔偿义务。此外，核装置国在履行通知和紧急援助的基本义务的基础上，还必须在核设施经营人和核损害赔偿基金不能满足对受害者及时和充分赔偿的情况下，承担国际赔偿责任，分担跨界核损害给受害者造成的损失。但令人遗憾的是，巴黎公约体系和维也纳公约体系虽然在跨界核损害责任和损失分担的理念上是一致的，但两公约体系在赔偿额度上存在巨大差异，而且关于核装置国国际赔偿责任的规定不能满足现实的需要。还有，由于这两套公约

① http://www.cctv.com/news/world/20040209/101802_2.shtml，最后访问日期：2011年7月10日。

体系当事国的数量有限，不具有普遍性。因此，国家和国际社会应加强对相关国际公约和习惯法的研究和编纂，推动统一的跨界核损害损失分担机制的完善和发展，推动跨界核损害中核装置国国际责任的规范和机制完善，保证跨界核损害的受害者得到及时、充分和公平的赔偿。

论《蒙特利尔公约》的适用问题*

董念清** 张起淮***

公约的适用问题是国际法上一个重要的理论问题。1999年在加拿大蒙特利尔外交会议上通过的《蒙特利尔公约》①，“取代了已适用70多年的《华沙公约》及修正其的系列公约、议定书，从而使规范国际航空运输的法律制度走向统一、完整，展现在我们面前的是一个全新的法律制度。这部公约的生效，在对航空承运人产生影响的同时，也将直接影响到国际航空运输中旅客的切身利益”。②《蒙特利尔公约》的适用不仅直接关系到公约所调整法律关系的范围，还涉及到一国法院的管辖权。一旦确定适用公约，就可以根据公约的规定确定旅客可以在哪一国家的法院起诉，或者说是哪国的法院具有管辖权。因而，“明确公约的适用范围，对于正确理解公约的具体

---

* 关于《蒙特利尔公约》的适用问题，笔者曾在“蒙特利尔公约适用条件分析”一文中做过初步分析。再早之前，在“试析华沙公约意义上的国际航空运输”（发表于《中国航空法学研究》2001年第4期）中作了较为深入的讨论。但现在看来，这一问题并未解决，尤其是涉及到本文所讲案例的情形，因此，实有进一步探讨的必要。

** 中国民航管理干部学院法学教授，航空法研究中心主任，中国国际法学会理事。

*** 中国政法大学航空与空间法研究中心研究员，中国国际经济贸易仲裁委员会仲裁员，北京蓝鹏律师事务所主任律师。

① 全称为《统一国际航空运输某些规则的公约》，2003年11月4日正式生效，从2005年7月31日起对中国正式生效。目前有103个国家批准了该公约，见国际民航组织网站（http://www.icao.int/secretariat/legal/List%20of%20Parties/Mtl99_EN.pdf），2012年1月10日访问。

② 董念清：“蒙特利尔公约适用条件分析”，载《中国民用航空》，2005年第8期。

规定，正确适用公约所确立的相关规则，妥善处理航空运输过程中发生的纠纷，具有十分重要的意义”①。

一、问题的提出

2008年3月11日，原告马美兰之子在芒果网为原告全家五口人预定了被告泰国国际航空大众有限公司（以下简称泰航）北京至泰国旅游的往返电子机票，时间为：2008年3月29日，北京—曼谷；4月4日，曼谷—北京。3月29日，原告全家五口人乘坐被告TG675航班飞往曼谷。飞机起飞四个小时左右，原告带外孙女去洗手间时因飞机在没有预警的情况下出现紧急事故摔倒在飞机过道中，导致原告右脚踝处骨折，不得不在泰国曼谷住院手术治疗。原告全家被迫滞留曼谷，直到原告马美兰手术结束经医生同意后于4月4日乘机返回北京。被告在事故发生后承担了当时的医疗费、机票费、住宿费、部分交通费。事故发生后，泰航承认原告受伤是因为飞机出现代号TCAS RA的事故导致飞机急速拉高造成的。原告后来在北京进行了二次手术。因就后续赔偿问题与被告协商未果，原告依据《蒙特利尔公约》及中国相关法律规定，向北京市东城区人民法院起诉，要求被告赔偿医疗费等费用。东城区人民法院指出：“中国是《蒙特利尔公约》的签署国，但被告所属的国家为泰国，泰国并非《蒙特利尔公约》的签署国。原告不能证明其向被告订飞机票时双方存在关于适用《蒙特利尔公约》的相关约定，故本案不能适用《蒙特利尔公约》。……故依据《中华人民共和国民事诉讼法》第一百零八条第（四）项的规定，裁定驳回原告的起诉。”②

本案提出了一个重要的国际法问题，即条约对第三国私人的效力和条约的适用问题。具体而言，在泰国没有签署《蒙特利尔公

① 中国民航总局政策法规司：1999年统一国际航空运输某些规则的公约精解（内部发行），1999: 23。

② 见北京市东城区人民法院（2009）东民初字第06008号民事裁定书。

约》的情况下，能否以《蒙特利尔公约》的规定约束泰航所从事的中泰之间的航空运输行为？法院可否以泰国没有签署《蒙特利尔公约》而拒绝适用该公约？进而论之，条约对第三国私人的效力如何认定？

二、条约对第三国私人效力的理论分析

就国际条约的效力而言，有两个方面，一是条约对当事国的效力，一是条约对第三国的效力。对当事国来说，"一个合法缔结的条约，在其有效期间内，当事国有依约善意履行的义务。这在国际法上称为条约必须信守原则或条约神圣原则，是条约法上的一个最重要的基本原则"。① 一般而言，条约仅对各当事国有拘束力，而对作为非缔约国的第三国是不发生效力的，这被称为"条约相对效力原则"②。1969年《维也纳条约法公约》也明确承认了这两个原则③。条约的适用是条约的实施。它指缔约国按法定程序把条约具体应用于现实生活，使条约条款得以实现的活动。条约的适用涉及适用的时间范围、空间范围以及在国内执行等问题。④ 既然条约对第三国不发生效力，自然该条约的规定第三国没有遵守的义务，除非存在《维也纳条约法公约》第35条和第36条所规定的情况⑤。

---

① 李浩培:《条约法概论》，北京：法律出版社，1987: 329。

② 同上，1987: 475。

③《维也纳条约法公约》第26条：凡有效之条约对其各当事国有拘束力，必须由各该国善意履行。第34条：条约非经第三国同意，不为该国创设义务或权利。

④ 梁西:《国际法》，武汉 : 武汉大学出版社，2002: 421。

⑤《维也纳条约法公约》第35条：如条约当事国有意以条约之一项规定作为确立一项义务之方法，且该项义务经一第三国以书面明示接受，则该第三国即因此项规定而负有义务。第36条：一、如条约当事国有意以条约之一项规定对一第三国或其所属一组国家或所有国家给予一项权利，而该第三国对此表示同意，则该第三国即因此项规定而享有该项权利。该第三国倘无相反之表示，应推定其表示同意，但条约另有规定者不在此限。二、依第一项行使权利之国家应遵守条约所规定或依照条约所确定之条件行使该项权利。

上述关于条约效力的传统理论，完全是就条约对缔约国及非缔约国的效力问题所进行的讨论。但是，如果以条约对第三国不发生效力，从而推导出条约对第三国私人也不发生效力的结论，未免过于匆忙和草率。笔者认为，对于条约对第三国私人的效力问题，需要具体问题具体分析，不能一概而论。

从理论上说，有学者研究指出，随着国际交往范围的扩大和程度的加深，条约已越来越多地调整私人关系并指向私人的利益。国际条约为私人创设规范或为私人创设权利或以其他方式影响私人利益，使得国家之间所缔结的条约主要对私人产生效力。通过国籍和所在地这两类主要的联结因素，条约不仅包括对具有缔约国国籍的私人的效力，也包括对位于缔约国的私人的效力。在通常情况下，某一条约对私人产生作用或影响，是因为这一私人是某一缔约国的自然人或法人，基于属人原则，国家所承认的条约规则进一步适用于私人。某一条约对位于某一缔约国境内的私人产生作用或影响，也是基于属地原则，国家所承认的条约规则进一步适用于私人。在国际经济领域，有时会更注重参与国际经济交往的当事人的实际存在，而不是他们的国籍，这体现了国家对经济利益的关心。①

从国际条约的立法实践来看，条约对私人的效力，大体有两种类型：第一，对具有缔约国国籍的私人的效力。第二，对位于或在缔约国有“商业存在”的第三国私人的效力。对具有缔约国国籍的私人的效力，在条约的理解和适用上一般不存在问题。对位于或在缔约国有“商业存在”的第三国的私人的效力，在条约的理解和适用上经常出现问题，这就是无论是第三国的私人（当事人），还是法院的法官，首先考虑的是该当事人的国籍国是否是条约的当事国。如果该当事人的国籍国不是条约的当事国，就认为条约对该当事人没有约束力，不能适用该条约。事实是，有些国际条约已经不

① 车丕照：“论国际条约对私人的效力”，见 http://www.law-walker.net/detail.asp?id=3818. 2012年1月10日访问。

再完全依据国籍因素来确定条约的适用和效力问题，而是以当事人的所在地或从事的商业行为为联结点，根本不考虑当事人的国籍以及其国籍国是否批准了条约。如《联合国国际货物销售合同公约》第一条规定:“本公约适用于营业地在不同国家的当事人之间所订立的货物销售合同:（一）如果这些国家是缔约国；或（二）如果国际私法规则导致适用某一缔约国的法律。”根据该条第一项，公约适用于营业地在不同国家的当事人之间订立的合同，营业地所在的国家必须是公约的缔约国，而没有规定当事人的国籍国是公约的缔约国。

对位于或在缔约国有“商业存在”的第三国的私人的效力，国际海上运输公约和国际航空运输公约做了最好的注解。例如，《1974年海上旅客及其行李运输雅典公约》[①]（下称《雅典公约）第二条第一款规定的公约适用范围是:“本公约适用于下列条件下的任何国际运输:（1）船舶悬挂本公约某一当事国的国旗或在其国内登记，或（2）运输合同在本公约某一当事国内订立，或（3）按照运输合同，起运地或到达地位于本公约某一当事国内。”上引《雅典公约》的第一款第二项是要求在当事国有商业行为（订立合同），第三项是只要起运地或目的地有一个位于当事国境内，就是国际海上旅客运输，就适用公约，根本不涉及船舶的国籍或承运人的国籍。再比如，《联合国1978年海上货物运输公约》第二条规定:“本公约的各项规定适用于两个不同国家间的所有海上运输合同，如果:（a）海上运输合同所规定的装货港位于一个缔约国内，或（b）海上运输合同所规定的卸货港位于一个缔约国内，或（c）海上运输合同所规定的备选卸货港之一为实际卸货港，并且该港位于一个缔约国内，或（d）提单或证明海上运输合同的其他单证是在一个缔约国内签发的，或（e）提单或证明海上运输合同的其他单证规定，本公约各项规定

① 简称“1974年《雅典公约》”，1987年4月28日生效，1994年8月30日起对中国生效。

或实行本公约的任何国家的立法应约束该合同。”同样，根据公约前三项的规定，是否适用公约的前提条件是装货港或卸货港有其中一个位于缔约国内。另外，《国际货物买卖时效期限公约》也规定：“本公约仅在订立合同时，国际货物买卖合同当事各方在缔约国有营业所的情况下适用。”这里公约是否适用强调的是合同当事各方在缔约国有营业所，而并不要求其国籍所属国是公约的缔约国。总之，在国际海上运输条约中，通过出发地（装货港）、目的地（卸货港）等联结因素，将条约所设立的规则的效力传递给私人。这是运输的性质使然，实际上也是属地原则的体现。

可以看出，上引条约在条约的适用上有以下特点：第一，对于条约的缔约国（当事国），并不要求一定是合同双方当事人的国籍国。除当事人的国籍国外，更多地指向了可能与当事人的国籍无关的其他因素，如当事人营业地、运输的起运地、目的地、装货港、卸货港所在的国家，也就是说逐渐多元化。第二，只要上述某一地点所在的国家是条约的缔约国或当事国，就适用该条约，根本没有提及合同双方当事人的国籍国是条约的当事国。

综上所述，从主体角度而言，有些条约不仅对具有缔约国国籍的私人产生效力，而且对位于或在缔约国有“商业存在”的第三国的私人也产生效力。这在有关海上运输和航空运输的国际公约中体现得尤为明显和突出。需要特别强调的是，在讨论条约的效力及适用范围时，应考虑条约自身的性质和内容，不能简单地以某一国家是否签署或批准条约为依据，更应该查看条约的具体内容。如果简单地拘泥于理论上的观点，或仅仅从一般条约适用情况来“推论”某一公约的适用，是简单武断的表现，最后必将得出错误的结论。

三、《蒙特利尔公约》的适用分析

综观《蒙特利尔公约》的内容，其实质是规定了航空承运人与旅客、托运人之间的权利义务关系。该公约对成员国的约束主要体现在确立了当事国的司法管辖权[①]，以及对法院在判决时的赔偿额的限制[②]。

《蒙特利尔公约》第一条就是关于适用范围的规定，并且第一条的名称就是适用范围（scope of application）。公约关于适用范围的规定，应该说是完全继承了1929年《华沙公约》[③]和修订其的1955年《海牙议定书》[④]的规定。

（一）公约适用于两种情形的国际航空运输

适用《蒙特利尔公约》的前提条件是该航空运输必须是公约专门定义的"国际航空运输"。《蒙特利尔公约》第一条对"国际运输"

① 公约第33条："一、损害赔偿诉讼必须在一个当事国的领土内，由原告选择，向承运人住所地、主要营业地或者订立合同的营业地的法院，或者向目的地点的法院提起。二、对于因旅客死亡或者伤害而产生的损失，诉讼可以向本条第一款所述的法院之一提起，或者在这样一个当事国领土内提起，即在发生事故时旅客的主要且永久居所在该国领土内，并且承运人使用自己的航空器或者根据商务协议使用另一承运人的航空器经营到达该国领土或者从该国领土始发的旅客航空运输业务，并且在该国领土内该承运人通过其本人或者与其有商务协议的另一承运人租赁或者所有的处所从事其旅客航空运输经营。"一句话，对于航空运输中的损害赔偿，必须在一个当事国的领土内提起。

② 公约第29条："在旅客、行李和货物运输中，有关损害赔偿的诉讼，不论其根据如何，是根据本公约、根据合同、根据侵权，还是根据其他任何理由，只能依照本公约规定的条件和责任限额提起，但是不妨碍确定谁有权提起诉讼以及他们各自的权利。在任何此类诉讼中，均不得判给惩罚性、惩戒性或者任何其他非补偿性的损害赔偿。"

③ 全称《统一国际航空运输某些规则的公约》，1929年10月12日订于波兰华沙，1933年2月13日起生效。

④ 全称《修改一九二九年十月十二日在华沙签订的统一国际航空运输某些规则的公约的议定书》，1955年9月28日订于海牙，自1963年8月1日起生效。

的定义是[①]：

“一、本公约适用于所有以航空器运送人员、行李或者货物而收取报酬的国际运输。本公约同样适用于航空运输企业以航空器履行的免费运输。

二、就本公约而言，国际运输系指根据当事人的约定，不论在运输中有无间断或者转运，其出发地点和目的地点是在两个当事国的领土内，或者在一个当事国的领土内，而在另一国的领土内有一个约定的经停地点的任何运输，即使该国为非当事国。就本公约而言，在一个当事国的领土内两个地点之间的运输，而在另一国的领土内没有约定的经停地点的，不是国际运输。”

从上述公约规定可以看出，公约适用于“国际运输”。而确定这一“国际运输”的核心要素有三，一是当事人的约定，二是出发地点、目的地点和经停地点，三是当事国。出发地点、目的地点和经停地点是当事人自己约定或商定的，并且出发地点和目的地点要么是分别位于两个当事国的领土内，要么位于一个当事国的领土内，但在另一国领土内有一个约定的经停地点。概括来说，公约意义上的“国际航空运输”，包括以下两种情形：（1）根据当事人各方所订立的航空运输合同，运输的出发地点和目的地点分别是在两个不同的当事国的领土内。（2）或者运输的出发地和目的地虽都是位于同一个当事国的领土内，但在另一国的领土内有一个约定的经停地点

① 第一条的英文原文是：1. This Convention applies to all international carriage of persons, baggage or cargo performed by aircraft for reward. It applies equally to gratuitous carriage by aircraft performed by an air transport undertaking. 2. For the purposes of this Convention, the expression “international carriage” means any carriage in which, according to the agreement between the parties, the place of departure and the place of destination, whether or not there be a break in the carriage or a transhipment, are situated either within the territories of two States Parties, or within the territory of a single State Party if there is an agreed stopping place within the territory of another State, even if that State is not a State Party. Carriage between two points within the territory of a single State Party without an agreed stopping place within the territory of another State is not international carriage for the purposes of this Convention.

（经停地点所在的国家是不是公约的当事国无关紧要）。“如果出发地和目的地是在同一个缔约国内，尽管经停地在一个非缔约国，该运输还是《华沙公约》意义上的国际运输。”[①] 除了这两种类型的航空运输是《蒙特利尔公约》意义上的国际运输之外，其他任何类型的运输都不是该公约意义上的国际运输。

“出发地点、目的地点是运输合同开始和结束的地方。公约的适用与双方当事人约定的出发地点和目的地点紧密相关，而与实际的出发地点和目的地点没有关系，因而即使在一个当事国的领域外发生了事先未能预见的经停，公约同样适用。”[②] 另外，旅客在经停地停留时间的长短与公约的适用没有关系，适用公约的前提条件是旅客与承运人事先有个约定，这就是旅客还是要回到出发地。旅客经停的原因和为什么选择在经停地间断其旅程的原因都与公约的适用不相关。

与海运相比较，在公约的适用范围上航空运输与海上运输具有一个共同点，既以运输合同开始、结束的地点作为确定公约是否适用的一个因素。只不过在具体的规定上有所不同。海上旅客运输是按照运输合同，只要起运地和目的地二者当中有一个位于缔约国境内就可以，而航空运输则是出发地和目的地均在两个不同的当事国，或者在一个当事国，而在另一国有一经停点。

（二）公约的当事国是指出发地点和目的地点所在的当事国

《蒙特利尔公约》所指的当事国，是指根据当事人的约定，其出发地点和目的地点所在的当事国，即出发地点和目的地点位于当事国的领土内，而不是指旅客、托运人或承运人的国籍国。换言之，

---

① Lawrence B. Goldhirsch, Warsaw Convention Annotated: A Legal Handbook, The Netherlands: Kluwer Law International, 2000. 19.

② Elmar Giemulla, Montreal Convention Annotated [M], The Netherlands: Kluwer Law International BV, 2006. 4.

承运人、旅客以及托运人的国籍国是不是公约的当事国与公约的适用没有关系。公约考虑的着眼点是，在单程运输的情况下，出发地点和目的地点所在的国家是不是批准了公约，在往返运输的情况下，出发地点（即目的地点）所在的国家是否批准了公约。一句话，在公约的适用上，根本不考虑承运人、旅客等的国籍国是否批准了公约。承运人的国籍与公约的适用没有任何关系。

具体到本案，上诉人马美兰是在北京购买的北京—曼谷—北京的往返机票，而不是北京—曼谷的单程机票。第03224号公证书对此有详细明确的记录。对于往返机票，出发地就是目的地。换言之，当事人双方约定的出发地点和目的地点均为北京，泰国曼谷是双方当事人约定的经停地点。中国是1999年《蒙特利尔公约》的当事国，即使泰国不是1999年《蒙特利尔公约》的当事国，也符合上述“国际运输”的第二种情形。因此，泰国是否签署《蒙特利尔公约》，并不影响《蒙特利尔公约》对本案的适用。

（三）在公约的适用上对于单程运输和往返运输有不同的要求

对于上述第一种情形的“国际运输”，如若要适用《蒙特利尔公约》，则出发地点和目的地点所在的两个国家都必需批准了《蒙特利尔公约》，即两点所在的两个国家均为公约的当事国，否则就不能适用《蒙特利尔公约》。如果有一个国家不是公约的当事方，或者两个国家都不是公约的当事方，虽然该运输是一般意义上的国际运输，但它不是《蒙特利尔公约》所规定的国际运输。因此，这种仅仅是从一个国家的某地到另一国家的某地的单程运输，适用《蒙特利尔公约》的前提条件是出发地点和目的地点所在的两个国家都必需批准（加入或核准）了公约，是公约的当事国。

对于上述第二种情形的往返“国际运输”，与第一种运输不同的是，出发地点和目的地点都在一个当事国的领土内，即出发地就是目的地，而在另一国的领土内有一个约定的经停地点，不管该国是不是公约的当事国。在这种情形下，适用公约的前提条件是出发地和目的地所在的国家必须是公约的当事国。因出发地和目的地均在一个国家的领土内，所以只要求该国是公约的当事国即可，不像单程运输那样，出发地和目的地所在的两国都必须是公约的当事国。换句话说，即使经营该运输的航空公司是非当事国的，也要受《蒙特利尔公约》统一规则的约束。

总之，对于出发地点和目的地点分别位于不同国家的单程运输而言，适用《蒙特利尔公约》的前提条件是这两个国家都必须批准了《蒙特利尔公约》，而对于出发地点和目的地点是在一个当事国的领土内，在另一国的领土内有一个约定的经停地点的往返运输，只要出发地和目的地所在的国家是公约的当事国即可。约定的经停地点所在的国家是不是公约的当事国与能否适用《蒙特利尔公约》没有任何必然关系。凡属于公约所定义的“国际运输”，公约的规定自动具有强制约束力。

（四）公约适用的例外情形

有些航空运输虽然在一般意义上可以视作国际运输，但它们并不是《蒙特利尔公约》意义上的国际运输，例如，运输的出发地和目的地分别位于两个不同的非当事国领土内的航空运输；或者运输的出发地和目的地均在同一个非当事国领土内，且在其他国家（包括当事国和非当事国）领土内有约定经停地点的航空运输；或者运输的出发地和目的地在一个当事国（或非当事国）领土内的航空运输；运输的出发地和目的地均在同一国家领土内，且在其他国家并无任何约定地点的航空运输，等等，均是如此。此外，公约不适用于邮件运输[①]。

在国际航空私法领域，《华沙公约》创始的这种以出发地点、目的地点和经停地点确定公约的适用范围的方法，在1999年《蒙特利

① 见公约第二条第三款的规定。

尔公约》诞生之前的70年时间中，虽然其后的议定书、条约对其内容做了许多修改，但其适用范围的规定没有任何实质性的修订，1999年《蒙特利尔公约》更是一脉相承，说明适用范围的规定符合航空运输实践，也满足了航空运输的需要。

综上所述，可以得出以下几点结论：第一，一个航空运输是否具有《蒙特利尔公约》意义上的国际性，其标准仅仅是航空运输合同中所规定的出发地点、目的地点和经停地点所处的地理位置，而与航空承运人、托运人、收货人、旅客、航空工作人员的国籍和住所，以及飞机的国籍，均无关系。第二，《蒙特利尔公约》中的当事国，是指出发地点和目的地点所在的已批准（或加入、接受、核准）了公约的国家，而不是承运人航空公司、旅客等的国籍国。第三，出发地点、目的地点和经停地点是由运输合同的双方当事人约定的，体现了当事人的意思自治。第四，在往返运输中，只要运输合同所确定的目的地所在国是公约的当事国，公约的适用就不成问题，运输合同双方当事人的国籍国是否批准公约不影响公约的适用。

四、国内外著名航空法学者律师关于公约适用的观点

安德烈亚斯·F. 洛温费尔德（Andreas F.Lowenfeld）和艾伦·I. 门德尔松（Allan I.Mendelsohn）认为："公约的适用完全取决于机票，而与旅客的住所（residence）和国籍（nationality）是不相关的。同样，一旦出票，公约的适用与哪家航空公司承运也没有关系，即使是这家航空公司属于公约的非成员国。"①

李·S. 克赖恩德勒（LEE S. Kreindler）指出，"所有的航空器

① Lowenfeld & Mendelsohn, The United States and the Warsaw Convention, 80 Harv. L. Rev. 497,498 (1967).

在一个且只能在一个国家登记，并且拥有登记国家的国籍，机身喷涂该国的国旗。在航空事故中，航空器的国籍与华沙公约根本不相关。在运输是华沙公约第一条所定义的国际运输时，将适用公约”。①

劳伦斯·B. 戈德海尔希（Lawrence B. Goldhirsch）认为：“国际运输必须是在两个缔约国的领土内，或者是从一个缔约国领土内出发的往返运输，而在另一个国家有一个经停地。旅客的国籍和住所与航空公司的国籍同样无关紧要。”②

埃尔马·吉马拉（Elmar Giemulla）认为：“不是地理—政治意义上的每一个‘国际运输’符合公约第一条所涵盖的‘国际运输’。旅客的居住地和国籍与公约的适用没有关系，承运人的国籍也是如此。公约第一条第二款规定了判断一个运输是不是公约第一条意义上的国际运输的标准。”③

赵维田先生认为，判断是否“国际运输”的标准，不是看经营该运输的航空公司及所用飞机的所属国是否是华沙缔约国，也不管所载旅客或货物的国籍如何，这些因素与是否是“国际运输”无关。决定该运输的“国际性质”的标准完全要看该运输的“出发地”与“目的地”是否在华沙缔约国境内：凡出发地与目的地分别在两个缔约国经境内，或者两者在一个缔约国境内而在另一国（不问是否是缔约国）境内有一个“约定的经停地点”者，就是“国际运输”。即使经营该运输的航空公司是非缔约国的，也要受华沙公约统一规则的强制约束。④

可以看出，上述学者律师的观点是一致的，即《华沙公约》的

① Lee S. Kreindler, Aviation Accident Law. United States: Matthew Bender & Company, Inc., 2006. §10.02 [5], at 10-27.

② Lawrence B. Goldhirsch, Warsaw Convention Annotated: A Legal Handbook, The Netherlands: Kluwer Law International, 2000. 14.

③ Elmar Giemulla, et al., eds., WARSAW CONVENTION, chpt. 1, at 4 (2000) (emphasis added).

④ 赵维田:《国际航空法》，北京 : 社会科学文献出版社，2000: 238。

适用与承运人航空公司的国籍无关。

五、国外法院关于公约适用的司法实践

《蒙特利尔公约》关于公约适用范围的规定，基本上照搬了《华沙公约》及修订其的《海牙议定书》的规定，且有关法院的判决已就《华沙公约》的适用做出了经典解释，而学说研究对法院判例进行总结归纳，使公约的适用问题日益明晰。

（一）Grein诉Imperial Airways, Ltd.（1937年）[①]

旅客格雷因（Grien）购买了一张往返程机票，从英国伦敦到比利时的安特卫普（Antwerp），帝国航空公司的飞机票分甲、乙、丙三联：甲联是从伦敦到安特卫普用的，注明给“出发地机场”；乙联是返程从安特卫普到伦敦用的，注明给“目的地机场”，丙联旅客自己留存，“有效期15天”。格雷因乘坐的飞机在从安特卫普返回伦敦时在比利时失事，格雷因身亡。当时英国是《华沙公约》的缔约国，而比利时不是。

初审的英国高等法院主审法官发现，格雷因的机票包含两个航段，一个是从伦敦到安特卫普，一个是从安特卫普到伦敦，而格雷因就是在后一航段中死亡的。因比利时当时尚未加入《华沙公约》，因此不属《华沙公约》第一条意义上的“国际运输”，从而被告的责任不能限制在《华沙公约》规定的12.5万金法郎。被告上诉后，上诉法官对此意见分歧，主审法官格林纳就此作了精辟的阐述。他说：“该（华沙公约第一条）规则不是关于旅程的，也不是关于航班的规则，而是按照一个运输合同（遇第三款所指情况是几个相互联系合同）约定而进行运输的规则。”这就是说，在判断该合同所作运输是否国际运输时，应该注意：该合同（在第三款则为一连串合同）

① [1937] 1 K.B. 50, 1 Avi. 622.

是一个整体；出发地和目的地指“该合同运输开始的地方和该合同运输终止的地方”。据此，这位上诉法官得出结论说：“它是一个前往安特卫普并返回的合同。”安特卫普不过是个约定的经停地点，按第一条第一款，格雷因案应适用《华沙公约》。

本案的重要意义有二，一是阐明了《华沙公约》所定义的国际运输的出发地和目的地是按照双方当事人合同的约定，即运输合同开始和结束的地方；二是对于往返运输，出发地也就是目的地，只要出发地和目的地所在的国家是缔约国，公约适用于该运输。本案是关于往返运输的权威解释。

（二）Glenn et al. 诉 Compania Cubana de Aviacion, S.A., et al.[①]（1952年）

本案中，Marjorie Jean Glenn 和 Robert Baltzell Glenn Jr. 以及他们的财产监护人 John R. Glenn 是原告，Compania Cubana De Aviacion（一家古巴的航空公司）和 Pan American World Airways（一家纽约的航空公司）以及美国是被告。Marjorie Jean Glenn 和 Robert Baltzell Glenn Jr. 的父母是美国佛罗里达州的市民，他们搭乘 Compania Cubana de Aviacion 的航班从佛罗里达州的迈阿密到古巴的哈瓦那，然后再返回迈阿密。不幸的是原告的父母乘坐的飞机与美国海军飞机发生碰撞，导致原告的父母死亡。古巴不是《华沙公约》的缔约国[②]。

美国佛罗里达南部管区联邦地区法院法官霍兰（Holland）指出，本案提出了两个需要法院考虑的问题，其中之一是，在古巴不是缔约国的情况下，被告 Compania Cubana de Aviacion 是否可以援引《华沙公约》关于免除或限制其责任的规定？为此，霍兰法官首先分析

---

① 102 F. Supp.631,633 (S.D. Fla.1952).

② 古巴1964年7月21日批准了《华沙公约》，自1964年10月19日起公约对古巴生效。见国际民航组织网站（http://www.icao.int/secretariat/legal/List%20of%20Parties/WC-HP_EN.pdf），2012年1月15日访问。

了公约的适用问题。“公约并不关心国民的互惠待遇。它的目的是统一与国际航空运输有关的规则。公约中根本没有规定将国籍作为适用公约的条件，相反，公约的规定将会影响所有的诉讼当事人的权利。应该注意的是公约与旅客和承运人的国籍没有关联，公约将其适用性完全建立在运输的性质和特征上，正如公约第一章第一条所定义和限定的那样。公约设计的初衷是建立国际航空运输当事人权利和责任的国际标准，而且公约也被批准了的国家的法院所适用，如 Grein 诉 Imperial Airways 案。事实是，旅客和承运人任何一方的国籍在公约的适用上不在考虑之列。”[①] 因此，霍兰法官的结论是，被告承运人的古巴国籍与本案无关，公约的规定适用于本案。

如果说上述第一个案例对如何认定“往返运输”做出了权威解释的话，那么，本案则进一步明确了，对于往返运输，旅客和承运人任何一方的国籍在公约的适用上不在考虑之列。换言之，即便古巴没有签署并批准《华沙公约》，但美国是公约的缔约国，并且该运输是《华沙公约》所规定的“国际运输”，因此法院还是依据公约做出了判决。法院并没有以古巴是非缔约国，而认为不能适用《华沙公约》。

佛罗里达州南部管区联邦地区法院在上述判决中确立的这一原则，即承运人国籍与华沙公约的适用无关的原则，自做出到现在已有60年，迄今为止，不仅没有法院挑战这一原则，而且在相同案件中被法院不断引用。

（三）Maria De La Lastra Petrire 诉 Spantax, S.A.[②]（1985年）

Maria De La Lastra Petrire 是 Carlos Conrado 的妻子及未成年孩

① 102 F. Supp.631,633 (S.D. Fla.1952).

② 756 F. 2d 263.

子的母亲，也是上诉人。被告 Spantax 是西班牙的一家航空公司[①]，被上诉人。Carlos Conrado 与 Spantax 的航空运输合同是从马德里到纽约，中间经停西班牙 Malaga，然后再从纽约返回马德里。机票是在马德里的被告办公室出的，机票分成两本，号码相连。第一本包含两联，第一联是从马德里到 Malaga，第二联是从 Malaga 到纽约。第二本仅有一联，是从纽约到马德里的。飞机在从 Malaga 机场起飞去纽约时坠毁，Carlos Conrado 死亡。

纽约东部管区联邦地区法院认为对此案不具有"诉讼标的管辖权"（subject matter jurisdiction）[②]，因此驳回了原告的起诉。原告不服，上诉于美国第二巡回上诉法院。

上诉人承认，根据《华沙公约》第28条规定的前三个地点[③]，她应该在西班牙起诉被告。但是她坚持认为她有权在美国起诉，因为纽约是 Conrado 从马德里到纽约的机票上注明的目的地。在《华沙公约》的意义上，往返运输的"目的地"与出发地是相同的，对此上诉人不持异议。但是，上诉人认为，运输的"目的地"应根据机票合同来确定，而在本案中，从马德里到纽约的第一本机票是与本案相关的合同。

毫无疑问，"目的地"是根据相关的运输合同来确定的，但现在

---

① 西班牙1929年10月12日签署了《华沙公约》，自1933年2月13日起对西班牙生效。1934年10月29日起对美国生效。

② subject matter jurisdiction：沈达明先生翻译为"事物管辖"，系指按诉讼标的确定的管辖权。见沈达明著：《比较民事诉讼法初论》，中信出版社1991年版，第69页。美国宪法规定联邦法院对数种类型的案件具有管辖权：那些根据联邦法律提起的案件，不论是宪法、制定法还是条约。……涉及外国公民或政府的案件。见杰弗里·C. 哈泽德等著，张茂译：《美国民事诉讼法导论》，中国政法大学出版社1999年版，第44页。

③ Article 28: 1. An action for damages must be brought, at the option of the plaintiff, in the territory of one of the High Contracting Parties, either before the Court having jurisdiction where the carrier is ordinarily resident, or has his principal place of business, or has an establishment by which the contract has been made or before the Court having jurisdiction at the place of destination. 2. Questions of procedure shall be governed by the law of the Court seised of the case.

的问题是，如何确定相关的合同和相关的运输。地区法官指出，两本票是在同一时间和同一地点出的，这一出票行为是连续的，是为了一个往返运输的旅行，该旅行在纽约停留不超过五天，对于这一事实没有争议，因此，双方当事人签订了一个“单一的合同”。巡回上诉法院的法官认可了地区法院法官的看法，即在本案中存在一个单一的合同。上诉人也不能证明，Conrado 的目的是仅购买一张从马德里到纽约的单程票。巡回上诉法院认为，在涉及不同承运人的情况下，即便运输是以一个或几个合同体现的，在确定“目的地”时应该予以考虑的是，当事各方认为该运输是不是一个不可分割的单一的运输。在运输是由一家承运人履行的情况下，依据合同号是否相连来确定“目的地”是毫无意义的。本案中，事实表明存在一个各方当事人认可的不可分割的单一运输。出票这一客观事实，不仅使地区法官得出只有一个合同存在的结论，而且也支持这一结论，即在《华沙公约》的意义上，只有一个运输，该运输的目的地是马德里。

根据本案不容辩驳的事实，联邦第二巡回上诉法院同意地区法院没有管辖权的观点，因而维持了地区法院的判决。

本案的意义在于，当在存在多个合同的情况下，如何确定运输合同的目的地。地区法院和联邦上诉法院都认为，不管存在几个合同，在当事各方都认为是一个不可分割的单一运输时，就只有一个合同，是一个运输行为，从而运输的目的地就是出发地，再一次阐明了往返运输的目的地就是出发地。虽然美国法院受理了此案，但地区法院和联邦巡回上诉法院都认为目的地是西班牙马德里，美国纽约只是一个经停地，不是目的地，因此根据《华沙公约》第28条，美国不是承运人住所地、主要营业地、订立合同地、目的地，所以美国法院没有管辖权。还要提到是，联邦巡回上诉法院在判决中引用了前引 Grein 案和一些学者的论文。

（四）Jose Cruz Bartolomeu, et al., 诉 China Airlines, et al.[①]（2002 年）

原告是葡萄牙人，在里斯本一家旅行机构购买了去澳门的一揽子旅行（all-inclusive package）服务。该旅行服务包括从里斯本出发经停英国伦敦、中国香港和泰国曼谷再返回里斯本的国际航空运输、四星级酒店住宿以及地面运输等。从里斯本到伦敦再到曼谷由英国航空公司承运，从曼谷到香港由被告承运，英国航空公司再将原告从香港运回里斯本（经停伦敦）。1999年7月22日，被告在里斯本向原告出具了从曼谷到香港的机票。1999年8月22日，原告搭乘被告的642航班从曼谷到香港，飞机（MD-11型）在香港机场降落时机身起火，造成3人死亡，多人受伤。原告在美国加尼福尼亚州高级法院（Superior Court）起诉被告和飞机制造商美国道格拉斯公司和波音公司等。被告以当事人为外国人为由，将本案提交加州北部管区联邦地区法院审理。原告认为，因为双方当事人均为外国人，所以联邦地区法院的涉外管辖权是不存在的，因此请求地区法院将案件发回。地区法院认为，根据《华沙公约》，原告针对被告的索赔诉讼不能在美国起诉。地区法院因此拒绝了原告的请求，原告向美国第九巡回上诉法院上诉。

上诉法院指出，对于在两个缔约国之间的国际航空运输中造成的人身损害，《华沙公约》提供了排他的救济方式。被告是一家从事国际航空运输的承运人，航班从缔约国葡萄牙出发，在返回葡萄牙之前要经停伦敦、香港和曼谷。根据公约第28条第1款，美国不是：（1）被告的住所地；（2）被告的主要营业地；（3）运输合同的签订地；（4）目的地。因此，不能在美国起诉被告。美国法院对此案没有管辖权。上诉法院维持了地区法院的决定，即美国法院对此案没有管辖权。

① 53 Fed. Appx. 406, 2002WL 31829110 [C.A.9 (Cal.)].

本案中，地区法院和联邦上诉法院都认为运输是国际运输，应适用《华沙公约》。即对于国际航空运输中造成的人身伤害，《华沙公约》提供了排他的救济。但是，美国虽然是《华沙公约》的缔约国，却不在公约第28条规定的起诉地点之内，所以法院无权审理。在有些情况下，即便该运输是公约意义上的国际运输，但受理案件的法院是否有管辖权，还要根据第28条关于管辖权的规定确定，本案正好说明了这一点。

（五）Marjan Razi诉China Airlines[①]（2004年）

原告是美国加尼福尼亚州的市民（citizen），被告是台湾的一家航空公司，其主要营业地在台湾的台北。机票显示，原告于2002年9月25日购买了被告的机票，出发地和目的地都是在洛杉矶的洛杉矶国际机场（LAX airport），经停台北、香港和泰国曼谷。原告诉称，2002年10月10日，他在乘坐被告的CI006航班从台北去美国加州洛杉矶，被被告提供的非常热的热茶烫伤，要求判决被告承担补偿性赔偿和惩罚性赔偿。被告认为，根据《华沙公约》，原告无权要求获得惩罚性赔偿。被告请求法院就原告提出的惩罚性赔偿进行简易判决[②]。

地区法院分析指出，《华沙公约》是规范航空承运人对所有国际旅客、行李和货物运输责任的综合性国际条约。在签署《华沙公约》时，缔约国相信，对承运人责任予以限制，使承运人事先预知到他们承担的金钱赔偿的范围，从而获得必需的资金和足够的保险，以促进刚刚诞生的商业航空的发展。美国于1934年成为公约的签约

① 2004 WL 1001083(C.D.Cal).

② 简易判决是法院对某一事项提交到陪审团之前所做出的决定。简易判决是根据案件是非曲直所作的决定。诉讼的双方当事人都可以提议要求简易判决。动议主张不存在实质性事实争议，而只有法律上的争议。法律问题随后由法院加以判决，而不是把该事项提交给陪审团。见［美］彼得·G. 伦斯特洛姆编：《美国法律词典》，中国政法大学出版社1998年版，第267页。

国，1934年10月29日起公约对美国生效。法院指出，被告提供的不可争辩的证据表明，当原告所声称的事件发生时，原告是在这样一个航班上，该航班的出发地和目的地均为美国洛杉矶，中间经停台北、香港和曼谷。因此，该运输是《华沙公约》第1条第2款定义的国际运输，《华沙公约》的规定适用于本案。

法庭在考查了相关案例后指出，在《华沙公约》规范的人身损害赔偿中，已经建立的原则是《华沙公约》并不支持惩罚性赔偿，旅客不能获得惩罚性赔偿。因此，作为一个法律问题，法庭认为在本案中不能支持原告针对被告寻求惩罚性赔偿的请求。法庭同意了被告进行部分简易判决的请求。

从本案地区法院法官的分析可以看出，在《华沙公约》对于本案的适用上，法官首先考虑的是公约对美国生效的时间，然后根据华沙公约第1条第2款关于“国际运输”的定义，以及航班的出发地和目的地，确定《华沙公约》适用于本案。在全部法院的判决中，只字未提被告的国籍所属国是否批准了《华沙公约》。一句话，在往返运输中，只要出发地和目的地所在地的国家批准了公约，公约的适用就不成问题。

六、结语

条约对当事国有效，第三国自然没有遵守的义务，但这并不能绝对地理解为条约的规定在任何情况下都不能约束第三国的私人。条约对第三国私人的义务并不等于是第三国政府的义务。北京市东城区法院的逻辑推理是，首先确定涉讼当事人的国籍，然后再查看其国籍国是否是条约的当事国，如果是，则适用，反之，则不适用。根本不去查阅条约自身的规定。这种推理，实在是过于机械和简单，最终的结果自然是得出错误的结论。实际上，这种做法并不是个案。一般而言，国际公法条约，如果一国没有批准，对该国没有约束力，当然更谈不上对该国私人的效力。但这一结论在国际私法条约领域却并不是普遍适用的。其他国际私法条约笔者不敢妄言，但在国际航空私法条约上，至少是在1929年《华沙公约》、1955年《海牙议定书》、1999年《蒙特利尔公约》这三个国际航空私法条约中，在某些情形下公约对第三国的私人是有约束力的，即便其国籍国不是公约的当事国。这种对第三国私人的效力，一方面是属地原则的体现，但另一方面，笔者认为更多的是体现了当事人的意思自治。因为条约中明确规定是“根据当事人的约定”，是当事人约定的出发地点和目的地点在两个不同的当事国，或出发地点和目的地点均在同一个当事国，而在另一国家有一个约定的经停地点。一句话，国际条约的适用，应具体问题具体分析。

国际法在国际商事仲裁中的适用路径分析

谢新胜*

一般来讲，国与国之间的争议，主要是政治利益的冲突所产生的争执，但在有些情况下，国家也会因商业利益产生争议，当事方根据协议将此类争议提交给他们自行选择的仲裁员处理，由仲裁员组成的仲裁庭做出的裁决对当事方具有约束力。① 从广义上说，这种国际仲裁理所当然也属于国际商事仲裁的范畴，而且此类仲裁既有临时仲裁，也有在国际商会等仲裁机构受理的国际仲裁。

有学者对诸如"美伊索偿仲裁"等国与国之间的仲裁能否界定为"商事仲裁"存有疑问。多数国家尽可能作广义的解释。《国际商事仲裁示范法》对"商事"的注释是："'商事'一词应给予广义的解释，以便包括产生于所有具有商业性质的关系的事项，不论这种关系是否为契约关系。具有商事关系的关系包括但不限于下列交易：任何提供或交换商品或劳务的贸易交易；销售协议；商事代表或代理；保付代理；租赁；咨询；设计；许可；投资；融资；银行业；保险；开采协议或特许权；合营企业或其他形式的工业或商业合作；客货的航空、海洋、铁路或公路运输。"而中国在加入1958年《纽约公约》时对"商事"的概念做出保留，声明"契约性和非契约性商事

---

* 中国社会科学院国际法研究所副研究员，法学博士。

① 梁西主编：《国际法》，武汉大学出版社2000年版，第487页。

法律关系是指，由于合同、侵权或者根据有关法律规定而产生的经济上的权利义务关系，例如货物买卖、财产租赁、工程承包、加工承揽、技术转让、合资经营、合作经营、勘探开发自然资源、保险、信贷、劳务、代理、咨询服务和海上、民用航空、铁路、公路的客货运输以及产品责任、环境污染、海上事故和所有权等，但不包括外国投资者与东道国政府之间的争端。”这是中国学术界不习惯将涉及国家为主体的仲裁视为商事仲裁的主要原因。在本文中，作者遵循国际上对商事一词所作的广义理解，以包括国际商务的所有方面。本文将提及的“美伊索偿仲裁”是在伊朗的美国人质获释后，就上百个有关伊朗未审结的商事争议所作的仲裁，其中最为晚近的一个商业案件于2003年裁决。所以，对于涉及国家之间的仲裁，我们不必望文生义，绝对将其排除在“商事仲裁”范畴之外。国际上有关国际商事仲裁的论著，将国家与国家之间的仲裁纳入论域的例子比比皆是。例如，英国权威仲裁法专家艾伦·雷德芬与马丁·亨特所著的《国际商事仲裁法律与实践》，将包括“美伊索偿仲裁”在内的国家间仲裁都纳入讨论范围，并称美伊索偿仲裁“这些已经公开的裁判文书，连同大量分析文献。对于不同国籍仲裁员组成的仲裁庭适用联合国国际贸易法委员会仲裁规则（简称“贸发会仲裁规则”）和解决国际贸易争议的方式，提供了颇有价值的评论”。①

一、国家间商事仲裁的国际法适用

（一）条约、协定作为国与国之间商事仲裁的基础

在仅涉及私人主体的国际商事仲裁中，支配仲裁的法律一般通过当事人选择仲裁地加以确定，这种方法一方面兼顾仲裁程序法律适用的稳定性与仲裁地对其领域内法律行为的属地管辖，使国际商

① 参见［英］艾伦·雷德芬、马丁·亨特著，林一飞、宋连斌译:《国际商事仲裁法律与实践》（第四版），北京大学出版社2005年版，第63—66页。

事仲裁本身能较为便利地受到仲裁地法院的司法协助与监督，另一方面也体现了当事人以自己意思确定仲裁程序法的要求，有效平衡了仲裁私人民间性与国家强制保障力之间的矛盾。但在涉及国际法主体的国际商事仲裁中，问题变的更为复杂些，至少作为一方当事人的国际法主体与仲裁地国之间属于平等关系，根据“平等者之间无管辖权”的国际法原则，仲裁地国一般赋予该国际法主体以国家豁免权。在这种情况下，不仅法院地国对涉及国际法主体的诉讼管辖权可能会遭遇豁免，而且国际法主体参与的仲裁程序也可能因其主张豁免而免受仲裁地法院的干预，仲裁地国有关支持与监督仲裁的程序法自然也就没有在仲裁地国法院适用的机会。

国与国之间的国际商事仲裁与普通的国际商事仲裁一样，都必须以自愿管辖为基础，以当事人之间的仲裁协议为仲裁程序启动的前提，也就是说，提交仲裁的争议，当事人必须事前或事后签订仲裁协定或条约，或是有关条约、协定中含有仲裁条款。所不同的是，普通国际商事仲裁中的仲裁协议由某国国内法赋予其法律效力，而国与国之间的仲裁条款由国际法赋予其法律效力，甚至仲裁条款或仲裁协定本身构成国际法的一部分。因此，从仲裁管辖权来源角度看，虽然国际商事仲裁管辖权均来源于当事人之间的仲裁协议，但从根本上讲，私人国际商事仲裁由国内法赋予仲裁庭以仲裁管辖权，国家间的国际商事仲裁由国际法授予仲裁庭管辖权。另外，国际商事仲裁的程序规则一般均由当事人约定，国家间的国际商事仲裁也不例外，但是，私人间国际商事仲裁的程序自治受到仲裁地国强制性规则的支配，而在国家间的仲裁中，仲裁程序规则不受任何国家强制性规则的制约，除非仲裁程序违反国际强行法或国际公共秩序。更重要的是，私人间仲裁由国家按照国内法所规定的程序保障其强制执行力，而国家间的仲裁的提起意味着当事人“诚心遵从裁决的义务”，靠当事人之间的自愿履行，若不履行，将因违反条约或协定的规定而引起国际责任。

（二）美伊求偿仲裁庭的实践

国家间国际商事仲裁最典型的例子莫过于1981年根据解决美伊求偿问题的宣言成立的“伊朗—美国求偿仲裁庭”。该仲裁庭基于两国间的国际协定而设立，其目的在于解决1979年伊朗革命所引起的美伊外交关系危机中的商事争议，协定通过在阿尔及尔的一系列宣言做出，通常也称为《阿尔及尔宣言》(以下简称为《宣言》)。《宣言》赋予仲裁庭仲裁两国国民间以及两国国家间商业求偿问题的管辖权，并授权仲裁庭作为唯一有权解释《宣言》的机构。尽管管辖范围包含私人主体间的争议事项，仲裁庭仍声称其为“明白无误的国际性仲裁庭”，并且“只从属于国际法”，因为“根据当代国际法，私人主体作为国际协定所设仲裁庭的当事人这一事实本身并不能消解仲裁庭及仲裁程序的国际法属性。”另外，虽然仲裁庭实际所在地在荷兰海牙，但《宣言》第6条第1款明确规定：仲裁庭所在地为海牙或其他由美伊两国约定的地点。

从《宣言》可以看出，仲裁庭的实际所在地对当事人而言并不具有重要的法律意义，它只是一个中立、便利的地点。仲裁庭成立后，相当长的一段时期内并未与仲裁庭所在地的荷兰政府签订任何协定。直至仲裁庭成立后的1990年，在没有美伊两国政府介入的情形下，仲裁庭与荷兰政府签署协议，该协议第3条第1款规定：“仲裁庭在履行其宗旨的范围内，享有对荷兰的任何管辖与执行豁免。”因此，有学者认为：“即使仲裁庭与荷兰之间没有签署任何协定，根据国际法的一般原则，荷兰法律不能支配仲裁庭的任何活动，仲裁庭的一切行为也与荷兰无关，不会引起荷兰的国家责任；此外，仲裁庭裁决也并非基于荷兰仲裁程序法做出，裁决效力与荷兰法律毫无关联。”[①] 荷兰政府亦对此表示认同：“未签署协定并不意味着仲裁

① See Georgios Petrochios, Procedure Law in International Arbitration, Oxford University Press, 2003, p.271.

庭不享有根据一般国际法所享有的豁免权与其他特权，这已构成习惯国际法的一部分。”实际上，从国际法的角度看，美伊两国所设立的仲裁庭并不具备国际法人资格，它只是两国在第三国设立的临时性机构，仲裁庭的豁免与特权只能来源于美伊两国在荷兰享有的特权与豁免。但总而言之，仲裁庭的仲裁活动完全排除仲裁地荷兰立法与司法的管辖。①

仲裁所适用的实体法与支配仲裁的程序法之间的差别是明显的，从仲裁的实体法推测支配仲裁的程序法往往也无法成功。一般来说，在排除仲裁地法为仲裁程序法后，仲裁庭可自由、灵活地设定仲裁程序规则，只要不违反当事人约定与作为国际公共秩序的正当程序原则即可。②具体到美伊求偿仲裁庭而言，为确定仲裁的程序法，《宣言》第1条第2款有明确规定：“仲裁庭应依照《联合国国际贸易法委员会仲裁规则》行事，当事人或仲裁庭为保证本协定顺利执行而对该仲裁规则修改者除外。”该条款有几点内容是明确的：

首先，作为当事方的美国、伊朗以及仲裁庭本身均有权确定仲裁程序，这种权利来源于作为国际法文本的《宣言》本身，而不是任何国内法，因此，支配仲裁的法庭法当属国际法律体系。其次，虽然《宣言》规定仲裁规则应为贸发会仲裁规则，而且该仲裁规则第1条第2款规定仲裁规则不得与适用于仲裁的（程序）法律中的任何强制性法律相违背，但究竟何为适用于仲裁的程序法以及它是否为某国国内法，贸发会仲裁规则并未规定。因此，从《宣言》规定的仲裁规则完全照搬贸发会仲裁规则这一事实本身并不能推知仲裁程序法为荷兰法。第三，贸发会仲裁规则虽然规定了仲裁程序法强制性规则的优先效力，但这只是提醒当事人如果违背强制性规则，仲裁裁决可能遭遇撤消的命运，若当事人对此并不关注，执意依照自己的意思设定仲裁程序，仲裁庭应绝对尊重当事人的意思表示，

① Avanessian, Aida B, Iran-United States Claims Tribunal in Action, Dordrecht; Boston: M. Nijhoff, 1993, pp.56-68.

② Ibid., p.95.

毕竟仲裁庭是当事人的仲裁庭，而非任何机构的仲裁庭，在国家间的仲裁中，仲裁裁决依当事方的自愿履行，也不存在裁决的撤消问题，因此当事人确定的仲裁程序具有绝对效力，除非违反国际公共秩序，不受国内法强制性规则的制约。所以，对贸发会仲裁规则适用于本案最适当的解释是：适用于仲裁的（程序）法律应是《宣言》本身以及《宣言》背后的一般国际法原则。这一点虽然未在仲裁裁决书中具体阐明，但却为仲裁庭的实践所证实：[①]

首先，仲裁庭仲裁规则第33条对贸发会仲裁规则的相应条文作了明显修改，而完全援引了《宣言》第5条的内容。贸发会仲裁规则规定：仲裁庭应适用当事人选择或经其认为适当的冲突规范指引的实体"法律"，而仲裁规则第33条援引《宣言》的内容，从而主张："裁决应在本着尊重'法律'的基础上做出，仲裁庭可适用商事及国际法'规则'。"毫无疑问，在法律适用上，贸发会仲裁规则较《宣言》的规定更为严苛，仲裁庭对仲裁规则的这一修改，恰好说明作为国际法形式的宣言是贸发会仲裁规则第1条第2款所规定的"可适用于仲裁的法律"。例如，在仲裁程序中，有当事人曾援引贸发会仲裁规则第1条第2款规定，认为仲裁庭应遵守仲裁地法律中有关"时效"的强制性规定，仲裁庭则明确表示，虽然与争议有关的所有法律都与荷兰法中时效期限相同，但仲裁庭适用一年时效的决定绝非根据荷兰法所做出，而是根据《宣言》授权采用了国际商事实践中的一般做法。

其次，仲裁庭在决定对具体争议的管辖权事项时，也明显适用国际法。例如，仲裁庭在考察当事人是否适格时，适用国际法中关于双重国籍问题的一般原则；在决定有关仲裁的临时措施时，也未诉诸于任何国内法，而认为临时措施是国际仲裁庭根据国际法所"固有的权力"。总而言之，仲裁庭在处理仲裁规则所未具体规定的

---

① 资料来源于 Georgios Petrochios, Procedure Law in International Arbitration, Oxford University Press, 2003, pp. 271-296。

事项时，均诉之于国际法的一般原则。

第三，有关具体仲裁程序的设置，仲裁庭以所谓“程序法的一般原则”解释其仲裁规则，而未援引任何国内法，任何国内法中的程序法规则，无论其是强制性的或任意性的，都不能制约仲裁庭灵活、自治的塑造仲裁程序的权力。如有关专家证言证据证明力问题，仲裁规则中没有明确规定，但仲裁庭并未适用荷兰法律中的有关规定，而是以“国际证据法律规范”中“已被接受的原则”为判断标准。

因此，仲裁庭自始自终从未援引仲裁地程序法的任何法律决定仲裁的程序问题，《宣言》本身以及《宣言》背后的国际法规则与原则宰制仲裁程序的进行。

当然，有学者认为荷兰法支配仲裁程序的证据同样不可忽视：①

其一，仲裁裁决在荷兰法院登记这一事实说明仲裁受荷兰仲裁程序法支配。直接来源于贸发会仲裁规则的仲裁庭仲裁规则第32条第7款与第34条第3款要求仲裁裁决应根据裁决做出的法律规定在该国法院予以登记。对此，笔者认为，裁决登记并非裁决生效的要件，登记只是仲裁程序进行完毕后的无关紧要的事项，它并不能说明仲裁程序法的归属。其二，伊朗曾于1983年向荷兰法院申请撤消仲裁裁决足以说明裁决受荷兰程序法支配。事实上，虽然伊朗政府曾对10项裁决提起撤消之诉，但最终该申请被撤回，荷兰法院也并未有机会阐述荷兰程序法是否适用于该裁决，美国政府更是对伊朗的做法表示强烈反对。一般不能认为伊朗政府的申请可以证明仲裁程序法与荷兰法有任何关联。可见，认为仲裁受荷兰仲裁法支配的观点并不能得到充分证据的支撑，反观美伊求偿仲裁庭，在仲裁程序中根据其特定的程序规则，而没有适用包括仲裁地荷兰在内的任何国家的国内仲裁程序法。仲裁庭为履行《宣言》的特殊规定，对

① Avanessian, Aida B, Iran-United States Claims Tribunal in Action, Dordrecht; Boston: M. Nijhoff, 1993, p.197.

贸发会仲裁规则作修改，然后将之适用于仲裁程序。由于仲裁庭的特殊性质，仲裁程序非根据任何国内法做出，任何国内法院也不可根据本国法对仲裁程序进行司法干预，包括撤消仲裁裁决。

因此，从更广泛的范围来说，国家间以条约、协定为基础在第三国设立的仲裁庭，排他性的从属于国际法律体系，国际法是此类仲裁的仲裁程序法。除非条约另有规定，仲裁地程序法不能适用于仲裁程序，仲裁地国法院也不能对仲裁裁决提供司法救济。

（三）小结

在当事人为国家或国际组织等国际法主体的国际商事仲裁中，由于国家拥有国际法上的豁免权，它们可能不受仲裁地程序法的控制与支配，在这些国际法主体之间进行的国际商事仲裁有时完全摆脱国内仲裁程序法（尤其是仲裁地法）的控制，而受国际法律体系所支配。除上述美伊求偿仲裁案外，突出的例证还有在“阿拉伯美国石油公司诉沙特阿拉伯王国案”与“德士古案”等。在这些案件中，仲裁庭均认为：涉及到主权国家为一方当事人的仲裁程序基于“平等者之间无管辖权”的原则，不受到其他国家仲裁程序法的支配，而适用了国际法。[①]

从以上国家间仲裁法律适用的适用情形来看，有一个特征非常明显：即作为仲裁管辖权来源及仲裁庭设立基础的并非是当事人根据国内法所订立的仲裁协议，而是直接根据国际法原则与规则所订立的作为国际法渊源的国际条约或协定。这些国际条约、协定结合习惯国际法及其他一些国际法原则构成国际商事仲裁程序法的自治体系。尽管没有哪个国际条约或习惯国际法对仲裁的程序法有系统、完整规定，但是，作为仲裁准据法（法庭法）的国际法可以授权当事人协议约定仲裁程序或者由仲裁庭决定仲裁程序，甚至直接

---

① See Toope, Stephen John, Mixed International Arbitration: Studies in Arbitration between States and Private Persons, Cambridge: Grotius Pub. Ltd., 1990, p.149.

援引某些已制定的仲裁程序规则去塑造仲裁程序，这种仲裁程序自治的效力也直接来源于国际法。另外，国际法的适用也完全排除了国内法院尤其是仲裁地法院对仲裁的司法干预。

二、ICSID仲裁的国际法适用

国内学界习惯于将投资仲裁划为有别于商事仲裁的一个独特种类，其实就广义的商事概念而言，其外延应该涵盖投资的范畴。① 基于一国政府同外国私人之间投资者签订的“特许协议”或“经济开发协议”等国家契约所产生的国家与外国投资者之间的争议应如何解决，国际上曾有较大争议。从宏观层面讲，投资东道国尤其是发展中国家东道国在原则上一般都坚持在本国法院解决投资争议，但从外国投资者方面看，外国投资者通常都不愿在东道国法院解决投资争议，他们往往担心国内司法机构不能对争议做出公正解决。因此，为找到能为发达国家及其海外投资者和发展中国家共同接受的国际投资争议解决方法，国际商事仲裁作为国际商人间争议的主要解决方法，其作用日益凸显。具体来说，国际商事仲裁解决投资争议有三种途径：其一，通过双边投资协定规定国际商事仲裁作为解决投资争议的方法；其二，通过多边投资协定规定国际商事仲裁解决投资争议；其三，也是最为重要的途径，则是一些国家在世界银行的倡导下，于1965年缔结了《解决国家与他国国民之间投资争议公约》(华盛顿公约)，并于次年根据公约要求设立了“解决投资争端国际中心”(ICSID)，从而将仲裁引入为国际投资争议的主要解决方式。②

ICSID仲裁的最大特点在于其在程序法的适用上完全摆脱任何

---

① 中国学术界习惯把投资仲裁排除在商事仲裁范围之外的一个主要理由在于，中国在加入1958年《纽约公约》时，做出的商事保留声明明确将外国投资者与东道国政府之间的争端排除在商事争议之外。

② 余劲松主编:《国际投资法》，法律出版社2003年版，第329—347页。

国内法的控制，而具有法律适用上的“自恰性”。正如ICSID之父布鲁切斯博士所言：“华盛顿公约，因其是条约，构成了仲裁准据法，因而除了公约本身所提到的外，公约排除了任何国家仲裁程序法的可适用性”，也就是说，公约本身构成支配ICSID项下仲裁的程序法，公约关于仲裁的规定构成了一个“自恰的体制”。[①]

首先，从ICSID仲裁的管辖权来看，《华盛顿公约》第25条第1款规定：“ICSID的管辖权适用缔约国和另一缔约国国民之间因投资而产生的任何法律争议，而该项争议经双方同意提交ICSID。当双方表示同意后，任何一方不得单方面撤消其同意。”可见，当事双方的同意是ICSID仲裁管辖的前提条件，就东道国而言，同意以ICSID的仲裁方法解决同外国投资者之间的争议，在国际法上依据的是“自愿选择方法原则”。[②] 所以，ICSID仲裁程序的启动与仲裁庭的成立是以国际法上的国家主权原则为基础，而不同于国内法所规定的意思自治原则。

其次，在具体程序规则的塑造上，公约第44条规定：“任何仲裁程序应依照公约第四章第三节规定，以及除双方另有协议外，依照双方同意提交仲裁之日有效的仲裁规则进行。如发生任何本节或仲裁规则或双方同意的任何规则未作规定的程序问题，则该问题应由仲裁庭决定。”根据此条规定，ICSID仲裁规则是一个独立于任何特定国家包括仲裁地国仲裁程序法的自治程序法体系。值得注意的是，ICSID仲裁规则是公约本身的内容，[③] 具有强制性效力，当事人

---

① See Moshe Hirsch, The Arbitration Mechanism of the International Centre for the Settlement of Investment, Graham & Trotman, 1998, p.79.

② 余劲松主编：《国际投资法》，法律出版社2003年版，第329页。

③ ICSID仲裁程序规则主要包括：仲裁请求的提出和秘书长审查请求的权力（第36条）；仲裁庭的组成（第37—40条）；仲裁庭的权力与职能（第41—43条）；一方当事人缺席时仲裁程序的进行（第46条）；仲裁庭建议采取临时措施的权力（第47条）；裁决的做出（第48、49条）；裁决的解释、修改和取消（第50—52条）；仲裁员的更换与取消资格（第56—58条）；程序的费用（第59—61条）；仲裁程序进行的地点（第62—63条），等等。

与仲裁庭必须遵守，而并非当事人根据国内法意思自治的结果，只有在公约第四章及仲裁规则均未规定的情形下，才允许当事人协议设定仲裁程序规则，从这个角度说，ICSID仲裁当事人意思自治的权利来源于作为国际法渊源的国际条约，国际条约为支配仲裁的程序法。

第三，在仲裁裁决的撤消问题上，公约排除任何国内法院对仲裁裁决的司法审查，对仲裁裁决的救济只能通过ICSID机制根据公约规定进行。① 公约第53条第1款规定："裁决对双方具有约束力。不得进行任何其他除本公约规定外的补救办法。除依照本公约有关规定予以停止执行的情况外，每一方应遵守和履行裁决的规定。"这一规定是针对争议双方当事人遵守和履行裁决义务而言的，这种义务并非国内法上的义务，实际上是对国际法中的"约定必须遵守"原则和"定案"原则的重申。裁决并非不可能出现错误，公约允许对ICSID裁决采取撤消裁决等补救措施，但所有这些补救措施仅限于ICSID依据公约进行，而不允许任何国家法院干涉。② ICSID撤消仲裁裁决完全依据公约规定，而不能诉诸于任何国内法，依公约第52条规定，任何一方当事人可基于下述一个或几个理由向秘书长提出书面申请，要求撤消裁决：（1）仲裁庭的组成不当；（2）仲裁庭显然超越管辖权；（3）仲裁员有受贿行为；（4）有严重背离基本程序规则的情况；（5）裁决未陈述其所依据的理由。从中可以看出，ICSID裁决有效的一个重要前提在于不能违背基本程序规则，而基本程序规则的内容应从一般国际法中探寻。正如某个由ICSID理事会主席任命的审查仲裁裁决效力的特别委员会③ 所称："根据公约有关条款所建立的特别委员会相信仲裁程序受公约本身的支配。而有

① See James Baruti Dames, Provisions for Resolution of Investment Disputes within Asean, Journal of International Arbitration 22(6), 2005, p.126.

② 余劲松主编：《国际投资法》，法律出版社2003年版，第369页。

③ ICSID理事会主席在接到撤消仲裁裁决的申请后，应立即从仲裁员小组中任命三人组成特别委员会，负责审查此项申请，并做出是否撤消仲裁裁决的决定。

关公约的解释必须与普遍接受的有关条约解释的国际法原则与规则相符合。”[①]

第四，从ICSID仲裁裁决的承认与执行上看，当事人根据公约规定不承认或不执行仲裁裁决将产生国际法责任，而非违反任何国家国内法而导致的责任。当事人如果不自动履行裁决，他方就可能到有关缔约国申请承认与执行裁决。对此，公约除了规定当事人必须遵守和履行裁决外，又规定各缔约国也有义务承认与执行ICSID裁决。根据公约规定，当事人或其他缔约国不按照公约规定履行或执行裁决，将可能引起下列法律后果：[②]第一，争议一方缔约国不自动履行裁决，就违反了其遵守裁决的义务，产生国际责任，可能导致两种后果：其一，作为争议一方的投资者本国政府可恢复外交保护权或提出国际请求；其二，投资者本国政府还可以到国际法院对争议一方缔约国提起诉讼。第二，争议一方投资者不遵守和不履行裁决，可由缔约国在本国法院对其强制执行，如果需要在其他缔约国执行，则可以要求该第三国给予承认与执行，该第三国负有无条件承认与执行的义务，否则，就要承担公约规定的相应责任。第三，如果处于争议之外的其他缔约国拒绝承认与执行裁决，争议一方缔约国或其他缔约国可以到国际法院对拒绝国提起诉讼，要求其承担不遵守公约的国际责任。

综上所述，ICSID仲裁的程序性事项，无论仲裁管辖权的基础、还是仲裁程序的进行、仲裁裁决的撤消以及仲裁裁决的执行等都完全遵守以公约为渊源形式的国际法的规定。所以，ICSID裁决完全游离于国内仲裁程序法与国内法院的控制之外，当事人不履行仲裁裁决可能导致国际责任。

---

① See John B Tieder Jr, Factors to Consider in the Choice of Procedure and Substantive Law in International Arbitration, Journal of International Arbitration 20(4), 2003, p.183.

② 余劲松主编:《国际投资法》，法律出版社2003年版，第374页。

三、国际法主体与私人主体仲裁的程序法适用

国际法主体与私人主体在民商事合同中订立仲裁条款的情形在实践中较为常见，仅以联合国及其专门机构的实践为例，仲裁是解决其与私人主体间民商事争议最为普遍的方式，而近年来，几乎所有此类争议都选择适用联合国贸易发展委员会仲裁规则。[①] 国际法主体选择仲裁作为争议主要解决方式的原因大致有两点：其一，同意仲裁既可解决争议又可避免将争议实体提交任何国家的国内法院，因为国际法主体很可能不愿意将与争议有关的敏感材料暴露于公共领域，具有保密特性的仲裁是优于诉讼的选择；其二，仲裁庭更可能适用国际法主体所期望的准据法，尤其是国际法及一般法律原则，而不是诉诸于国内法，而诉讼中法律选择的方法较为僵化。[②]

就国际法主体订立仲裁协议的法律人格而言，即有国际法与国内法双重属性。如根据《联合国宪章》第104条第1款之规定，联合国应具有法律人格，有订立契约，购置财产和进行诉讼的权利；《联合国特权与豁免公约》第29条也规定，联合国有权订立以适当方式解决以联合国为一方主体的私法性质合同争议的条款，这些显然都属于由国际法规定的联合国从事民商事主体的法律人格，由于该种法律人格获得各有关国内法的承认，因此构成国内法律人格；另外，根据《联合国特权与豁免公约》第2条之规定，联合国有权缔结双边或多边协定，并享有相应的特权与豁免，除非联合国明示放弃豁免，联合国财产免受任何形式的法律管辖，这又属于联合国的国际法律人格范畴。国际法主体的这种双重法律人格导致理论界对仲裁协议的准据法基础有不同观点。

以马恩（Mann）教授为代表的学者认为，无论仲裁另一方主体

---

① See Georgios Petrochios, Procedure Law in International Arbitration, Oxford University Press, 2003, p.271.

② Ibid., p.268.

为何，只要有一方当事人为私人主体，则仲裁完全由国内仲裁法支配。[①] 这种观点强调国际法主体的国内法人格。针锋相对的是，法国著名国际私法学家巴迪福（Batiffol）教授在1958年联合国巴勒斯坦难民署（UNRWA）与某私人主体的仲裁案中被任命为独任仲裁员，他对该仲裁的管辖权曾有如此论断："仲裁条款的效力来源于国际公法所赋予UNRWA的订约能力，它的有效性无须根据任何国内法判断"。[②] 这种观点又将国际法主体在没有条约基础情形下订立的仲裁协议与本身即为国际法渊源的仲裁条约、协定的效力相等同，似乎只要因为国际组织从国际法中获得法律人格，那么国际法主体参与的仲裁也就必然从属于国际法。对此，绝大多数学者采取了折中的观点：对于国际法主体与私人主体之间仲裁准据法的归属，关键问题在于当事人双方订立仲裁协议的行为本身是否意味着国际法主体放弃其豁免权，因为只有国际法主体放弃其豁免权，国内法院方有权对仲裁实施司法干预，仲裁地程序法才有可能支配仲裁。[③]

事实上，管辖豁免原本针对诉讼而言，一般认为仲裁中不存在国际法主体拥有豁免权的情况。[④] 仲裁和诉讼是解决争议的两种不同方式，选择仲裁解决争议本身也意味对诉讼方式的排斥，但国内法院事实上又对仲裁程序事项具有监督与支持的功能，如仲裁当事人就仲裁协议的效力、仲裁程序的正当性、临时措施的采取、仲裁裁决的撤消以及裁决的承认与执行等问题发生争议时，国内法院事实上仍起着最终解决争议的作用。因此，在实践中，国际法主体与私方当事人所签订的仲裁协议，通常也被视为国家在一定范围内放

① See Georgios Petrochios, Procedure Law in International Arbitration, Oxford University Press, 2003, p.257.

② Ibid. p.272.

③ See Kanaga Dharmananda,The Unconsious Choice—Reflections on Determining the lex Arbitri, Journal of International Arbitration 19(2), 2002, p.171.

④ See Marc Blessing, State Arbitrations: Predicably Unpredicable Solutions? Journal of International Arbitration, 2005(6), p.446.

弃了国家管辖豁免。至于仲裁协议在何种范围内隐含着管辖豁免的放弃，各国实践及有关国际条约的规定不尽一致。美国《1988年外国主权豁免法修正案》将放弃的范围解释为“仲裁协议的实施、仲裁裁决的确认和执行”，澳大利亚也作了类似立法规定。英国《1978年豁免法》则规定的比较笼统，仅规定“在联合王国法院涉及该项仲裁的诉讼中”予以豁免，但是否只要法院参与的事项都予以豁免，情况尚不明了。法国、荷兰等国法院则对与仲裁裁决实际执行的诉讼方面，持比较谨慎的态度。而《联合国1991年豁免草案》与1972年《关于欧洲国家豁免的欧洲公约》则作了相同的规定，在“仲裁协定的有效性或解释、仲裁程序、裁决的撤消”等相关的诉讼活动中，国家视为放弃管辖豁免。

所以，从立法上来看，国内仲裁程序法适用于国际法主体与私人主体间仲裁在绝大多数情形下是没有障碍的，国内法院也可以顺利地实现对仲裁的司法干预。而就实践来看，国际法主体在仲裁中似乎从未对仲裁协议的国际法抑或国内法性质进行判断，国际法主体与私人主体之间的仲裁协议是在国际法与国内法共同的基础上订立。[①]一方面，至少在任何一方当事人不履行仲裁协议的情况下，将由国内法院（通常是仲裁地法院）强制执行仲裁协议。换句话说，国际法主体在没有公约为基础情形下订立仲裁协议意味着国际法主体在此事项上必须遵从国内法要求，放弃被国内法院强制执行仲裁协议的豁免权。因为从法院必须保障当事人民事或刑事诉权这项具有更高效力的国际人权法原则来说，仲裁协议的执行是救济私人一方当事人的唯一途径，拒绝执行仲裁协议等于对当事人“拒绝司法”。例如，美国法院及加拿大魁北克法院都曾在判例中认为：“仲裁协议只有以法院的强制执行力为保障才能认为是有效的，这是诚实信用原则的基本要求，没有什么当事人，包括国际组织，能

① See Georgios Petrochios, Procedure Law in International Arbitration, Oxford University Press, 2003, p.279.

够成为裁判他们何时、如何履行他们自己订立的协议的法官，仲裁庭无权强制执行仲裁协议，但法院有权这样做，并应毫不犹豫的执行之，即使执行对象是国际组织。”① 布鲁塞尔与巴黎法院也曾在仲裁员任命及替换问题上驳斥了某国际组织所主张的豁免权。②

还需说明的是，即使国际法主体签订仲裁协议可能在仲裁协议执行方面默示地放弃管辖豁免，但这并不意味着有关法院就自动获得了管辖权，其也仍需遵循相应的管辖权规则，只有具有充分的管辖权依据，方可行使管辖权。至于何谓“充分的管辖权依据”，美国、法国等许多国家认为仲裁地与法院地如属同一国家，则该法院即具有充分的管辖权依据；瑞士则以诉讼事由与瑞士是否存在实质性联系作为判断依据；《联合国1991年豁免草案》第17条采用了商业争议“原应管辖的法院”的措辞，而并没有直接对适当的管辖法院做出明确界定，对此，国际法委员会解释说“在正常情况下，法院可因仲裁地位于法院地国境内或因仲裁协定选定法院地的国内法作为仲裁适用法而拥有此种管辖权。”③

一言以蔽之，仲裁地而不是其他法院享有执行仲裁协议的管辖权。另一方面，国内法院虽有权执行仲裁协议，但国际法主体相对国内法院的在其程序事项上的管辖豁免可能依然存在，仲裁协议的订立并不意味着国内仲裁程序法在所有方面都决定仲裁协议的效力。至少在一些案例中，国内仲裁程序法被排除适用，仲裁庭适用了国际法支配其他仲裁程序问题。例如，在著名的“克罗马罗依案”④ 中，国际商会（ICC）仲裁庭在判断埃及政府是否为适格的被

---

① See C.Chatter Jee, The Reality of the Party Autonomy Rule in International Arbitration, Journal of International Arbitration 20(2), 2003, p.168.

② See Marius Emberland, the Usefulness of Applying Human Rights Arguments in International Commercial Arbitration—A Comment on Arbitration and Human Rights by Aleksander Jaksi, Journal of International Arbitration 20(4), 2003, p.262.

③ 龚刃仞:《国家豁免问题的比较研究》，北京大学出版社1994年版，第264页。

④ See Gary H.Sampliner, Enforcement of Nullified Foreign Arbitral Awards, Journal of International Arbitration, 1997(3), p.147.

申请人时，适用了国际法而非仲裁地法律，从而认为：根据国际法理论，仲裁庭应保障私人主体与主权国家所订仲裁协议得以有效执行的权利，因为政府可通过随时变更国内法的手段使自己在国内法上的订约权受到限制。而令人遗憾的是，埃及法院最后仍然依据埃及仲裁程序法撤消了仲裁裁决，这或许是美国法院仍然执行该被撤消仲裁裁决的原因之一。

值得注意的问题在于，虽然国际法主体将仲裁协议提交国际法支配的权利是毫无疑问的，但仲裁协议的另一方是私人主体而非国际法主体，他在其所属国与作为仲裁一方当事人的国际法主体间没有任何条约、协定的情况下，如何受国际法支配呢？马恩教授即认为涉及私人主体的仲裁不可能受国际法支配。理由有两点：其一，根据国际法做出的仲裁裁决无法在《纽约公约》下执行；其二，国际法主体约定与私人主体仲裁就意味着完全放弃管辖豁免，因此，仲裁程序在仲裁地法院的司法管辖内。① 然而，这两点理由并不完全成立：首先，以国际法为仲裁程序法做出的无国籍仲裁裁决并非不可根据《纽约公约》得到执行；其次，国际法主体与私人主体签订仲裁协议的行为某种程度上的确意味着放弃豁免，但根据不同法律规定，放弃豁免的范围并不相同，更何况在仲裁协议中当事人可以约定不放弃豁免。②

当然，无论如何，国际法主体与私人主体间的国际仲裁只有少量在程序上适用国际法的案例，而且至少在仲裁协议的执行上（包括法院协助组成仲裁庭）不能排除国内仲裁程序法及国内法院的干预。③ 所以，在国际法主体为一方当事人的仲裁中，一方面仲裁地

---

① See Marc Blessing, State Arbitrations: Predicably Unpredicable Solutions? Journal of International Arbitration, 2005(6), p.449.

② 《关于欧洲国家豁免的欧洲公约》与《联合国1991年豁免草案》都规定当事人在仲裁协议中不放弃豁免的，国际法主体的豁免权不放弃，也可以约定放弃豁免的范围。

③ See Toope, Stephen John, Mixed International Arbitration: Studies in Arbitration between States and Private Persons, Cambridge: Grotius Pub. Ltd., 1990, p.149.

法的适用仍然较为普遍。如在世界卫生组织30年来的仲裁实践中，仲裁程序依照仲裁地法的情形占有统治地位，因为适用仲裁地程序法可消除仲裁程序安排上的不确定性。[①]但另一方面，仲裁地法的适用有时并不妨碍仲裁庭根据国际法主体的国际法律人格将仲裁由国际法支配，相关国内程序法的适用只是国际法对具体程序规则的"援引"，当事人与仲裁庭可自由"替换"国内仲裁程序法。如在欧洲原子研究组织（CERN）与某国际财团的仲裁案中，[②] CERN 协定的第24条第1项与《联合国特权与豁免公约》第29条第1项相一致，规定了 CERN 在国际法上的特权及豁免地位，而 CERN 协定第33条则规定了 CERN 订立合同的一般条件，CERN 据此有订立仲裁协议的权利。仲裁协议约定了裁决的期限、裁决效力撤消权的放弃以及仲裁程序事项适用瑞士苏黎世诉讼法。但在当事人与仲裁庭共同制定的"仲裁指南"中，《苏黎世诉讼法》由"民事诉讼法的一般原则"所代替。对此，有学者认为，从总体上看，如果国际法主体同意适用国内程序法仲裁，那么仲裁程序法应为国内法；相反，如果国际法主体根据国内法设立仲裁庭，那么国际法应为仲裁程序法，国内法院亦不得干涉仲裁程序。

也就是说，仲裁程序法的归属取决于国际法主体对国内法及国内法院的态度，因为国际法主体可根据国内法签订仲裁协议，国际法同样赋予国际法主体与私人主体订立仲裁协议的权利，如果国际法主体放弃豁免，那么国内仲裁程序法支配仲裁，国内法院有权对仲裁裁决进行司法审查；如果国际法主体根据国际法主张豁免，国际法支配仲裁，国内法院无权审查仲裁裁决的效力。正如 CERN 仲裁案裁决做出后，私人主体一方当事人向仲裁地瑞士法院申请撤消仲裁裁决，瑞士法院所主张的那样："国际组织将争议提交仲裁并不意味着对豁免的放弃，除非国际组织放弃豁免或者将仲裁提交国内

① See Georgios Petrochios, Procedure Law in International Arbitration, Oxford University Press, 2003, p.276.

② Ibid., p.277.

程序法（一般是仲裁地程序法）支配，仲裁裁决免受国内法院司法管辖。”①

然而，国际法主体究竟选择何种法律体系支配仲裁，在实践中并非一目了然，因为仲裁协议中通常并没有这样的明确约定。有学者认为：可从主合同的准据法条款中推测国际法主体倾向于选择哪个法律体系支配，如果仲裁当事人在主合同中选择国际法支配仲裁实体问题，那么可以判断在程序上，国际法主体倾向于适用国际法。②但这种推定当事人意思的方法并不妥当。因为仲裁实体法与程序法的分际在实践中已广为人知，在国内仲裁程序法支配仲裁的情形下，当事人选择适用国际法支配仲裁实体的案例并不鲜见，当事人的实体法选择难以代表程序法选择，当事人即使在实体问题中适用国际法规则也没有必要将仲裁程序问题提交国际法律体系支配。这样看来，唯一可行的办法还是从仲裁协议有关仲裁程序与管辖权事项的约定中推定当事人的意思，这种方法无疑会赋予仲裁庭相当大的自由裁量权。例如，在 Aromco 案③中，独任仲裁员荷尔（Sauser-Hall）教授认为：由于作为被申请人的沙特阿拉伯在仲裁程序及裁决等方面享有针对国内法院的豁免权，当事人在仲裁协议中没有选择国内程序法就意味着仲裁受国际法支配。而独任仲裁员卡文则在 Sapphire 案④中持相反立场，他认为伊朗国家石油公司虽然相当于执行伊朗国家政策的国家机关，当事人也未就仲裁程序法达成任何协议，但从仲裁协议可以推测当事人选择的仲裁地在瑞士，因此瑞士程序法得以适用。所以说，有关国际法主体为一方当事人

---

① See Marius Emberl, Problems of Applicable Law in Commercial and Maritime Arbitration, Journal of International Arbitration 16(4), 1999, p.135.

② See Marc Blessing, State Arbitrations: Predicably Unpredicable Solutions? Journal of International Arbitration, 2005(6), p.451.

③ Ibid., p.455.

④ See Gary H.Sampliner, Enforcement of Nullified Foreign Arbitral Awards, Journal of International Arbitration, Vol.3, 1997, p.65.

的国际仲裁中，有关仲裁程序法适用的规则是混乱的，所谓“并存法”的概念并不能准确描述国际法主体与私人主体间仲裁程序法的适用情况，有时恐怕不得不是这种杂糅、复合法律适用情况的别称。

综上所述，支配国际法主体与私人主体间仲裁的程序法是一种复合性的法律体系，它可能既包含国内程序法又包含国际法，根据国际通行实践，在有关执行仲裁协议的事项上，法院可根据国内程序法规定对仲裁进行司法干预；除非国际法主体明确放弃豁免，国内法院不能对仲裁裁决进行司法审查，也就是说无权撤消仲裁裁决，也无权强制执行仲裁裁决。这似乎是一种混沌的情形，而且各国做法有时并不一致，各国立法对国际法主体与仲裁有关的豁免权范围规定不尽一致即是明证。

可以说，国际商事仲裁受一定法律体系支配并不意味着国际商事仲裁必须受单一法律体系的控制。在一些特殊情形下，支配国际商事仲裁的程序法可能由国内法与国际法共同构筑，这就是国际商事仲裁程序法适用中的并存法。并存法的概念来源于国际投资争端的解决，由于以国际法作为合同准据法存在弊端，特别是发展中国家认为，在与西方投资者订立合同时选择国际法或一般法律原则会束缚作为东道国之发展中国家的立法主权，有损于其利益，所以将国际法或一般法律原则与国内法结合起来，创立一个可适用的并存法律体系的做法呈发展趋势。[①] 总的来说，对于国际法主体与私人之间的仲裁，不同的仲裁事项可能分别适用国际法或国内法，所以这种并存的法律体系是客观存在的，例如，有关国际组织与私人主体的仲裁中，国际组织订立仲裁协议的权利来源于国际法，私人主体订立仲裁协议的权利来源于国内法，那么仲裁庭的设立与仲裁程序的启动可能受国际法与国内法的双重支配。再如，国际法主体根据习惯国际法有管辖豁免权，但各国国内法普遍认为国际法根据国内法订立仲裁协议本身意味着对豁免权的放弃，国内法院有权

① 韩健：《现代国际商事仲裁法的理论与实践》，法律出版社，2000年版，第309页。

根据国内法执行仲裁协议，这也造成了国际法与国内法适用之间的张力。

四、国际人权规则在国际商事仲裁中的适用

国际人权法是国际公法上的概念，而国际商事仲裁程序法调整国际商业社会的仲裁程序法律关系，表面看来两者似乎风马牛不相及。但有学者却认为:“各国经济贸易的发展与各种往来的频繁，一个真正的国际商业社会已经形成。在国际社会这一层次，也存在着反映整个国际商业社会普遍愿望、利益和基本价值观念的公共政策。”[①] 这种公共政策不仅带有商业社会的特殊性质，而且由于国际社会某些普遍价值观念的逐渐形成，一些国际社会通行的公共政策要求也反映在国际商事仲裁中，具体体现为“自然法的基本原则、普遍正义的原则、国际公法中的强行法和文明国家所接受的一般道德所组成”。[②] 笔者基本赞成这种观点，虽然所谓自然法的原则在现代法律体系中可能并不存在，但至少由国际强行法所反映出的国际公共政策对国际商事仲裁程序法的影响的确不能随意忽视。实际上，从强行法的起源来看，最早出自于罗马法上的“私人协议不能改变公法”的古训，已经反映出强行法乃强制法、强制规律或绝对法的性质。而在现代国际法中，“国际公共秩序”或“国际公众政策”常被用作国际强行法的代名词，是指国际社会作为整体接受并公认不许损抑且仅有以后具有同等性质之一般国际法规律始得更改之规律。[③] 对这些国际强行法当事人不能由协议加以变更。当然，国际强行法作为国际法的原则与规则，它是否直接适用于私人间的仲裁

① See Marius Emberland, The Usefulness of Applying Human Rights Arguments in International Commercial Arbitration—A Comment on Arbitration and Human Rights by Aleksander Jaksi, Journal of International Arbitration, 2003(4), p.67.

② 万鄂湘等:《国际条约法》，武汉大学出版社，1998年版，第318页。

③ 同上，第318页。

庭、它如何作用于仲裁程序法的适用，这在理论上是存在争议的。

（一）与国际商事仲裁程序法相关的国际人权法规则

撇开主权与人权之争不论，具有普遍意义的国际人权法规则作为国际强行法或国际公共秩序的法律功能在国际法学界已没有疑义。① 一些国际公约直接规定了个人应有权受到国家民事、刑事司法救济、以及受到公平司法救济的权利，这些人权法规则对国际商事仲裁程序法有一定影响。例如，《欧洲人权公约》第6条第1款规定："在裁判当事人民事权利义务或任何针对其的刑事指控时，当事人有权在合理时间受根据法律所设立之独立与公正法庭的公平与公开听审。裁判结果应予公开宣告……"。类似地，《联合国公民与政治权利公约》第14条第1款也规定："所有人在法院或法庭面前应予平等。在裁判当事人的罪案指控或民事权利与义务的案件时，每个人都有权受根据法律所设立的有管辖权的、独立的以及公正的法庭的公平与公开听审"。其他诸如《美洲人权公约》第8条第1款等也都有基本类似规定。②

这些人权公约条款对缔约国设定的义务可归纳为两方面：其一，缔约国应保证在其领域内所有个人诉诸司法机关寻求民事、刑事司法救济的权利和机会；其二，缔约国应保证个人能公平、正义的寻求司法救济，也就是说，司法程序必须符合独立、公正以及公开的要求。总而言之，个人的公平听审权必须由国家保障，至于国家通过什么方式或手段履行这些义务，各人权条约没有具体规定，一般由缔约国"程序自治"，通过本国立法和司法活动予以实现。对作为仲裁程序法律关系主体的当事人和仲裁庭而言，他们的行为并不会导致任何国家因违反国际人权法义务而承担国际责任，国际人权法对其也并无直接约束力，但这并非意味着国家没有义务保证私人

① See Neil Mcdonald, More Harm Than Good? Human Rights Considerations in International Commercial Arbitration, Journal of International Arbitration, 2003(3), p.278.

② Ibid., p.277.

仲裁程序遵循国际人权法的要求。我们知道，国家公权力从两个方面对仲裁进行调控：一是国家通过立法手段制定有关的仲裁程序法，并规定不得违反的强制性规则；二则通过司法手段对仲裁进行支持与监督，对仲裁裁决的效力具有司法审查权，承担国际人权义务的国家也应从这两方面保证仲裁程序符合人权法的要求，否则可能因本国国际商事仲裁的立法和司法行为引起国际责任。

（二）国际人权规则对国际商事仲裁程序的具体影响

一般来说，国际人权法并不调整国际法主体以外个人的权利义务关系，因此不对私人性、民间性的国际商事仲裁庭产生义务。但理论界有关国际人权规则对国际商事仲裁程序的影响，却产生了三种不同的观点：一些学者认为，仲裁庭由私人设立及控制的事实充分说明仲裁庭不受任何国际人权法规则的制约，它也并非国际人权法中所称的“依据法律设立的法庭”，仲裁庭不会因违反国际人权义务而产生国际责任；瑞士联邦法院对此则有完全相反的看法，由于“在裁决具有法律拘束力及执行力上，仲裁庭裁决与法院裁决是相同的”，因此“仲裁庭应负有与法院裁判相同的国际人权义务”；还有一种折中观点则认为，虽然仲裁庭并非国际人权法条约中所称的“法庭”，但国际人权法对法院诉讼活动所施加的义务应在“理念上”为做出具有终局效力裁决的仲裁庭所遵守。

对这几种看法，有英国学者认为：第三种观点一味调和矛盾，实际回避了问题的实质；而第一种观点是对国际人权公约的狭隘理解，混淆了仲裁庭是否导致国际责任与国家违反人权义务产生国际责任这两类性质不同的问题，要回答国际人权规则是否适用以及如何适用于仲裁程序的问题，必须从国家干预仲裁活动所体现的人权义务而非仲裁庭的人权义务出发。[①] 人权法规则实际上对国家施加

① See Georgios Petrochios, Procedure Law in International Arbitration, Oxford University Press, 2003, p.252.

了两方面的义务：首先是消极义务，即国家不得执行违反国际人权要求的国际商事仲裁裁决，否则视为国家直接对人权规则的违反，因为国家为此项行为相当于以公权力承认和接受仲裁庭的不公正行为，从而成为公共行为；其次是积极义务，即国家应在诉讼活动中保证有充分、适当的法律规则规范仲裁庭在仲裁程序中不得做出违反人权法规则的不当行为。因此，从国家所负担的这两方面人权义务可以推知：仲裁庭遵循人权法规则的要求是必然的，否则裁决结果不能为承担国际人权义务的国家公权力赋予法律效力。所以上述第二种观点是正确的。笔者基本同意这种观点，但需要指出的是，上述国际人权法规则调整的直接对象是法院的诉讼活动，而并不直接约束国际商事仲裁，由于仲裁本身也是解决民商事争议的重要手段，与诉讼有着千丝万缕的联系，因此规范当事人诉讼权利的人权规则势必影响国际商事仲裁的程序法，这种影响也是间接的。具体体现在以下几方面：

首先，国际人权规则要求各国应保证在其领域内个人有诉诸司法机关寻求民事司法救济的权利和机会，这里所应强调的是国家只保障个人有“机会”就相关争议向司法机关寻求救济，而并不意味当事人没有放弃司法诉讼的权利。根据国际人权法律实践，当事人的民事诉权在某些情形下，尤其是合同中包含仲裁协议的情况下，可以被排除。例如，在著名的Deweer v. Belgium案中，欧洲人权法院曾有如此阐述：“当事人就刑事事项诉诸法院司法的权利更为绝对，而在许多民事争议中，当事人进行司法诉讼的权利常因缔约国国内法体系规定仲裁协议的效力而排除，”“这并不构成对欧洲人权公约的违反。”而早在1962年的Xv. FR Germany案中，欧洲人权法院也已确认“仲裁条款在法律上构成对《欧洲人权公约》第6条第1款的部分减免。”而且，该项减免不仅包含当事人就案件实体向法院起诉的权利，还包括就争议解决结果向法院申请司法复审的权利。[①] 至于在何种程度上，仲裁条款对司法管辖的排除是为有效，则由各国国内法根据人权法的要求加以确定。一般来说，人权法规则对仲裁协议有效性只有最基本的正义要求，即仲裁协议不得胁迫订立。根据欧洲人权法院相关判例，仲裁协议因胁迫或其他不正当手段诱使订立者不得产生排除司法管辖权之效力。但是，对于胁迫或诱使手段的解释，欧洲人权法院的实践是严格的。在 Lundgren v. Sweden 案中，欧洲人权法院认为：如果某协会有关条款规定协会与会员之间争议必经仲裁解决，那么会员为加入协会对协会条款的整体接受，就意味着同意条款中的仲裁协议。也就是说，仲裁协议的"概括接受"不属于胁迫或诱使订立仲裁协议的范畴。

另外，国际人权法律实践虽然承认仲裁协议可以排除当事人就争议实体向法院提起司法诉讼的权利，但对仲裁裁决的异议，当事人依然有提起司法审查的权利，这也是国际人权规则所赋予当事人民事诉权的具体表现，各国立法所普遍规定的当事人有申请撤消裁决之权利即为明证。但瑞典、比利时、瑞士以及突尼斯等国的仲裁立法都允许当事人以协议排除当事人向法院申请撤消仲裁裁决的权利，这也并不违反上述国际人权法规则。因为这些国家之所以承认"裁决撤消权排除协议"（exclusion agreements）的效力，其目的在于根据当事人意思最大程度上加强仲裁裁决的终局性，只要协议意思真实，国家公权力没有理由干涉当事人对自己诉权的处分。同时该条款仅排除仲裁地法院撤消仲裁裁决的权利，执行法院仍可对仲裁程序进行司法审查，国家司法权对大多数仲裁裁决效力有最终的控制途径。

其次，从根本上说，仲裁庭只受当事人仲裁协议的约束，如果不考虑仲裁裁决的效力及执行问题，仲裁庭完全可以无视国内仲裁程序法中的强制性规则，更不用说间接调整仲裁程序的国际人权规

① See Georgios Petrochios, Procedure Law in International Arbitration, Oxford University Press, 2003, p.259.

则了。[①] 因此，如果当事人对仲裁程序有明确约定，即使违反强制性规则与国际公共秩序，仲裁庭也不得违背当事人意志。然而，除非罕见的情形，当事人总是想获得有效的、可执行的仲裁裁决，唯有如此才能达到利用仲裁解决争议的目的。从这个角度上说，国际人权规则对仲裁庭的约束力不容忽视。[②]

仲裁庭也尽力在仲裁程序中满足国际人权规则的要求，这在实践中通常有两个途径：其一，通过对当事人仲裁协议及所适用仲裁规则的解释，使仲裁程序符合人权规则要求；其二，对仲裁所适用的程序法做出与人权规则相一致的解释。实际上，国际人权规则大多已规定仲裁程序立法中的强制性规则，仲裁庭对强制性规则的尊重往往意味着满足国际人权规则的要求。不少仲裁立法规定有最低正当程序标准，这与国际人权规则有关"公平、公正"审理的要求是一致的。例如，仲裁庭应一方当事人查阅他方当事人拥有的文件资料请求时，将决定仲裁程序中的文件披露事项，它就不能忽视国际人权规则有关听审应"公平"的要求。倘若仲裁程序法为英国法，则该项要求体现在英国《1996年仲裁法》第33条第1款第1项与第34条第2款第4项中；但倘若仲裁程序法为瑞士法，而《瑞士联邦国际私法》中并无文件披露的规定，所以既不禁止也未规定仲裁庭发出有关文件披露命令，那么国际人权规则有关"公平听审"的规则将不得不成为仲裁庭考虑决定的因素。[③] 甚至如果仲裁程序法的强制性规则与国际人权规则相抵触，有学者也认为仲裁庭应遵循国际人权规则的要求而不惜冒仲裁裁决被撤消的危险。例如，如果瑞士法律中没有有关文件披露的规定被该国司法机关认为是该国禁止

---

① See C.Chatter Jee, The Reality of the Party Autonomy Rule in International Arbitration, Journal of International Arbitration 20(2), 2003, p.125.

② See Gharavi, Hamid G., The International Effectiveness of the Annulment of an Arbitral Award, Kluwer Law International, 2002, p.353.

③ See Georgios Petrochios, Procedure Law in International Arbitration, Oxford University Press, 2003, p.153.

仲裁庭做出披露文件的决定，但仲裁庭认为为符合人权规则的要求做出此项决定是必要的，仲裁庭应做出此项决定。所以，正如有学者所论："国际人权规则作为真正的国际公共秩序应该为仲裁庭所遵守，在国际社会对国际人权规则达成广泛共识的今天，没有国际仲裁庭能违反这些规则。"①

第三，国际人权规则要求"在裁判当事人民事权利义务时，当事人有权在合理时间受根据法律所设立之独立与公正法庭的公平与公开听审"。这是人权规则对法院司法诉讼活动所设立的最低正当程序标准。但在Xv. FR Germany案中，欧洲人权法院认为国际人权法对诉讼的正当程序标准同样应适用于仲裁活动。因为仲裁作为裁判当事人民事权利的手段，终究不能摆脱司法的监督与支持。②但究竟国际商事仲裁中"独立、公正"的仲裁庭应如何判断，听审的公平又所指为何，理论与实务上多有争议。

1. 独立、公正的仲裁庭。③作为国际人权规则要求的"独立、公正的法庭"在国际商事仲裁立法文件中有广泛的规定。《联合国国际贸易法委员会仲裁规则》第6条第4款、1998年《国际商会仲裁规则》第7条第1款、1998年《伦敦国际仲裁院》第5条第2款、《ICSID仲裁规则》第3条等均强调了仲裁庭的独立性与公正性要求。仲裁庭的独立性与公正性实际上是有差别的两个概念：仲裁庭的独立性比较容易判断，它涉及到组成仲裁庭的仲裁员与当事人之间是否有经济或其他联系，而公正性概念则关系到仲裁员对一方当

① See Georgios Petrochios, Procedure Law in International Arbitration, Oxford University Press, 2003, p.156.

② 值得说明的是，国际人权规则有关诉讼"公开审理"的要求与仲裁的保密特性有冲突，但欧洲人权法院从Nordstrom-Jason v. Netherlands一案所确定的规则来看，当事人根据仲裁协议所进行的仲裁程序因其当事人对仲裁私秘性具有共同的意思表示而豁免《欧洲人权条约》第6条第1款有关"公开听审"的义务。See Nordstrom-Jason v. Netherlands, (1996) 87A DR 112.

③ 韩健:《现代国际商事仲裁法的理论与实践》，法律出版社，2000年版，第170—176页。

事人或者争议的问题是否存在偏袒，它常常涉及到仲裁员的心理状态，所以抽象性较强，不容易判断。

在国际商事仲裁中，有关仲裁庭公正性要求的争议焦点主要在对于三人合议仲裁庭来说，对所有仲裁员都提出公正性要求是否符合实际。在三人仲裁庭中，除双方当事人各任命一名仲裁员外，第三名仲裁员，即首席仲裁员将由双方当事人或由其他人或机构任命。原则上，应要求所有仲裁员是独立的。但问题在于，实践中，当事人在指定仲裁员时，一般都要与他意欲选为仲裁员的人接触，该待选仲裁员也必然要询问有关争议的情况，或许还要询问仲裁酬金问题。由此，当事人指定的仲裁员在审理争议时很可能带有偏于该当事人的倾向。对此，不少学者认为，当事人可以各自指定一个具有一般性倾向的人作为仲裁员，但首席仲裁员必须完全公正。美国和英国法院也曾认可仲裁中的某些仲裁员属于有倾向性的仲裁员。但是，承认仲裁员可能具有倾向性或存在偏向的仲裁员这一事实，并不等于可以任由当事人指定有偏袒的仲裁员。国际上普遍的规则是：当事人指定的仲裁员不应该是有偏袒的仲裁员。例如，美国1977年起草的《商事争议中的仲裁员道德规则》规定：非中立仲裁员对任命他们的当事人可能有倾向性，但在所有其他方面则有义务作到善意、诚实和公平。

对于仲裁庭的独立性而言，则主要涉及仲裁员与当事人的关系及仲裁员的国籍两方面问题。对仲裁员与当事人关系而言，从各国仲裁立法和有关国际条约看，如果某人与当事人有直接的利害关系，或与仲裁结果有经济利益关系或存在其他可能使人对其作为仲裁员的公正性产生怀疑的关系，对能否选择该人为仲裁员主要有两种处理方式：一是基本上排除这类人担任特定案件仲裁员的可能性。例如《中华人民共和国仲裁法》第34条规定："有下列情形之一的，必须回避：是本案当事人或当事人、代理人的亲属；与本案有利害关系；与本案当事人、代理人有其他关系，可能影响公正仲裁的；私自会见当事人、代理人、或者接受当事人、代理人的请客送礼的。”第二种方式并未完全排除与当事人有某些利害关系的人担任仲裁员的可能性。按照这种方式的有关要求，仲裁员在被请求担任特定案件仲裁员时，必须立即公布其可能导致当事人否定其担任仲裁员的情节。例如1981年《法国民事诉讼法典》第1462条第2款规定:“认为本人应回避之仲裁员，应将此情告知当事人。在此情况下，只有获得当事人的同意，他才能接受其任务。”至于仲裁员的国籍问题，它是国际商事仲裁中衡量或评判仲裁员是否独立的一个重要因素。虽然并无充分理由能够说明一个人的国籍会影响他作为仲裁员的独立性，但在国际商事仲裁实践中却已形成了一项原则，即一个人的国籍如果与另一方当事人国籍相同，在可能的情形下，一般不宜选择该人为独任仲裁员或首席仲裁员，除非当事人之间另有约定。例如，1998年《伦敦国际仲裁院仲裁规则》第6条第1款规定:“在当事人具有不同国籍时，除非当事人另有书面约定，则不应任命与当事人具有同样国籍的人为独任仲裁员或首席仲裁员。”

2.“公平”的听审程序。国际人权规则对听审程序的基本要求是“公平”，但公平是抽象的法理概念，具体到国际商事仲裁程序而言，即要求仲裁庭在仲裁程序中“平等对待当事人”，相关条款在国际商事仲裁立法中多有表现：例如《示范法》第18条规定:“应对当事各方平等对待，应给予当事每一方充分的机会陈述其案情”，而在有关国际性仲裁规则中类似规定就更多了。[①] 仲裁庭平等对待当事人的义务并不局限于在哪一阶段的仲裁程序承担，而是从仲裁庭的组成直到仲裁裁决的做出，可以说是贯穿于仲裁程序的始终。因而当事人对仲裁程序的所有事项、对方当事人的抗辩理由以及其他可能对仲裁庭裁决产生影响的观点，当事人都必须有充分的陈述

① 《国际商会仲裁规则》第15条第1款、《伦敦商会仲裁院仲裁规则》第14条第1款、《美国仲裁协会仲裁规则》第16条第1款、《国际知识产权组织仲裁规则》第38条第2款、《解决投资争端国际中心仲裁规则》第50条第1款第3项、《新加坡国际仲裁中心仲裁规则》第17条第2款、《斯德哥尔摩国际仲裁院仲裁规则》第20条第3款以及芬兰仲裁规则第20条第1款，等等。

机会。同时，任一方当事人在此程序中不得获取优于其他当事人的地位及权利。[①]

在国际商事仲裁实践中，“平等对待当事人”主要体现在当事人应获得“适当通知”与“陈述机会平等”两个方面：[②]所谓适当通知，主要指向所有当事人提供的关于仲裁员任命和进行仲裁的通知必须是充分的。例如，在一起德国案例中，申请人通过信件申请仲裁，该信件曾发送给德国被申请人，德国被申请人称申请人给有关仲裁机构的信件是不充分的通知，对其造成不公平。但法院判定，除信件外，仲裁机构秘书还曾三次要求被申请人指定仲裁员，而他却没有指定，因此对被申请人的通知是充分的，不存在不公平。[③]至于陈述机会平等，则意指必须为当事人有效地提供陈述案情的机会，但如果曾经适当通知当事人，当事人仍拒绝参加仲裁或在仲裁中持消极态度，则认为当事人有意放弃陈述机会。例如，在一起由美国新泽西地方法院判决的案例[④]中，一名美国被申请人曾被通知参加仲裁地在瑞士的仲裁，但该美国人没有参加，但在执行的申请承认与执行阶段，该美国人称，他在仲裁过程中未提出申辩，因为根据争议涉及的合同，他出售启搏器的代理权还未结束，在合同到期前无法进行核算，所以无法参加仲裁。新泽西地方法院驳回了被申请人的申辩，并推定，正当程序的主要要素是提供仲裁程序的通知和陈述的机会，由于被申请人收到仲裁通知，他应该而且能够在仲裁庭提出申辩。另外，“平等对待当事人”的含义还包括仲裁庭应把一方当事人的论点和证据告知另一方当事人，并允许另一方当事人就这些论点和证据发表自己的看法。例如，德国汉堡法院曾判定，

① See Georgios Petrochios, Procedure Law in International Arbitration, Oxford University Press, 2003, p.136.

② 韩健：《现代国际商事仲裁法的理论与实践》，法律出版社，2000年版，第415—421页。

③ 同上，第415页。

④ 同上，第417页。

仲裁庭未经口头审理和未将文件转达给被诉人便做出了裁决，属于违反正当程序。法院认为，如果被诉人不知道仲裁庭做出裁决所依据的文件内容，这将违反国际仲裁中关于正当程序的业已放宽的标准。①

五、结语

通过上文分析，我们可以得出若干结论性认识。首先，与私人间国际商事仲裁不同，涉及国际法主体的国际商事仲裁主要以适用国际法为主。在当事人均为国际法主体或以协定、条约为基础的国际商事仲裁中，仲裁程序法为国际法，国内法院无权对仲裁进行司法支持与监督。其次，在一方当事人为国际法主体，另一方当事人为非国际法主体且以仲裁协议为基础的国际商事仲裁中，仲裁程序法的情况比较复杂，它既可能是国际法，也可能是国内法，但不论何种情况，国内法院强制执行仲裁协议的司法权不容剥夺。但总的来说，无论仲裁主体如何，国际商事仲裁受以国际人权法为代表的国际公共秩序的制约，国家通过仲裁立法和司法履行人权义务，国际人权规则虽不直接调整仲裁庭进行仲裁程序的活动，但为获得有效裁决，仲裁庭应尊重人权规则。人权规则要求在国际商事仲裁程序法中普遍表现为仲裁的正当程序标准。

① 转引自韩健:《现代国际商事仲裁法的理论与实践》，法律出版社，2000年版，第418页。

论国际货物买卖中损害赔偿主张的损失证明*

刘　瑛**

损害赔偿是国际货物买卖中的常用救济方式。为取得损害赔偿，受损害方必须证明其遭受了损失，并且需要证明损失的数额。从结果来看，对受损害方的证明要求也限制了损害赔偿，因为一旦受损害方不能合理确定地证明损害的存在或数额，就无法得到其预期的赔偿。《国际商事合同通则》第7.4.3条明确规定，"赔偿仅适用于根据合理的肯定程度（a reasonable degree of certainty）而确立的损害，包括未来损害。对机会损失的赔偿可根据机会发生的可能性程度来确定。凡不能以充分的肯定程度（sufficient degree of certainty）来确定损害赔偿的金额，赔偿金额的确定取决于法庭的自由裁量权。"《联合国国际货物销售合同公约》（CISG）并没有直接规定损害的证明问题。也因此，在CISG框架下，受损害方应当如何证明损害是需要解释的问题。

一、《国际商事合同通则》的证明标准

证明标准解决的是需要证明的内容和证明的确切程度。在确切

---

* 本文受教育部社会科学基金青年项目（09YJC820086）"国际货物买卖损害赔偿制度实证研究"和武汉大学"70后"学者学术发展计划——"可持续发展战略下的环境法治"支持。

** 武汉大学WTO学院副教授，法学博士。

程度上，各国普遍接受的一点是，不能要求损失证明上的绝对肯定，特别是有些损失，其本身的性质就决定了不可能提供证据绝对肯定地证明。例如利润损失，其证明必然涉及到推定，需要根据已经发生的事件和预设的未来安排，综合经济环境、价格走向、消费群体等多项因素来最终确定，因为是尚未实际发生的损失，故而难以绝对肯定地得到证明。基于损失的多样性，证明标准的制定都是根据各该项损失的性质和其他相关情况，合理期待受损害方可以达到的证明确切程度来确定的。

《国际商事合同通则》第7.4.3条第1款将赔偿限于能够以合理肯定的程度确定的损害，确定了证明内容（损害）和证明程度（合理肯定）。《国际商事合同通则》的这一规定来自于合理原则，如果说合理原则是通则的一般原则，“合理的肯定”则是合理原则在证明要证明要求上的具体表现。

（一）损失事实与损失数额的合理肯定证明

损失事实和损失数额是两个不同问题。损失事实是损失的存在问题，即受损害方是否因对方的违约而遭受到某种损失。损失数额是损失的数量问题，是一个在损失存在基础上的定量问题。

有观点认为，在证明要求上，无需区分损失事实和损失数量问题，因为这种区分在实践中是没有意义的。[①] 诚然，实践中通常不区分损失事实和损失数量的证明，因为证明损失数量也就蕴含着损失事实的存在性证明，反过来，证明损失的存在的主要方法也是合理肯定地证明有最低数量的损失的存在。

在大多数案件中，损失事实和损失数量的证明确实是不可分割、同时进行的，但也并非没有例外，受损害方可能只是证明损失事实而没有合理肯定地证明损失数量。例如受损害方因为违约方违

① See Note, Damages-Loss of Profits Caused by Breach of Contract-Proof of Certainty, Minnesota Law Review, Vol.17, 1932-1933, pp. 194-196.

约而中断或停止了刚刚建立起来的经营活动，主张因此受到商誉损失和利润损失，这一事实是可以合理肯定地确定的，那么虽然受损害方没有提供证据证明确切的商誉和利润损失数额，法院或仲裁庭仍然可以根据该营业活动的商业环境和双方的商业经验，肯定受损害方会因此遭受利润损失。而此时，正是《国际商事合同通则》第7.4.3条第3款所规定的情况，对不能以充分的肯定程度确定的损害赔偿金额，赔偿金额的确定取决于法庭或仲裁庭的自由裁量权。

实践中不乏这样的情况。在一个适用《国际商事合同通则》的案件中，[①] 仲裁庭认为，从申诉方提供的文件和其他证据可以看出，申诉方确实因违约受到了损失，虽然这些证据不足以合理肯定地证明损失的金额。类似的，在一个案件中，[②] 虽然受损害方没能证明其因违约而支出的附加费用的具体数额，法院依然认为受损害方因此遭受了损失。可见，对损害事实和损害金额的区分在理论和实践中都是可行的，而合理肯定的标准也应同时适用于损害事实和损害金额。

任何从合理原则衍生出来的标准，包括这里的“合理的肯定程度”都不可能明确地加以界定，其含义只能根据个案特定的事实来确定，合理肯定标准因各该损失类别的性质和案件所有相关事实而不同，要求受损害方举证证明根据前述具体情况所能合理期待证明的内容。由于《国际商事合同通则》第7.4.3条第1款并未区分损失的类别，可以理解为，受损害方需要合理肯定地证明其主张的所有损失。

---

① United States Compensation Commission, Panel of the Commissioners, Panel F1, Recommendation S/AC.26, 23 September 1997, http://www.unilex. Info/dynasite. Cfm?dssid=2377&dsmid=13621&x=1.

② Case No. T 171/95, District Court Saane, Switzerland, 20 February 1997, http://cisgw3. law.pace.edu/cases/970220s1.html.

（二）法官或仲裁员的自由裁量

《国际商事合同通则》第7.4.3条第2款规定，“凡不能以充分的肯定程度（sufficient degree of certainty）来确定损害赔偿的金额，赔偿金额的确定取决于法庭的自由裁量权”。该款的评论指出，即使受损害方无法充分肯定地证明损害赔偿的数额，也不应一概拒绝赔偿或仅仅给予名义上的赔偿（nominal damages），还是应该授权法庭根据受损害方遭受的损害确定等量的赔偿。

适用第7.4.3条第2款的关键是，在什么情况下，法院或仲裁庭可以行使自由裁量权来确定损害赔偿额，相反的，在什么情况下，受损害方的举证将不能直接导致其不能获得赔偿，二者的界限在哪里。本文认为，第7.4.3条第2款适用的基本前提是根据受损害方提供的证据，综合所有相关证据材料，法院或仲裁庭已经确信受损害方确实遭受了某类损失，而另一方面受损害方已经提供了可以合理取得的现有证据，在这样的前提下，法院或仲裁庭可以根据现有证据自由裁量来确定该类损失的具体金额。

这样的前提设置与实践是相吻合的。在一个案件中，[①] 仲裁庭确定受损害方遭受了一些损失，而且这些损失的特点决定了难以满意地在数额上确定损失，在此基础上仲裁庭自主确定了损失数额。在另一个案件中，[②] 仲裁庭明确表示，综合考虑证据的水平和种类、损失发生时的具体情况，虽然申诉方无法合理肯定地证明具体数额，但申诉方已经尽了合理努力，而且申诉方确实因被申诉方违约蒙受了损失，在此基础上，仲裁庭可以行使自由裁量权。

① ICC Arbitration Case No. 5835 of June 1996, http://www. unilex.info/dynasite.cfm?dssi=2377&dsmid=13618. 类似的，参见 Case No. HG 970238.1, District Court Saane, 20 February 1997, http://www.cisg.law.pace.edu/cisg/wais/db/cases2/970210sl.html。

② United States Compensation Commission, Panel of the Commissioners, Panel F1, Recommendation S/AC.26, 23 September 1997, http://www.unilex. Info/dynasite. Cfm?dssid=2377&dsmid=13621&x=1.

具体到自由裁量权的行使方法，当然是应该从现有证据出发，体察适用法的规则和原则，来最终确定损失金额。在一个案件中，① 仲裁庭解释道，自由裁量权应限制在各方提供的证据范围内，通过对现有证据一丝不苟的审查来评估损害。仲裁庭只能在法律界定的框架内行事，应特别避免成为罔顾法律规则和原则的和蔼调解人。

法庭或仲裁庭在行使自由裁量权的过程中，最常诉诸的就是公平和合理原则。在一个案件中，② 虽然受损害买方没有提供充分的证据证明价差和基于价差的利息，但由于买方已经证明了卖方没能交货，从而使买方丧失了转卖获利的合理期待，仲裁庭基于此确定，合理的赔偿金额应为买方所主张的价差损失的1/3。在另外两个案件中，③ 仲裁庭也是在受损害方举证不够充分的情况下，依据公平原则，确定损失的具体数额。

二、CISG案件中的损害赔偿证明标准

与《国际商事合同通则》不同，CISG 并未明确规定受损害方证明责任的确定程度，也即没有规定证明标准和损害赔偿额的证明要求。于是，实践中出现了多样化的做法。本文认为，证明标准问题是归于 CISG 调整的。CISG 第 74 条规定了损害赔偿额确定的基本范围和主客观标准，毋庸置疑，在这些大前提下，应由主张损害赔偿的受损害方证明其所受的损失，而损失数额证明是损害赔偿确定中不可分割的一部分。CISG 在明确规定了损害赔偿救济权利的同时，

---

① ICC Arbitration Case No. 9950 of June 2001, http://www. unilex.info/case.cfm?pid=2&do=case&id=1061&step=Full Text.

② CIETAC Arbitration Proceeding, 5 February 1996, http://cisgw3.law.pace.edu/cases/960205cl.html.

③ CIETAC Arbitration Proceeding, 27 April 2000, http:// cisgw3.law.pace.edu/cases/000427cl.html; CIETAC Arbitration Proceeding, 31 December 1996, http:// cisgw3.law.pace.edu/cases/961231cl.html.

不可能将相关证明标准的确定排除在调整范围之外，因为这不仅将意味着CISG项下的损害赔偿求偿权不统一，也将意味着作为CISG损害赔偿规则背后的政策考虑和执行整体上会受到破坏。

（一）损害赔偿证明的合理确定标准

在将举证标准归于CISG调整的前提下，由于CISG规则本身没有明确规定举证标准问题，按照CISG第7条第1款，则应当按照其一般原则补缺。[①] 本文认为，在运用CISG一般原则确定举证标准时，不应太严格，因为严格的举证要求的实际效果将会使损害赔偿范围仅仅局限于原告因为信赖合同履行而为的实际支付，不但与全部赔偿原则不符，还可能刺激合同当事人违约，从而违背缔约道德。进而，考虑到CISG的第7条所规定的解释方法，结合CISG第74条所确立的完全赔偿要求，本文认为，受损害方需要合理确定地证明因违约受到损害和损害程度。

这里作为补缺原则的是合理原则。合理标准与CISG整体是吻合的，在没有具体规定情况下，合理标准是CISG用以评估当事人行为的普遍标准。[②] 在损害赔偿范围确定的举证责任要求上，也可以援用这一原则，在客观可能的范围内，受损害方需要合理确定地证明因违约受到损害和所主张的具体损害构成。另一方面，作为深具影响力的国际商事合同法律重述文件，《国际商事合同通则》第7.4.3条规定，赔偿仅适用于根据合理的肯定程度（a reasonable degree of certainty）而确立的损害，并在该条评论中进一步阐发这

---

① 参见刘瑛：《联合国国际货物销售合同公约解释问题研究》，法律出版社2009年版，第75—104页。

② CISG有些条款规定以通情达理的人的理解与判断为标准，例如第8（2）、8（3）、25、35（1）（b）、60、72（2）、75、77、79（1）、85、86、88（2）条；有些条款规定了必须在合理时间内完成特定行为或发出通知，例如第18（2）、33（3）、39（1）、43（1）、47、49、63、64、65、73（2）条；有些条款区分合理与不合理的费用、不便或例外，例如第43、47、48、87、88（2）、88（3）条。

一标准乃是重申了公认的关于损害确定性的条件。前文已经探讨了《国际商事合同通则》的证明标准规则，鉴于《国际商事合同通则》在CISG解释中的重大作用，[①] 这一点有力地佐证了合理确定标准的科学性和普适性。《欧洲合同法通则》第9:501（2）条规定，赔偿范围包括具有合理的发生可能性（reasonably likely to occur）的未来损失。此外，合理确定性要求与很多国家的法律相符，大量的法院判决和仲裁裁决也体现了同样的要求。[②]

按照合理确定性标准，受损害方需要举证证明损害的程度，但无需达到数字上的绝对精确，只需要提供裁判庭可以合理估计损害程度的基础即可。

（二）实际损失和所失利润的证明

实际损失是受损害方因对方违约而遭受的现有资产减少和财务状况恶化，因为是实际发生的损失，在证明上相对容易。在实际损失中，对第三方的责任是较难证明的。受损害方可以提供争议解决结果，或者提供含有相关损害赔偿条款的转售合同以及下家买方的赔偿收据，证明其因违约而对下家买方承担的责任。需要注意的是，仅仅提供与下家买方的合同本身而没有实际支付赔偿的凭证，并不一定能确立这类附加费用损失。[③]

一般而言，发票可以为法院或仲裁庭接受以为违约费用的充分

---

① 参见刘瑛：《〈国际商事合同通则〉在〈联合国国际货物销售合同公约〉解释中的运用》，载《法学》2007年第5期，第78—84页。

② Finland, Helsingin Hoviokeus, 26 Oct., 2000, CISG-online.ch 1078; Russia, ICA Arbitral Tribunal, 27 July, 1999, CISG-online.ch 779; United States, Delchi Carrier S.p.A. v. Rotorex Corp., U.S.Court of Appeals (2nd Circuit), 6 Dec. 1995, CISG-online.ch 140; TeeVee Toons, Inc. v. Gerhard Schubert GmbH, No. 00 Civ. 5189 (RCC) U.S. Dist. Ct. S.D.N.Y., Aug. 23, 2006, available at http://cisgw3.law.pace.edu/cases/060823u1.html.

③ CIETAC Arbitration Proceeding, 7 July 1997, http://cisgw3.law.pace.edu/cases/970707c1.html; CIETAC Arbitration Proceeding, 7 April 1999, http://cisgw3.law.pace.edu/cases/990407c1.html.

证据。[①] 相关机构出具的文件也能作为实际损失的证据，例如银行出具的报告可以证明买方的开证费用，又如会计师事务所的报告可以证明其他一些费用。[②] 而如果买方因为卖方违约需要向海关交纳罚金，则海关的决定和支付令就足以证明该项损失。[③] 专家报告也可以作为买方修复不符点的费用的证据。[④] 对卖方因买方未能按时收货而支出的额外仓储费用，仓储费收据就可以作为证据。[⑤]

对所失利润的主张，受损害方通常都无法精确举证，这样的举证责任分配力求在受损害方证明违约损害的负担和裁判庭需要证据来确定损害之间达成平衡，是比较合理的。实践中，受损害方可以通过使用专家证言、经济和金融数据、市场调查和分析、类似公司的商业记录等方式来举证。[⑥] 在一个案件中，申请人以详细的期待结果预测为基础主张利润损失，包括预测的生产能力、预测的销售量（主要以申请人的客户表示要以一定的具竞争力的价格购买确定数量产品的声明），得到了仲裁庭肯定，裁定申请人的主张公平反

---

① Case No. 7 O 147/94, District Court Paderborn, Germany, 25 June 1996, http://cisgw3.law.pace.edu/cases/960625g1.html; ICC Arbitration Case No. 7585 of 1992, http://cisgw3.law.pace.edu/cases/927585i1.html; ICC Arbitration Case No. 7531 of 1994, http://cisgw3.law.pace.edu/cases/947531i1.html; ICAC Case166/1995, 12 March 1996,http://cisgw3.law.pace.edu/cases/960312r1.html.

② ICAC Case166/1995, 12 March 1996, http://cisgw3.law.pace.edu/cases/960312r1.html.

③ ICAC Case 85/2002, 26 June 2003, http://cisgw3.law.pace.edu/cases/030626r1.html.

④ Case No. 3 O 196/01, District Court Köln, Germany, 25 March 2003, http://cisgw3.law.pace.edu/cases/030325g1.html; Srl RC v BVBA RT, Appellate Court Antwerp, Belgium, 27 June 2001, http://cisgw3.law.pace.edu/cases/010627b1.html.

⑤ CIETAC Arbitration Proceeding, 30 December 2002, http://cisgw3.law.pace.edu/cases/021230c1.html.

⑥ See United States,Butler v. Westgate State Bank, Kansas Supreme Court, 1979, 596 P.2d p. 156; United States,, Alliance Tractor & Implement Co. v. Lukens Tool & Die Co., Nebraska Supreme Court, 1979, 281 N.W.2d p. 778; United States,, Houston Exploration, Inc. v. Meredith, Nevada Supreme Court, 728 P.2d p. 437 (1986); United States,, Edwards v. Container Kraft & Paper Supply Co., California Court of Appeals, 1958, 327 P.2d p. 622.

映了其在相关时期内的利润损失。[①] 这也证明了实践中仲裁庭会根据具体情况采纳证明预期利润损失的间接证据。

三、损害赔偿证明标准的实际运用——以所失利润为例

在国际货物买卖中，利润的损失既是普遍的，在证明上又具有不同于实际损失的特点，证明难度相对较大。这里以利润损失的证明来说明前述证明标准的实际运用。

利润损失的证明通常会涉及假设的未来或过去。受损害方的利润损失不仅仅取决于违约方的违约行为，还受制于未来价格、相关经济情况、第三方行为等诸多因素，而受损害方并不一定掌握所有的这些信息，因此就难以合理肯定地证明利润损失。当然，利润损失的证明难度又会因不同的损失类型、受损害方所处的具体情况和证明能力而不同。[②]

（一）卖方利润损失的证明

如果受损害方，无论是卖方还是买方，将货物转售从而可以提供转售价格，或者虽然没有将货物转售但能提供货物的市场价格，那么所失利润的证明就比较简单了，直接以合同价格和转售价格或市场价格之差来确定利润损失。[③] 例如，在一个 CISG 案件中，[④] 丹麦卖方与埃及买方订立合同买卖400公升饲料 A 和2000公升饲料 B，

① See Sweden, Arbitration Institute of the Stockholm Chamber of Commerce, Interim Award of 17 July 1992 and Final Award of 13 Jul. 1993, Reprinted in Pertinent Part in Year Book of Commercial Arbitration, Vol. 22, 1997, p. 197.

② See EA Farnsworth, Contract, 4th edition, New York: Aspen Publishers, 2004, pp. 801-803.

③ 具体规定可以参见 CISG 第75、76条，《国际商事合同通则》第7.4.5和7.4.6条和《欧洲合同法通则》第9:506和9:507条。

④ ICC Arbitration Case No. 10274 of 1999, http://cisgw3.law.pace.edu/cases/990274i1.html.

合同约定分批交货，但买方并没有依约对各批次货物开证付款。其中，对1500公升饲料B，卖方在买方根本违约的前提下，将货物转售给了另一买方并主张利润损失。卖方提供了与转售买方与6月29日订立的合同，没有证据表明该合同是伪造的，转售买方的证言也使得仲裁庭确认转售的货物即为合同货物。仲裁庭查明，卖方在4月即宣告合同无效，在随后的两个多月里，卖方试图以较好的价格将合同货物出售，直到6月底才最终以合同价格80%的转售价格将货物出售给转售买方。仲裁庭认为，两个多月的时间并不超出合理范围，卖方是在多方寻求的前提下最终以此价格转售货物，卖方的行为是谨慎和合理的，而在宣告合同无效的情况下，卖方的转售并不需要提前通知买方，并最终支持了卖方所主张的合同价和转售价价差，再加上其他费用。当然，如果不能提供与转售价格或市场价格，受损害方就难以证明违约方违约而带来的利润损失了。

然而，对有些损失，即便受损害方可以提供转售价格或市场价格，也难以证明系真利润损失。例如，卖方本来计划将期待收取的合同价款投资到一个具有潜在营利性的事业中去，那么即便卖方之后获得了价差损失赔偿，由于时间较晚，卖方依然主张该价差赔偿不足以弥补其本来可以获得投资利润。如果卖方要最终获得此项损失的赔偿，那么在前述的转售价格或市场价格以外，卖方还需要证明他确实有明确的投资意向，并且该项投资会确定性地带来更多利润。可以看出，由于不确定因素多，这项证明是很难合理肯定地完成的。

销售数量减少的利润损失同样难以证明。为证明销售数量减少的利润损失，受损害卖方首先需要证明其供货能力超出市场需求，其次需要证明，即便买方购买了合同货物，卖方也有足够的货物以供出售，从而可以售出更多的合同货物，相反因为买方的违约，合同项下销售就丧失了，从而出现了销售数量减少，最后卖方还需要证明，其销售是有利润的。由于售出更多货物的可能性和利润要么与假设的过去，要么与假设的未来相联系，也是较难合理肯定地证明的。

（二）买方利润损失的证明

如果受损害买方只是主张合同价格和替代购买价格或市场价格的价差，情况就与前一部分所讨论的卖方主张价差损失的证明责任类似，举证相对容易。在一个CISG案件中，[①] 买方提供了一系列文件，包括买方购买替代货物的合同、装运单据证明货物已经装船并运往指定目的地，发票，运输单据，到岸收据等来证明替代交易的存在和内容。法院认为，前述文件在时间上、内容上都能够相互印证，买方因此得以成功证明替代交易并获得了价差损失赔偿。在另一个案件中，[②] 合同约定的交货时间是2003年3月29日，买方给予卖方几天的宽限期后，并在宽限期届满后的4月2日签订了替代购买合同，法院认为这在时间上是可以相互印证的。由于该案的替代购买对象是在途货物，合同签订时间晚于提单时间也是可以理解的。虽然信用证的支付时间短于替代交易合同约定的90天，法院仍然认为肯定了替代购买合同本身的真实性，并据此支持了买方的价差赔偿请求。可见，如果买方达成了真实的替代交易，以通常的商业合同、票据作为证据，就可以满足合理肯定的证明要求，即便有少数文件中的条件不尽吻合，也不会影响最终的认定。

1. 受损害买方的转售利润损失

但需要注意的是，与卖方不同，这样的价差损失赔偿只是赔偿了买方没有收到合同约定货物的损失，因为没有收到合同约定货物，买方进行了替代购买或不得不在将来进行替代购买，赔偿的是实际的或拟制的替代购买价格与合同价的差额，却没有专门赔偿买方的利润损失。当然，价差损失赔偿有时是足够的，因为通过赔

① Case No. 21 O 703/01(028), District Court Braunschweig, Germany, 30 July 2001, http://cisgw3.law.pace.edu/cases/010730g1.html.

② Case No. 411 O 199/02, District Court Hamburg, Germany, 26 November 2003, http://cisgw3.law.pace.edu/cases/031126g1.html.

偿，买方已经达到了合同货物在手的状态，从而可以按照其原来的意图转售或再加工出售，并最终实现再售利润。但是，这一结果的前提是交易条件没有变化。如果因为时间的迟延导致了转售条件的变化，则买方在价差损失之外还可以主张转售利润的损失，而这类利润损失的证明则相对困难。

假设买方进行了替代购买，但由于货物具有时令性或转售合同有确定的时间要求，替代购买造成的时间上的延迟使得买方不得不降价出售手上的货物。买方如果要主张转售利润损失，就需要证明如果卖方如约履行合同，买方本来可以以更高价格转售货物，也即买方需要提供原来的转售合同和现实的转售合同来证明转售利润的损失。如果买方之前并未订立转售合同，就难以合理肯定地证明该转售利润损失。在一个适用《国际货物销售统一法公约》的案件中，[①] 法院认为，卖方应该提供一份详细说明，内容一方面包括每一批次鞋品的销售价格、销售的对象、规定的交货时间，另一方面包括买方从卖方处收货的时间和向客户交货的时间，最后买方还需要提供其客户有权拒绝收取迟延交付的货物的合同依据，在所有这些证据齐全的前提下，买方才可以获得原来转售价和最终转售价之间的差额赔偿，作为利润损失的一部分。类似的，如果卖方所交货物与合同不符，买方接受了货物并以低于原转售合同的价格将该不符货物售出，法院或仲裁庭也可能依据提单、相关的税务发票确认这一转售，[②] 但买方必须提供合同约定货物的转售价证据，才能最终取得两个转售价之间的差额赔偿。这样的利润损失，在证明难度上显然要大于替代购买与合同价格之间的差额索赔。

同样的，对作为生产商的买方而言，要证明因为买方不交货，其丧失了因不能完成最终产品制造和销售而损失的利润也是相当困

① Case No. 7b O 142/75, District Court Münster, Germany, 24 May 1977, http://www.cisg.law.pace.edu/cisg/wais/db/cases2/770524g1.html.

② CIETAC Arbitration Proceeding, 7 April 1999, http://cisgw3.law.pace.edu/cases/990407c1.html.

难的。

2. 受损害买方未来的期待利润损失

难度最大的是合理肯定地证明未来较长时期中的利润损失。要证明买方遭受了长期合同下的利润损失，需要考察太多因素，而其中许多通常在诉讼或仲裁期间还不确定，例如未来的价格水平、对货物的需求情况、未来的销售数量、买方的销售能力、相关贸易领域的竞争情况等，因此较难合理肯定地加以证明。

一般认为，考察卖方过去的商业经验会有助于确定预期利润损失，特别当买方过去创造利润的条件与现在和可以合理期待的买方未来商业条件类似的时候，参考买方过去的交易可能是可以合理估计预期利润损失的，而这种方法也在仲裁实践中得到了运用。在一个英国进口商诉匈牙利出口商的案件中，① 进口商主张出口商不交货而带来的预期利润损失，仲裁庭就指出，对利润损失的估算主要就建立在对未来的期待上，而对未来的期待又以过去的商业实践和发展为出发点。进口商主张其商业规模在扩大，交易量在上升，要求较过去更高的利润损失赔偿，就必须拿出强有力的证据支持其观点，简单地凭借商业乐观态度显然是不充分的。可以看出，该案仲裁庭肯定了过去映射未来，与过去同等的交易规模和利润水平原则上是可接受的，而主张超出以往实践的销售和利润水平通常难以成功。

但是，在更多的案件中，我们看到，不仅超出过去水平的销售数量和利润主张难以成功，在使用过去的销售和利润数据时，数据也常常以不能反映未来价格水平而被驳回。在一个 CISG 案件中，② 荷兰卖方与中国买方于2001年5月25日订立合同买卖150吨铬铁合

---

① ICC Arbitration Case No. 5418 of 1987, in Collection of ICC Arbitral Awards 1986–1990: Recueil Des Sentences Arbitrales De La CCI, The Hague: Kluwer Academic Publishers Group, 1994, p. 131.

② CIETAC Arbitration Proceeding, 19 January 2003, http://cisgw3.law.pace.edu/cases/030119c1.html.

金，合同约定铬铁合金中的碳元素含量最高不得超过0.1%。7月31日，买方在天津新港接收了首批60吨货物，初步检验发现碳元素含量达到0.18%，不符合合同要求，也与卖方提供货物检验证书上0.8%的比例不符。买方遂按照合同约定委托天津进出口检疫局的检验部门再次检验，证实买方所交货物的碳元素含量确实超过约定标准。作为生产商，买方因此耽误了生产，并主张由此造成的预期利润损失。买方提供了内部生产成本核算表和三张销售发票，其中内部成本分别为2001年8月、9月和10月的，以此为基础算出平均成本为每吨9855.432元，三张销售发票分别为2001年6月、9月和11月的，以此为基础算出平均销售价为每吨15982.91元，单位利润为每吨6127.48元。由于卖方交货不符，买方为等待检验结果而耽误了生产，从2001年8月22日至9月5日，也即买方等待检验结果的时间中一共有15个工作日，按照买方每天2吨的生产能力计算，买方一共丧失了6127.48 × 2 × 15=183824.4元的预期利润，买方要求卖方赔付15万元。仲裁庭认为内部生产成本核算表只用于内部使用，买方没能提供相关的合同和相关产品的市场价格证据来支持其主张的未来销售价格，其提供的证据不充分，裁定不支持买方的期待利润赔偿请求。类似的，在另一个案件中，[①] 黎巴嫩分销商在向国外汽车制造商要求赔偿违约的利润损失时，使用了1961年的利润数据，仲裁庭就认为汽车销售市场具有较大的不确定性，仅使用1961年数据是不适当的。可见，过去的销售和利润数据在很多案件中也难以作准，特别是对市场价格存在较大波动的产品，这正是预期利润损失难以合理肯定地证明的原因所在。

另外一个有助于合理肯定地证明期待利润损失的要素是可比商事主体。假设有与买方在类似条件下从事类似商业活动的其他商事主体，则该商事主体的利润情况也可以作为确定如果没有违约，受

① ICC Arbitration Case No. 1250 of May 1964, in Collection of ICC Arbitral Awards 1974–1985: Recueil Des Sentences Arbitrales De La CCI, The Hague: Kluwer Law International, 1990, p. 32.

损害买方的未来预期利润的参考。在一个 CISG 案件中，[①] 法院就专门问及买方是否有做可比商事主体的利润评估，以帮助确定卖方违约对买方造成的商誉损害。相关贸易部门的竞争状况也能为期待利润损失的证明提供指引，因为如果买方在销售上面临激烈竞争，意味着买方实现期待利润将是困难的，当然买方以往的商业实践也可能可以说明买方是能够成功面对这样的激烈竞争的，这些因素都有助于法院或仲裁庭做出确定结论。

① Ginza Pte Ltd v Vista Corporation Pty Ltd [2003] WASC 11, Supreme Court of Western Australia, 17 January 2003, http://cisgw3.law.pace.edu/cases/030117a2.html.

述　　评

论国际宪政主义与国际法之“宪法化”[*]

王秀梅[**]

进入21世纪以来，西方国家的一些国际法学者运用“国际宪政”、“国际宪政主义”、“国际法宪法化”对国际法的发展趋势进行描述，在学术界兴起了国际宪政主义思潮。有关的研究在西方国际法学界如火如荼，关于国际法宪法化的书籍陆续在各大出版社出版，[①] 众多国际法和法学期刊杂志发表了大量的以国际宪政为主题的论文，特别是在国际经济法领域，“宪政”和“宪法化”已经成为世界贸易组织（WTO）研究的主流话语，杰克逊（John H. Jackson）、彼德斯曼（Ernst-Ulrich Petersman）、特雷克曼（Joel P. Trachman）等人均提出了“国际法经济法宪政”、“WTO宪政”等主张。2004年，首个国际宪法讲席在荷兰阿姆斯特丹国际法中心创设，由埃里卡（Erika）执掌。面对国际宪政主义的研究热潮，布雷奥（Susan Breau）在2008年指出国际宪政主义已经成为国际法学界研究的“热

---

* 基金项目：教育部新世纪优秀人才支持计划（NCET-09-695)。

** 西北政法大学国际法学院教授，法学博士。

① 2000年，为向在研究多边贸易体制方面做出卓越贡献的杰克逊教授表达敬意，一些西方知名学者编辑了题为《国际经济法的新方向》的纪念文集，收录了33篇论文，其中列入宪政专题的论文有10篇。（可参见蔡从燕：“国内公法对国际法的影响”，《法学研究》2009年第1期，注释39）。在欧洲也出版了关于讨论国际法宪法化的书籍，如John Macdonald & Douglas M.Jhonston 编写的 Towards World International Constitutional Law 于2005年由 Martinus Nijhoff Publishers 出版。

点问题”。[①] 而此后，西方国际法学界对国际宪政主义的研究热潮在持续。[②] 国际宪政主义提供了一个很好的分析国际秩序、国际社会结构的变迁和国际法发展的视角，值得对此展开研究。

一、国际宪政思潮及其演进

宪政本是国内法的术语，国际宪政或国际法宪法化均借用了国内法的术语，而且不同的学者由于学术背景的不同对宪政的理解也均有一定的差别，因此，需对宪政一词的理解进行梳理。

（一）国内外对“宪政”的不同解读

宪政本是现代法学的重要话语，也是现代政治的关键词，宪政与共和、民主一样，都是现代政治体制的价值选择。[③] 据研究，从词源意义上，宪政是来自现代日语的外来词，后经黄遵宪的引介进入中国。[④] 中外学者对“宪政”的认识也有一定的不同。如斯蒂·M.格里芬认为宪政“应该是这样一种思想，正如它希望通过法治来约束个人并向个人授予权利一样，它也希望通过法治来约束政府并向政府授权”。[⑤] 美国政治家萨托利将宪政的要素概括为：1. 有一部叫做宪法的高级法，不管其是否成文；2. 存在司法审查；3. 有一个独

① Susan C.Breau, The Constitutional Legal Oder, (2008)21 LJIL, p.560.

② 2009年10月，欧洲国际法学者 Jan Klabbers, Anne Peters, Geir Ulfstein 合著的《国际法宪法化》（The Constitutionalization of International Law）一书由牛津大学出版社出版；同年同月，剑桥大学出版社出版了由 Jeffrey L.Dunoff and Joel P.Trachtman 合作编辑的《统治世界？宪政主义，国际法和全球治理》(Ruling the world? Constitutionalism, International Law, and Global Governance)。2011年，Christion E.J. Schwöbel 的《国际法律视角下的全球宪政主义》（Global Constitutionalism in International Legal Perspective）由 Martinus Nijhoff Publishers 出版，可以说国际宪政主义研究在西方国际法学界依然方兴未艾。

③ 白钢、林广华：《宪政通论》，社会科学文献出版社，2005年版，第1页。

④ 林来梵、褚宸舸：“中国式‘宪政’的概念发展史”，载《政法论坛》2009年第3期，第41—46页。

⑤ 斯蒂·M. 格里芬：“美国宪政：从理论到政治生活”，载《法学译丛》1992年第3期。

立的法官组成的独立的司法机关；4. 存在基本性的正当法律程序；5. 存在有约束力的立法方式上的程序规定，可以作为赤裸裸的法律意志进行有效控制机制。美国华盛顿大学教授丹·莱夫也以宪政蕴含的法治要义来阐述宪政，认为“宪政意指法律化的政治秩序，即限制和钳制政治权力的公共规则和制度。宪政的出现与约束国家和官员相关。”①

中国学者对宪政有不同的解读。如刘军宁认为：“宪政的本质的确是而且必须是限政。在宪政主义看来，不论一个政府的组织形式如何，都不得存在不受限制的最高权力。”② 信春鹰认为宪政包含五要素，即人民主权的宣示，法治与分权制衡的政府，违宪审查机构的设立，稳定的司法独立制度的保障，尊重和保障个人权利。③ 李步云认为宪政有三要素，即民主、法治、人权保障，其中民主是宪政的基础，法治是宪政的重要条件，人权保障则是宪政的目的。④ 钱福臣认为，内涵最大的宪政定义包括了法治、人民主权、民主、分权与制衡、人权五个要素，而内涵最小的宪政定义是限权。⑤ 可见，中外学者关注宪政的侧重点明显不同：国内学者主要从民主政治视角解读宪政，这与中国古代和近代历史上严重缺失民主有关；外国学者特别是西方学者则主要从法治的角度界定宪政，大多数学者将宪政与法治紧密联系在一起，认为宪政意指法律化的政治秩序，尤其强调对权力的约束，这与社会契约论思想密切相关。中国目前在国内最具有代表性的说法，是将宪政的规则性、民主性、法

① 参见张文显、信春鹰：“民主+宪政=理想的政制”，载《比较法研究》1990年第1期，第42页。

② 刘军宁：“共和·民主·宪政”，载刘军宁等编：《市场经济与公共秩序》，三联书店，1996年版，第39—43页。

③ 信春鹰：“宪政：现代宪法的精髓”，载李步云主编：《宪法比较研究》，法律出版社，1998年版，第149—151页。

④ 李步云：《宪政与中国》，载李步云、张文显主编：《法理学论丛》(第1卷)，法律出版社，1999年版，第589页。

⑤ 钱福臣：《宪政哲学问题要论》，法律出版社，2006年版，第3—21页。

治性、保障人权性的特征进行总体概括，来归纳出宪政的含义，如宪政“是宪法规范与实践相结合的产物，是以宪法规范为基础而形成的以民主政治为核心，以法治为基石，以保障人权为目的的政治制度和政治实践过程”。[①]

（二）“国际宪政”的概念及其运用

对“宪法”和“宪政”术语理解的差异足以反映出其多么容易产生歧义。因此，特雷克曼说，要想说明“宪法”的核心含义及其含义的转换是很困难的。在讨论宪法时，每个分析者都带着植根于其文化的印象，这种印象泯灭了宪法的整体图景。[②] 但是，即使有如此多的歧义，人们对宪政的核心要素问题应该说已有共识，即宪政的目标是限制权力与保障人权，且为实现这些目标必须有相应的程序保障，如权力制衡、司法审查、透明度等。可以这么说，人们对宪法的基本内核的认识是相同的，如承认宪法在保障人的基本权利方面的作用就是不可缺少的基本内核。正如亨金所言，我们所处的时代是“权利的时代”，这一时代的基本特征之一是人权观念得到了普遍的接受。[③] 二战后国际法的发展中，国际人权法的发展特别突出，一系列国际人权条约制定并生效，在推动其缔约国通过立法尊重和保障人权方面发挥了巨大的作用。斯劳特（Anne-Marie Slaughter）教授指出：“除了外交关系法和其他几个特别领域外，（传统）国际法不承认或不涉及国家与社会之间的关系，即一国政府与其公民之间的关系。人权法的发展使得这种关系透明化，并且直接对政府施加保证其公民基本权利的义务。”[④] 人权条约涉及到人的方

---

① 周叶中主编《宪法》，高等教育出版社、北京大学出版社，2005年版，第177页。

② Joel P. Trachtman 著，《WTO 的宪法》，孔庆江译，《国际经济法学刊》第14(2) 卷，北京大学出版社，2007年版，第5页。

③ ［美］亨金著，《权利的时代》，信春鹰译，知识出版社，1997年版，第1页。

④ Slaughter and Burke-White, An International Constitutional Moment, 43 Harvard International Law Journal, 2002, pp.14-15.

方面面的基本权利，在实施宪政的国度，这些权利即为宪法权利。因此，一些来自具有宪政传统的国家的学者用“国际宪政”或“国际法的宪法化”描述国际法的发展也就是自然的了。彼德斯曼认为，国际法语境中的“宪法”一词含义有两种：第一种是建立具有立法权或行政权的国际组织的多边条约，第二种是国际组织或一般国际法中长期稳定适用的基本规则（如国际法创制、变动及实施的基本规则等），国际法主体与国际法律责任的基本规则等。[①] 概言之，宪政本是国内政治科学和法学的术语，但在国际法发展的过程中，其被借用了，以表达国际法发展的一些变化。

西方学者在研究中经常把国际组织据以成立的法律文件，如宪章、规约中有关国际组织的地位、职能和权利义务方面的原则、规则称为“国际宪法”，中国国际法学家王铁崖教授对此持批评的态度，认为：“这种主张显然是错误的。国际组织所依据的法律文件只是国家之间订立的条约的一种，有关国际组织的原则、规则只能是从这些法律引申出来的国际法原则、规则。它们绝不能是超越国家之上的法律”。[②] 王铁崖教授其实并不反对使用该措辞本身，他只是认为该措辞“只能指有关国际组织的带有根本性的法律原则和规章制度的总称，而在本质上却与国家宪法毫无相同之处。”[③] 因此，国际法学者使用的“宪法”或“宪政”是“舶来品”，是从国内宪政理论与实践借用来的，这体现了国内法对国际法研究的深刻影响。

（三）“国际宪政主义”思潮及其演进

从思想史意义上看，早在近代国际法产生之前，西赛罗（Cicero）就已经提出有一种真正的法律是“世界国家的宪法”，这种真正的法律就是一种正义的理性，其观点具有明显的自然法思想的特征。

---

① Ernst-Ulrich Petersmann, How to Constitutionalize International Law and Foreign Policy for the Benefit of Civil Society ? Michigan Journal of International Law, Vol. 20, 1998, p. 13.

② 邓正来（编）:《王铁崖文选》，中国政法大学出版社，2003年版，第9页。

③ 同上注，第10页。

格劳修斯认为国际法源自于具有永久和普遍性效力的正义原则。这些主张均闪现着自然法思想之光。而国际宪政主义的思想源头应主要源自康德。在其《法的形而上学原理——权利的科学》一书中，康德提出了“世界公民权利”的概念。他认为，“一个普遍的、和平的联合体”的理念是一种“法律原则”，这个原则源自人人都生活在地球上，因此人人处于“土地的共同体”中，作为这个共同体的一员，人人都享有“世界公民的权利”。[①] 因此，人不但是国家公民，而且是世界公民，而世界公民的权利在于维护和平。这是因为世界各个民族之间的联系已非常紧密，在地球上的一个地方侵犯权利就会在所有的地方都被感受到，那么世界公民权利的观念就不是什么幻想的或夸诞的权利表现方式，而是为公开的一般人类权利、并且也是为永久和平而对国家权利与国际权利的不成文法典所作的一项必要的补充。唯有在这种条件之下，才能不断趋向“永久和平”。而和平从来就是国际法追求的重要目标。哈贝马斯在纪念康德的《永久和平论》发表200周年时发表了《论康德的永久和平观》一文，对其“世界公民权利”作了高度评价并进行了新的阐释，认为：“康德为法律理论引进了第三个维度：除了国家法和国际法之外，还应当有世界公民法（权利），这是一次意义深远的革命。”而世界公民权利的要点在于，它超越了一切国际法主体，深入到了个别法律主体的地位当中，并且在自由和平等的世界公民联盟中，为个别法律主体提供了一种完整的成员资格。必须指出的是，在国际宪政主义研究中，除了国际法学界之外，具有深刻普遍主义思想的著名哲学家和社会学家哈贝马斯是最成功的跨界研究者，在关于国际社会发展的思考中，他多次发表关于国际社会宪政的论文和专著。如2008年哈贝马斯在其《国际法的宪法化与国际社会宪政的合法性问题》的论文中，认为“国际宪政的哲学基础源自康德的世界主义哲

① 康德著：《法的形而上学原理——权利的科学》，沈叔平译，商务印书馆，1991年版，第189页，

学”。[①] 博格丹迪（Bogdandy）在《国际法中的立宪主义：评德国的一个建议》中指出，图姆夏特（Christian Tomuschat）关于当代国际法的本质和终极目标的理解，也可以归入普世主义国际关系思想的广阔思潮中，这一思想学派的特征是其学者的多样化，诸如某些西班牙经院哲学家、格劳秀斯以及康德。[②] 可见康德关于“世界公民权利”的理论影响深远。事实上，冷战后开启国际宪政主义研究的国际法学者如图姆夏特、彼德斯曼等多数具有德国学术背景，因此博格丹迪认为国际宪政主义是“来自德国的建议”。

据研究，在国际法学界是菲德罗斯于1926年首次在国际法意义上使用“宪法”一词。在菲德罗斯看来，国际法的“宪法”是指调整共同体的基本秩序，即共同体结构、组织及职能分配的规范。[③] 20世纪40年代，布赖尔利认为，19世纪以来，国际社会出现了某些国家，而非单个拥有共同利益的普遍性国际事务，这促使国际社会制定出相应的制度。他认为，私人还不能够认为这些制度为国际社会制定了“宪法”，但可以认为是国际宪法的开端。[④] 1964年弗莱德曼把“国际宪法”列入国际法的新领域，[⑤] 重启了对国际宪政主义的争论。在术语的使用上，主要集中于“国际宪政主义”、“跨国宪政主义”、“全球宪政主义”，但以“国际宪政主义”一词的使用较多，尽管有学者认为“全球宪政主义”是最合适的。[⑥]

---

① Jurgen Habermas, The Constitutionalization of International Law and the Legitimation Problems of a Constitution for World Society, vol.15 Constellations 2008, pp.444-455.

② Armin von Bogdandy 著:《国际法中的立宪主义：评德国的一个建议》，柳磊译，《国际经济法学刊》2008，15(2)，北京大学出版社，2008年版，第106页。

③ Bruno Simma, From Bilateralism to Community Interest in International Law, The Hague: Recueil Des Cours, Vol.250(1994), p.21.

④ J. L. Brierly,The Law of Nations. Oxford University Press, 1942, p.66.

⑤ Wolfgang Freidman, The Changing Structure of International Law, Stevens, London, 1964, pp.152-159.

⑥ Christion E. J. Schwöbel, Global Constitutionalism in International Legal Perspective, Martinus Nijhoff Publishers, 2011, p.2.

在冷战结束之前，虽然很多学者提出了国际宪政的主张，但是国际宪政问题并未引起国际法学者的普遍关注，关注此问题的少数学者持有的观点也比较温和，如莫斯勒认为国家同意原则是创建于发展包括国际法律体系在内的任何法律体系的基本原则，并认为1970年联合国大会通过的《关于各国依联合国宪章建立友好关系及合作之国际法原则宣言》构成最主要的国际宪政要素。① 而冷战结束以后，国际宪政成为西方国际法学界最时髦的话语与研究议题之一。20世纪90年代，在海牙国际法高等研究院讲授的国际法课程中，当代世界级的国际法学家至少四次涉及国际宪政问题。② 日本学者篠田英朗认为，目前世界并没有真正意义上的国际宪法或世界政府，但许多人都感到，国际社会应该有、并在某种程度上应持续存在诸如保护个人权利和自由经济活动的宪政主义价值，国际社会还应该具有主权国家应该遵守的自身规则。篠田英朗将其称为“新国际宪政主义”。他认为，尽管几乎没有人敢用“宪政主义”来描述国际规则，但国际社会正在构建自己的宪法原则和规则。③

---

① Hermann Mosler,The International Society as A Legal Community, The Hague: Recueil Des Cours, Volunteer 40(1974), pp.23-40.

② 即图姆夏特（Christan Tomusht）讲授的《缺乏或违背国家意志而产生的义务》（Obligations Arising for State without or against Their Will,the Hague: Recueil Des Cours de Drot International, pp.195-374）（1993）；佛兰克（Thomas M.Frank）讲授的《国际法与制度中的公平》（Fairness in the International Legal and Institutional System, the Hague: Recueil Des Cours IV, 1993）（1993）；辛玛（Bruno Simma）讲授的《国际法中双边主义到共同体利益的发展》（pp.258-262）（1994）；图姆夏特（Christan Tomusht）讲授的《国际法：确保人类在新千禧的生存》[International law :Ensuring the Survival of Mankind of the Eve of A New Century, Recueil Des Cours 281(1999)]（1999）。参见蔡从燕：“国内公法对国际法的影响”，载《法学研究》2009年第1期，第183页。

③ [日] 篠田英朗（Hedeaki Shinoda）著：《重新审视主权：从古典理论到全球时代》，戚渊译，商务印书馆，2004年版，第148页。

二、不同视角下的国际宪政主义

研究国际宪政有不同的视角。如图姆夏特是从分层制宪角度理解国际宪政，他认为，国际社会应有一种多层次的治理体系，在这一体系中，“国家必须和国际社会的各种国际性、区域性机构保持一种共生共存的关系”。① 施沃贝尔（Christion E. J. Schwöbel）从四个维度研究国际宪政主义：其一是国际社会宪政主义，即从共存的国际社会秩序角度分析国际宪政；其二是机构宪政主义，集中研究被分配到各个国际社会的机构（即国际组织）的权力及其运用，鉴于中国学者的研究习惯，可以称之为国际组织宪政主义；其三是规则（或规范）宪政主义，主要从国际法基本规则的角度分析国际宪政主义；其四是类比宪政主义，主要通过同国内秩序的类比研究全球宪政秩序。笔者认为可从如下视角研究国际宪政主义。

（一）国际法社会共同体与国际宪政主义

从方法论上看，国际宪政主义研究借用了国内的宪政概念，因此，一个国际社会的存在是非常必要的。作为共同体的国际社会是国际宪政研究中的一个基础概念。布鲁诺·希马（Bruno Simma）认为，当前西方学者主要从两个层次上理解国际法上的“宪法”：形式上说是指那些高于“一般”规则的规则；实质上说是指调整共同体生活的基本规则的那些规则。② 国际法上确实存在一些与国际社会共同体密切相关的规则，如国际社会共同利益、国际强行法、国家对国际社会整体的义务等，这些规则的存在和发展对于理解国

① Christian Tomuschat, International Law: Ensuring the Survival of Mankind on the Eve of a New Century: General Course on Public International Law, Martinus Nijhoff Publishers,1999, p.436.

② Bruno Simma, From Bilateralism to Community Interest', Recueil Des Cours, voL.250 (1994-VI), pp. 291-292.

际宪政主义具有重要作用。理解这些规则的内在联系的关键在于国际社会共同体的存在。国际社会共同体是国际法上的重要概念。国际法是平等的主权者之间的法律，作为一种法律制度，国际法是建立在国家主权平等的基础上的，产生和适用国际法的国际社会是由众多的主权国家组成的，国家既是国际法的制定者，又是国际法实施者和执行者。那么作为国际法重要内容的国际责任法是否仅仅限于国家相互之间的双边关系上，国际义务是否存有层次上的区别？这是国际法学界长期以来所关注和争论的一个问题。实在法学派认为，所谓国际社会只是一种松散的国家组合，国际法的效力产生于作为国际社会成员的国家对其主权的自愿限制，国家仅受其明示或默示同意的国际法规则的约束，而不受任何别的更高权威。因此，在实在法学派看来，国际法是一种任意性的制度，国际法对国家的效力并非绝对的，可以因为国家的合意而改变。因此国际社会的法律关系是横向的，各种国际法规范，无论表现为条约还是习惯，都处于相同的法律层次，彼此并无高低之分。莫斯勒不同意实在法学派的这种主张，他利用国际社会共同体这一概念，认为国际社会是作为法律共同体的国际社会，而国际强行法是维护国际社会秩序的重要工具。①

1. 国际社会共同利益

图姆夏特指出，“国际社会共同体”在国际法上的含义便如“人民”在国内法上的含义：由具有强烈的自我权利意识的，组织在一起的人与人之间的联合体，构成对公共权力的监督和制衡。共同体珍视国际强行法和对一切义务，国家仅仅在其尊重并执行国际社会的这些根本义务时才具有合法性。国际社会共同体甚至被认为具有自己的一些机构，如联合国秘书长便应致力于提升国际社会共同体的共同利益，他是国际社会共同体代理人，同样，联合国安理会也

① Hermann Mosler, The International Society as a Legal Community, Sijthoff & Noordhoff, 1980, pp.15-20.

被看做代表国际社会共同体利益的机构。从表面看来，人类共同利益的中心词是利益，但是在国际法学上具有重要意义的却应是“全人类”这一概念。人类共同利益的概念的重要意义在于把全人类作为一个整体来看待，认为国家和其他集合体的人类活动应该为作为整体的人类谋取福利，或者至少应限制有碍于法律整体利益的活动，从而以人类的整体利益作为国际法的目的性价值趋向。[①] 人类整体的利益是超越每一个国家的利益的国际社会的一般利益。[②]

当今的国际社会已经不再是传统上认为的那样是一种松散的国家自愿组合，世界各国之间是一种“复合相互依赖”的关系，[③] 世界各国在一起构成了一个为了共同利益而结合的团体，这些共同利益使他们之间发生广泛交往，而文化、经济结构或政治制度的不同本身并不影响国际社会法作为国际法的基本因素之一的存在。国际法作为国际社会治理的方式之一，也是对国际社会成员之间利益关系的一种平衡，它不但要体现其各自不同的利益，还应反映国际社会成员之间的共同利益。

“共同利益”在国际法上具有重要意义，表现为：首先，共同利益反映了国际社会的根本价值诉求，很多国际社会的问题，如生态环境保护、外层空间的和平利用、海洋开发与保护、非殖民化及穷国的发展等问题，如离开人类共同利益这一概念，不能得到正确理解和解决。再次，进一步明确了国家责任，违背共同利益的行为应承担国际责任。共同利益和国家利益在现实中紧密交织，但是主权国家更注重国家利益，共同利益只是国家利益的派生和外溢。在共同利益和各国的国家利益之间的关系上，共同利益和国家利益既对立又统一，实现共同利益往往需要限制部分国家利益，以国家利益的配合和合作来实现共同利益，即主权国家需要以对国际社会承担

① 高岚君:《国际法的价值论》，武汉大学出版社，2006年版，第128页。

② 周忠海主编:《国际法》，中国政法大学出版社，2004年版，第189页。

③ [美] 罗伯特·基欧汉，约瑟夫·奈著:《权力与相互依赖》，门洪华译，北京大学出版社，2002年版，第28—30页。

一定义务的方式来实现国际社会共同利益，如一国以承担环境保护的义务来促进国际环境保护，实现在环境问题上的各国共同利益。共同利益和国家利益又是相统一的。但是，若某个国家不顾共同利益进行破坏环境的行为，违背或侵犯了国际社会共同利益，国际社会应当如何应对？国际法院1974年受理的澳大利亚、新西兰诉法国的核试验案即具有一定的代表性。但国际法院认为法国做出的停止核试验的单方面声明构成停止核试验的承诺而未做判决。不过类似的案件以后又时有发生，在2010年5月30日，澳大利亚向国际法院对日本提起诉讼，指控"日本凭借南极特别许可证以第二阶段日本鲸鱼研究方案（JAPPA II）的名义推行大规模捕鲸的做法违反了日本根据《国际管制捕鲸公约》承担的义务及保护海洋哺乳动物和海洋环境方面的其他义务。[①] 澳大利亚并非日本捕鲸的直接受害国，这一诉讼表明一国基于所享有的普遍性法律利益来对他国进行的司法干涉作为一种新司法干涉形式开始登场，这不仅发展了通过国际司法机构所进行的司法干涉，还标志着国际关系中的司法干涉发展到了一个新阶段。国际法院如何处理该案将会对国际法的发展产生深远影响，国际社会正对此拭目以待。

2. 强行法

国际强行法（jus cogens），也称绝对法，是现代国际法中的一个重要概念。1937年，菲德罗斯在其发表的《国际法禁止的条约》一文中使用了 jus cogens 一词，认为虽然一般国际法规则大部分没有强行性，但强行法规范在一般国际法中是存在的。[②] 而强行法是条约不得抵触和排除的规则，因为它们是为满足这个国际社会的个别利益，而不是为满足个别国家的需要而存在的。根据《维也纳条约法公约》第53条，"jus cogens"是指"a peremptory norm of

---

① 《国际法院报告2009—2010》（大会正式记录，第65届会议，补编第四号，A/65/4/SUPP），第234段。

② Alferd Verdross, Forbidden Treaties in International Law, 31 American Journal of International Law, p.572.

general international law”。故强行法又被译为“一般国际法强制规律”、“一般国际法强制规则”或“一般国际法强行规范”。承认了强行法就是承认了法律的阶位，按照阶位，强行法规则属于上位法，任意法规则属于下位法，1969年《维也纳条约法公约》第53条对条约与强行法的关系作了规定：“条约在缔结时与一般国际强制规律抵触者无效。就适用本公约而言，一般国际法强制规律指国家之国际社会全体接受并公认为不许损抑且仅有以后同等性质之一般国际法规律始得更改之规律。”这就明确地承认国际法中包含强行法规则。但是这实际上只是调整条约之间的优先关系，并非关于强行法的一个确定的概念。不过，强行法在国际法上的一个重要功能是作为衡量条约是否有效的标准。如《维也纳条约法公约》第64条规定：“遇有新一般国际法强制规律产生时，任何现有条约之与该项规律抵触者即成为无效而终止。”这就意味着，在新强行法产生之前的条约，甚至某些习惯国际法规则，都可能因为与新强行法规则冲突而无效。强行法规范是条约不得排除和抵触的规则，因为这些规则是为满足整个国际社会的较高利益存在的，强行法的存在表明了国际法规则的层级性特征。因此，伯德（Burn Otto Bryde）认为，是国际公法规则的层级性决定了国际法的宪政秩序特征。他指出这一宪政体制的特征在于：“不是水平方向的而是纵向的，存在其他一般规则不得违背的这样一些纵向规则，而且应该适用宪政的方法对此进行解释。”[①] 国际强行法其不得损抑的体制本身就意味着国际法规则的层级性，因此国际强行法的存在可以说明国际法的宪法化。曼尼（V. S. Mani）则认为“国际强行法概念的出现也许能够代表

① Burn Otto Bryde, International Democratic Constitutionalism, Ronald Macdonald and Douglas M.Johnston(eds) Towards World Constitutionalism: Issues in the Legal Ordering of the World Community(Martinus Nijhoff Publishers, Leidn 2005), pp.104-108.

一砖一瓦构筑世界宪政主义的这样一个过程。”[①] 科斯肯涅米（Martti Koskenniemi）认为之所以拉丁语词汇强行法和对一切义务被认为与国际法宪法化密切相关是也许就是因为其代表了某种普世的价值。[②]

3. 国家对国际社会整体的义务

与国际社会共同体相关的重要概念包括强行法和对国际社会整体的义务。随着联合国的建立和国际法编纂的加快，在国家的国际法律责任领域，国际社会共同体与另外一个概念“对一切义务”或“对国际社会整体的义务”紧密联系起来。在詹宁斯和瓦茨修订的《奥本海国际法》第九版中，开篇就提出“对一切义务”（obligations erga omnes）的问题，认为：“人们还可以作这样的区别，即将那些即使可以普遍使用但在任何情况下并不产生‘对一切’（erga omnes）的权利和义务的国际法规则，和那些产生这样的权利和义务的规则加以区别。”[③] 将国际法规则分为这样两种不同层次的做法是该书从第一至第八版中从未有过的。第九版的修订者詹宁斯和瓦茨认为，凡本书与以前版本不同之处都是用来反映自1955年第八版（劳特派特修订）问世以来国际社会及国际法所发生的深刻变化。该书所做的这种区别实际上是将国际法规则进行了新的分类，将其分为产生“对一切”义务的国际法规则和不产生“对一切”义务的国际法规则。

从大背景上看，对国际社会整体的义务概念的出现与二战后的和平与人权思潮有密切联系。在上述基础上分析对国际社会整体的义务的法理基础——人类共同利益，以及其内涵与特征，认为对国际社会整体的义务之所以备受重视是因为其体现了国际法的核

① V.S.Mani, Centrifugal and Centripetal Tendencies in the International System: Some Reflections, Douglas M.Johnston(eds) Towards World Constitutionalism: Issues in the Legal Ordering of the World Community(Martinus Nijhoff Publishers, Leidn 2005), p.254.

② Martti Koskenniemi, International Law: between Fragmentation and Constitutionalism', Canberra, 2006,http://cigj.anu.edu/cigj/link_documents/ Koskenniemipaper. PDF

③ [英] 詹宁斯、瓦茨（修订）:《奥本海国际法》，王铁崖等译，中国大百科全书出版社，1995年版，第3—4页。

心价值。在国际法委员会起草的1996年《国家责任条款草案》(一读)中第19条使用了“国家的国际罪行”的概念，遭到很多国家的反对。在2001年《国家责任条款草案》(二读)中，没有继续使用上述概念，而是在第42条和第48条均代之以“obligations owed to the international community as a whole”。其没有使用“obligation erga omnes”，从字面含义来看“obligations owed to the international community as a whole”是“对国际社会整体的义务”，其在内涵上与obligations erga omnes是相同的，并格外强调了一国对“作为整体的国际社会”所应承担的义务，较之“erga omnes”的“towards all”(“对一切”)，指向更明确，而且这对“国际社会”的概念也有所发展。

对国际社会整体的义务突破了传统的“直接受害国与加害国”的双边关系，其所保护的利益既不仅限于单边利益，也非仅仅限于双边利益，而是国际社会作为整体的共同利益。这对以国家“间”法为特征的国际法而言，是一个重大的发展。对国际社会整体的义务和强行法的法理基础在于其体现了作为共同体的国际社会的人类共同利益和人类的基本价值。国际社会是“无政府状态”的社会，国际法是平等主权者之间的法律，然而人类共同利益的存在使对国际社会整体的义务成为可能。对国际社会整体的义务这一概念的出现是国际法发展史上的一个重大的转变。对国际社会整体的义务还有相关的国际强行法概念反映了“对保护共同价值和利益的必要的规则的共同核心”，显示出其已经超越了传统国际法上的双边主义和国家利益相关性认识上的狭隘性。它使人们燃起对于保护国际社会整体所享有的共同利益的极大期望。表明国家责任不再仅仅局限于国家彼此之间的双边关系上。而一些国际法学者则走得更远，他们认为，对国际社会整体的义务这一概念的出现是国际法发展史上的一个重大的转变，德尔布鲁克就认为这是“国际法宪法化”的重要部分。[①]

（二）国际组织宪政主义

西方国际法学界对国际宪政的研究很多都是从国际组织宪政开始的。国际组织宪政的考察角度主要包括：国际组织约章优先、国际组织民主性与合法性、司法审查与国际组织自身的宪政等方面。

1. 从宪章义务的优先性看国际组织约章与国际组织宪政

如前所述，尽管王铁崖等国际法学者反对将国际组织约章本身比拟为"国际宪法"，但是国际组织约章及其原则和精神内核表明国际组织约章在某种程度上具有国际社会宪法的特征。这主要是因为国际组织约章义务的优先性和国际组织本身的代表性。《国际联盟盟约》第20条规定盟约项下的义务具有优先性，《国际联盟盟约》第20条规定："（一）联盟会员国承认彼此间所有与本盟约条文抵触之义务或谅解均因本盟约而告废止并庄严保证此后不得订立类似协议。（二）如有联盟任何一会员国在未经允许加入联盟以前负有与本盟约相抵触的义务，则应采取措施以摆脱该项义务"。因此，劳特派特指出《国际联盟盟约》具有"高级法的特征"。[②] 法斯宾德（Bardo Fassbender）在1998年指出《联合国宪章》具有全球宪法的性质。这是因为《联合国宪章》是国际法中具有宪法性质的法律文件，首先因为其成员众多，具有广泛的代表性，其次，《联合国宪章》第103条规定：当联合国会员国在本宪章下之义务与依任何其他国际协定所负之义务有冲突时，其在宪章下的义务优先。因此，联合国宪章在国际法体系中具有重要地位，其具有"高级法"的特征，是国际社会活的宪法。

① Jost Delbruck, Laws in the Public Interest-Some Observations on the Foundations and Identification of Erga Omnes Norms in International Law, Volkmar Gtez(eds): Liber Amicorum Gunther Jaencke –Zum 85.Geburstag (Springer Berlin.1999)

② H. Lauterpach, The Covenant as the Higher Law, 17 The British Yearbook of International Law (1936), Oxford University Press, pp.57-60.

2. 国际组织合法性、民主性与国际组织宪政：国际非政府组织登上国际舞台

国际组织宪政主要是从国际组织的合法性和民主性考察国际宪政。尽管这可能让人觉得“把国际合法性与国际组织联在一起，似乎有点奇怪。”① 这是因为，国际组织是国家让渡主权而建立的，其隐含着不言自明的合法性的含义。哈贝马斯则认为，“合法性意味着对于某种要求行为正确的和公正的存在物而被认可的政治秩序来说，有着一些好的根据。一个合法的秩序应得到承认。合法性意味着某种政治秩序被认可的价值。”② 国际制度的合法性基础在于其具有向国际社会提供公共物品的能力，能获得国际社会各行为体的赞同或同意。③ 因此，“合法性”研究被引入国际机制的研究中是必然的。按照韦伯的说法，宪政就是要克服政治的最大困境——把赤裸裸的权力转化为具有合法性的权威。国际组织已经当代国际社会主要的公共物品提供者，国际组织宪政主义必然面临合法性的追问。

随着经济全球化的发展和全球性问题的日渐增多，超出单个国家治理能力范围的国际公共事务越来越多，国家之间迫切需要国际多边组织在这些公共事务领域发挥越来越大的作用，以便指导、协调和规范各个国家的政策和行为，共同应对所面临的公共问题。国际组织的数量的增加，职能的扩大，使得地球上彼此影响的各种国际组织，已经形成了一个巨大的国际组织网，“国际社会组织化”程度日益加深，上到外空下到海床洋底，已经无处不是国际组织活动的领域。④ 国际组织成为国际公共物品的主要提供者，在许多重要

① 让－马克·科伊考著，刘北成译：“国际组织与国际合法性：制约、问题与可能性”，载《国际社会科学》2002年第4期，第21页。

② ［德］哈贝马斯著，《交往与社会进化》，张博树译，重庆出版社，1989年版，第184页。

③ 叶江、谈谭：“试论国际制度的合法性及其缺陷”，载《世界经济与政治》2005年第12期，第42页。

④ 梁西：《国际组织法》，武汉大学出版社，2001年版，第327—328页。

领域，国家越来越需要依赖国际多边组织提供的规则和帮助来对主权范围内的事务进行有效的治理。在这样的背景下，国际多边组织对各个主权国家的国内政策和行为也就施加着越来越大的影响，甚至是那些原来完全属于主权国家管辖范围内的某些事务也面临着国际多边组织的深刻影响。这就不能不引起人们对国际多边组织民主合法性的反思和追问。① 国际劳工组织由于其由成员国政府、资方（雇主）和工人代表组成的三方结构（tripartite system）而被一些国际法学者认为是具备了合法性的前提，② 而很多其他国际组织中，代表性责任性等方面的缺点造成了其“民主赤字”制度缺陷。一个不争的事实是国际多边组织越来越卷入对国家内部施政政策的干预之中，如国际货币基金组织和世界银行做出的决定——其中有一些是会造成剧烈的社会影响的决定——往往出自一小撮决策者之手。但这些国家在这两个国际性机构的统治机关中却没有代表，国内相关的团体和人群根本没有发言的机会和途径，决策过程也没有任何透明度可言。因此，在近年来的“反全球化”运动中，国际组织首当其冲。随着“全球治理”的兴起，非政府组织等非国家行为体越来越多地参与国际事务，如在国际组织取得“咨商地位”，参与国际组织的活动，影响国际组织的决策，从而弥补国际组织的民主赤字。

国际组织很早就意识到非政府组织的重要作用。1996年联合国前秘书长加利提出了一项“民主化议程”（agenda for democratization），他认为国际关系“不仅由国家自身发展而且也由一系列不断增加的在国际层面上的非国家行为者发展。”他还认为，长期以来，联合国只被认为是主权国家的论坛，但在很短的几年内，这种态度改

① Jan Klabbers, Anne Peters and Geir Ulfstein, The Constitutionalization of International Law, Oxford University Press, 2009, p.54.

② Kadlbch, Stefan and Kleinlein, Thomas, International Law–a Constitution for Mankind? An Attempt at a Re-appraisal with an Analysis of Constitutional Principles, (2007)50 German Yearbook of International Law, pp.325-327.

变了。国际非政府组织现在被认为是国际社会的全权参加者（full participants）。联合国不仅是政府之间进行协商的论坛，同时也是政府与国际非政府组织进行协商的论坛。几乎所有的国际组织都认为它们必须与国际非政府组织建立联系。在联合国有协商地位的国际非政府组织数量的增加可以证明这一点。联合国前秘书长安南在2000年2月的一次讲话中指出，从1992年以来，国际非政府组织在关于环境、人权、贫穷、人口和妇女进步等一系列重要的国际会议上施加了重要的影响。它们让国际社会了解它们所关心的事务。但近几年以来，它们做得更多，让外部世界感觉到了它们的力量。秘书长列举了一些事例说明国际非政府组织的力量：它们成功地游说促使禁止使用地雷的渥太华公约签订；在国际刑事法院规约的制定过程中，为使种族灭绝等国际犯罪的受害者得到公正对待，国际非政府组织进行了不懈的努力；它们规劝政府减少最贫穷国家的债务；为减少贫穷工作筹措资金等。

当然，目前国际非政府组织的作用是有限的，因其无投票权，故仅能通过发出自己的声音以影响国际组织的决策。彼得斯（Anne Peters）认为国际非政府组织对制定国际法的作用就在于发出“声音”，而非“投票”。[①] 国际非政府组织通过提出新的国际条约、参加谈判以及在不同领域起草条约等方式促进国际法的编纂和发展。例如，非政府组织跨国联盟——“集束弹药联盟”（Cluster Munitions Coalition，CMC）于2003年11月在荷兰海牙成立，它成为随后几年中国际社会推动关注和解决集束弹药问题的主要力量之一。由于其杰出的工作和国际社会的努力，2008年5月30日，107个国家在爱尔兰首都都柏林通过了一份全面禁止集束弹药的《集束弹药公约》草案。公约已于2010年2月16日获得30个国家批准，于

① Jan Klabbers, Anne Peters and Geir Ulfstein, The Constitutionalization of International Law, Oxford University Press, 2009, p.225.

2010年8月1日正式生效。[①]

国际非政府组织在加强和实施国际法方面也起到重要的作用。他们监督国家实施其签署的条约、调查和揭露国家违反国际法的行为，所以经常能够迫使国家遵守其国际义务。如国际非政府组织一直都在参与根据国际人权条约建立的各类机构的工作，以监督执行这类条约。当人权委员会在定期报告中审查各缔约国的情况时，总得到国际非政府组织提供的大量信息资源的协助。国际非政府组织在国际诉讼过程中也发挥着重要的作用。它们可以作为诉讼方、法律顾问参加国际诉讼程序，如非政府组织作为“法庭之友”参加世界贸易组织（WTO）的诉讼程序。

全球化进程促进了国际市民社会的发展。国际非政府组织作为国际市民社会的成员参与国际事务的能力有了巨大的进步。例如从建立国际刑事法院构想的提出，到《国际刑事法院规约》的起草、谈判，到其通过与生效，以“支持国际刑事法院的非政府组织联盟”（简称“国际刑事法院联盟”）为核心的非政府组织都发挥了至关重要的作用。国际刑事法院的诉讼程序中，非政府组织也可以发挥信息提供者、法庭之友、法院与受害人和证人之间桥梁、监督人等作用。国际刑事法院已正式认可了非政府组织的作用。非政府组织在国际刑事法院的建立和运行中所发挥的作用堪称国际市民社会参与国际关系的一个范例。

3. 司法审查问题与国际组织宪政：以联合国安理会与国际法院的关系为例

国际组织宪政的另一方面是国际组织内部机关之间的关系及是否应该存在司法审查的问题。在实施宪政的国家司法部门对立法机关的司法审查权是体现立法、司法、行政之间权利制衡的重要制度。国际组织是否有必要引入司法审查制度，防止国际组织机关权

---

① 黄志雄：“非政府组织与2008年《集束弹药公约》：参与、影响及启示”，载《武大国际法评论》第13卷（2010年10月），第349页。

力的过度扩张就也是国际组织发展中必须解决的问题，而宪政的一个重要特征是“限政”，因此，这也是国际宪政主义研究中的一个重要问题。

国际组织司法审查主要是针对安理会和国际法院的关系而言的。较之冷战时期，安理会在冷战结束后的活动更加活跃，对涉及国际和平与安全的很多问题通过了决议，安理会的这些活动表现出了日益强烈的“自组织性”，所谓“自组织性”，是指其基于默示权力理论，不断运用目的解释之条约解释方法证明安理会行动的合法性，从而扩大其行动的范围。[①] 如安理会1991年通过的针对伊拉克实施制裁的687号决议，1992年通过的要求各国敦促利比亚引渡涉嫌制造1988年美国泛美航空公司飞机爆炸案的利比亚特工的731号决议及对利比亚实施制裁的748号决议，1993年通过的建立前南斯拉夫国际刑事法庭的808号决议和827号决议，不仅当事国，而且其他一些会员国也质疑安理会行动的合法性与正当性。如前南国际刑事法庭、卢旺达刑事法庭是联合国安理会在《联合国宪章》第七章规定下成立的，并作为联合国安理会的辅助机构。前南国际刑事法庭上诉庭在塔迪奇案中得出结论，认为联合国安理会根据《联合国宪章》第41条的规定，完全具有（fall squarely）设立国际刑事法庭的权力，从第41条的条文本身来看，确实没有提到“设立国际刑事法庭”，甚至也没有提到可以“建立司法机构”。问题在于对该条中“得包括”一词的理解，“得包括”表明:《联合国宪章》第41条在这里所列举的措施仅仅是作为例证。“得包括”同时意味着：这里所列举的措施不是“详尽性的”，除这些措施以外，还存在其他措施。换句话说，只要有必要，联合国安理会为了维护世界和平与安全的需要，就可以采取除了第42条使用武力以外的其他措施。可见，前南法庭是从条约解释的角度去阐释前南法庭的合法性问题的，这实际上也对安理会决议的合法性进行了解释，而其运用的是

---

① 蔡从燕:“国内公法对国际法的影响”，载《法学研究》2009年第1期，第186页。

目的解释的方法。布朗利称这种解释的权力为隐含权力（或称默示权力）。[①]

安理会的上述决议和有关行动的当事国将案件提交到了国际法院，并引发了另一个重要的问题，即安理会和国际法院的关系问题，如两个机关是否可以平行处理有关国际争端的问题，特别是，国际法院是否可以对安理会的行动进行司法审查的问题。[②]法院对行政机构进行司法审查是国内宪政制度的重要内容，因此对安理会的决议及其行动进行司法审查，是按照西方国家国内宪政思维进行思考的产物。但是，在联合国体系内，包括《联合国宪章》和《国际法院规约》均未直接涉及国际法院是否可以对安理会进行司法审查的问题。有的学者认为联合国的创立者拒绝赋予国际法院这样的权力。

在这个问题上，国际法院在冷战期间在有关的案例中是持否定态度的。国际法院在南非不顾安理会第276号（1970）决议继续留驻纳米比亚（西南非洲）对各国的法律后果问题进行裁决时，认为："毫无疑问，国际法院对联合国机关（联合国安理会）做出的决定不具有司法审查和上诉的权力。"[③]但是，对安理会决议和有关行动的质疑表明联合国宪政的问题已经成为国际社会关注的重大问题。尤其是洛克比案引发了国际法学界对于国际法院和安理会关系的大讨论，受国内法的影响，一些学者建议国际法院可以参照美国最高法

① 伊恩·布朗利：《国际公法原理》，曾令良、余敏友等译，法律出版社，2003年版，第759页。

② Mohammed Bedjaoui, The New World and the Security Council, Dordrecht: Martunus Nijhoff Pubilishers, 1994.

③ Legal Consequences for States of the Continued Presence of South Africa in Namibia (South-West Africa) notwithstanding Security Council Resolution 276 (1970), 1971 ICJ Report 16, at para. 89 (Advisory Opinion).

院的做法来确定对于安理会决议的审查权。[①] 国际组织自身的宪政问题成为国际组织发展中面临的一个不得不认真对待的重大问题。

自洛克比案以来，西方国际法学界进行了大量关于国际法院对安理会司法审查问题的研究和讨论，并发表了大量的论文，对国际社会而言，很多人支持对安理会进行司法审查，鉴于国际组织决策越权的可能性，有人主张其他的国际组织的决议由法学家委员会审查或者在国际法院被审查。如克拉贝尔斯（Jan Klabbers）指出："几乎没有疑问的是，许多人已经感觉到，在某种程度上，有必要努力制止国际组织的非法决策。一些人提出了一种程序设计，例如，允许国际法院对安理会的文件进行司法审查，或者，也许更具普遍适用性，设想让一个法学家委员会基于请求审查相关的决策（不限于安理会的决策）。其他人主张，国际组织通向国际法院的诉讼路径应该得到鼓励，或者通过扩张咨询性管辖权这一要求，或者，更加激进地，通过赋予国际组织陈诉权。"[②] 在这里，克拉贝尔斯指出了对国际组织司法审查的几种路径：其一，由国际法院对安理会文件进行司法审查，这需要对《联合国宪章》进行修改；其二，基于安理会和其他国际组织的请求，成立专门的法学家委员会对国际组织的决策进行审查，但是这样的委员会将如何成立，其隶属于联合国还是其他的国际组织，与国际法院的关系如何？其三，国际法院应拥有对国际组织的诉讼管辖权。但是，《国际法院规约》中仅规定了

① 可参见 Thomas M. Franck, Editorial Comment, The Powers of Appreciation: Who Is the Ultimate Guardian of UN Legality? 86 Am. J. Int'l L. 519 (1992), Waston, Constitutionalism, Judicial Review and World Court, 34 Harv.Int'L.J.(1993), W. Michael Reisman, The Constitutional Crisis in the United Nations, 87 Am. J. Int'l L. 83 (1993)Martenczuk, The Security Council, The International Court of Justice and Judicial Review: What Lessons from Lockerbie?, 10 EJIL (1999), Kathleen Renèe Cronin-Furman, The International Court of Justice and the United Nations Security Council: Rethinking a Complicated Rethinking Relationship, Columbia Law Review, Vol. 106 (March 2006)。

② Jan Klabbers, An Introduction to International Institutional Law, Cambridge University Press, 2003, p.246.

国际法院对联合国有关机构及联合国专门机构的咨询管辖权，故确立国际法院对国际组织的诉讼管辖权势必要面临修改《国际法院规约》的问题。因此，要实现国际法院对安理会的司法审查并非易事。

（三）WTO宪政

从某种程度上讲，WTO宪政也可以归为国际组织宪政，因为WTO本身是作为国际组织存在的，事实上，基欧汉与约瑟夫·奈就从贸易政治多元化、民主规范扩展带来的民主合法性角度探讨了多边合作的俱乐部模式与世界贸易组织的关系，[①] 但是，基于国际贸易的重要性和关联性，[②] 人们从宪政角度对WTO的研究最为深入，探讨和争论也最多，可以说在国际宪政研究中，最吸引人们注意讨论最热烈的是国际经济法领域更具体地讲是WTO法领域。这是因为堪称“经济联合国”的WTO所具有的影响是多数国际法组织所不可企及的。由于确立了拥有强制管辖权的争端解决机制，WTO被认为给宪政主义带来了曙光，成为某些西方学者研究国际宪政的类比范例。[③] 因此，WTO宪政在国际宪政研究领域可以作为独立的一支。在这一领域卓有成就的主要是杰克逊、彼德斯曼和凯斯。

1. 杰克逊等关于“作为制度建构的宪政”

最早把宪法思维引入国际经济法之中的是杰克逊，在其被喻为“GATT圣经”的《世界贸易与GATT法》（1969）的最后一章，杰克逊教授探讨了“一个可能的国际贸易机构的宪法结构”的问题。此后，《哈佛法律评论》2000年第2期发表了题为《世界贸易

---

① 罗伯特·O.基欧汉、约瑟夫·S.奈著，门洪华、王大为译：“多边合作的俱乐部模式与世界贸易组织：关于民主合法性问题的探讨”，载《世界经济与政治》，2001年第12期，第60页。

② 如贸易与投资、贸易与知识产权、贸易与环境、贸易与人权等。

③ Laurence R Helfer, Constitutional Analysis in the International Legal System, Loyoal of Los Angeles Law Review. Vol.37, 2003, p.201.

宪政》的长文，[①] 代表了美式思维对 WTO 宪政的看法。其思想是将 WTO 治理结构与其国内的联邦主义进行理论上的比拟，主张强化 WTO 建立在互惠基础上的民主机制。杰克逊深受美国三权分立模式的影响，主要从组织角度研究 WTO 宪政，认为应当从制度建构时根据宪政原则设计世界贸易组织的制度。其《重构 GATT 体制》一书集中反映了其 WTO 制度建构的思想，其中一些被 WTO 所吸纳，WTO 建立后也朝着立法、行政、司法三权分立的方向发展，因此，WTO 组织架构的建立被认为在很大程度上实现了杰克逊的学术理想。

2. 彼德斯曼及其“作为规范性承诺的宪政”

杰克逊关于 WTO 宪政的论述深刻影响了彼德斯曼，其在《国际经济法的宪法功能与宪法问题》以古典自由主义作为逻辑起点，以对外事务的宪政失灵及其第二道防线为理论精髓，以国际组织机制与第二道防线的自我实施作为国际经济法宪政功能的国际保障，以对外事务私人权利及其国内法院执行作为国际经济法宪政进路的国内回归，系统阐述了其 WTO 宪政思想。其中对外事务的宪政失灵理论是其对国家对外事务考察的基础上做出的基本结论和立论基础，通过国际层面上的相互承诺和规则约束各国对外经济关系行为，使之从“权力导向”到“规则导向”，从而实现对各国对外经济事务自由裁量权滥用的限制和约束。[②] 故图米利尔（Tumlir）指出：“在一定条件下，各国政府借以为国家间经济交易提供一种稳定框架的国际承诺结构能够增强其各自内部财产权利的宪法保护。国际经济秩序可以视为各国宪政防堑的第二道防线。”[③] 因此，丹诺夫

① John O. McGinnis and Mark L. Movsesian, “The World Trade Constitution”, Harvard Law Review, Vo.l 114, 2000.

② 彼德斯曼著，何志鹏、孙璐、王彦志译，《国际经济法的宪法功能与宪法问题》，第196—277页。

③ Jan Tumlir, International Economic Order and Democratic Constitutionalism, 34(1983) ORDO, p.80.

（Dunoff）将彼德斯曼的观点称为"规范性承诺的宪政"。彼德斯曼的 WTO 宪法理论强调"人权"、"市场自由"等基本权利以形成对政府权力的限制，并首次将人权与贸易联系起来。

3. 凯斯与"作为司法调解的宪政"

凯斯（Deborah Z.Cass）则从 WTO 解决国家之间贸易争端的角度对 WTO 宪政进行考察。她认为世贸组织的成功并不在于其组织力量，而是因为其争端解决机制为外交磋商和国内民主程序都提供了空间，并为世界贸易体系提供了保护。如果一国因国内民主压力而背离协定，世贸组织只能采取补偿措施——惩罚不遵守承诺的国家并给予受害者公正。世贸组织的争端解决机制提供了"阻断器"（Circuit Breaker）的功能，以防止恶性报复。在初步一体化的世界中，可分解性的机制也许是协调全球经济最好的制度安排。[①]

4. WTO 宪政或 WTO 宪政的幻象：丹诺夫及其对 WTO 宪政的评价

丹诺夫将杰克逊、彼德斯曼和凯斯三位国际经济法巨擘关于 WTO 的思想分别概括为："作为制度建构的宪政"、"作为规范性承诺的宪政"和"作为司法调解的宪政"，在此基础上，又从这三项概括中抽象出来"作为贸易政治矫正方法的宪政"这一共同内核。另外，从宪政无法彻底规避政治、宪法判决无法平息政治冲突的角度，丹诺夫一方面批判性地认定上述思想不过是"宪政的幻象"，他考察了 WTO 专家小组和上诉机构的裁决，发现其没有给任何主流的 WTO 宪政理论以支持。仅有极少数报告涉及了杰克逊提出的 WTO"宪法"中心的制度建构问题，极少数报告处理了彼德斯曼认为的作为 WTO 宪法中心的个人的"贸易自由"，更没有任何报告予以采纳。他的结论是尽管贸易学者发展出了精致的 WTO 宪政理论，但是 WTO 实践和 WTO 争端解决报告最重要的例证并未提供任何

① Deborah Z. Cass, "The Constitutionalization" of International Trade Law: Judicial Norm-Generation as the Engine of Constitutional Development in International Trade, EJIL (2001), 39, p.61.

证据以证实学术文献所称的宪政概念，因此，他提出疑问：如何解释 WTO 学术研究和实践之间存在着一种断裂？他认为国际贸易法的宪政转向是自我挫败的，因为其不可能对富有争议性的问题产生终局性，也不可能实现将分歧的问题排除在政治领域之外。另一方面他又建设性地探讨了导出 WTO 宪政思想的三种可能的力量源泉："扩张主义者的推动：国际贸易法是平等之首"、"建构主义者的洞见：朝向贸易体制的新理解"以及"处于危机中（国际法的）规训"，并认为其对上述 WTO 宪政理论的评述并非拒绝 WTO 的宪政转向，但更强调预先阻止政治争论和纷争。[①]

分析上述对 WTO 宪法化的不同观点，可以发现尽管一些西方学者常常把当今的世界贸易体制称作贸易宪法，但对于贸易法的"宪法化"的内涵的理解却有很大的区别。若将对国际贸易宪法化的认识进行归纳，可以发现国际贸易的宪法化不仅是指贸易法在制度上的突破性发展，而且也是指其在发展过程中对宪政精神、理念和价值的融入，对宪政理念的信奉和对宪法价值的保障，而这集中体现在 WTO 法对具有核心意义的宪法理念和终极目标——"限制政府权力，保障民众权利与自由"的信奉与实践。因此，所谓 WTO 宪政或世界贸易宪政是指世界贸易体制在宪法化的过程中借助经济全球化和市场规律的强大推力实现了革命性的发展，并具有了基本的宪法性构架。其首要的内容就是世界贸易体制实现了从"权力取向"到"规则取向"的根本转变，以实现国际贸易领域的法制化或宪法化。但是，WTO 本质上是国际组织，西方学者论述 WTO 宪政的角度各异，不管是"作为制度建构的宪政"、"作为规范性承诺的宪政"还是"作为司法调解的宪政"均无一例外地从国别政治运作模式中寻求理论支持，这就不可避免地遇到立法、司法与行政三维结构的制度安排问题。然而，国际组织与主权国家的政治基础相差

① Jeffery L. Dunoff 著，陈喜峰译："宪政的幻像：WTO 的宪法和国际法的规训"，载《国际经济法学刊》第14(2)卷，北京大学出版社，2007年版，第48—59页。

悬殊。宪政之治的政治前提是三权结构的健全，从政治架构上看，WTO 的三权是不完全的：在缺少主权内质的情况下，WTO 体制不存在一个自足的立法机构，由其组织的立法活动来源于各成员方主权的让渡，涵盖协定的产生其实是各成员方外交协调的产物；同时，尤为重要的是，世界贸易组织缺少真正意义上的具备宪法功能的司法机构。因此，WTO 现有的制度框架难以承载宪政论者预设的宪政秩序，WTO 宪政以国际组织为制度工具，借以实现国际宪政之治还只是一幅西方学者所描绘的理论图景，离现实尚有相当距离。[①]

（四）国际人权保护与国际宪政主义

从人权法的发展和国际人权保护的角度研究国际法的宪法化是国际宪政主义研究的重要视角。宪政具有保障人权性的特征，国内宪法无不列举人的基本权利及规定对人的基本权利进行保障。国际法也越来越重视保护人权，但是这主要是二战以后，二战以前，人权问题基本上是作为“国内管辖事项”（the matters of domestic jurisdiction）来对待和处理的，这对于人权的保护是不利的，因此，哈贝马斯说，“国际法的主体以其在二十世纪灾难史中留下的斑斑血迹证明，认为古典国际法是清白无辜的这一推想是极其荒谬的”。[②]正因为如此，才有必要把国际法转化为世界公民法。所以他主张“以人权驯化国与国之间的自然关系，这样把国际法转化为世界公民法，已经摆到议事日程上了。”[③] 劳特派特在其《国际法与人权》认为人权才是“世界宪法的中心，”[④] 并讨论了正式通过“一个国际权利方案”的可能性。他认为，由于国家的目的是为了保护每一个

---

① 钟付和：“宪政式制衡还是多边化制度下的均衡？——基于结构与功能关系的 WTO 动态分析模型”，载《现代法学》，2009年第4期，第14页。

② 哈贝马斯著，刘慧儒译：“兽性与人性——一场法律与道德边界上的战争”，载《读书》，1999年第9期，第34—42页。

③ 同上注。

④ H. Lauterpacht, International Law and Human Rights, London:Stevens (1950), p.463.

人的利益，国家不应将个人和非政府组织从国际法所保护的范围内排除出去。他寻求建立一个旨在约束对主权原则的滥用和越轨，并包含部分人权的有效保护内容的全球性宪法架构。

二战以后国际人权法的发展是国际法发展最突出的部分。鉴于德、意、日法西斯在二战期间对全人类所犯下的滔天罪行及其惨痛教训，人权的保护开始引起全世界的普遍性关注，人权问题开始由原来的“国内管辖事项”逐渐拓展到“国际关切事项”（the matters of international concern）。对二战的深刻反思使人权保护问题凸显于国际领域，并成为国际关系的一项重要内容。《联合国宪章》是世界上第一个对于人权问题做出原则性规定的国际法文件。《联合国宪章》称：“重申基本人权，人格尊严与价值，以及男女与大小各国平等权利之信念”，并规定：“发展国际间以尊重人民平等权利及自决原则为根据之友好关系，并采取其他适当方法，以增强普遍和平。”“促成国际合作，以解决国际间属于经济、社会、文化及人类福利性质之国际问题……增进并激励对于全体人类之人权及基本自由之尊重”。“联合国应当促进……全体人类之人权及基本自由之普遍尊重与遵守，不分种族、性别、语言或宗教。”此后，国际社会签署了《世界人权宣言》、《经济、社会、文化权利国际公约》、《公民权利和政治权利国际公约》及其他一系列全球性国际人权文件。根据这些国际人权文件，国际社会建立了比较系统的国际人权保护机制，主要包括国家报告制度、国家对国家的指控制度、个人来文制度，这在很大程度上推动了国际人权保护的发展。

区域人权保护制度也有了巨大发展，这方面欧洲起步最早。1950年，欧洲理事会成员国就根据《世界人权宣言》缔结了《欧洲人权公约》（下称《公约》）。规定了12项公民权利与政治权利，根据该《公约》，欧洲设立了欧洲人权委员会和欧洲人权法院，它们与欧洲理事会部长委员会一起构成欧洲区域性人权保护的主要机构。根据相关人权文件，欧洲建立了一套系统的人权保护制度。1998年11月1日《公约》第11议定书生效，新欧洲人权法院成为常设的、唯一有权受理国家和个人申诉的区域性人权保护机构。欧洲人权保护制度也进一步得到完善，个人、非政府组织和个别团体与国家一样被赋予了当然的申诉权。美洲、非洲也均设立了自己的人权法院。区域人权保护制度的发展被国际宪政主义者认为是国际宪政发展的重要表现。如伯德指出“区域人权法院，特别是欧洲人权法院，是国际法宪法化的最佳例证。”① 国际宪政论者也多次提到欧盟制宪与国际宪政主义的关系。② 在很多国际宪政主义者眼中存在着国内宪政、区域宪政、国际宪政这样的分层制宪结构。如彼得斯就描绘了横跨国内宪法和国际宪法的国际法律秩序网络，她指出国内宪法建立一个基本秩序的初始目标已然失败因此国家宪法就不再是“所有的宪法”，因此，需要国际社会的宪法作为补充。③

国际人权法对一国人权保护的促进主要通过国家签署、批准人权条约后履行条约、改进本国人权状况而实现。因此，伯德指出：“国际法宪法化并非是单行道。在国际宪政主义的概念、方法借鉴国内宪法并且改变了国际法的同时，国际法也影响着国内宪法。”④ 即国际人权保护与国内人权保护存在着很强的互动性。在图姆夏特看来，国内宪法规定的权利构成国内公共权力运行的基础，而这些权利又构成国际普遍的价值，如今通过国际人权的形式予以确认，具有了独立于国内法的存在地位。⑤

① Brun-Otto Byrde, International Democratic Constitutionalism, in John Macdonald & Douglas M.Jhonston(eds):Towards World International Constitutional Law, Martinus Nijhoff Publishers, 2005, p.112.

② 参见 Christion E. J. Schwöbel, Global Constitutionalism in International Legal Perspective, in Ronald Macdonald and Douglas M.Johnston(eds) Towards World Constitutionalism: Issues in the Legal Ordering of the World Community, Martinus Nijhoff Publishers, Leidn 2005, p.112。

③ Anne Peters, Compensatory Constitutionalism: the Function and Potential of Fundamental Norms and Structures(2006)19 LJIL, p.580.

④ Ibid., p.120.

⑤ Christian Tomuschat, International Law: Ensuring the Survival of Mankind on the Eve of a New Century: 281 Recueil des droit internation (2001), pp. 63-72.

概言之，国际人权法的发展给国际法带来的影响是革命性的。亨金指出："人权运动凸现了在国家间体制的假定上的重大变化，并显示了在国际法上的激进变革。它反映了对人类价值而不是国家价值信仰，即使在两者发生冲突时也如此。它刺破了磐石国家，彻底打破了近乎公理性的传统：发生在一国国内的事情和一国怎样在其领域内对待自己的国民不关他国的事，不关国家间体制的事，也不关国际法的事。"① 现代国际法在发展取向上不同于传统国际法的一个重要特征即对人权的关注与重视，二战后国际人权运动和国际人权法的发展是一个人权国际化和普遍化的过程。人权和人格尊严的尊重，促进社会进步和较善之民生，成为国际法的新的价值目标。博登海默说："我认为，任何值得被称为一种法律制度的制度，必须关注某些超越特定社会结构和经济结构相对性的基本价值。"毫无疑问，这一价值必然包含人权。劳特派特认为："国际法像国内法一样，最终它是与个人的行为和幸福相关的"。肖（Shaw）发表了相同的观点："个人是国际政治体系的核心……在其社会、经济、精神和政治领域的福利必须永远是国际社会的目标。"② 联合国也在国际会议上多次指出：人是发展的中心。这意味着：人类社会一切制度、一切努力的最终目标既不是抽象的原则，也不是抽象的共同体，而是且仅仅是人自身。因为，没有人就没有国家、没有国际关系，也就没有国际法。

人权的普遍化与国际化及国际法规则的人本化凸显了人权的宪政价值。事实上，国际法的很多进步与发展都与促进人权保护相关。纽伦堡审判确立了对战争罪、反人类罪、灭绝种族罪等国际罪行的普遍管辖，其目的是为了惩处和防止这些国际罪行对人权的大规模践踏和侵犯，前南法庭、卢旺达法庭的建立也是如此，常设性的国际刑事法院的建立更是成为国际刑法发展的一个里程碑。著名

① Louis Henkin, International Law: Politics and Values, Martinus Nijhoff Publishers, 1995, p.108.

② M. N. Shaw, International Law, Cambridge University Press, 2003, p.241.

的国际宪政主义者图姆夏特认为，虽然主权国家仍然是国际社会最重要的行为者，然而国家是在国际社会的规范和指引之下行为的，即使没有主权国家的意愿或者即便主权国家反对，国际社会仍然会对一些基础性价值提供保护。主权国家与生俱来的功能并非仅是服务于对其国民基本人权的保护，而是作为一个整体服务于对全人类的人权保护。[①]也就是说，国家是国际社会实现其核心法律价值的工具之一。

国际法上关于主权与人权的关系以及人道主义干涉的问题一直是一个焦点问题，近年来国际法上出现了“保护的责任”这一概念，一般认为，“保护的责任”是指当一国当局无力在本国避免大屠杀、战争罪行、种族清洗以及反人类罪行时，国际社会可以行使“保护的责任”，对该国内政进行干涉。2005年《世界首脑会议成果文件》对“保护的责任”作了非常谨慎的描述。这一文件将“保护的责任”的适用范围严格限于“种族灭绝、战争罪、种族清洗和反人类罪”等四种严重的国际罪行。但几年来，各方对此概念的内涵和适用性仍存在争议，但国际社会在保护的责任的应然性上，共识正在形成。作为一个形成中的国际法规范，保护的责任毫无疑问其提供了一个思考对人权与主权关系的新视角，其突破“磐石国家”保障人权的特征至少从价值论上证明了国际法正处于向宪法化发展的进程中。

三、从国际法不成体系角度看国际宪政主义对国际法发展的意义

综上所述，可以认为国际法的发展出现了宪法化的趋势。但是，其主要体现在价值层面，如保护个人人权等具有国际宪政价

① Armin von Bogdandy, Constitutionalism in International Law: Comment on a Proposal from Germany, Harvard International Law Journal, Vol.47, Number 1, Winter 2006: pp.223-242.

值。但是，在实践中这些原则又受到其他国际法原则如国家主权原则、不干涉内政原则的制约，因此，国际法宪法化有时又仿佛离国际社会现实很远。这是因为，不同领域的国际法规则往往可能出现不一致或冲突。进入到现代国际法时期后，国际法所调整的领域迅速扩展，出现了很多新的国际法分支，国际司法机构也急剧扩张，导致了国际法中出现了很多相互冲突的规则，这一问题被西方国际法学者称为国际法的不成体系或“碎片化”[①]，即“fragmentation of international law”，并在近年来展开了对这个问题的研究。2000年在联合国第52届大会上将“国际法的多样化和扩展引起的困难”这一专题列入国际法委员会长期工作方案。委员会一致认为，这个问题是国际法不断扩大的结果，是国际法富有活力的表现，这种现象也是对国际法的统一和一致带来的危险和挑战。[②] 随着国际法的发展，上述新的国际法分支已成为国际法体系中相对独立的次级体系。这些相对独立的次级国际法体系很多已发展为“自成体系”的国际法，并且越来越具有“专题自主”的特点。陈喜峰将此称为国际法对主题事项的“视角转换”。由于这种对主题事项的视角转换，现代国际法则不仅从调整主权国家之间的关系角度出发，而且是以特定的主题事项诸如贸易、发展、人权或安全之类，作为国际法发展和考虑的主要立足点，[③] 以至于有学者认为，国际法正在经历从以行为者为中心的体系向以主题为导向的路径变化。[④]

---

① 周忠海教授将其翻译为“国际法的不成体系”，也有学者将其直译为“国际法的碎片化”，可参见古祖雪：“现代国际法的多样化、碎片化与有序化”，载《法学研究》，2007年第1期，第135—147页。

② Report of International Law Commission in 2002, A/57/10, 2002, chapter. IX, para.489-513.

③ 陈喜峰：“国际法自足制度：在不成体系和社会宪政之间”，载《国外社会科学》，2009年第4期，第127页。

④ Frank Schorkopf and Christian Walter, Elements of Constitutionalization: Multilevel Structures of Human Rights Protection in General International and WTO-Law, German Law Journal, Vol.4, No.12, 2003.

国际法委员会在其报告中将国际法不成体系的发展进程概括为三种形态：第一，不同的国际组织和不同的国际争端解决机构对一般国际法原则存在不同的解释或相互冲突的解释；第二，在一般国际法原则的基础上出现了许多例外，如国际条约的保留问题；第三，在国际法领域中出现了许多特别法规范，例如：国际环境法、国际人权法、欧盟法、WTO 法等等都已自成体系，这些特别法之间常常会出现冲突。联合国大会将“国际法的多样化和扩展引起的困难”列入国际法委员会长期工作方案表明国际法应该积极应对国际法不成体系所带来的对国际法可靠性和可信性的威胁，防止不同国际法规则之间冲突造成实际适用中的困难。

在应对国际法不成体系或碎片化的过程中，很多学者提出通过“后法优先”、“特别法优于一般法”等原则来解决造法性条约（例如 WTO 法与多边环境协定）之间的冲突以实现国际法的协调统一，对此，科斯肯涅米在2004年提交给国际法委员会的报告中指出：“国际法的背后不存在统一的立法意志。条约和习惯是作为冲突动机与目标的结果而产生的——它们是‘交易’和‘一揽子交易’，并且通常是针对特定环境下的事件的自发反应而生成的。”① 因此，既然国家在这些“跨问题”的事项上存在意志冲突，还试图通过条约适用和解释原则来调和冲突似乎是不可能的，制度整合才应当是比较可行的办法。② 例如可以通过价值导引弥合不同次级体系的国际法规范之间的冲突，③ 而人权就是其中重要的价值。2001年 WTO 第四次部长级会议上通过了《与贸易有关的知识产权协定与公

① M.Kosskennimi, Study on the “Function and Scope” of Lex Specialis Rule and the Question of “Self-contained Regimes”, Preliminary Report by the Chairman of Study Group Submitted for Consideration during the 2004 Session of International Law Comission, para.28.

② 李春林：《国际法上的贸易人权问题研究》，武汉大出版社，2007年版，第7—8页。

③ Jeffrey L. Dunoff and Joel P. Trachtman, A Functional Approach to International Constitutionalization, in (Jeffrey L. Dunoff and Joel P. Trachtman eds)Ruling the World? Constitutionalism, International Law, and Global Governance, Cambridge University Press, 2009, pp.6-9.

共健康宣言》，即《多哈宣言》，就知识产权与公共健康问题达成协议，是在知识产权规则与人权保护之间进行制度整合的一个成功范例。该宣言明确承认 WTO 成员政府为保护公共健康而采取特殊措施的主权权利，并具体规定了为保护公共健康而对抗知识产权专有权利的所谓“弹性条款”，其核心是各政府成员有权不经专利持有人的同意而实施强制许可措施。WTO 中与贸易有关的知识产权协定与公共健康关系的变革表明：在国际法上，当知识产权与公共健康权之间发生抵触时，后者优先。[①] 这种变化表明在不同次级体系国际法规则冲突时，人权作为一种宪政价值在防止规则冲突中的价值导引，在这种价值导引下有关国际法规范的制定进一步强化了人权保护在国际法价值体系中的地位。保护人权是宪政的重要特征，因此，杰克逊教授认为，“就国际法和国际组织法而言，宪法主义（宪政主义）这一用语具有非常重要的意义。”因为“这一用语可以象征和支持一种旨在‘重新设计’（redesigning）国际法（其中包括国际经济法和国际组织法）基本原则的总体方法。它可以是具有允许和允诺意味的指引，以包容旨在考察国际法律制度形态的一切研究活动。”[②]

四、对国际宪政的批评

国际宪政主义体现了学者对当今国际秩序的思考，这些思考不可避免地深受学者学术背景和政治立场的影响。如伊肯伯里认为国际秩序主义包括三种类型，即：权力霸权秩序、权力制衡秩序、国际宪政秩序。而二战之后，美国主导下西方国家建立的正是国际宪政秩序。这种国际宪政秩序的形成是美国与其他西方国家间进行

① 曾令良：“现代国际法的人本化发展趋势”，载《中国社会科学》，2007年第1期，第97页。

② ［美］约翰·H. 杰克逊著：《国家主权与 WTO：变化中的国际法基础》，赵龙跃、左海聪、盛建明译，社会科学文献出版社，2009年版，第257页。

制度性交易的结果：美国保证不对其他西方国家采取支配或抛弃的战略，而是建立相应的国际制度对自己的权力运用加以克制，以此换得其他西方国家参与国际宪政秩序的承诺，即同意接受美国的领导地位，并留在美国主导的国际秩序之中。[①] 而战后西方国际宪政秩序赖以建立的制度包括以《联合国宪章》为基础的国际政治体系、以《国际货币基金协定》、《国际复兴开发银行协定》和《关贸总协定》为基础的国际经济体系以及以《北大西洋公约》为基础的国际军事体系。冷战结束，前苏联集团解体，两极均衡秩序消失。但是在伊肯伯里看来，西方国家共同建立的国际宪政秩序不但仍在存续，而且进一步延伸到了全球层面：一方面将诸多的前苏联及东欧国家和发展中国家纳入其内，另一方面其制度基础也得到了扩展，如在国际经济体系中表现为《北美自由贸易协定》的签订、《关贸总协定》扩大为《世贸组织协定》以及亚太经合组织的出现等。晚近，随着中国的崛起，战后美国主导下建立起来的国际秩序将面临着怎样的挑战和命运，引起了西方学界的广泛关注。伊肯伯里运用其"国际宪政秩序"理论，得出了如下的结论：统合西方国家形成的既存国际秩序具有开放性，"容易加入，却难以被推翻"；只要现行西方自由主义国际秩序的制度基础不断得到巩固和加强，21世纪，在中美之间的实力对决中，中国也许会占上风，但中国在与西方国际秩序的较量中，西方国家将胜出。[②] 徐崇利教授认为，无可否认，战后西方的国际秩序是建立在密集的国际制度网络基础之上的，但制度化的国际秩序未必就到达了宪政秩序的层级。徐崇利教授运用英国著名国际关系理论学者布赞对国际制度的分类理论论证了这个问题。布赞讲国际制度分为两类：一类是"一级制度"

① ［美］约翰·伊肯伯里著：《大战胜利之后：制度、战略约束与战后秩序的重建》，门洪华译，北京大学出版社，2008年版，第6—9页。

② ［美］约翰·伊肯伯里："中国的崛起：权力、制度与西方秩序"，载朱峰、［美］罗伯特·罗斯主编：《中国崛起：理论与政策的视角》，上海人民出版社，2008年版，第137—163页。

（primary institutions），是指通过界定国际社会的基本特征和目的以建构国际社会的一种根本性和持久性的制度；另一类是“次级制度”（secondary institutions），是特定国际社会中比较具体的制度。布赞认为，国际社会的类型取决于一级制度的特征（what 维度）以及对这些一级制度的内化程度（how/why 维度）。徐崇利教授指出：国际宪政制度是当今国际社会的根本法律制度，其必然出自一级制度，而不可能源于次级制度。进而言之，对于一级制度中的那些国际法基本原则（如主权、领土完整、不干涉内政、禁止使用武力和以武力相威胁以及约定必须信守等原则），尽管各国就其具体适用可能尚存争议，但这些国际法基本原则本身已通过各国的信念得到了很深程度的内化，不管国际权力结构如何变化，也不管各国的成本/收益如何，已难以从整体上加以颠覆，因此，这些国际法基本原则可构成当今国际社会的宪政制度。而肯伊伯里所称战后宪政制度是通过美国战后与其他西方国家交易形成的次级制度，不能构成当今国际社会的宪政制度。[①] 概言之，徐崇利教授认为即使国际宪政制度存在，构成这一制度的也是得到普遍公认的国际法基本原则，而不是源于国际法的次级制度。

国际宪政主义还面临着很多其他的批评。以 WTO 宪政为例，如丹诺夫认为当今国际法学无论内外都面临着多重挑战，他特别指出国际关系的现实主义路径向来极度轻视国际法规范的重要性，特别是美国拒绝批准《京都议定书》、不签署《国际刑事法院规约》、拒绝签署《禁雷公约》和《全面禁止核试验条约》，特别是提出所谓预防性自卫的原理，这些均表明了国际法面临的现实困境，在这种困境中沉湎于“国际宪政”显然是不合时宜的，所以在他看来被普遍认为引领当今国际宪政潮流的 WTO 宪政只是一种“幻象”。他认为国际法研究中的宪政转向是“9·11”事件以来国际法学者对国

① 徐崇利：“战后‘国际宪政秩序’的神话”，载《厦门大学法律评论》第17辑，厦门大学出版社，2009年6月版，第315—316页。

际法遭受重大压力而做出的一种防卫性的反应。他主张，如同我们将生命比喻为一场旅行一样，在现阶段可以将WTO宪政理解为一种隐喻，这样也有助于预见到障碍并朝目的地摸索而行。① 中国青年学者陈喜峰则从贸易权的宪法性质不明、公共利益条款的扩大解释自相矛盾、WTO实质宪法的基础规范缺位以及权利谱系欠缺发展权等四个方面对彼德斯曼的“贸易—人权”关系论进行了分析，认为这导致了其理论体系始终无法“空降”到本体意义上的WTO宪法化，因此，贸易与人权的关系以及WTO宪政的理论研究，尚在路上。②

对国际组织宪政，加埃塔诺·阿兰焦-鲁伊斯（Gaetano Arangio-Ruiz）提出的批评是：国际法学者不遗余力地把在国内公法中已经发展良好的理论运用于本学科，是为了帮助他们证明联合国机构行动的合法性。再如，在研究国际组织的合法性时，非政府组织的参与往往成为一个核心的研究内容，但是图姆夏特反对一些学者将非政府组织（NGO）视为国际社会共同体中提供民主合法性的胚胎这一看法，他认为：“NGO是社会自由的产物，它们缺乏如同经自由民主选举出来的政府那样的正式的合法性。除了其成员之外，它们在组织上并不对任何人负责。因此，NGO永远都不能被认为是代表了人民的声音。” ③ 而非政府组织的松散性及缺乏负责的对象等局限性表明这种担忧并非没有道理。

此外，从方法论上看，国际宪政研究难免要套用国内宪政理论与实践，而国际社会结构与国内社会有着本质的不同，但是许多

① Jeffery L. Dunoff著，陈喜峰译：“宪政的幻像：WTO的宪法和国际法的规训”，载《国际经济法学刊》第14(2)卷，北京大学出版社，2007年版，第55页。

② 陈喜峰：“以基本权利为核心的贸易与人权一元论——评彼德斯曼对贸易与人权关系的理论建构”，载《现代法学》2009年第127—137页。

③ Christian Tomuschat, International Law: Ensuring the Survival of Mankind on the Eve of a New Century: General Course on Public International Law, Martinus Nijhoff Publishers, 2001, p.155.

西方学者恰恰就是简单地把国内宪政理论与实践运用于WTO宪政问题研究，即便有学者意识到这种方法论上的风险，但也不以为然。[①] 从研究内容方面看，鉴于国际组织主要由主权国家构成且国际组织系为具有独立意志的国际法律人格之事实，因此主权国家与国际组织本身应该成为主要研究对象，但是遗憾的是，国际宪政主义研究的现状却表明其并非如此。

结　论

就目前国际宪政主义和国际法宪法化的研究来看，国际“宪法”规范是否存在、其内容、含义、价值等都还处于理论探讨中，事实上，国际法宪法化理论是为了处理国际政治合法性和国际法合法性的问题，并希望求助于宪政话语，实现两者的同步统一。仅从措辞上看，对国际宪政的命名可谓多种多样，如国际宪法、国际宪政、国际宪政主义、国际法宪法化、全球宪政、世界宪政等。命名的不同也表明了国际宪政主义研究角度的些微差异。国际宪政主义研究伴随着全球化进程而兴起的，表明国际法学界对全球化背景下国际社会结构、国际社会法律秩序、国际法价值目标等的新思考。彼得斯认为，所谓全球宪政，其目标并不是为了建立一个类似于民族国家的“世界政府”，而是希望找到一个加强全球治理正当性的新机制。[②] 这些问题也是哲学界所思考的问题，而且对如何解决这些问题给出的答案也是殊途同归，达到了某种一致。2006年，哈贝马斯在其著作《分裂的西方》中首先分析了“9·11”事件之后国际秩序所面临的挑战和所发生的变化，认为自以为一体的西方正在走向

① 蔡从燕：“国际法语境中的宪政问题研究：WTO宪政之意蕴”，载《法商研究》2006年第2期，第86页。

② Anne Peters, Compensatory Constitutionalism: The Function and Potential of Fundamental International Norms and Structures, 19 Leiden Journal of International Law 2006, pp. 579-610.

四分五裂，而导致这种状况的原因其实并不是由于国际范围内一拨高于一拨的恐怖主义，而是由于美国政府所推行的单边主义国际政策，其直接表现就在于在处理国际重大事务的时候把联合国彻底甩到了一边，而且不惜与欧洲分道扬镳，最可怕的是，还置国际法于不闻不顾。[①] 在该书中专门列了一章《国际法宪法化还有机会吗》，在这一章中他指出国际社会的目标是在全球实现国际和平、对人权的促进以及民主化，而问题是在实现这些目标的过程中法律应该扮演什么角色。有两种可能：或者是在国际组织的框架内通过国际法律秩序实现，或者是通过单边做出决定的霸权主义而实现。而通过前者显然更符合国际社会的利益和愿望。[②] 但是，现实政治中某些大国会不会如此选择则是非常堪忧的，这也是哈贝马斯用“国际法宪法化还有机会吗”这一疑问语气进行设问的原因。

从国际宪政主义的思想源流及其发展与影响来看，国际法宪政思想在国际法发展过程中从未消失。无论是从价值目标还是从作为共同体法的国际法本身来看，国际法都出现了“宪法化”的发展趋势。但这一发展仍然受制于国际社会的基本结构，尽管斯蒂芬·克拉斯纳教授把主权概念描述为“有组织的虚伪”（Organized Hypocrisy），也有人认为国家主权被用于“演讲和说服的目的比用于科学和法律更有价值”，[③] 但是，自从主权这一词汇被发明后，其一直被认为是国家的本质特征，因此，各国制定、遵守和实施国际法，其基本目的主要是为了维护和实现国家的利益。而迄今为止国际法的“国家间法”这一本质属性并未改变，是故主权原则仍将是国际法大厦的基石，国际法宪法化趋势依然应受制于国际社会的基本结构，表现在国际法的制定和遵守上，除了国际强行法外，绝大

① 《曹卫东讲哈贝马斯》后记（未刊稿），http://www.literature.org.cn/Article.aspx?id=57268，访问时间2011年12月28日。

② Jürgen Habermas, The Divided West, Polity Press, 2006, p.116.

③ Quincy Wright, Mandates Under the League of Nations., Greenwood Press, 1968, pp.277-278.

多数的国际法规则依然需要“国家同意”。因此，国际人权法及民主、限制权力等国际法宪政价值在导引国际法规则的制定时将受制于国家主权和“国家同意”制约。故国际法宪法化的发展将是一个长期和缓慢发展的过程。正因为如此，杰克逊认为:“立宪主义是指某种可能更为模糊和不规范的用法，是指为了一个整体的全部国际法律制度的规则创设过程。正是在这一意义上，它体现与诸如主权、国际习惯或条约成立等概念的问题进行斗争。”并期待以宪政主义代替问题百出的主权概念及其同类概念如关于国际规范制定的国家同意论。[①] 但是，“斗争”一词本身说明了国际法宪法化的艰难过程以及主权等概念的根深蒂固，由此，国际法宪法化迄今仅表现为一种发展趋势。因此，彼德斯曼教授如此论及“宪法性正义”(constitutional justice):“就像康德历史性预见的那样，国内法和国际法上的人权，宪政主义和国际贸易已经促使了人的自由和个人权利法律保护已经具有综合性的特点，即通过一系列民族国家内部、区域性和全球性不同层面的国际经济法律规范和保护人权为内容的法律文件来提供综合性的保护。……但是，人类离康德关于为了最大限度保护个人平等自由的普遍正义规则，具有宪法性质的联邦……和民族和平等理念仍然很遥远。”[②]

另一方面，国际法宪法化趋势本身表明理想主义国际法对国际法的影响从未停止。国际宪政主义体现了国际法学者对于全球化背景下的国际秩序的思考，以期在国际社会实现“限政”、人权、民主等宪政目标，作为一种研究路径，这无疑是可取的。因此，尽管使用宪政主义这一术语研究国际法曾经备受批评，但是，博格丹迪说：假定全球秩序是可能存在的，那么宪法化可以说是根据一个大胆的（却并非不现实的）终极目标而对国际法做出了阐释。他认

① ［美］约翰·H. 杰克逊著:《国家主权与WTO：变化中的国际法基础》，赵龙跃、左海聪、盛建明译，社会科学文献出版社，2009年版，第256页。

② Armin von Bogdandy 著，柳磊译:“国际法中的立宪主义：评德国的一个建议”，载《国际经济法学刊》15(2) 卷，北京大学出版社，2008年版，第123页。

为，即便是其批评者也不能否认，它不仅仅是一种应然法意义上的崇高话语，作为一种有效的法律制度建构，它在学术上也有巨大的潜力。[①] 当然，我们必须注意国际宪政主义和国际法宪法化是国际法学界借用国内法术语来解释国际法发展趋势的，不能忽视其方法论上对国内法的借鉴。此外，还应注意西方国际宪政学者深受美国三权分立的模式和欧洲联盟的分层制宪的影响的学术背景，以及由此对其国际法学术研究可能产生的影响，对一些西方研究者和国家通过国际法宪法化的研究以推广其价值观的意图也应保持足够的警惕。

① Armin von Bogdandy 著，柳磊译："国际法中的立宪主义：评德国的一个建议"，载《国际经济法学刊》15(2) 卷，北京大学出版社，2008年版，第106页。

国际刑事没收立法评析及其对中国的启示

王君祥*

长期以来，国际社会并不太重视犯罪的经济方面，而实际上，许多犯罪，尤其是一些跨国有组织犯罪无不是在金钱和利润的驱动下而实施的，巨额的犯罪收益一方面强化了这些犯罪人的经济基础，促使其实施更严重的犯罪；另一方面也是对社会公正观念的冲击，毕竟个人的财富应是靠合法途径获取的。但是仅仅依靠对犯罪人施加刑罚并不足以打击犯罪，一些犯罪分子在出狱后依然能依靠以前打下的经济基础重操就业。基于此认识，国际社会在严惩和防范犯罪的同时，从20世纪90年代开始，日趋注重思考如何切断犯罪人经济来源，开展剥夺其再犯经济基础方面的立法，也即刑事没收方面的立法工作。本文将对国际公约以及有关国家刑事没收立法内容进行解析，以期对中国刑事没收法律制度完善有所启示。

一、国际刑事没收立法的进展

“没收”（confiscation）一词最早出现在1988年的《联合国禁止非法贩运麻醉药品和精神药物公约》第1条（f）款，是指根据法院

* 河南科技大学法学院暨应用法研究中心副教授，法学博士。本文系作者主持的2012年教育部人文社会科学研究规划青年基金项目“违法所得没收特别程序问题研究”（12YJC820100）阶段性成果。

或者其他主管机关的命令对财产实行永久性剥夺。2000年的《联合国打击跨国有组织犯罪公约》第2条（g）款和2003年的《联合国反腐败公约》第2条（7）款都对没收的含义作了完全相同的规定。没收的对象称之为犯罪收益（proceeds of crime），系指直接或者间接地通过犯罪而产生或获得的任何财产。[①] 有关追缴犯罪收益的国际刑事立法进展情况主要体现以下方面：

一是一些重要的打击跨国犯罪的公约，纷纷将犯罪收益的没收作为重要内容加以规定。如全球性的国际刑事公约《联合国禁止非法贩运麻醉品和精神药物公约》、《联合国打击跨国有组织犯罪公约》和《联合国反腐败公约》都分别用了很大的篇幅对犯罪收益没收的程序、措施和国际司法合作等事宜作了详细规定。为了打击恐怖主义犯罪，联合国在1999年还专门制定了《制止向恐怖主义提供资助的国际公约》，在第8条用了5款详细规定了对恐怖主义犯罪犯罪所得及收益的没收程序。上述公约中，特别值得指出的是《联合国反腐败公约》，该公约代表了国际刑事司法协助的最新发展趋势，在确定传统的司法协助范围的同时加大了对追缴犯罪所得方面的力度。《联合国反腐败公约》将针对犯罪收益没收的司法协助活动分为两类：一类是“为取证目的而辨认或者追查犯罪所得、财产、工具或者其他物品”，另一类是“根据公约第五章的规定辨认、冻结和追查犯罪所得”以及“根据本公约第五章的规定追回资产”，而第五章所调整的议题正是“资产追回”，在内容上形成了第五章“资产追回”和第四章“国际合作”并行的立法局面。由此，针对犯罪收益开展的刑事司法协助活动在服务于调查取证的同时，其开始了新的服务中心——犯罪收益追缴。[②] 由此，《联合国反腐败公约》把

---

① 在国际公约中，proceeds of crime 有两种中文翻译：《联合国禁止非法贩运麻醉药品和精神药物公约》中文本将 proceeds of crime 翻译为“犯罪收益”，《联合国打击跨国有组织犯罪公约》和《联合国反腐败公约》中文本将 proceeds of crime 翻译为“犯罪所得”。

② 黄风：《国际刑事司法合作的规则与实践》，北京大学出版社，2008年版，第107—108页。

追缴被非法转移的犯罪所得或犯罪收益确定为刑事司法协助的新中心，形成了为追缴犯罪所得或犯罪收益而开展调查取证、资产冻结或扣押、没收和返还等内容的国际刑事司法合作新体系。

二是一些重要的区域性国际组织在其颁布的刑事条约中也特别强调要对犯罪收益进行没收。如1993年生效的《欧洲理事会关于洗钱、追查、扣押以及没收犯罪收益的公约》特别规定了各缔约国采取措施识别、追查应予没收财产、没收公约所述犯罪收益以及采取冻结、扣押临时措施、相互协助调查、加强缔约国合作等内容；2003年的《非洲联盟预防和打击腐败公约》第16条规定了“扣押和没收腐败犯罪所得和工具”的内容；1996年的《美洲国家组织反腐败公约》第15条规定，国家间应当在辨认、追查、冻结、扣押和没收犯罪收益方面提供最广泛、可能的协助；执行外国的没收判决以及向为侦查和诉讼提供协助的国家分享没收的犯罪收益。

三是越来越多国家颁布了独立的犯罪收益追缴法，或者修改现行犯罪收益追缴法，使其适应刑事没收实践的需要。据巴塞尔管理研究院（Basel Institute on Governance）资产追缴国际中心［International Centre for Asset Recovery（ICAR）］的统计信息显示，世界上共有近40个国家和地区在犯罪收益方面有相关立法，这些国家主要集中在具有英美法系传统的国家和地区。[①] 其中较为典型的立法有：英国和澳大利亚在2002年分别颁布了修订后的《犯罪收益追缴法》（Proceeds of Crime Act），新西兰于2009年颁布了《犯罪收益追缴法》［Criminal Proceeds（Recovery）Act］、新加坡在1992年制定了《腐败、贩运毒品和其他严重犯罪（犯罪收益追缴）法》（2000年修订），加拿大还在2011年2月对2000年颁布的《犯罪收益（洗钱）和资助恐怖主义法》［Proceeds of Crime（Money Laundering）and Terrorist Financing Act］做了最新修改。非洲国家的南非、坦桑尼亚、博茨瓦纳和津巴布韦等国家都在20世纪90年代就颁布了独

① http://www.assetrecovery.org/kc/，最后访问日期2012-1-10。

立的犯罪收益追缴法。美国借助于《2000年民事资产没收改革法》（Civil Asset Forfeiture Reform Act of 2000）和《2001年打击恐怖主义法》（Anti-Terrorism Act of 2001）等完善了国内犯罪收益没收制度。还有一些大陆法系传统的国家，也纷纷以国际刑事公约为依据，完善本国的刑事没收制度，比较典型的国家是日本。日本根据1988年《联合国禁毒公约》，在1991年制定了《麻醉药品特例法》，1999年制定《有组织犯罪处罚法》，扩大了刑事没收的对象，实行毒品犯罪收益证明的推定制度，创设了没收、追缴犯罪收益保全制度，从而完善国内刑法没收规定的不足。① 日本还在2008年3月全面实施《防止转移犯罪收益追缴法》，旨在防止洗钱和为恐怖活动提供资金。

二、国际刑事没收制度的内容评析

从国际刑事没收立法内容分析，我们发现其内容具有以下几个特点：

（一）刑事没收是不同于罚金和没收财产等财产性刑罚的强制性措施

首先，刑事没收与罚金和没收财产等财产性刑罚在性质上完全不同，后者是国家强制剥夺犯罪人合法财产迫使其交与国家，具有惩罚的性质；而刑事没收则完全是让犯罪人从犯罪中获得的利益"吐出"来，这印证了一句谚语："任何人不能从犯罪中获益"。这一论点完全可以从《联合国打击跨国有组织犯罪公约》和《联合国反腐败公约》对没收的范围以及对于实施没收时所倡导的举证责任转移等规定得出这一结论。首先，《联合国打击跨国有组织犯罪公约》

① 金光旭："日本刑法中的不法收益之剥夺：以没收、追缴制度为中心"，载《中外法学》2009年第5期。

第12条和《联合国反腐败公约》第31条用了几乎完全相同的内容对刑事没收的范围做出如下界定:(1)犯罪所得或者价值与这种所得相当的财产;(2)用于或拟用于犯罪的财产、设备或者其他工具;(3)代替原犯罪所得的财产;(4)混合于合法财产中的犯罪所得。这两个公约如此煞费苦心界定刑事没收的范围,就是要告诉我们,不管犯罪人从犯罪中获得何种收益,也不管这种收益如何转化身份或者藏匿其非法面貌,都不应当属于犯罪人合法财产,都属于刑事没收的对象和范围,理应当"吐出"还给国家或者被害人。而没收财产作为一种刑罚措施,其适用对象是犯罪人合法财产。二者对象范围的不同就说明了刑事没收的非刑罚性质。

其次,这两个公约都倡导缔约国在刑事没收时适用举证责任转移制度,即缔约国可以考虑要求由犯罪人证明应予没收的涉嫌犯罪所得或其他财产的合法来源,但是此种要求应符合其本国法律原则和司法及其他程序的性质。公约之所以做如此规定,是考虑到在司法机关执行刑事没收时,需要对犯罪人的合法财产和犯罪收益进行区分,但是在司法实践中,犯罪收益的形态往往不断变化,而且有可能与犯罪人本人或者第三人的合法财产混合在一起;有时候,当犯罪收益处于流转时,产生于犯罪收益的资产经过善意第三人付出的对价而改变了其性质。这些情况无疑增加了证明和判断哪些财产属于犯罪收益的难度,这也是导致公约将证明自己财产中哪些属于合法财产的责任转移给犯罪人的原因。公约关于举证责任转移的规定从反面说明,刑事没收的范围仅限于犯罪收益,而不针对犯罪人合法财产。

第三,根据英美法系国家犯罪收益立法,其更倾向于明确刑事没收非刑罚性质,在法律上明确区分了刑事没收与罚金等财产性刑罚执行程序和功能的不同。例如,《南非刑事司法协助法》第三章规定了罚金或者赔偿支付令的执行,第四章规定了没收令的执行。南非之所以采取罚金刑和刑事没收的二元立法模式,乃在于罚金或者赔偿支付令性质为刑事判决确立的刑罚措施之一,其与刑事没收具有不同的属性。根据南非1996年《犯罪收益追缴法》规定，刑事没收的款额就是法院针对所定罪的被告人，依据检察官的申请而签发的排除了对被告人判处所有刑罚之外的责令其向国家偿还的一定款额。①

最后，与刑事没收非刑罚的性质相适应，刑事没收的法律基础是被告人向政府所承担的民事债务，就好像是政府针对被告人提起的民事诉讼中由法院判决向原告偿付的债务一样。② 由此，刑事没收并不是一种刑罚，而是被视为一种民事付款义务，因此，法院做出的刑事没收判决就不会受到刑事责任个人原则的约束，刑事没收的对象不限于被判刑的人，也可以针对被宣告无罪的人，还可以是针对那些没有受到刑事审判的人，只要法院确信某一犯罪已经实施并且有关人员从该犯罪中获得利益。③ 因此，法院在对被告人决定处罚时往往将没收令（confiscation order）所涵盖的财产数额排除在罚金刑等财产性处罚之外，这显示了刑事没收独立于罚金刑的属性。

（二）建立非常完善的财产保全制度和犯罪资产甄别、监测、调查制度

根据《联合国反腐败公约》第31条第2款规定，各缔约国均应当采取必要的措施，辨认、追查、冻结或者扣押本条第1款所述的任何物品，以便最终予以没收。公约的这项规定实际上包含两种制度：一是刑事没收前置的财产保全制度；二是犯罪人财产调查制度。公约设置的这两种制度目的是为了保证后来的刑事没收判决能得到有效执行。相对于国际公约对此作的较为粗疏规定，一些国家的犯罪收益追缴法对刑事没收的前置程序作了非常详细的规定，内

① 南非1996年《犯罪收益追缴法》第8条第1款。

② 参见博茨瓦纳1990年《严重犯罪收益追缴法》（2007年最后修订）第8条第2款；南非《犯罪收益追缴法》第13条；坦桑尼亚《犯罪收益追缴法》第21条第7款。

③ 澳大利亚2002年《犯罪收益追缴法》第116条第1款(b)项、第2款和第3款；第120条。

容涉及以下几方面：

一是明确了刑事没收中财产保全的性质和条件。一些国家的立法规定，对可能成为没收对象的财产进行扣押和冻结，法院可以根据有关人员申请签发限制令（restraint orders），以排除任何人处分或者处置财产，这有些类似于民事诉讼中的财产冻结令。一般说来，财产冻结、扣押目的有两个：一是为了调查取证；二是为了追缴犯罪所得及其收益，其本质与对人身自由采取的强制措施性质具有共同点，表现为对犯罪资产持有人所享有的表面上的财产权利限制，或者是对有关人员人身权利的限制。[①] 鉴于财产冻结、扣押的强制性，各国立法和国际公约都规定了较为严格的扣押和冻结条件。这些条件包括：由侦查机关或者其他特定主体提出书面申请；申请具备合理的理由；法院根据申请陈述做出最终裁定。如，《意大利刑事诉讼法》规定，扣押的条件是"确有理由"认为物品与犯罪有关。[②] 澳大利亚也规定，如果检察官有"合理根据"怀疑有关人员实施了某些犯罪，即可针对有关的财产向主管法庭提出签发限制令的申请。[③]

二是规定在特殊情况下司法机关对财产的特殊处置权。有时候，为了防止犯罪人或者有关人员转移、藏匿犯罪资产，法律授权侦查机关在紧急状况下通过特殊的方式申请搜查令，而不必采用书面的申请形式。而这种口头申请报告与书面申请报告有同等的法律效力。津巴布韦《严重犯罪收益没收法》[Serious Offences (Confiscation of Profits) Act]规定，警察在认为必要的情形下，可以通过电话向治安法官申请搜查令。治安法官在考虑相关的信息后，如果确信有合理理由签发搜查令，就应当签发令状而且记录下许可理由。治安法官应当向警察通知搜查令的签发日期和规定，警

① 澳大利亚1987年《刑事司法协助法》第38条F允许签发针对某人的身体进行搜查的命令，以获取该人藏匿于身上的任何证据和物品。

② 黄风译：《意大利刑事诉讼法典》，中国政法大学出版社，1994年版，第110—111页。

③ 澳大利亚2002年《犯罪收益追缴法》第18条第1款。

察获得这种搜查令就可以开展搜查和扣押。[①] 此外，为了防止有关人员隐藏、灭失或者破坏可疑财产，警察根据合理理由认为在特别严重和紧急的情况下有必要立即进行搜查、扣押可疑的财产，可以在未得到法院授权的情况下先行搜查、扣押财产。[②]

三是在立法中详细规定了针对犯罪人财产的调查措施。为了确保限制令的有效执行，法院还可以做出其他一些它认为适当的决定开展对犯罪所得及其收益的调查，以有效地识别、监测和查找犯罪收益。这些措施主要有：（1）出示令（Production Orders）。在有关人员已经被定罪，或者有合理理由怀疑实施了某项严重犯罪而且警察有合理理由怀疑任何人持有或者控制了所涉犯罪的财产追踪文件（property-tracking document），他可以向法庭申请针对该人的令状，命令其向警察出示令状中记载的该人持有或者控制的任何文件。财产追踪文件是指有助于识别、查找或者计算有关犯罪嫌疑人的财产的文件，有助于识别、查找或者计算任何犯罪收益的文件，以及有助于识别或者查找为转移上述财产所必须的文件的资料。[③] 决定哪些文件属于财产追踪文件，由法院裁量决定授权警察通过搜查方式获得。[④]（2）监视令（monitoring order）。检察长可以向法院申请监视令，指令其提供有关人员在金融机构里账户金融交易信息。收到监视令的金融机构一般情况下不得向任何人披露监视令信息。即使是执行监视令的警察也要为监视令信息保密，甚至是法院也无权要求警察披露监视令信息的内容。（3）金融机构的义务。为了能从金融机构中准确查询或者监测犯罪人的犯罪账户交易信息，法律较为详细规定了金融机构保存交易记录的义务，对于那些记录金融交易的所有文件原件保存不少于10年。[⑤]（4）讯问令（examination

① 津巴布韦1990年《严重犯罪收益没收法》（2001年最后修订）第27条。

② 同上，第28条。

③ 澳大利亚2002年《犯罪收益追缴法》第202条第5款。

④ 坦桑尼亚1991年《犯罪收益追缴法》第62和63条。

⑤ 同上，第68条第1款。

order）。在签发限制令后，法庭可以根据检察官的申请签发讯问令，对财产持有人、对财产提出权利主张的人，与财产有利害关系的人，有关犯罪嫌疑人以及上述人员的配偶（或事实配偶）进行讯问。[①] 签发讯问令的目的在于法庭要进一步调查、确认被限制处分的财产的性质和所在地。除了上述调查措施外，法院还可以做出其他它认为适当的决定。例如，命令有关人员将存放在国外的财产调回国内；命令被告人交出护照等。[②]

值得注意的是，因为财产保全制度和犯罪资产甄别、监测、调查属于一种强制性措施，凡是违反这些规定的行为都被可能被规定为犯罪，要受到监禁或者罚金的处罚。

（三）建立非常完善的冻结、扣押前的通知制度

由于限制犯罪资产属于强制性措施，容易侵害犯罪人或者第三人的合法权益，因此，法律有必要设定一定制度来保护犯罪人，尤其是第三人的合法权益，应当为有关人员提供适当的机会和时间就侦查机关或者司法机关的冻结、扣押行为提出抗辩或者异议，以证明有关财物的合法性或者主张自己的权利。《联合国打击跨国有组织犯罪公约》第12条第8款也规定："不得对本条规定（没收和扣押）作损害善意第三人权利的解释"。《制止向恐怖主义提供资助的国际公约》第8条第5款也规定："执行本条规定不得影响出于善意采取行动的第三方的权利"。国家立法中，如澳大利亚2002年《犯罪收益追缴法》规定，检察官在向法院提出签发限制令的申请之前应当向财产所有人以及与财产有利害关系的人员发出书面通知，并向上述人员抄送有关申请的副本和支持该申请的陈述材料。在一般情况下，这种通知构成法庭审理检察官提出的签发限制令申请的前提

---

① 澳大利亚2002年《犯罪收益追缴法》第180条。

② Ian Smith, Asset Recovery-Criminal Confiscation and Civil Recovery, Lexis-Nexis, Reed Elsevier(UK), p.130.

条件。[①]即使是法庭做出没收的决定时候，也要审查检察官是否采取了合理步骤以甄别和通知与财产有利害关系的人员。[②]如果应当收到限制令申请通知的人没有收到该通知，可以在收到通知后的28日内申请撤消限制令。[③]冻结、扣押前的通知制度在保护第三人合法财产权同时，也能使得侦查机关能恰当、如实确定可追缴犯罪收益数额。在法定的通知期限内，如果财产合法所有权人向侦查机关提出申请，经过审理符合条件的，应当从“可追缴财产”的范围内排除，及时返还给合法所有权人以维护该合法所有权人追回资产的权利。

（四）刑事没收制度的适用具有相对独立性和灵活性

根据上文我们对国际公约中刑事没收性质的分析，刑事没收不是刑罚，因此，刑事没收适用可以脱离对犯罪人的定罪程序，体现了其适用的相对独立性和灵活性，主要表现为以下几个方面：

一是法律规定，法院可以针对潜逃的犯罪人签发没收令，即使在逃的被告人并未定罪，但只要针对该人的刑事诉讼仍在进行，并且其潜逃期限已经满两年，地方刑事法院同样可以根据检察官和其他主管机关的申请做出没收犯罪收益的决定。[④]

二是对潜逃人员进行特殊的推定定罪制度。有的国家法律对定罪做了非常宽泛的解释，包括法律推定意义上的定罪。即如果同时具备下述情形，法院就应当推定某一潜逃人员已经被定罪：已经对某一犯罪开展调查；该犯罪人在启动刑事诉讼程序前死亡，或者已经启动刑事诉讼程序而该人在定罪前死亡；或者自开始对犯罪人调查后的6个月内仍然不能找到、逮捕或者引渡该犯罪人。[⑤]法律一旦

① 澳大利亚2002年《犯罪收益追缴法》第26条。

② 同上，第49条第1款（e）。

③ 同上，第33条和第42条。

④ 英国2002年《犯罪收益追缴法》第28条第（2）、（3）、（4）款。

⑤ 新加坡1992年《腐败、贩运毒品和其他严重犯罪犯罪收益追缴法》第26条。

推定潜逃的犯罪人已经被定罪，法院就可以依据相关证据的分析，签发以定罪为基础的没收令。[①] 法庭做出这一分析并不要求达到通常对犯罪人实际定罪所要求的排除合理怀疑的证明标准，而是根据优势证据标准（balance of probabilities）合法地裁定指控该人的犯罪成立。[②]

三是适用推定方法确定死亡犯罪人的犯罪收益范围。法律对犯罪人死亡与犯罪人潜逃规定的刑事没收程序不同，犯罪人死亡后，其刑事责任能力归于消灭，不可能在犯罪人定罪基础上开展刑事没收，为此，有的国家犯罪收益法就明确规定，在犯罪人死亡后，没收犯罪收益之诉则应当针对死亡被告人遗产代表人（personal representatives）启动或者继续进行，如果没有遗产代表人，则应当针对死亡被告人不动产的受益人（beneficiary or beneficiaries）。此时，没收令是针对犯罪收益而签发的，而且不能因为被告人的不动产遗产代表人或者其受益人不能偿还没收令的没收数额而受到任何监禁处罚。[③] 没收被转移给遗产代表人或者受益人的犯罪收益的前提就是需要确定已经死亡的犯罪人是否从犯罪中获得利益，对于此，法律规定可以采取刑事推定的办法。例如新加坡犯罪收益追缴法规定，在确定死亡的被告人是否从贩运毒品（drug trafficking）或者犯罪行为（criminal conduct）中获益，或者用来确定获得哪些利益或者这些利益的价值，采取以下推定办法：（1）如果死亡的被告人在死亡之日起六年内持有的财产或者利益与其已知的收入来源不成比例，而这种持有不可能向法院做出令其信服的解释，就应当推定该死亡

① 这种分析是建立在一定的假定基础上的，即如果潜逃的犯罪嫌疑人或者被告人因有关犯罪而被提起审判，并且法庭根据对有关证据的分析认为陪审团可以对该人的犯罪做出裁定，则有权签发以定罪为基础的没收令。参见澳大利亚2002年《犯罪收益追缴法》第331条第1款（d）和第52条。

② 坦桑尼亚1991年《犯罪收益追缴法》第4条(1)(c)和第12条。

③ 新加坡1992年《腐败、贩运毒品和其他严重犯罪犯罪收益追缴法》第28条第1、2、3款。

被告人从贩运毒品中获益；（2）死亡被告人从贩运毒品中获得的利益应当是由其在上述时间内持有的任何财产或者利益，这些财产或者利益与该死亡被告人已知的收入来源不成比例，而且这种持有难以向法庭做出令其信服的解释；（3）死亡被告人从贩运毒品中获得的利益价值应当随着那些财产和利益的价值增加和减少，法院应当考虑这一变化，以便在签发没收令时候确定可没收的数额。①

（五）将开展国际司法合作作为刑事没收制度必要内容，以此规范"携款外逃"和"携款入境"两种情况

实践中，犯罪人犯罪后往往携款外逃以逃避国内刑事制裁，所以，要想成功实现对这类犯罪所得及其收益进行没收就需要得到资产流入国的协助。《联合国打击跨国有组织犯罪公约》和《联合国反腐败公约》在国家间合作开展刑事没收的立法堪称国际公约的典范。尤其是《联合国反腐败公约》在第五章"资产追回"中，用了5个很长的条文，详尽地规定了"直接追回财产的措施"、"通过没收事宜的国际合作追回资产的机制"、"没收事宜的国际合作"、"特别合作"和"资产的返还和处分"五个议题，如果算上公约在第四章"国际合作"涉及的资产没收问题，《联合国反腐败公约》用了4000多字的超长篇幅来规定缔约国如何在犯罪资产没收方面的合作，公约对犯罪收益没收中开展国际刑事司法合作的强调到了无以复加的程度，这为各国国内犯罪收益追缴立法树立了一个活标本。一般说来，从各国国内立法看，追缴犯罪收益刑事司法合作方式有两种：一是规定，刑事没收不仅可以针对发生在本国领域内的犯罪，还可以针对外国犯罪，这样使得那些流入到本国境内的犯罪收益也成为被没收的对象，拥有收益追缴管辖权的法院应当签发命令将该

① 新加坡1992年《腐败、贩运毒品和其他严重犯罪犯罪收益追缴法》第28条第（4）款。

犯罪收益收归国家所有。[①] 二是在犯罪收益追缴法或者刑事司法协助法中规定了非常完善的执行外国没收令、限制令的制度。例如，根据英国犯罪收益追缴法，如果有理由认为被告人的可追缴的财产已经被转移到国外或者位于国外，检察官和资产追缴局局长可以通过英国的国务大臣向有关国家或者法域提出协助请求，对境外财产实行扣押或者冻结，禁止任何人对之加以处置。[②] 在没收令已经签发的情况下，为执行该没收令，本国的主管机关可以请求国外主管机关对有关财产进行拍卖或者采取其他变现措施。[③]

（六）建立完善的被限制、没收资产处置制度

对被限制、没收资产的处置是刑事没收制度必要组成部分。《联合国反腐败公约》和《联合国打击跨国有组织犯罪公约》都规定，各缔约国均应当根据本国法律采取必要的立法和其他措施，规范主管机关对被冻结、扣押或者没收的财产的管理，一些国家据此创设了较具特色的被扣押、冻结或者没收的财产管理制度。

首先，针对被限制和控制财产的管理实行的是财产托管人制度。这种托管制度具有许多好处，一是，它使执法和司法活动同对财产的经营活动相分离，有助于保持执法机关的清正廉洁；二是，让专门设立的托管人管理被控制的财产，有助于上述人员利用他们的专业技能更好地对财产进行保管和维护，甚至有助于被控制财产的保值和增值；在需要时，还可以比较方便地对有关财物的变卖和交易。[④] 法院在签发限制令后，可以在任何时候指定一个托管人

① 澳大利亚2002年《犯罪收益追缴法》第49条第1款(c)(ii)。澳大利亚政府根据其2002年《犯罪收益追缴法》，将潜逃到澳大利亚的中国原吉林通化金马药业股份有限公司董事长阎永明的赃款337.4澳元全部返还给中国。参见张磊等译:《澳大利亚2002年犯罪收益追缴法》，中国政法大学出版社，2008年版，序言。

② 英国《2002年犯罪收益追缴法》第74条第（1）、（2）、（3）款。

③ 新加坡《刑事司法协助法》第13条、29条和第30条。博茨瓦纳1990年《严重犯罪收益追缴法》（2007年最后修订）第20条。

④ 黄风:《国际刑事司法合作的规则与实践》，北京大学出版社，2008年版，第176页。

（curator bonis）代表限制令针对的人员就被限制的财产行使特定的权力、看管这些财产；如果这些财产属于某一商业或者企业，依法经营该商业或者企业；命令有关人员迅速地或者在法院指定时间内向托管人移交财产以便受到监护；[①] 此外，在保管过程中，托管人有权为了维护公共利益的需要而决定销毁被保管的物品，有权为了保值的需要或者根据当事人的协议对有关物品进行处置，有权为经营有关的商务而聘用或者解聘雇员。[②]

其次，对于被没收的财产如何处置的问题，国际社会一般有收归国有、补偿受害人损失、资产返还与分享以及支付用于没收和管理的费用等四种方式。[③] 为此，各国犯罪收益追缴法在两个方面的规定值得论述：一是政府设置了专门的基金或者账户，用以接收根据没收令、罚金令或者其他任何形式的追缴决定而被罚没的财物。至于名称各有不同，澳大利亚的称为“罚没财产账户”（Confiscated Assets Account），美国司法部设立了“资产没收基金”（Assets Forfeiture Fund），英国成立了“扣押资产基金”（Seized Asset Fund）。这些账户或者基金的用途主要体现在：支付因冻结、扣押、没收而产生的一些执法费用；对被扣押、冻结的犯罪资产进行管理；支付在预防犯罪、提高执法水平、改善打击犯罪工作条件等方面的支付费用；接收外国没收或者分享资产的请求，对没收所得按照法庭的指示进行分配。二是被没收资产的分享问题。被没收资产的分享不仅可以发生在国家间的刑事司法协助中，有的国家还规定可以在联邦政府和州或者省之间开展分享。如加拿大联邦与各省签署有赃款协议。

① 南非1996年《犯罪收益追缴法》第17条第1款。

② 澳大利亚2002年《犯罪收益追缴法》第278条，276条。

③ 张磊：“澳大利亚2002年犯罪收益法中的犯罪收益制度”，载黄风、赵琳娜主编：《国际刑事司法合作：研究与文献》，中国政法大学出版社，2009年版，第129页。

三、国际刑事没收立法对中国刑事没收制度完善的启示

中国目前还没有专门的犯罪收益追缴法，涉及刑事没收的法律规范主要规定在中国《刑法》第64条、《刑事诉讼法》搜查、扣押物证、书证等侦查行为的规定及其相关司法解释中。分析比较国际刑事没收立法能对完善中国的相关制度具有诸多有益的启示。

（一）规范刑事没收的实体制度

《刑法》第64条规定，犯罪分子违法所得的一切财物，应当予以追缴或者责令退赔；对被害人的合法财产，应当及时返还；违禁品和供犯罪所用的本人财物，应当予以没收。该条基本上肯定了刑事没收的非刑罚性。但是，本条的规定过于笼统和模糊，在理解和适用上存在诸多疑问：首先，该条规定的涉案物品处理方式有追缴、责令退赔、返还和没收等，但是，究竟由哪些机关来行使这些权力则存在疑问，这也导致在司法实践中侦查机关和人民法院在涉案物品最终处理权认识上存在分歧。其次，本条将涉案物品处理多重方法笼统规定在一起，仅仅因为对象的不同而使用追缴、责令退赔、返还和没收等行为方式，但是在司法实践中，司法机关却难以区分这些术语之间的界限和性质。最后，本条缺乏刑事没收对象和范围的判定标准。从涉案处理的对象和范围上，本条使用了违法所得的财物、财产、违禁品等术语，这些术语之间有何区别，它们又和刑法第191条和第312条的犯罪所得及其收益以及刑事诉讼法中使用的赃款、赃物等概念之间有何区别都有待于澄清。对于上述疑问，本文认为应当从以下几个方面完善中国刑事没收的实体制度。

1. 突出刑事没收的非刑罚性和相对独立性。笔者建议，未来的刑法修正案应当将刑法第64条的内容移到第37条之后，作为第37条之一。这样的改变绝不是简单的条文顺序的移动，而是明确肯定

了刑事没收的非刑罚性和相对独立性，使其与刑法第37条犯罪情节轻微不判处刑罚而做出非刑罚处罚的情形相对应。现有刑法第64条被置于量刑环节，则意味刑事没收是法院对犯罪人做出裁判时要考虑的问题，也即对犯罪所得及其收益的没收附属于法院对犯罪人做出的判决，这就湮没了刑事没收制度的相对独立性和非刑罚性。同时，将该条中"对被害人的合法财产，应当及时返还"和"没收的财物和罚金，一律上缴国库，不得挪用和自行处理"的规定分为独立的两款，从而突出这两款立法蕴含的独立价值：刑事没收的简易返还制度和被没收财产处置制度。这也使得刑事实体法的规定与新《刑事诉讼法》第234条对这两个问题的分款规定立法模式相对应。

2. 刑法应当明确犯罪收益范围的认定标准。有关犯罪收益的定义，有代表性的概念是《联合国反腐败公约》第2条第5项的解释，系指通过实施犯罪而直接或间接产生或者获得的任何财产。有很多学者撰文主张中国刑事没收的范围应当扩大为替代收益、混和收益、利益收益三种形态。① 本文赞同扩大中国刑事没收范围。但是，根据什么标准判断哪些财产属于犯罪收益则更为重要。这是因为犯罪收益具有很强的流动性和隐蔽性，容易被犯罪分子变现、转移或者将其赠予他人。本文认为，我们可以借鉴新加坡和英国犯罪收益追缴法中对犯罪收益推定制度，② 在符合一定条件下，司法机关可以推定犯罪人的财产属于犯罪收益，这种制度设计如下：（1）犯罪人犯有贩运毒品、恐怖主义犯罪、洗钱、黑社会性质组织犯罪、腐败犯罪等严重犯罪；（2）犯罪人长期以某种犯罪为职业，例如，盗窃、

① 杨宇冠、吴小军："《联合国反腐败公约》资产追回机制与我国刑事诉讼法的完善"，载《当代法学》2005年第1期。谢望原、肖怡："中国刑法中的'没收'及其缺憾与完善"，载《法学论坛》2006年第6期。张磊、李建国："《罗马规约》中的犯罪收益没收制度：比较与借鉴"，载《法学杂志》2009年第11期。

② 新加坡1992年《腐败、贩运毒品和其他严重犯罪犯罪收益追缴法》第4条规定："某人在任何时候持有的财产或者利益与其公开的收入不成比例，该人又未能向法院做出合理的解释，除非有相反的证据，那么就应当推定该人从贩运毒品中获益；而一旦这种推定成立，那么该人的任何开支也应当被推定是从贩运毒品受益中支付"。

拐卖妇女儿童、赌博等犯罪；（3）犯罪虽不具有职业性，但是犯有数个犯罪行为并且犯罪人从中获益；（4）上述犯罪人合法收入与所持有的财产不成比例，而本人又难以做出合理解释的。具备上述条件的，我们就应当认定这些超出合法收入的财产属于犯罪收益；而且该人日常开支和开销也应当被推定为从这些犯罪收益中支付。这种犯罪收益的推定无需司法机关提供充分、确实的证明标准，只要是达到了类似逮捕条件的有证据证明发生犯罪事实即可。但是，鉴于这种严厉的法律规定可能侵犯犯罪人合法财产的法律风险，法律应当强化在适用程序方面的限制，即法院应当综合分析和评判各方面的情况，尤其是应当听取犯罪人的辩护意见和所提交的证据材料。如果法院据此认为这种推定存在错误或者导致严重不公平，则不允许推定。

（二）规范刑事没收的程序制度

就中国刑事没收制度规定而言，现行刑事实体法和程序法规定内容相互脱节，程序法难以保障实体法没收制度的落实。其突出表现就是刑事诉讼法规定的有关财产扣押、存款、汇款的冻结等措施目的主要是为调查取证之用，并不是为了保全未来犯罪收益的没收。实际上，犯罪人为了防止犯罪所得及其收益被没收，总是想法设法将其通过隐藏、转移、灭失或者赠予他人等方式制造法院没收不能的假象，为此，如何在法院做出没收裁判之前对犯罪所得及其收益采取保全措施就非常必要。具体阐述如下：

1. 明确侦查机关和法院的刑事没收职权合理划分。目前，有关刑事没收职权划分存在两个问题：一是法律尚未明确规定侦查机关对犯罪人财产的侦查权，侦查机关无法开展对犯罪人犯罪所得调查、甄别和监测等权力。二是现有法律对犯罪收益的最终处置权规定较为混乱。[1] 为此，在确立现有侦查机关对犯罪收益财产保全性质外，我们还有必要明确侦查机关对犯罪人财产的调查权（下文将论述）。其次，法律应当将犯罪收益最终处置权交由法院行使，这与各国犯罪收益追缴法规定的法院主导刑事没收实践相一致。法院既可以在侦查环节根据侦查机关申请对犯罪人犯罪收益做出没收决定，也可以在庭审环节就证明犯罪人刑事责任的证据进行法庭调查和法庭辩论的同时，也能够就被冻结、扣押以及相关证据展开调查和辩论，从而增强刑事没收程序的抗辩性。

2. 在刑事诉讼法中确立现有扣押、冻结侦查措施的财产保全性质。国际犯罪收益追缴法对犯罪人犯罪收益的扣押、冻结属于对物采取的一种强制措施，被称为限制令（Restraining Order），往往作为刑事没收的前置程序。为了有效执行刑事没收，中国刑事诉讼法有必要将刑事强制措施对象扩大到限制财产权的领域，[2] 即明确对物的查封、扣押和冻结属于强制措施，具有像针对犯罪嫌疑人逮捕强制措施的功能，防止因为犯罪人资产的隐匿、转移、灭失和赠予而导致以后的法院判决难以执行。

---

① 例如，根据中国《刑事诉讼法》的规定，只有人民法院有权依据生效裁决对有关当事人的银行账户存款实行扣划，侦查机关只具有要求查询和冻结银行存款的权力，不享有扣划账户资金的权力。但是，六部委《关于刑事诉讼法实施中若干问题的规定》中又规定："对作为证据使用的实物，应当依法随案移送。对不宜移送的，应当将其清单、照片或者其他证明文件随案移送，不得以未移送赃款赃物为由，拒绝受理案件。"后者的规定似乎又默许了侦查机关对犯罪收益一定处置权，而在司法实践中，侦查机关在没有刑事判决或者裁定的情况下，对犯罪收益最终处置的情形已是常见的事情。在司法实践中，一旦案件公诉到法院后，法院根本不会对犯罪人的财产开展调查，只能很模糊地做出裁判。

② 依据侵犯的权利对象同，强制措施大抵可以分为四类：一是限制财产权的强制措施，如搜查、扣押等；二是损及形体完整的强制措施，如强制采样；三是侵犯隐私权、通讯自由权的强制措施，如窃听、通讯拦截等；四是限制和剥夺人身自由的强制措施，如居留，先决羁押等。参见施鹏鹏："控权模式下的真相发现：法国拘留制度述评"，载《比较法研究》2010年第6期。本文认为，从中国《刑事诉讼法》规定看，中国仅仅存在针对限制和剥夺人身自由的强制措施，对财产采取的扣押、冻结属于具有一定强制性的措施，而非法定强制措施种类。

3. 明确、细化当前冻结和扣押的条件。目前我国刑事诉讼法对扣押、冻结的批准权是侦查机关，其缺乏较为可操作性的冻结、扣押条件，属于“没有价值含量，仅具技术性与手续性的步骤和程式”。[①] 本文认为，在中国刑事诉讼法中，鉴于冻结、扣押的属性与逮捕的属性有相同的地方，前者是对物的强制性措施，后者是对人身自由采取的强制性措施，因此，中国刑事诉讼法可以规定，侦查机关在案件侦查中，如果有证据证明有关财产属于犯罪嫌疑人，应当向人民法院提出申请，法院经过审理认为，有合理理由确认犯罪嫌疑人从犯罪中获益，应当做出冻结、扣押这些财产的裁定。

4. 赋予侦查机关对犯罪人财产的调查权。现行刑事诉讼法并没有赋予侦查机关在侦查阶段对扣押、冻结的资产开展调查的权力，只是消极地等待法院就这些扣押、冻结的资产的权属、数额等事项做出判决。实际上，法院在审理案件时，法官根本不可能对犯罪资产做出详细调查，其判决的依据是侦查机关呈送的书面资料，只能做出模糊的判决。而侦查机关能有效、及时掌控犯罪人资产的情况，因此，中国刑事诉讼法应当规定，在获得法院签发的扣押、冻结裁判后，侦查机关就可以对犯罪人、对犯罪收益提出权利主张的人、与犯罪收益有利害关系的人等人员进行讯问；有权向银行等金融机构或者其他机构开展调查，要求其出示犯罪人或者有关人员的财产状况和收入支出等项目。经过侦查机关彻底的调查，应当制作出犯罪人犯罪收益明细单，列出财物种类、名称、数量和估价等，计算出犯罪嫌疑人可支配的和可变现的犯罪收益数额。侦查机关在向法院申请限制令、没收令时候应当同时提交犯罪人的上述财产状况证明。这样，法院在做出冻结、扣押犯罪人财产或者没收，甚至在以后判处犯罪人罚金或者没收财产等刑罚时候，就不会陷于被动和茫然。应当明确的是，侦查机关对犯罪收益的调查具有强制性，是根据法院签发的有关财产的冻结、扣押裁判之后做出的，因此，

---

① 陈瑞华:《程序性制裁理论》，中国法制出版社，2005年版，第21页。

任何单位和个人阻挠、破坏、拒不执行侦查机关的犯罪收益调查，情节严重的完全可以构成拒不执行判决裁定罪。

5. 建立冻结、扣押前的通知制度。由于限制犯罪资产属于强制性措施，因此，法律有必要保护犯罪人和第三人的合法权益，应当为有关人员提供适当的机会和时间就侦查机关或者司法机关的冻结、扣押行为提出抗辩或者异议，以证明有关财物的合法性或者主张自己的权利。中国刑事诉讼法缺乏冻结、扣押前的通知制度，那些主张对财产享有权益的人在法院做出冻结、扣押的裁定时候，并不能出席审理和举证，也即缺乏扣押、冻结审理的抗辩性。通过建立冻结、扣押前的通知制度，就使得侦查机关或者法院能合理地甄别应当没收财产的范围，犯罪收益的数额，从而防止刑事没收侵害犯罪人和第三人合法权益。

（三）完善中国刑事没收刑事司法协助内容

中国近年来犯罪资产流出情况严重，[①] 建立和健全中国刑事实体和刑事程序法刑事没收制度可以有效阻断犯罪资产的外流，而追回那些已经流失到外国的犯罪资产则需要中国健全刑事司法协助制度。目前，中国已经和外国通过签署双边刑事司法协助条约的方式来处理外流犯罪资产的追缴问题，例如，中国和葡萄牙《关于刑事司法协助条约》第12条和第14条，中国和澳大利亚《关于刑事司法协助条约》第18条和第19条都就搜查和扣押、犯罪工具和犯罪所得做了规定，尤其是中美两国依据双边《刑事司法协助条约》第16条第3款[②] 有关犯罪资产没收的返还而成功开展余振东案的合作，美国

① 有关中国流出犯罪资产到底有多少，很难有一个准确的说法，仅仅外逃官员携带出境犯罪资产就有50亿元、500亿美元、700亿元不同版本。参见陈雷："论健全防范腐败犯罪分子外逃工作机制"，载黄风、赵琳娜主编:《国际刑事司法合作：研究与文献》，中国政法大学出版社，2009年版，第42—43页。

② 该款规定：在其法律允许的范围内及双方商定的条件下，一方可将上述犯罪所得或犯罪工具的全部或者部分或出售有关资产的所得转移给另一方。

于2003年10月返还给中国银行被余振东等人非法转移的犯罪资产355万美元。但是，中国现有的有关犯罪资产追缴的刑事司法协助制度还应当从以下几个方面完善：

1. 应当确立境外追赃和执行外国没收令的国内法依据。仅仅通过双边刑事司法协助条约来开展犯罪资产的追缴已经不能适应当前境外追赃情势需要，理由是：一是因为中国和外国签署的双边刑事司法协助条约多数并没有追缴犯罪资产的合作内容，从而缺乏开展犯罪资产没收司法合作的法律依据；二是与中国犯罪资产流入国家多样性相比较而言，现有的中国和外国签署刑事司法协助条约数目过少，中国只能和少数国家开展境外追赃的刑事司法协助。其三，从履行国际公约义务角度考虑，中国作为《联合国反腐败公约》当事国，也应当将该公约有关刑事没收的国际合作内容具体化。如，公约第54条第1款规定，各缔约国采取必要的措施，使拥有管辖权的主管机关能够通过对洗钱犯罪或者对可能发生在其管辖权内的其他犯罪做出判决，或者通过法律授权的其他程序，下令没收这类外国来源的财产。因此，中国需要确立境外追赃和执行外国没收令的国内法依据，这一问题解决最佳模式是在正在研讨的《国际刑事司法协助法》中规定单独的“执行外国财产裁判程序”章节。

2. 将刑事没收的对象——犯罪收益扩大到外国的犯罪收益，从而使得法院做出的冻结、扣押裁判和没收裁判既可以针对发生在本国管辖下的犯罪，也可以针对外国刑事管辖下的犯罪。外国犯罪收益追缴法或者刑事司法协助法都规定，对于外国发生的犯罪，即使本国没有管辖权，法院也可以签发没收令。如，根据美国法典第18编《犯罪与刑事程序法》第1部分《犯罪》第46章没收的第981节规定，对于上游犯罪发生在外国，全部或者部分洗钱行为发生在美国的情况，与上述犯罪行为收益的清洗有关联的所有财产都要可以被没收。

3. 最后，要真正建立中国刑事没收刑事司法协助制度，还应当遵循国际上一贯通行的做法，在中国刑法体系中确立承认和执行外国刑事判决的制度。在《联合国反腐败公约》2006年2月12日对中国生效后，一些外国已经开始依据该公约向中国提出刑事司法合作的请求，[①] 这就必然涉及国内立法对承认和执行外国刑事判决问题。

（四）完善被限制、没收资产的处置制度

限制、没收了犯罪收益只是整个刑事没收工作的第一步，如何对限制、没收的犯罪收益进行处置也非常重要。对于此，我们认为应当从下述几个方面完善：

1. 建立中国被冻结、扣押财产托管制度和被罚没财产账户制度。司法实践中，被限制、没收犯罪收益的监督管理较为混乱，因为利益之争，难以真正实现限制和没收财物与保管相分离制度。中国也可以考虑，对于那些被冻结、扣押的财产，由侦查机关委托独立的第三方对被冻结、扣押的财产保管、负责其保值和增值。根据中国实际，该独立第三方由司法机关指定的拍卖公司充当较为适宜。[②] 此外，我们可以考虑在省级财产部门内设立被罚没财政账户，专门接收根据没收裁判而被没收的财产。被罚没财政账户资金的管理实行收支两条线，专款用于各级执法机关治理犯罪事宜，首先，优先支付因冻结、扣押、没收而产生的一些执法费用，包括执行外国没收或者分享资产的请求；对被扣押、冻结的犯罪资产进行管理的支出；其次，对遭受犯罪侵害的人提供必要的法律援助，补偿其一定的经济损失；最后，支付在预防犯罪、提高执法水平、改善打击犯罪工作条件等方面的支付费用。

---

① 黄风:《国际刑事司法合作的规则与实践》，北京大学出版社，2008年版，第214页。

② 《中国人民共和国拍卖法》第9条规定：“国家行政机关依法没收的物品，充抵税款、罚款的物品和其他物品，按照国务院规定应当委托拍卖的，由财产所在地的省、自治区、直辖市的人民政府和设区的市的人民政府指定的拍卖人进行拍卖。拍卖由人民法院依法没收的物品，充抵罚金、罚款的物品以及无法返还的追回物品，适用前款规定。”根据《拍卖法实施细则》第8条第3款规定，公物拍卖的范围包括“检察院、法院依法没收的物品、追回的赃物、冲抵罚金、罚款的物品”。

2. 在中国刑事基本法中确立犯罪资产分享制度。如果犯罪收益的没收涉及刑事司法协助，一个现实的问题就是如何处理这些被没收的犯罪收益。国际通行的做法是对被没收的犯罪收益分享。中国《禁毒法》第57条规定:“通过禁毒国际合作破获毒品犯罪案件的，中华人民共和国政府可以与有关国家分享查获的非法所得、由非法所得获得的收益以及供毒品犯罪使用的财物或者财物变卖所得的款项。”这仅仅规定了分享查获毒品犯罪所得，并没有就其他犯罪的所得及其收益分享做出规定。我们有必要将法该的内容扩大到基本的刑事法律中，建立中国与外国在追缴犯罪收益中的分享制度。

3. 规范现有刑事诉讼法中简易返还制度。中国新《刑事诉讼法》第234条第1款规定:“对被害人的合法财产，应及时返还”。这种简易返还在司法实践中容易发生错返，需要确立一套具体程序和标准。我们可以考虑建立简易返还的公示通知制度；将简易返还的决定权收归各级法院统一行使；明确财产所有权主张者提供证据。经过法院审查，符合条件的应当返还。我们还可以考虑如果被害人财产无法返还时，可以从被没收的犯罪人的犯罪收益得到补偿，或者从被罚没财产账户中获得补偿。

国际水道争端解决问题

张　力*

全球淡水资源短缺与水需求不断增加之间、国际水道资源共享与国家主权之间、国际水道水量分配与水质污染之间、国际水道沿岸国水益分享之间等等利益冲突，使国际水道争端的发生有一定的必然性。随着全球水资源短缺、水质量不断恶化、气候变化等影响，节能减排的要求越来越高，开发利用国际水道的竞争也愈演愈烈，从而更加剧了可能产生的分歧和争端。探究合理有效的争端解决方法，不仅有助于国际水道争端的解决，促进地区的稳定与和平发展，而且对国际水道法的发展也有一定的推动作用。

一、国际水道争端的概念

（一）国际水道概念的演进

"国际水道"概念是由"国际河流"概念发展而来，1815年《维也纳公会规约》规定国际河流是指"分隔或经过几个国家的可通航的河流"，宣布莱茵河等几条欧洲河流实行自由航行制度。1911年国际法学会通过的《国际水道非航行用途的国际规则》首次采用了"国际水道"的名称。1921年由国际联盟主持，包括中国在内的41个国家共同制定的《国际性可航水道制度公约及规约》也采用了"国

---

* 中国政法大学国际法学院副教授。

际水道”的概念，附件第1条规定，所谓国际性可航水道是指一切分隔或流经几个不同国家的通海天然可航水道，以及其他天然可航的通海水道与分隔或流经不同国家的天然可航水道相连者，而“天然可航”是指现今正用于普遍商业航运，或是其自然条件使之有可能用于商业航运。据此，国际水道被认为必须具备“可以通航”和“有商业价值”两个基本条件。这与《维也纳公会规约》所称国际河流并无实质区别，因此两者常常被通用。18世纪末一些条约开始提出国际河流的流域概念，20世纪50年代之后逐步形成现代国际流域的概念。特别是1957年拉努湖仲裁案的裁决对国际流域的法律概念作的解释和肯定，对此后的国际立法产生了重要影响，许多双边和多边条约都采用了国际流域的概念。国际法协会1957年提出了国际河流流域应作为一个整体考虑其全面利用以取得最高效益的原则，1966年通过《国际河流利用规则》（即著名的《赫尔辛基规则》）明确了国际流域概念，第2条规定国际流域是指“跨越两个或两个以上国家，在水系的分界线内的整个地理区域，包括该区域内流向同一终点的地表水和地下水。”国际流域概念对国际河流、国际水道概念和国际水法理论有重大突破，扩大了国际水域的范围，将国际河流和国际水道从干流及其支流扩展为整个河流及其支流的地表水和地下水系统；突破了沿袭百年的国际河流的可航性要求，为国际水域的全面开发和综合利用及生态环境保护创造了基础和条件。1997年联大第51次会议通过的《国际水道非航行使用法公约》借鉴了《赫尔辛基规则》的内容，尤其是对国际水道概念的第2条规定：水道是指由于自然的联系构成一个单一的整体，并且通常流入同一终点的地表水和地下水系统，国际水道是指其组成部分位于不同国家的水道。公约对“国际水道”的界定不同于1921年《国际性可航水道制度公约及规约》，其内容基本与“国际流域”概念相同，但其强调国际水道通航以外的利用及水的自然流动性，体现了自然水域的整体性。所以采用“国际水道”的措辞是为避免“流域”一词暗含“领土”含义，使协调上下游国家各持的“绝对领土主权论”[①]与“绝对领土完整论”[②]的矛盾成为可能，[③]防止因国际流域概念引起的自身理论冲突。

实践中国际水道的概念与国际河流经常是混同的，国际河流概念早先往往是指通过缔结条约规定了其法律制度可以自由通航的多国河流，后来才逐渐地赋予其地理上的自然属性，一般是指流经或分隔两个或两个以上国家的河流。因此过去在国际河流概念上往往有内河、界河、多国河流（跨国河流）各种分类。《国际水道非航行使用法公约》将其统一到“国际水道”概念之下，它包括了涉及不同国家同一水道中相互关联的河流、湖泊、含水层、冰川、蓄水池和运河。

国际水道概念的演进反映了跨境共享水资源开发利用的轨迹和理念：从最初的关注航运价值到航运和非航运价值并重；从单一目标开发到多重目标并举；从各国自行开发到区域合作开发；现行国际水道开发已向综合性和可持续性发展目标迈进。[④]伴随着开发和利用的综合性和可持续性发展，国际水道冲突和争端也显现出多发性和复杂性。

---

① 认为跨国水道流经本国内的部分就应该归本国所有。这种理论为主权国家对水道的任意使用提供了法律依据，是其可以不顾其他国家的利益，对流经本国境内的国际水道肆意妄为，也不承担任何法律后果。完全维护了上游国家的利益，这种利益的维护是以牺牲下游国利益为代价的。

② 认为本国境内的国际水道是国家领土的组成部分，对它的改变就是对领土的侵犯。其主要目的是维护下游国家的利益。基于这种理论，完全阻止了水道国对国际水道的利用，水资源也就失去了应有的使用价值，结果是阻碍了经济发展，既违背合理利用原则，又违背了可持续发展理论。

③ 何艳梅：“从基本概念的演变看现代国际水法的特点”，载《法治论丛》，2004年第5期。

④ 金菁、贾林：“国际河流冲突的国际法思考”，载《南京政治学院学报》，2009年第2期。

（二）国际水道争端

国际水道争端主要指国家在国际水道的开发利用中发生的争端。由于国际水道地理上的“自然流动性”，其开发利用直接影响到各水道国的社会、经济、政治和环境等各方面的综合利益，存在诸多的利益冲突点，主要涉及水域划界、水量分配、水资源开发利用、水环境保护等多方面的问题。

全球水资源紧缺，水质下降，以及国际水道的不合理开发利用对生态系统产生了严重的破坏，使各水道国都更加关注国际水道的水资源分配问题、水质问题以及水道的环境保护问题。水道国之间为满足本国的供水、灌溉、发电和防洪等非航行利用需要而产生利益冲突是争端的主要表现，其中较普遍的是灌溉用水问题，特别是在干旱、半干旱地区，一些水道国不考虑全流域国家利益或整体生态平衡截流引水，如：印度和巴基斯坦关于印度河的灌溉用水分配争议；苏丹、埃及等国因尼罗河水分配和利用问题而引发的争议；印度在恒河筑坝截水给孟加拉国造成了巨大灾难的争议；以色列控制和抢占约旦河主要水源使阿拉伯国家受到很大损失的争议等等。水污染也是近年来一个较普遍性问题，新的污染源大量出现，污染程度也逐渐加重。因国际水道污染而引发污染国的国家责任，特别在赔偿问题上多有争议。莱茵河的污染问题至今尚未完全解决。可预期污染问题造成的国际争端事件将有增无减。

国际水道争端的实质和焦点是水道国之间国家河流“主权”行使上的冲突问题，即每一个主权国家对其领土内的全部水资源享有充分和永久的主权，包括拥有、使用和处置权，并保证他国对水道最基本的利用不会对自己的水资源及水生态系统产生危害。协调水道国之间的关系，通过合理而有效的方法解决国际水道开发利用与保护过程中出现的各种矛盾与争端，是急迫且必须的，也是当今世界和平与发展的需要。

二、国际水道争端解决方法的国际法渊源

国际水道争端作为发生在国家之间的争端，它的解决和使用的方法必须遵循特定的国际法原则和规则，这些原则和规则主要表现在以下国际法渊源之中。

（一）国际法学术团体的决议和规则

国际法协会自20世纪50年代开始研究国际水域法律问题，通过的规则包括：《国际河流利用规则》（又称《赫尔辛基规则》，1966年）、《国际河流防洪规则》（1972年）、《边界河流或跨国河流天然可航水道的维护和改善规则》（1975年）、《国际水道流量调节规则》（1980年）、《关于跨界地下水的汉城规则》（1986年）、《关于水资源的柏林规则》（2004年）。其中最有影响的是《赫尔辛基规则》。

1966年的《赫尔辛基规则》是跨国水资源利用和保护法律制度的第一个里程碑。该规则虽然是对国际河流利用和保护规则的编纂，同样可用于指导各国对其他形式跨国水资源的利用和保护，也是《国际水道非航行使用法公约》的蓝本。《赫尔辛基规则》正式阐明了国际流域的概念及其有关问题；设立了公平合理利用水资源的规则；规定了国家防止和减轻对国际水域的水体的污染的责任；更重要的是概括的规定了防止和解决争端的程序，其中包括按照联合国宪章以和平方式解决争端的义务，以预防流域内各国之间因利用水域而发生争议为目的的建议，以及通过国际联合机构的调查和建议、第三国或国际组织或人士的斡旋、调查或调解委员会的调解、仲裁庭的仲裁和国际法院裁判等途径和平解决。[①]

20世纪末国际法协会开始对《赫尔辛基规则》及其补充规则进行了全面整合和修订，对国际水法体系包括国际流域水资源利用

---

① 见《赫尔辛基规则》第30条至第37条规定。

和保护的习惯法进行了综合编纂，最终于2004年通过《关于水资源的赫尔辛基规则和国际法协会其他规则的修订》即《关于水资源的柏林规则》，(以下简称《柏林规则》)。《柏林规则》是国际法协会在国际流域水资源管理方面的最新发展，在综合其以前规则的基础上增加了人的权利、环境流量、影响评价、极端情况、跨界含水层、国家责任及法律赔偿等方面的规定，是目前内容最全面的跨界水国际规则。柏林规则意图提供"水管理者或法院或其他法律决策者在解决水资源管理问题时要考虑的所有相关习惯国际法的综合文集"，① 该规则规定的和平解决国际水争端的方法，既包括了和平解决争端的一般方法，也包括了经各方同意的强制事实调查。②

(二) 国际条约

1. 全球性条约

联合国是当代最具普遍性的国际组织，作为联合国组织文件的《联合国宪章》，不仅对联合国的组织机构做出了规定，而且确立了联合国的宗旨和所有会员国都必须遵循的原则，其中包括和平解决国际争端原则。在此基础上宪章还规定了联合国体系内和平解决争端的一系列制度和方法。所有这些原则、制度和方法适用于国际法

① International Law Association Berlin Conference (2004), Commentary on Berlin Rules on Water Resources, http://www.asil.org/ilib/waterreport2004.pdf, visited on June.23 2005.

② 《柏林规则》第72条规定：1. 国家在本规则范围内的问题应当通过和平的方式解决。2. 争端中的各国应当相互协商，并在恰当的时间咨询相关的国际组织，来达到基于国际法所赋予他们的权利和义务，通过他们自己选择的方式。3. 争议发生地的各国应当指定一个机构来调查并决定争端的事实。只要各争端国同意事实调查机构的约束效力，该机构所做的关于事实的决定即对争端国家有约束力。4. 在争端解决的任何程序中，各争端国应当在争端解决的早期阶段，邀请其他可能受到争端决议影响的国家发表自己的观点。5. 本条涉及的解决方法，不管来自区域协定的成员、机构、或其他国际组织的建议或要求，都是没有偏见的对待。第73条规定：仲裁和诉讼 1. 如果第72条这些规则所提出的程序没有成功解决争端，各争端国或国际组织应当同意将他们的争端提交给一个临时或永久的仲裁庭，或有资格的国际法院。2. 求助于仲裁或诉讼，即意味着争端各国同意接受任何仲裁裁决或最终法院判决。

的各个领域，当然也适用于国际水道争端的解决。

目前关于国际水道的全球性公约只有1997年的《国际水道非航行使用法公约》。1970 年第25届联大通过决议，建议国际法委员会研究国际水道非航行使用法，以期逐渐编纂和发展这方面的法律。国际法委员会经过20多年的研究、酝酿和起草，先后于1991 年和1994年一读和二读通过了《国际水道非航行使用法条款草案》。1997年联大第51届会议最终通过了《国际水道非航行使用法公约》（尚未生效）[①]，公约对国际水道非航行使用的内容、原则、方式和管理制度等做了较全面的规定，是世界上第一个专门就跨国水资源的非航行使用问题做出规定的公约。公约的宗旨是实现国际水道的利用、开发、养护、管理和保护，为了当代和后代的利益促进国际水道的最佳和可持续的利用。公约是框架性协议，为流域各国之间订立双边或多边水条约提供指南。

公约在争端解决方面的规定被认为最具特色。公约第33条用了十个条款和一个附件详细地规定了争端解决程序，足见其对于国际水道争端解决的重视。公约规定争端处理必须以和平的方式，具体方法包括：双方的谈判协商；第三方的斡旋、调停或调解；双方协议提交仲裁或提交国际法院、[②]或事先声明接受国际法院强制管辖。[③]如在进行上述程序六个月后仍未解决争端，经争端任何一方请求应成立实况调查委员会，争端各方有义务向委员会提供所需资料，并经委员会请求允许其为调查目的进入各自的领土和视察任何有关的设施、工厂、设备、建筑物或自然特征。调查委员会向争端方提交包括调查结果及理由依据、公平解决争端适当建议的报告，争端各

① 公约尚未满足35国批准接受的生效条件。截至2012年3月，16个国家签字，24个国家批准接受。资料来源：联合国条约集网站。

② 见《国际水道非航行使用法公约》第33条第1款、第2款规定。

③ 见《国际水道非航行使用法公约》第33条第10款规定。被称为“任意强制管辖”。

方应善意地考虑这些建议。[①]

公约第33条的规定所确立的“强制调查程序”和“任意强制管辖”凸显公约对国际水道争端解决偏重于法律方法和强制性。有观点认为其意在迅速解决争端、维护公约的稳定性。这是由国际水道所涉及的当事方重大经济利益决定的，如果争端解决机制疲软，致使争端解决不力或久拖不决，必将损害当事方经济发展或引起新的矛盾，进而影响国际社会的稳定。因而认为公约对争端强制解决方法的规定不仅对公约的实施起到了一定保障作用，而且对国际法的发展也起到了推动作用，它既尊重了当事方的主权，又维护了国际社会的整体利益。[②]

但也有观点认为争端的强制解决方法存在着诸多有悖国际法传统之处。公约所规定的带有某种强制性的实况调查不可避免会引起国家，尤其是发展中国家对国家主权是否会受到侵蚀的忧虑。事实上确有一些国家认为公约关于强制解决方法的规定有违国家主权原则和国际水道的个别性、技术性等特点，而表示不能接受。[③]

2. 区域性和流域性条约

针对国际水道开发、利用与保护问题的法律规则多见于具体区域性条约或流域性条约中。由于流域系统自身特点决定了“一个流域一种制度”。因此在实践中发挥作用的往往是区域性或流域性条约，而全球性公约的效用较小。

区域性条约主要是由处于同一地理区域的国家缔结的条约，但缔约方不限于同流域国家，往往是在区域性国际组织的主持下缔结的。这类条约不多，最为典型的是联合国欧洲经济委员会于1992

---

① 见《国际水道非航行使用法公约》第33条第3款至第8款规定。被称为“强制调查程序”。

② 李铮：“解决国际淡水资源争端的条法化综述”，载《国际资料信息》，2002年第10期。

③ 对第33条的表决结果：33票赞成，5票反对（中国、哥伦比亚、法国、印度和土耳其），25票弃权。

年主持制定的《跨界水道和国际湖泊保护和利用公约》（1996年生效）。该公约适用于整个欧洲以及美国和加拿大，主要目标是保护包括地下水在内的跨界水道和国际湖泊不受跨界环境损害的影响，保护生物多样性，维护和恢复水系的自然功能。公约规定缔约国应采取一切适当措施防止、控制和减少任何跨界影响，特别是：防止、控制和减少引起或可能引起跨界影响的水污染；保证为生态无害和合理的水管理、水资源保护和环境保护利用跨界水体；保证以公平合理的方式利用跨界水体；若活动引起或可能引起跨界影响时，应特别重视其跨界性质，保证保护和有必要时恢复生态系统。[①] 公约对争端解决方法做出明确规定：缔约方因本公约的解释或适用产生争议，应通过协商或其他可为争端缔约方接受的争端解决方式寻求争端的解决。如不能通过上述方法解决争端，任一缔约方可以以书面方式声明，在于接受同一义务的任何缔约方之间下列方法是具有强制性的争端解决方式：（1）向国际法院提交争端；（2）根据附件四进行仲裁。如争端的缔约方接受上述两种争端解决方式，除缔约方另有约定之外，争端可以只提交到国际法院。[②]

《跨界水道和国际湖泊保护和利用公约》吸收了近20 多年来国际环境法领域很多重要的新原则、新思想和新方法，为欧洲地区所有跨界水资源的保护和利用提供一套普遍适用的原则、规则和方法。公约对其后欧洲主要国际水道保护公约及协定的制定奠定了基础。尽管是区域性公约，但它代表着国际水道环境保护方面法律制度的最新发展，对国际水法的编纂与发展有着重要的作用。

另一个典型的例子是南部非洲发展共同体（简称南非共同体）1995年8月在《赫尔辛基规则》基础上签署的《关于共享河流系统的议定书》（1998年生效），议定书在共同利用国际河流方面，强调国家主权，宣布在公平利用河道资源方面遵循利益一致原则；在

---

① 见《跨界水道和国际湖泊保护和利用公约》第17条至第19条规定。

② 见《跨界水道和国际湖泊保护和利用公约》第22条规定。

研究和实施可能对河流系统产生影响项目方面遵循密切合作原则。2000年南非共同体13国又签署《南部非洲发展共同体关于共有水道的修订议定书》(2003年生效)，旨在推动区域一体化及减贫的议程，成员国采纳了有关水资源的协议和体制，提倡协作、立法和政策一致，并促进研究和信息交流。议定书采用了《国际水道非航行使用法公约》中的原则、规则和定义，反映了该区域共同体对公约的认可。议定书设立了争端解决程序和机制，规定缔约国在对议定书条款的执行、适用、理解上的争端都必须努力在议定书第4条的原则（包括主权平等、国家间团结、顾及和平与安全、和平解决争端）基础上友善地解决；如果国家之间不能友善地解决争端，则须求助于法庭，[①] 法庭的判决是最终和有拘束力的。法庭还对共同体首脑会议和理事会提交的事项发表咨询意见。

流域性条约是流域中的部分或全部国家就流域水资源的利用或保护问题签订的条约，是目前国际水条约的主体。流域性条约依缔约方数目可分为多边条约和双边条约。多边条约如：欧洲莱茵河流域条约包括1976年《保护莱茵河免受化学污染公约》和《保护莱茵河免受氯化物污染公约》、1998年《保护莱茵河公约》。前两个公约分别旨在改进莱茵河的水质，保护其不受化学污染和氯化物污染。《保护莱茵河公约》从整体的角度看待莱茵河生态系统的可持续发展，规定了预防原则、污染者负担原则和可持续发展原则等。南美洲亚马逊河流域的1978年《亚马逊河合作条约》强调各成员国共同努力并采取联合行动，促进亚马逊流域各国的协调发展；保证该地区商业通航自由；合理利用水力资源；保持生态平衡、保护动植物资源以及在该地区经济、社会发展方面进行科技合作；促进卫生保健事业；协调修建交通、通讯设施；发展边境贸易、旅游。亚洲澜沧江—湄公河流域的1995年《湄公河流域可持续发展合作协定》，

① 依据《南部非洲发展共同体关于共有水道的修订议定书》设立的法庭(tribunal)。Salman M.A. Salman, Legal Regime for Use and Protection of International Watercourses in the Southern African Region: Evolution and Context, Natural Resources Journal, Fall, 2001, p.5.

将可持续发展原则贯穿于湄公河流域开发和保护的各方面，并成立湄公河委员会以确保协定的实施。非洲尼日尔河流域的1963年《尼日尔河流域协定》，规定河流沿岸国将在研究和执行对于可能对河流制度的某个方面、其支流和次支流、水域的卫生状况以及动植物的生物特征产生重要影响的任何项目方面进行合作。双边条约如：1909年美国和加拿大的《边界水域条约》、1959年埃及和苏丹的《充分利用尼罗河水协定》、1960年印度和巴基斯坦的《印度河水条约》等。流域性条约依所覆盖的范围可分为全流域条约和流域部分条约，前者如流域内所有国家参加的1978年《亚马逊河合作条约》①。后者如泰国、柬埔寨、老挝和越南下游四国于1995缔结的《湄公河流域可持续发展合作协定》，上游中国和缅甸没有参加。流域性条约可以自由界定流域范围，不存在制定全流域条约的义务，但流域部分条约没有其他非缔约流域国的同意，不能影响该流域国的权利，包括对该流域国利用的不利影响。②

上述关于具体流域的特定条约，都在不同程度上和不同范围内规定沿岸国家用水的权利和义务及争端解决程序。其中，印度与巴基斯坦关于《印度河水条约》对争端解决程序作了专门性的详细规定，该程序的特点是重视借助国际组织和其他国家的帮助，保证专家的“中立性”，以求得争端公平解决。特殊国际流域条约只对当事国有拘束力，缺乏一般的适用性，很难单独构成国际水法的一般规范，但是不排除条约中某些规则经过国际社会实践成为国际习惯法，演变为一般国际法规则。

区域性和流域性条约规定的争端解决方法的共同点是：以和平解决争端为指导原则；以政治的方法和法律的方法为基本方法；程序上首先采用政治方法且以争端双方的谈判协商为主，无法解决时

---

① 1978年7月3日，南美洲八国（巴西、秘鲁、波利维亚、厄瓜多尔、哥伦比亚、圭亚那、苏里南和委内瑞拉）签署，1980年8月3日生效。

② 何艳梅：“刍议国际水条约”，载《水资源研究》，第28卷第3期（总第104期），2007年9月。

再采用法律方法诉诸于法院或仲裁。流域性条约的特点是：争端交由流域管理机构解决，[①] 或首先交由流域管理机构解决，在未能及时解决情况下再由政府通过外交途径谈判解决或经双方同意交由第三方调解 。如《湄公河流域可持续发展合作协定》规定，争端首先应由湄公河委员会解决，当委员会无法解决时，则移交各自政府通过外交途径解决。[②] 再如《关于分享在法拉卡的恒河水和增加流经量的协定》规定，争端首先应由联合专家委员会解决，如未能解决则提交专家评审团，仍未解决则提交两国政府协商解决。[③] 这里充分显示出流域管理机构的职能特点和其在争端解决中的作用。

三、国际水道争端解决方法

综观有关国际法律文书的规定和国家间解决争端的实践，国际水道争端解决所采用的方法，主要是政治方法，辅之法律方法。此外值得特别指出的是，在国际水道争端的解决中，国际机构的介入发挥着重要作用。

---

① 1909年美国和加拿大《边界水域条约》规定国际联合委员会有权处理两国之间有关边界水域的一切争端。1960年印度与巴基斯坦《印度河水条约》规定一切技术性争议由常设委员会处理。

1967年奥地利和斯洛伐克《关于边界水域条约》规定由边界水域委员会解决争议。

② 1995年《湄公河流域可持续发展合作协定》第34条、第35条规定：当两个或多个缔约方之间对本协定所涉及的事项和／或对执行机构经由其各种组织所进行的活动，特别是对于本协定的诠释和各方的法律权力等问题产生分歧或争执时，湄公河委员会应首先努力以其职责的规定解决争端。一旦湄公河委员会未能及时解决分歧与争端时，上述问题应移交各自政府，由其政府及时通过外交渠道谈判解决，并将其决策告知理事会采取进一步必要行动贯彻。如果政府认为有必要且有助于问题的解决，经他们共同同意，可请求都同意的个人或团体作为中介按照国际法原则帮助调解。

③ 1977年印度和孟加拉国《关于分享在法拉卡的恒河水和增加流经量的协定》第4条和第6条规定了争端解决机制，即由双方政府提名建立一个联合专家委员会确保协定实施，委员会负责审查协定实施或大坝运行过程中的任何争端和冲突，如果争端没有解决，就要被提交到双方政府提名建立的专家评审团。如果争端仍未解决，就要被提交两国政府协商解决。

（一）政治方法

政治方法也称之为外交方法，包括争端当事方自行解决程序的谈判和协商，非法律第三方介入程序的斡旋与调停、调查与和解。谈判与协商不仅是其他政治方法的基础，而且经常被视为其他所有和平解决争端方法的先决条件，当事国可以在平等的基础上为本国利益据理力争，并且对最终达成解决争端的协议具有充分的自由裁量权，因而是国际水道争端解决最常用的方法。调停与调解比争端各方之间的直接谈判更富有建设性，特别是当争端双方处于谈判僵局时，第三方往往能促使谈判协商的重启或继续，也是国际水道争端解决的常用方法。争端当事国一般都觉得使用政治方法比使用法律方法更具自主性和灵活性，因此往往倾向于采取政治方法并呈现出越来越强的趋势。

实践中大量的国际水道争端都是通过政治方法解决的。如恒河水争端。20世纪60年代，印度为提高航运、改善城市供水和防止海水倒灌，决定在恒河上游筑坝截水[①]，使恒河改道经加尔各答入海。这一决定引起巴基斯坦和后来的孟加拉国反对而开始了近30年的水冲突。1971年孟加拉国独立后不断向有关国际机构提出此问题并希望国际社会帮助和平解决。经过多年协商，1977年印度和孟加拉国签署了《关于分享在法拉卡的恒河水和增加流经量的协定》（有效期5年）。协定对两国分享恒河水做了安排，以确保上游国印度向下游国孟加拉国提供协定规定流量的河水。然而由于协定执行不力而争执不断。后在联合国的督促下，双方经过谈判协商于1996年签署了新的《关于恒河水域条约》，建立了一个有效期为30年的长期法律机制。但是，因为条约未涉及严重污染问题；更兼后来印度又启动

① 大坝距印孟边界11公里的法拉卡。1962年开始修建大坝，建成后旱季截水，雨季放闸，给孟加拉造成了巨大灾难。

了“内河联网工程”[①]引发了孟加拉国的严重抗议，在与印度进行多次谈判没有结果情况下，孟加拉正试图联合恒河流域其他沿岸国，请求世界银行、国际货币基金组织等国际组织出面解决。[②]

再如阿以水冲突。阿以水冲突当事国为叙利亚、黎巴嫩、约旦、巴勒斯坦和以色列5国，冲突的焦点在戈兰高地、约旦河、西岸加沙地带、利塔尼河和雅穆克河。由于以色列控制和抢占主要水源，[③]使阿拉伯国家受到很大损失。在经过多年长期谈判后，以色列分别于1993年和巴勒斯坦签订了关于规制约旦河水资源的《奥斯陆协议》[④]；1994年和约旦签订了《和平条约》[⑤]；1995年和巴勒斯坦签订《关于约旦河西岸和加沙地带的临时协定》[⑥]。由于以色列实际控制着约旦河大部分水资源和基础设施，它的有利地理位置和强大的经济实力使1994年《和平条约》中很多条款偏向于以色列，并且把

---

① 印方在2003年底正式宣布加快启动总投资为1100亿美元的“内河联网工程”，争取10年竣工。计划拦截从印度境内流入孟加拉国的恒河、布拉马普拉（雅鲁藏布江的下游）等大小54条“国际河流”，每年向印度南部、东部缺水地区输水1730亿立方米。（来源：潘小暻 印孟在打水仗（N）参考消息2003-11-27）专家估计印度只要从两条大河中截留10%到20%的水资源，就能影响孟加拉国一亿人的生计，导致其生态失衡，大片地区因缺水而荒漠化和盐碱化。

② 何艳梅：“刍议国际水条约”载《水资源研究》，第28卷第3期（总第104期），2007年9月。

③ 以色列单方面认定的国土面积，每年可更新的水资源只有17亿/立方米，而其年提水量高达19亿立方米，其每年多提水资源既非来自多拦截流经河流，也非超采了地下水，而是取用了其他被占领土的水源。

④ 协议的附件二规定了约旦河水资源分配标准和实施联合水资源项目，但规定难以实施。附件三肯定了公平合理利用水资源原则并成立了巴勒斯坦水资源权力机构。

⑤ 1994年《和平条约》第6条规定：双方公正的分配约旦河、雅穆克河的水资源及阿拉比/阿拉瓦地下水资源。

⑥ 1995年《关于约旦河西岸和加沙地带的临时协定》建立了一个正式的水资源分配机制，但以色列与巴勒斯坦1996年才开始协商约旦河西岸水资源管理问题，此后没有进一步协商。Elver, Hilal, Facts, Rights,and Remedies: Implementing International Law in the Israel/Palestine Conflict, 28 Hastings Int'l & Comp. L. Rev 421, p. 431.

叙利亚和巴勒斯坦两个重要的当事国排除条约之外。[①] 因此，阿以之间的水冲突并没有因为一些条约和协定的签订而完全得到解决。

上述实例表明政治方法是争端当事国用来解决国际水道争端的首选，其优势主要在于使争端方始终掌握自由裁量权，其主权和尊严得到了充分尊重；争端方也可以把握谈判条件和进程，争取按照各自的意愿达成一致意见。

但是政治方法的弱点也是显而易见的，谈判协商耗时持久，在保障相对公平的同时牺牲了效率。印度与孟加拉之间恒河法拉卡大坝争端解决谈判，从1962年开始直至1977年签订条约历经15年；埃及与埃塞俄比亚关于尼罗河水分配的争端，从1970年开始到1993年达成《埃及和埃塞俄比亚一般合作框架》历时23年；阿以水冲突谈判多年签订了条约和协议，但由于无法执行或执行不力争端而仍未彻底解决。谈判和协商还受国家综合实力的影响，弱方当事国往往处于不利地位，其结果缺乏稳定性和预见性，因而被称为“权力取向”的方法。实践中还常有这样的例子，一些与争端的解决有利害关系的国家被排斥在谈判之外，它们的正当权利得不到伸张，也为争端的最终解决留下了祸根。

（二）法律方法

法律方法包括国际仲裁和国际诉讼。法律的方法是依据国际法的原则和规则做出裁决，解决争端的程序比较固定，裁决结果对当事国具有法律约束力，因而被称为“规则取向”的方法。争端当事国一般是在争端不能以政治方法解决时才将其提交法律程序，而且在法律程序进行中，当事方可随时撤案转而采用政治方法解决争端。实践中运用法律方法解决国际水道争端的例子有限，如1929年

① 条约涉及分配的雅穆克河的主要水源来自叙利亚的戈兰高地，而且是约旦和叙利亚之间的界河，而约旦河东下游又是约旦与将来的巴勒斯坦国的界河。

奥德河管辖权案[1]，1937年默兹河案[2]，1957拉努湖案[3]，1997年多瑙河大坝案[4]。

多瑙河大坝案是运用法律方法的典型案例。1977年9月，捷克斯洛伐克和匈牙利缔结条约，决定两国共同在多瑙河上修建并联合运营两座拦河坝，项目包含位于捷克斯洛伐克领土上的水坝和水库（水坝大部分、发电渠、盖巴斯科夫发电站、水库）和位于下游匈牙利领土上的拉基玛洛水坝。1988年，匈牙利国会基于河流的生态效益高于其经济效益的考虑，通过决议命令政府重新评估该项目。1989年5月，匈牙利政府中止拉基玛洛水坝工程并宣布在项目的环境影响得到充分评估之前停止自己应承担的盖巴斯科夫附近的工程。针对匈牙利的这一举措，捷克斯洛伐克于1991年制定"临时解决办法"，单方面将近2/3的多瑙河水引入其领土上的分流渠。对此匈牙利于1992年2月提出了抗议。在欧共体出面调解无效后，1992年5月，匈牙利单方面发表声明中止1977年条约，并于当年10月提出申请，请求国际法院裁决。1993年7月，两国签订特别协议将争端提交国际法院。[5]特别协议请求国际法院依据1977年条约、国际法的规则和原则以及法院认为可以适用的其他条约，就以下问题做出裁决：1. 匈牙利是否有权终止并随后放弃拉基玛洛工程及盖巴斯科夫工程中自己承担的部分；2. 捷克斯洛伐克是否有权实施1991年的"临时解决办法"并将该系统投入使用；3. 匈牙利单方终止条约的效果。[6] 1997年9月国际法院做出如下判决：1. 匈牙利无权于1989年中止并在后来放弃拉基玛洛工程和盖巴斯科夫工程中它的那

① Territorial Jurisdiction of the International Commission of the River Oder, PCIJ Judgement, 10 September 1929.

② 陈致中编著：《国际法案例》，法律出版社，1998年版，第77—80页。

③ 同上，第81—83页。

④ Case concerning the Gabcikovo—Nagymaros Project, ICJ Judgment, 25 September 1997.

⑤ Ibid., pp.15-28.

⑥ Ibid., pp.27,60,89.

一部分；2. 捷克斯洛伐克有权于1991年11月着手准备“临时解决办法”，但无权自1992年10月单方面将该“临时解决办法”投入营运；3. 匈牙利1992年5月19日关于1977年条约和有关文件的通知不具有终止该条约和有关文件的法律效力，该条约至今仍然有效。对于判决未解决的问题，涉及1977年条约的目标实现、联合运营制度、损失的赔偿、水流量等等，法院判定双方仍以政治方法（协商）解决。双方至今仍在协商并定期向法院通报谈判进展情况。[①]

从多瑙河大坝争端的产生和解决的过程可以看出，虽然双方经过谈判协商就多瑙河的开发利用问题达成过一致意见。但在以后又发生了争端而通过谈判和调解均无法解决，仍不得不请求国际法院裁决。而从国际法院对案件的审理和判决看，这一法律方法也未能完全彻底的解决问题。涉及具体权利义务问题仍需争端双方继续协商谈判解决。可见，法律方法是政治方法的重要补充；而争端的最终解决还不能不通过协商谈判。

（三）国际机构在解决国际水道争端中的作用

国际水道争端解决的实践中，有关国际机构发挥着非常重要的作用。这些机构主要有两类：一是依有关条约设立的机构，如依国际水道条约（双边、多边）规定设立的国际水道管理机构（一般称联合机构或委员会）；二是常设国际组织，如联合国、世界银行等。

1. 国际水道管理机构

依各类水条约建立的国际水道管理机构在管理、开发和利用水资源，协调相关国家之间关系以及解决有关国际水道的各种问题方面发挥了重要的作用。

1911年国际法学会关于《国际水道非航行用途的国际规则》建议同流域国家共同设立常设机构直接处理水争议。[②] 1966年《赫尔

① 国际法院判决书、咨询意见和命令摘要（1997—2002），第1页。国际法院报告（2009—2010），第20页。http://www.icj-cij.org/homepage/ch/.

② 盛愉、周岗著：《现代国际水法概论》，法律出版社，1987年版，第266页。

辛基规则》建议当事国将问题或纠纷提交联合机构，由该机构进行实地调查，并提出在考虑各国利益前提下最充分、最有效的用水计划。[①] 1997年《国际水道非航行使用法公约》建议水道国协商建立联合管理机制。[②] 1960年印度与巴基斯坦签署的《印度河水条约》规定设立印度河常设委员会，旨在发展和保持两国在履行条约问题上的合作，协商有关事宜并解决印度河流域水源共享领域的矛盾。1992年《跨界水道和国际湖泊保护和利用公约》规定建立联合机构及其职能。[③]1995年《湄公河流域可持续发展合作协定》和1998年《保护莱茵河公约》都比较详细地规定了设立湄公河委员会和莱茵河委员会及其组织机构和职能。[④]

国家实践显示出大量的国际水道争端是通过外交途径或通过依条约建立的国际水道管理机构解决。这种解决争端的方法之所以必要是基于解决水道争端需要考虑大量技术和经济等因素。因此国家倾向于通过外交途径或者国际水道管理机构的途径解决争端，并在解决的过程中订立管理使用国际水道的协议。一些关于国际水道的条约就是由这种方法产生的，例如印度与尼泊尔签订的马哈卡河条约、印度与孟加拉国签订的恒河条约、美国与加拿大之间的哥伦比亚河条约等。[⑤]

联合委员会是许多国际水道的常设联合管理机构，一般都是依条约而设立的国际性组织，它具有国际组织的共性，同时也具有体现国际水道特征的个性。例如莱茵河国际委员会、多瑙河委员会、美墨国际边界水域委员会、乌拉圭河委员会等等。这些机构有的专

---

① 见1966年《赫尔辛基规则》第31条规定。

② 见1997年《国际水道非航行使用法公约》第24条规定。

③ 见1992年《跨界水道和国际湖泊保护和利用公约》第9条规定。

④ 见《湄公河流域可持续发展合作协定》第四章规定，《保护莱茵河公约》第6条至第14条规定。

⑤ Mohamed Sameh Amr, Diversion of International Watercourses under International Law, A.A. YUSUE(ed). African Yearbook of International Law, p.167, p.168.

为合作开发某项工程而建立；有的为协调管理水资源而建立；有的仅仅是简单的咨询机构；有的则是具有独立行政权、决策权的混合组织机构。机构的成员是相关国家政府所指定的代表，特殊情况下还有国际组织的代表，他们接受所代表利益方（一般是本国政府）的指令。联合委员会的基本性质决定了其权限和决议的效力，其决定一般需经政府组织批准后才能产生法律上的拘束力。其基本职能是管理、监督、调查研究、协商、交流信息、调解纠纷。

建立能够解决国际水道分歧和争端联合委员会是国际水条约的共同趋势。[①] 条约赋予联合委员会避免和解决争端的功能，如1909年美国和加拿大《边界水域条约》规定，国际联合委员会有权处理两国之间有关边界水域的一切争端，以及缔约一方同对岸居民之间发生的纠纷，使争议能及时得到处理。1954年南斯拉夫与奥地利签订的条约规定混合委员会的任务之一是"和平解决有争议的问题"；1960年印度与巴基斯坦《印度河水条约》规定由常设委员会协商有关事宜并解决印度河流域水源共享领域的矛盾。1967年奥地利和斯洛伐克《关于边界水域条约》规定由边界水域委员会解决争议；1995年《湄公河流域可持续发展合作协定》规定由理事会（湄公河委员会的组成机构）受理、提出并解决由理事会任何成员、联合委员会或任何成员国提出的本协议涉及的问题、分歧和争端。美国与加拿大根据《美国和加拿大间大湖水质协定》联合设立的国际联合委员会最为典型。该委员会主要负责相关条约中的各条款，处理边界水域的一切事物和水域以外的边界问题，并根据形势发展补充条约的所需内容。国际联合委员会自成立以来，对调整美加两国在其共同水域上的关系起到了积极作用，被誉为和平解决各类水争端的成功典范。

国际水道管理机构是保证水道国合作利用国际水道的有效方

① Atak Malla, Current State of the Law of International Watercourses: Progress and Paradigm Shifts 1815–2008, Nordic Journal of International Law 77(2008), p.494.

式，同时也是预防和解决争端的一种有效途径。当争端不能自行解决或必须采取措施协调水道国之间的关系时，国际水道管理机构就顺理成章地成为一种机构的解决方法。这种制度性机制可以在已有各种争端解决程序的更广大背景下发挥很大的作用。这些机构既处理争端或执行相关的争端解决机制进行裁判，也为争端方提供谈判的条件。在各国倾向于寻求外交方式解决国际水道争端的情况下，联合委员会为交换观点、磋商和订立协定创造了良好的机会。管理机构作为利益相关方参与的公共决策平台，其权威性往往是各种利益平衡的结果与反映。有效的管理机构通常有法定的组织结构、议事程序与决策机制，其决策对各国有制约作用。在美国和加拿大关于哥伦比亚河的水益分配争端中，建于上游加拿大境内的大坝，对加拿大的环境造成损害，但防洪效益是下游的美国受益，且水力发电厂建于美国境内。双方于1944年委托美—加国际联合委员会进行调查研究后，于1964年达成协议，提出公平分配水权的方案，明确双方的权利义务。这是一个由下游国家向上游国家出售水能收益而换取水量的复杂体系，成为合理分配水资源的良好范例。[①]

2. 国际组织

协调和促进成员国之间的关系是国际组织的重要职能。联合国通过它的众多的下属机构在国际水道的争端解决中发挥着十分重要的作用。当水道国开发利用流经其领土部分的水道而影响其他水道国的利益时，就可能会导致国际水道争端进而威胁到国际和平与安全。联合国宪章赋予了大会和安理会维护国际和平与安全的权利。自从联合国建立以来，一些与国际水道有关的争端提交到联合国大会和安全理事会解决。如1953年安理会处理叙利亚与以色列关于约旦河的争端。争端由于叙利亚反对以色列在叙以非武装区域的约旦河修建调水工程引起。叙以双方协调管理委员会向安理会提出在无

① 杨恕、陈晓晨："解决国际河流水资源分配问题的国际法基础"，载《兰州大学学报（社会科学版）》，第37卷第4期，2009年7月。

政治偏见的情况下考虑叙以双方的争端，澄清当事人之间的权利与义务的要求。安理会对争端进行调查，指出在双方达成一致协议之前，以色列必须停止在叙以非武装区域的一切活动。联合国大会解决了孟加拉国与印度之间关于恒河的争端。由于争端潜在地威胁地区的和平与安全，孟加拉国依据《联合国宪章》第14条，将争端提交并列入了大会第31次会议的议程。争端由大会下属的特别政治委员会处理。委员会一致通过解决方案，即两国均应当以达成公平、迅速的处理方案的态度进行谈判，并且邀请两国在大会第32届会议上报告争端的解决进程。两国通过谈判并且达成了1977年的临时协定。[①] 但协定执行不力仍然争端不断。在联合国的督促下，双方经过多年的谈判协商于1996年签署了新的《关于恒河水域条约》，建立了一个有效期为30年的长期法律机制。联合国目前已有一个专门的水资源协调机构，及联合国教科文组织下设的水教育研究所，其职能是派遣水资源问题专家对水资源利用矛盾的根源进行评估，向争端当事国提出调解建议。

其他国际组织也发挥着与联合国类似的作用。国际金融组织常通过经济手段，对水资源的开发利用施加重要影响。如世界银行在解决印度与巴基斯坦错综复杂的水资源冲突中扮演了关键的调停角色并发挥了引导的作用。1951年世界银行向印度和巴基斯坦提供了基于两国同意的服务，并用了十年的时间促使两国达成协议，1960年9月印巴两国在世界银行赞助下，并在该行1954年建议的基础上签订了《印度河水条约》。世界银行通过拒绝对印度在尼泊尔境内的水电工程提供贷款等措施，促使印度和孟加拉国进行谈判协商，于1996年签订了为期30年的《关于恒河水域条约》。世界银行还通过抑制土耳其水资源项目的财政支持向其施加影响，促使其参与叙利亚和以色列的谈判，以解决水资源项目引起的争端。还有如世界

① Mohamed Sameh Amr, Diversion of International Watercourses under International Law, A. A. YUSUE(ed). African Yearbook of International Law, p.170.

卫生组织、粮食及农业组织等，在处理与国际水道相关的争端时也发挥着与世界银行类似的作用。[①]

四、国际水道争端解决的适用原则

近一个世纪以来，包括国际司法机构裁判在内的有关国际水道争端解决的长期实践中，逐渐形成了一系列有关国际水道的开发、利用、保护和争端解决的原则，这些原则已被接受为当代国际水道法的基本原则，同时也是国际水道争端解决应当遵循的重要原则，主要包括：和平解决国际争端原则、公平合理利用原则、不造成重大损害原则、国际合作原则、预防原则。

（一）和平解决国际争端原则

和平解决国际争端是现代国际法的基本原则之一。和平解决国际争端的方法在1899年第一次海牙会议上就已经提出，1907年《海牙和平解决国际争端公约》补充了和平解决国际争端的方法，1919年《国际联盟盟约》含有和平解决国际争端的条款，之后1928年的《巴黎非战公约》进一步对和平解决国际争端、废止战争进行了确认;《联合国宪章》把用和平方法解决国际争端规定为会员国必须遵守的原则之一（第2条），并在第33条明确规定了和平解决争端的各类方法。1997年《国际水道非航行使用法公约》第33条也规定以和平方式解决争端的原则和具体方法。

和平解决国际争端既是国家的义务，也是国家的权利。根据《联合国宪章》以及各项国际水条约的规定，国际水道争端的解决应遵循和平解决国际争端原则。国家不仅有权要求而且有义务与其存有分歧或争端的水道国以和平方法解决它们之间的水道争端，它们

---

① Mohamed Sameh Amr, Diversion of International Watercourses under International Law, A. A. YUSUE(ed). African Yearbook of International Law, p.171.

还有权自由选择和平解决争端的具体方法。

（二）公平合理利用原则

首次将公平利用作为国际河流利用的一项最基本规则规定下来的是1966年《赫尔辛基规则》。该规则第4条规定“每个流域国在其境内有权公平合理分享国际流域内水域利用的水益”，具有里程碑的意义，得到了国际社会的广泛认可。1997年《国际水道非航行使用法公约》第5条的规定将其进一步扩展为公平合理的利用和参与原则，并规定了与公平合理利用相关的具体因素（自然、社会、经济、人口、用途及保护措施的费用等）[①]。在关于国际水道利用和保护的区域性条约中，公平合理利用原则同样得到了体现。1992年《跨界水道和国际湖泊保护和利用公约》规定缔约国保证利用跨界水体是以生态健康、合理的水管理、水资源保护和环境保护为目的；保证以公平合理的方式利用跨界水体。1960年《印度河水条约》确定了印巴两国在印度河的用水范围，并按照双方的用水需要划分水域的规定，充分体现了公平合理利用原则。1978年南美八国签订的《亚马逊河合作条约》第1条规定各缔约国采取共同行动和努力以增进各国亚马逊地区的和谐发展，使之产生公平互利的结果，使这些地区的环境及自然资源得到保护和合理使用。1995年《湄公河流域可持续发展合作协定》第5条规定公平及合理利用湄公河水域的原则及具体实施办法。

公平合理利用原则具有丰富内容。按照这一原则的要求，首先每个流域国在其境内都有权公平合理地分享国际流域内水域和利用的水益。其次，公平合理利用的确定需综合各种有关因素予考量。第三，每项因素的分量要根据该因素与其他有关因素的相对重要性加以确定。在确定一种使用是否公平合理时，在同时考虑一切相关因素的整体基础上做出结论。第四，各方对河流的用途是平等的，

① 见《国际水道非航行使用法公约》第6条规定。

任何用途对于其他用途都不占优先地位。第五，不能因一国未来需要利用而不准另一流域国现在对水域的合理利用，现有利用合理即可保持不变。

公平合理利用原则作为国际水道争端解决的基础性原则，在实践中得到了充分贯彻。国际常设法院1929年奥德河管辖权案的判决认为，各沿岸国对于可航行河流具有共同的利益，这种共同利益决定各沿岸国对于航行具有共同的、平等的法律权利。[①] 国际法院1997年对“多瑙河大坝案”的判决也充分体现了公平合理利用原则。埃及与其上游国埃塞俄比亚的就尼罗河水资源利用问题达成和解，是以“公平合理利用”原则为指导来维护各水道国特别是上游国家的用水权利。塞内加尔河流域国家在公平合理原则指导下，实行国家平等原则，共同制定了航行条例，解决了流域国家间的水争端，共同开发和利用塞内加尔河，实现了各流域国家利益的最大化。

（三）不造成重大损害原则

1966年《赫尔辛基规则》规定各国有责任防止和减轻对国际流域水体的污染，不引起重大危害；国家有责任停止其引起污染的行为并对同流域国所受的损失进行赔偿。[②] 该规则强调公平合理利用为主，希望各国承担利用不引起损害的义务。2004年《柏林规则》进一步规定流域国有义务不对其他国家造成重大损害。1997年《国际水道非航行使用法公约》规定水道国有义务单独或共同预防、减少和控制可能对其他水道国或其环境造成重大损害；采取一切适当措施预防或减轻与国际水道有关的可能对其他水道国有害的状况；各水道国应商定彼此同意的预防、减少和控制国际水道污染的措施

① Territorial Jurisdiction of the International Commission of the River Oder, PCIJ Judgement, 10 September 1929.

② 见《赫尔辛基规则》第10条、第11条规定。

和方法。[①] 1995年《湄公河流域可持续发展合作协定》规定了有害影响的预防和制止，以及国家对危害应当承担的责任。[②]1964年《乍得湖流域开发公约和规约》的各缔约国承诺在征求乍得湖流域委员会的意见之前，不采取任何可能导致大量水土流失、影响流域的水文和湖水构成及水位、影响其他沿岸国的用水和影响水域卫生条件或生物学特征的措施。体现了不造成重大损害原则。

不造成重大损害原则的实质是对国际水道的相关国家在开发利用国际水道中的权利的一种限制。其具体内容包含两方面：第一，国际水道内各国在领土内利用国际水道时，应采取一切适当措施，防止对其他国家造成重大损害。第二，一国开发利用国际水道的行为如对另一个国家造成重大损害，应采取一切适当措施消除或减轻这种损害，并在适当的情况下给予补偿。

国际水道争端解决实践体现并确认不造成重大损害原则。1937年默兹河分流案中，比利时和荷兰互相谴责对方的运河水闸等工程违反了两国1863年签订的条约。国际常设法院驳回了双方的指控，指出双方对其境内的河段和运河有利用的自由，只要该利用不损害原来的河道或者改变提水量和贮水量。判决认为沿岸国对其管辖下的河流行使主权权利时，不得妨碍其他沿岸国对该河流行使主权权利。具体在处理有关分流和提水问题时，则应承认国家对国际河流在其境内的河段提水或分流时，不得损害他国利益。[③] 判决反映了主权平等原则和“不造成重大损害义务”。在埃及与埃塞俄比亚的用水纠纷的解决中，以“公平合理利用”原则来维护上游国家的用水权利，同时也通过设定“做出适当努力不造成重大损害”的义务来约束其用水行为，以维护下游国的用水利益。

---

① 见《国际水道非航行使用法公约》第21条、第22条和第27条规定。

② 见《湄公河流域可持续发展合作协定》第7条、第8条规定。

③ 陈致中编著:《国际法案例》，法律出版社，1998年版，第77—80页。

（四）国际合作原则

国际水道的共享性与复杂性决定了实现公平合理利用的根本条件在于各国富有诚意、平等协商下进行合作。这种合作应建立在主权平等、领土完整、互利和善意的基础上，使国际水域得到最佳利用和充分保护。1997年《国际水道非航行使用法公约》强调了国际合作在保证国际水道的开发、管理、保护及可持续利用中的重要性。第8条规定水道国应在主权平等、领土完整、互利和善意的基础上进行合作，使国际水道得到最佳利用和充分保护。在确定这种合作的方式时，水道国如果认为有必要可以考虑设立联合机制或委员会，以便参照不同区域在现有的联合机制和委员会中进行合作所取得的经验，为在有关措施和程序方面的合作提供便利。1992年《跨界水道和国际湖泊保护和利用公约》在序言中指出"有效地实现保护和利用跨界水道和国际湖泊只能通过扩大合作予以确保"，并在第2条第6项表明："为了制订有关具重大意义的集水区或者其中部分的统一政策、方案和策略，沿岸国应当在平等和互惠特别是在双边或者多边协定基础上进行合作以防止、控制和减少跨界影响以及保护跨界水环境或者受此种水体影响的环境，"指出各沿岸国应当秉承互惠、善意和睦邻的精神进行协商，从而就公约涉及的问题进行合作。1995年《湄公河流域可持续发展合作协定》规定，在主权平等与领土完整的原则基础上进行合作以利用和保护湄公河流域的水资源；考虑所有相关因素和情况，以合理及公平的方式在各自的领土范围内利用湄公河水系的水域。

国际水道的争端问题具有相当的技术特性，而且不仅仅是要协调不同国家的利益，还要平衡各个国家使用国际水道的权利。同时，国际水道的使用还要满足环境保护的要求。这些特征决定了解决国际水道争端需要基于国家间的国际合作。实践中大量的区域和流域条约及依条约设立的联合委员会既是水道国合作的产物，又为促进国际水道合作利用和争端解决提供了保障。

（五）预防原则

预防原则是环境保护的“黄金原则”，是尊重国家主权和不损害国外环境原则的延伸，在许多国际条约和国际法律文件中得到体现。1966年《赫尔辛基规则》的规定首次体现预防原则，要求每个国家必须防止国际河流新污染或增加污染的程度，并采取各种合理措施减轻现有污染。预防污染必须进行事先的信息通报（特别是对可能受重大影响的流域国）。应考虑可能引起河流状态的变化产生的纠纷，发布通告并听取受影响流域国的意见。[①] 2004年《柏林规则》第57条规定了预防和通知的义务。1997年《国际水道非航行使用法公约》规定水道国在其领土内利用国际水道时，应采取一切适当措施，防止对其他水道国造成重大损害；应就计划采取的措施交换资料和互相协商谈判；对计划采取的可能对其他水道国造成重大不利影响的措施应及时通知；应预防、减少和控制污染。[②] 公约设计了一系列的规则预防争端的发生，规定冲突的利益须通过合作的手段进行调整；每个国家都应当考虑其他国家的需求和利益，任何国家没有否决其他国家的权利。1992年《跨界水道和国际湖泊保护和利用公约》规定缔约国应以预防原则为指导，尽可能在污染源采取措施防止、控制和减少水污染。1995年《湄公河流域可持续发展合作协定》关于缔约国尽力避免、减少和减轻可能对环境产生的有害影响及通知义务的规定体现预防原则的精神。

国际法院对多瑙河大坝案判决的有关阐述在一定程度上揭示了预防原则的发展趋向。法院指出注意到在环境保护领域里，由于环境损害常常具有不可逆转的特性，以及对这种损害的补偿所固有的局限性，警惕和预防是必要的。判决还提到匈牙利和斯洛伐克一致同意有必要对环境利益给予严肃对待并采取必要的风险预防措施。

---

① 见《赫尔辛基规则》第10条、第29条规定。

② 见1997年《国际水道非航行使用法公约》第7条、第12条至第19条、第21条规定。

预防争端的手段首先是交换信息制度。提供可知的信息是必要的义务；其次是通知制度，特别是当紧急情况出现时，毫无延迟地通知受到影响的国家和主管国际组织是一项无条件的义务。因为对于紧急事件的提前通知能潜在地帮助受到影响的国家减少损害。[①]事先通知是预防原则的重要体现。国际仲裁法庭1957年拉努湖案提出了事前通知的要求。西班牙指责法国从拉努湖引水工程没有事先得到两国政府的同意，仲裁庭没有支持西班牙的这一指责，认为"事先同意是对一国主权的严重限制，但在国际法中找不到这种限制的根据。"[②] 因为这既没有成为一项国际惯例，也不是法律的一般原则。但是认为基于善意进行通知和协商是必要的。国际法院2010年4月对乌拉圭纸浆厂案[③] 判决中，就事先通知义务的解释和适用前进了一步。国际法院就事先通知的地位、内容和效果进行了解释和分析，明确指出各方进行可能造成重大不利影响的开发利用活动时，有义务进行事先通知，通知内容包括可获得的环境影响评价等信息。该案判决对国际水道开发利用中，水道国采取的措施可能造成重大不利影响时具有事先通知的法律义务，应该是一项习惯国际法规则的重要"法律确信"。

国际水道争端解决的实践不仅运用已有原则，而且进一步确立和发展了国际水道法的原则。国际法院在1993年的"多瑙河大坝案"中首次提及"可持续发展"的概念。法院指出："长期以来，人类出于经济和其他原因不断地干扰大自然。过去这么做通常没有考虑到对环境造成的影响。由于新的科学发现和进一步意识到以不假

① Ruth Lapidoth, Dispute Settlement under the 1997 Convention on the Law of the Non-Navigational Uses of International Watercourses, International Law Studies Series. US Naval War College, Vol. 75, p.233.

② 王曦编著：《国际环境法》，法律出版社，1998年版，第189页。

③ Case concerning Pulp Mills on the River Uruguay (Argentina v. Uruguay), Judgment of 20April 2010, pp.151-158. 乌拉圭和阿根廷都认为，双方在利用乌拉圭河而采取的措施可能影响到另一方利益时，必须事先通知受影响方是双方必须遵守的法律义务。但双方对于事先通知义务的内容和效果存在理解上的分歧。

思索、持续的方式这样继续干扰下去而给这一代和将来的世世代代的人类所造成的风险，新的规范和标准已经形成，并在过去20年间的大量条约中有所规定……可持续发展的概念恰如其分地反映了有必要使经济发展与环境保护相协调。就本案而言，这意味着该缔约方应重新审视（斯洛伐克）发电厂运行对环境的影响。”① 国际法院建议在决策中适用“可持续发展”的概念，但没有宣称或指出“可持续发展原则是一项国际习惯”② 国际法院在2010年4月乌拉圭纸浆厂案的判决中，多次提到“可持续发展”的概念，认为争端双方于1975年签署的《乌拉圭河规约》第27条不仅反映了有必要调和沿岸国跨界情形和利用共享自然资源的各种利益，而且反映了有必要在利用河水和保护河流之间达到可持续发展的平衡，把“公平合理利用共享自然资源”与“可持续发展的本质——经济发展与环境保护的平衡”相互依存关系具体化了。在这里，法院虽未明确宣称“可持续发展是一项国际习惯法”，但在判决中援引这一概念，有学者认为，已构成确认该原则为习惯国际法的重要“法律确信”。③

在上述案件的裁判中，法院虽然都尽可能限于解释已签署的条约规定，但判决往往不能不涉及对一些基本原则的阐述，其重要意义大大超出了对具体案件的处理意见。另一方面，国际司法机构的以上判决对国际水道法的认证、确定和解释起着重要的作用，对国际水道习惯法的形成和发展有着显著的影响。

① Case concerning the Gabcikovo—Nagymaros Project, ICJ Judgment, 25 September 1997, p.140.

② PRUE TAYLOR. Case conceming the Gabcikvov-Ngymaros Projcet [Z]. A Message From the Hague on Sustainable Development, 1999,(3): 109-110.

③ 金慧华：“国际法院对国际水道环境争端的解决——以乌拉圭纸浆厂案为例”，载《社会科学家》，2010年第12期。

结 论

国际水道争端有其必然发生的客观条件，然而在解决途径上，各国多选择谈判协商，而少采用仲裁或司法解决。这种现状与绝大多数国家不愿意将涉及主权的问题交由第三方决定的态度有关；同时国际水道问题本身的复杂性，资料难以量测、确认及举证，以及水随时流动变化的特性，也是难以交付仲裁或司法解决的潜在的主要原因之一。争端解决需要有强制调解机制，但又不能绝对强制采取法律方法。国际水道的差异性及单个性使得争端解决的各类方法均有利弊而不可能尽善尽美。如何协调水道国对水资源公平合理利用的权利和利用时不给其他水道国带来重大损害的义务之间的关系，以避免和解决国际水道争端是很现实的问题。缺乏统一的国际水道管理制度和有力的争端解决机制是问题的关键所在。

国际河流争端的复杂性、所涉及利益的多重性以及高度的科学技术性，决定了必须建立强有力的国际水道争端避免与解决机制。实践表明，法律手段作为外交手段的重要辅助方法，法律手段和国际水道联合管理机制一同运作解决争端，更容易被水道国接受，同时也是一种发展趋势。区域（流域）合作是针对国际水道特点解决问题的有效途径，建立和完善国际水道联合管理机制，充分发挥联合机构既有利于国际水道的综合管理、开发和保护，又有利于预防和解决争端的作用，是切实可行的有效方法。

国际法庭近来有关海洋划界裁判的述评[*]

高健军[**]

一、2001年“卡塔尔诉巴林案”[①]

卡塔尔和巴林位于波斯湾西南部。卡塔尔是个半岛国家，而巴林则由许多岛屿、小岛和沙洲组成。[②]两国历史上都曾为英国的被保护国。1947年英国向双方建议用一条主要位于巴林主岛和卡塔尔海岸之间的中间线作为它们之间的海床边界，但未被两国接受。1971年卡塔尔和巴林不再是英国的被保护国。[③]两国就祖巴拉（Zubarah）、海瓦尔（Hawar）和加南（Janan）的主权问题存在争端，而这直接阻碍了它们划分彼此之间的海洋边界。1991年7月8日卡塔尔向国际法院提起诉讼，请求解决它同巴林之间的领土争端和海洋划界争端。[④]经过审理，法院于2001年3月16日就案件的实质问

* 此论文是“教育部人文社会科学研究青年基金项目”《南海争端被提交第三方程序的可能性研究》的中期成果，项目批准号：11YJC820023。

** 中国政法大学国际法学院教授，法学博士。

① Case concerning Maritime Delimitation and Territorial Questions between Qatar and Bahrain, ICJ Reports 2001, p.40.

② Qatar v. Bahrain, para. 35.

③ Ibid., paras. 61-65.

④ Ibid., paras. 1, 31, 35.

题做出判决。关于领土问题，判定卡塔尔对祖巴拉[①]以及包括哈特加南（Hadd Janan）在内的加南岛拥有主权[②]，而巴林则对海瓦尔岛群拥有主权。[③]

关于海洋划界问题，卡塔尔请求法院“根据国际法在分别归属于卡塔尔国和巴林国的海床、底土和上覆水域间划一条单一海洋边界。”[④]而巴林在其提交的诉状中同样主张划一条单一边界。法院由此判定，当事双方都要求它划一条单一海洋边界。[⑤]在划界南部地区，当事双方的海岸相对，且距离不足24海里，因此法院需要划分的是两国之间的领海边界。而到了北部地区，两国海岸不再相向，而更类似于相邻，同时划界的对象是归属于当事各方的大陆架和专属经济区。[⑥]关于划界应适用的法律，由于巴林和卡塔尔均非1958年《日内瓦海洋法公约》的缔约国，而且只有巴林批准了1982年《海洋法公约》——卡塔尔仅仅签署了该公约，因此法院认为本案划界应该适用习惯国际法。[⑦]

关于南部的领海划界，国际法院认为应当适用1982年公约第15条中的规定，即“如果两国海岸彼此相向或相邻，两国中任何一国在彼此没有相反协议的情形下，均无权将其领海伸延至一条其每一点都同测算两国中每一国领海宽度的基线上最近各点距离相等的中间线以外。但如因历史性所有权或其他特殊情况而有必要按照与上述规定不同的方法划分两国领海，则不适用上述规定”。法院指出：“1982年公约第15条和1958年《领海及毗连区公约》第12条第1款完全相同，被认为具有习惯法的性质。它经常被称为‘等距

① Qatar v. Bahrain, para. 97.

② Ibid., para. 165.

③ Ibid., para. 147.

④ Ibid., para. 31.

⑤ Ibid., para. 168.

⑥ Ibid., paras. 169-170.

⑦ Ibid., para. 167.

离/特殊情况’规则。最符合逻辑和最广泛使用的方法是首先划一条临时等距离线，然后按照存在的特殊情况考虑是否必须调整这条线。”[①] 为了划临时等距离线，法院考察了当事双方的相关海岸以决定用来测算等距离线的适当基点。在这方面，巴林主张，作为一个“事实上的群岛国”，它有权宣布自己为1982年公约第四部分项下的群岛国，并划公约第47条允许的群岛基线。法院指出：“直线基线方法是决定基线的正常规则的例外，只有当符合一些条件时才能适用。该方法必须加以严格适用。这类条件主要是：或者海岸线极为曲折，或者紧接海岸有一系列岛屿。除非符合有关条件，一国认为自己是多岛国或是事实上的群岛国并不足以使其偏离确定基线的正常规则。”[②] 在法院看来，由于巴林主要岛屿的海岸并非极为曲折，而且有关岛屿的数量相对较少，因此“只有当该国已经宣布它自己是1982年《海洋法公约》第四部分项下的群岛国时，才能适用直线基线方法”。鉴于本案中巴林尚未宣布自己为群岛国，因此法院的结论是，巴林无权使用直线基线方法。[③] 此外，法院认为出于划等距离线的目的，必须忽略那些位于双方主张重迭区域内的低潮高地，[④] 因为“当低潮高地位于两国领海的重叠区域内时，无论海岸相向还是相邻，两国原则上都有权使用它的低潮线来测算领海的宽度。……为了划界目的，两个沿海国从海洋法有关条款中获得的相互竞争的权利似乎必须彼此抵消。”[⑤] 而导致法院调整该临时等距离线的特殊情况是三个小的海洋特征：法施特·阿兹姆（Fasht al Azm）、吉塔特·杰拉达（Qit'at Jaradah）和法施特·迪巴尔（Fasht ad Dibal）。当事双方在应当把法施特·阿兹姆看做是巴林的斯特拉岛（Sitrah）的一部分，还是同该岛无天然联系的低潮高地的问题上

① Qatar v. Bahrain, para. 176.

② Ibid., paras. 212-213.

③ Ibid., paras. 213-215.

④ Ibid., para. 209.

⑤ Ibid., para. 202.

意见相左。[①] 法院指出，如果法施特·阿兹姆被看做斯特拉岛的一部分，则不适于将等距离线作为边界，因为鉴于该岛表面只有不到20%的面积永久高出水面的事实，这将使边界不成比例地靠近卡塔尔的大陆海岸；另一方面，如果法施特·阿兹姆被看做一个低潮高地，则等距离线将触及法施特·阿兹姆，并因此同样不是一条合适的界线。由此法院认为，无论基于何种假设，都存在特殊情况，从而有理由选择一条在法施特·阿兹姆和吉塔特·舍杰拉（Qit'at ash Shajarah）之间穿过的界线。[②] 关于巴林的吉塔特·杰拉达岛，它是一个弹丸小岛，[③] 无人居住，寸草不生。该岛大约位于巴林主要岛屿和卡塔尔半岛中间，距离两国都不超过12海里。法院认为，如果在构建等距离线时使用它的低潮线作基点，并将该等距离线作为界线，那么就给予了一个不重要的海洋特征以不成比例的效力。由此，法院认为，该特殊情况要求选择一条紧贴着吉塔特·杰拉达东面穿过的界线。[④] 第三，由于无论将法施特·阿兹姆看做斯特拉岛的一部分还是一个分离的低潮高地，在不给吉塔特·杰拉达效力的情况下，法施特·迪巴尔都将主要或全部位于调整等距离线的卡塔尔一侧。由此，法院认为将界线划在吉塔特·杰拉达和法施特·迪巴尔之间是适宜的，从而将后者置于卡塔尔的领海内。[⑤]

在划界北部地区，国际法院在考察了之前的判例后决定："法院

① Qatar v. Bahrain, para. 188.

② Ibid., para. 218.

③ 根据巴林任命的专家的报告，其在高潮时的长宽约为12米和4米，而低潮时为600米和75米。它在高潮时的高度约为0.4米。Ibid., para. 197.

④ Ibid.

⑤ Ibid., para. 220. 本案当事双方关于法施特·迪巴尔的归属存在争议。巴林主张，低潮高地据其性质是领土，因此可以按照与取得领土有关的标准加以占有。但卡塔尔则坚称作为低潮高地，法施特·迪巴尔不能被占有。Ibid., para. 200. 法院指出："国际条约法在低潮高地是否能被看成'领土'的问题上没有规定。本院也不知道存在可能产生明确许可或禁止占领低潮高地的习惯规则的广泛而一致的国家实践。只是在海洋法中就位于海岸相对较近的低潮高地确立了一些许可性规则。现存的少量规则不能证明存在一个笼统的假设，即低潮高地是和岛屿同一意义上的领土。" Ibid., paras. 205-206.

在本案中将遵循同样的方法。对于12海里区域以外的划界，它将首先划一条临时等距离线，然后考虑是否存在导致必须调整该线的情况。”[①] 法院还进一步指出：“特别适合于领海划界的等距离/特殊情况规则，和自1958年以来在判例法和国家实践中发展起来的关于大陆架和专属经济区划界的公平原则/有关情况规则，密切相关。”[②] 但法院同时重申了它在1985年“利比亚/马耳他案”中关于等距离的立场：“等距离方法并不是可适用于本争端的唯一方法，它甚至不能得到有利于它的推定。因此，按照现行法律，必须证明等距离方法在有关案件中导致了公平结果”。[③]

关于调整临时等距离线的有关情况，巴林主张应当考虑卡塔尔半岛北面的珍珠养殖场，认为这些珍珠养殖场很久以前就属于巴林了。国际法院指出，海湾地区的珍珠养殖业传统上被看做沿岸居民共有的权利，因此，即使能确定从事珍珠养殖业的渔民全都来自同一个国家，也不能导致巴林对这些养殖场本身或其上覆水域的专属性的准领土权利。而且，该地区珍珠养殖业早就停止了。法院的结论是，尽管这些养殖场过去主要由巴林渔民作业，但这并不构成一个需要向东移动等距离线的情况。[④] 另一方面，卡塔尔请求国际法院适当考虑1947年英国关于两国海床分界线的决定，因为在卡塔尔看来，“尽管不能说从这个决定中产生出任何历史性权利，但它的确造成了这样一种状态。”但法院指出，任何一方都未将英国的这个决定看成是有拘束力的文件，而且，该决定只涉及划分当事国间的海床边界，而本案涉及的划界既包括领海划界，也包括大陆架和专属经济区的联合划界，因此不能认为1947年界线同本案划界直接相

① Qatar v. Bahrain, para. 230.

② Ibid., para. 231.

③ Ibid., para. 233. Continental Shelf (Libyan Arab Jamahiriya/ Malta), ICJ Reports 1985, p. 13, para. 63.

④ Qatar v. Bahrain, paras. 235-236.

关。[①] 卡塔尔还主张当事双方海岸长度间存在重大差别，其大陆海岸和巴林主要岛屿海岸间的长度比率为1.59∶1。但巴林反驳说，所说的差别源于卡塔尔的假定，即它对海瓦尔岛群有主权；而如果将这些岛屿看成巴林的，则相关海岸的长度几乎持平。考虑到法院已经决定巴林拥有海瓦尔岛群主权的事实，法院认为“当事双方海岸长度间的差别不足以要求调整等距离线”。[②] 在拒绝了当事双方提出的上述主张后，国际法院认为应当考虑法施特·雅里姆（Fasht al Jarim）这一海洋特征。该岛部分位于巴林领海内，高潮时最多只有极小一部分露出水面。鉴于它的位置，其低潮线不仅可用作测算领海，而且可以用作测算大陆架和专属经济区的基线。但是法院指出，当事双方在划界北部地区的海岸类似于相邻关系，在形状和长度上无显著差别，而法施特·雅里姆却将巴林的海岸线向波斯湾内大大地延伸了。法院认为，如果本案划界给法施特·雅里姆全效，那么它就会“歪曲边界并产生不成比例的效果。”而由这样一个“远离大陆的海洋特征造成这样的歪曲将不会导致一个符合上述所有其他有关因素的公平解决。有鉴于此，法院决定，在本案的情况下，公平的考虑要求法施特·雅里姆在划定北部界线时不发生任何效力”。[③] 法院最后以13票对4票做出了关于划界的判决。[④] 其决定的边界线由42个转折点和端点组成，点1以南，界线向西南延伸，直到两国同沙特的边界线；点42以北，界线向东北偏北方向延伸，直到两国同伊朗的边界线。[⑤]

① Qatar v. Bahrain, paras. 239-240.

② Ibid., paras. 241-243.

③ Ibid., paras. 247-248.

④ Ibid., para. 252.

⑤ Ibid., para. 250.

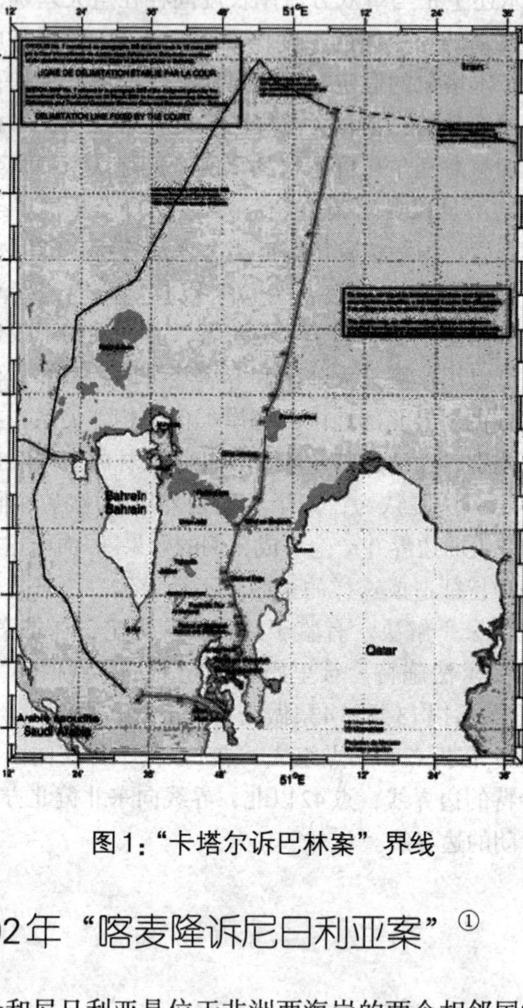

图1:“卡塔尔诉巴林案”界线

二、2002年“喀麦隆诉尼日利亚案”①

喀麦隆和尼日利亚是位于非洲西海岸的两个相邻国家，岸外为几内亚湾（Gulf of Guinea），对面为赤道几内亚的比奥科岛（Bioko

① Case concerning the Land and Maritime Boundary between Cameroon and Nigeria (Cameroon v. Nigeria: Equatorial Guinea Intervening), ICJ Reports 2002, p. 303.

Island)。1971年4月4日两国元首就3海里以内的海洋边界达成协议，确立了一条包括12个端点和转折点的界线。1975年6月1日两国元首签署《马鲁阿宣言》(Maroua Declaration)，将海洋边界从1971年确定的第12点延伸至G点。但不久后尼日利亚否定该宣言的效力，要求重开谈判。此外，两国还就巴克斯半岛（Bakassi Peninsula）的主权归属以及陆地边界的划分存在争端。1994年3月29日喀麦隆就“巴克斯半岛的主权问题”在国际法院对尼日利亚提起诉讼，同时请求国际法院“决定1975年所定界线以外的两国海洋边界的走向”。同年6月6日喀麦隆提交附加请求书，将争端范围扩大到包括“乍得湖地区喀麦隆部分领土的主权问题”，同时要求法院明确两国自乍得湖到海的陆地边界，并将上述两个请求书合并到一个案件当中。[①] 经过审理，国际法院于2002年10月10日就案件实质问题做出判决。

关于海洋划界问题，国际法院将其划分为两段加以审理。第一段从阿克瓦耶河（Akwayafe River）河口到1975年《马鲁阿宣言》所确定的G点。第二段位于G点以外。第一段涉及《马鲁阿宣言》的法律效力问题，对此尼日利亚持否定态度，理由是其前总统签署该宣言的行为构成对其宪法中有关缔约权规则的违反。国际法院认为《马鲁阿宣言》“构成国家以书面形式缔结的确定边界的国际协议，因此应当由国际法调整并构成《维也纳条约法公约》(第2条1款)意义上的条约”，[②] 且“该宣言一经签署即刻生效”。[③] 法院指出，尽管《维也纳条约法公约》第46条1款允许：“一国……援引其同意承受条约拘束之表示为违反该国国内法关于缔约权限之一项规定之事实以撤消其同意，……但违反之情事（必须）显明”。按照该条2款的规定，“违反情事倘由对此事依通常惯例并秉善意处理之任何国家客观视之为显然可见者，即系显明违反”。法院认为：“除非至少

---

① Cameroon v. Nigeria, paras. 1, 3.

② Ibid., para. 263.

③ Ibid., para. 264.

适当公布，对国家元首在此方面的权利限制并非第46条第2款意义上的显明。之所以如此，因为国家元首属于该公约第7条第2款规定的‘由于所任职务毋须出具全权证书’即被视为代表其国家的人员范畴”。[①] 由此，国际法院认为《马鲁阿宣言》“应被视为有拘束力并为尼日利亚确立了法律义务”。这样，法院以13票对3票做出判决，认为包括G点在内的喀麦隆和尼日利亚的第一段海洋边界已经由有关条约加以确立。[②]

关于G点以外的海洋边界，国际法院首先指出，既然喀麦隆和尼日利亚都已经批准了1982年《海洋法公约》，因此，公约的有关条款，特别是第74和83条是“可适用的”。[③] 鉴于当事双方在其书面程序中同意用一条线划分它们之间的海域，因此“在本案中，本院的任务是在其有权判决的限制区域内从G点开始为管辖重叠海域决定一条单一界线”。[④] 关于单一划界的法律规则，国际法院指出：“本院已经在不同场合明确了当管辖发生重叠而需为几个区域决定一条界线时可适用的划界标准、原则和规则。它们被表述为所谓的公平原则 / 有关情况方法。该方法与适用于领海划界的等距离 / 特殊情况方法十分类似，包含两个步骤：首先画一条等距离线，然后考虑是否存在要求调整或移动该线的因素以便取得‘公平结果’”。[⑤] 法院决定“在本案中适用同样的方法”。[⑥]

关于是否存在需要调整该临时等距离线以便取得公平结果的情况，喀麦隆主张需要考虑以下主要情况：第一，喀麦隆海岸线的凹陷导致了对喀麦隆事实上的“截断”效果；第二，正对喀麦隆海岸的比奥科岛的存在大大缩减了喀麦隆海岸线向海的扩展；第三，相

① Cameroon v. Nigeria, para. 265.

② Ibid., para. 268.

③ Ibid., para. 285.

④ Ibid., para. 286.

⑤ Ibid., para. 288.

⑥ Ibid., para. 290.

关海岸线长度的差别。[①] 对此，尼日利亚主张，法院不应补偿喀麦隆因该区域地理的直接后果而遭受的任何不利，并强调重塑地理不是国际法的目的。关于喀麦隆的第一个主张，国际法院表示尽管它“并不否认海岸线的凹陷或许是一个同划界有关的情况”，但强调“这只能限于该凹陷位于划界区域内的情况”。就本案划界而言，法院注意到“与当前划界有关的海岸线部分没有显示出特别的凹陷。喀麦隆海岸线的凹陷部分明显主要是朝向比奥科的那部分。因此，本院并不认为与划界有关的海岸线的构造是一个应当移动等距离线的情况”。[②] 关于比奥科岛对喀麦隆海岸前沿向海扩展的影响，国际法院承认岛屿在划界时曾经被当做有关情况加以考虑，如果该岛屿位于待划界地区且主权属于当事一方。但在本案中，比奥科岛的主权属赤道几内亚，一个非诉讼当事方。因此，此种影响“是喀麦隆和赤道几内亚之间，而非喀麦隆和尼日利亚之间的问题，同本院面临的划界问题无关”。由此法院不认为比奥科岛的存在是一个应当移动等距离线的情况。[③] 关于喀麦隆的最后一个主张，即认为它和尼日利亚在几内亚湾的海岸线长度的差异是一个要求向西北方向移动界线的情况，尼日利亚认为喀麦隆没有尊重海岸线长度的比例标准，该标准实际上有利于尼日利亚。按照尼日利亚的计算，两国海岸线长度之比介于1∶1.3 和1∶3.2（尼∶喀）之间。国际法院承认，“在调整或移动临时界线时当事国各自海岸线长度间的实质差异可能是一个需要考虑的因素”。但本案中无论将尼日利亚的哪段海岸线视为有关，喀麦隆的相关海岸线都不会长于尼日利亚。因此，国际法院认为没有理由基于此而向有利于喀麦隆的方向移动等距离线。[④]

另一方面，尼日利亚主张“划界应当特别考虑尊重开发和利用

---

① Cameroon v. Nigeria, paras. 272-274.

② Ibid., para. 297.

③ Ibid., para. 299.

④ Ibid.

大陆架矿产资源的既存权利的需要”。[①] 尼日利亚认为，当事国有关颁发石油开采特许权的行为已经导致了一条事实界线，它在确立海洋边界时有极其重要的作用；法院在决定海洋边界走向时必须尊重特许权的形状，而不能重新分配已由尼日利亚、赤道几内亚和喀麦隆的实践所建立的石油许可。[②] 国际法院在回顾了其自身和仲裁法

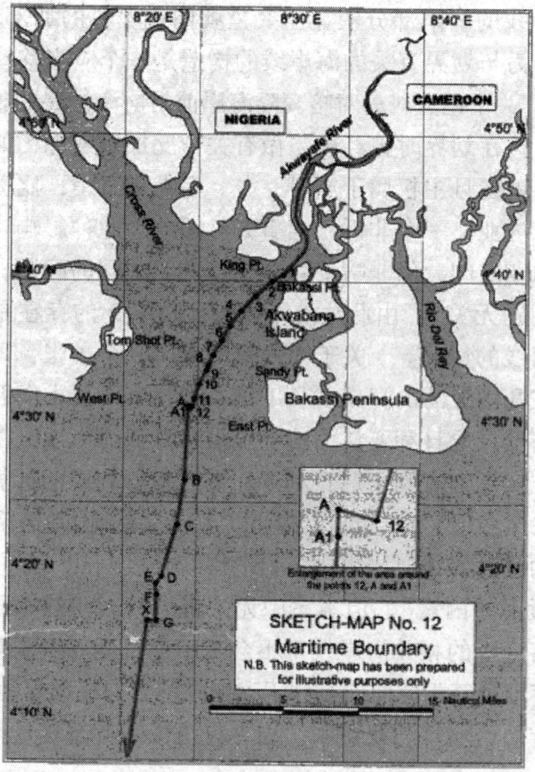

图2：“喀麦隆诉尼日利亚案”界线

① Cameroon v. Nigeria, para. 27.

② Ibid., para. 282.

庭的有关判例后指出:“从判例中可以看出，尽管当事方关于它们各自石油特许权位置的明示或默示的协议或许表明它们在各自所有的海域方面的一种合意，但石油特许权和油井本身并不能被视为应当调整或移动临时界线的有关情况。只有基于当事方之间明示或默示的协议，它们才有可能被考虑。本案当事方之间关于石油特许权没有协议。因此，本院认为当事方的石油实践不是一个本案海洋划界应当考虑的因素。”[①]

在确信不存在其他需要调整等距离线的原因后，国际法院以全体一致的方式决定“等距离线代表了在它有权裁决的区域内的划界的公平结果”。[②] 由于当事双方1975年《马鲁阿宣言》决定的G点并不位于两国间的等距离线上，而是位于该线以东，法院决定“界线从G点应当直接在X点连接到等距离线上，该点的方位为东经8°21'20"、北纬4°17'00"”。这样，两国的海洋边界在越过G点后将向西延伸直到在上述方位遇到X点，然后转而向南沿等距离线延伸。为了避免影响赤道几内亚这个非诉讼当事方的权利，国际法院认为“它所能做的只是指明从X点当事方海域间边界的一般方向。该边界应沿187°52'27"的方位角延伸”。[③]

三、2006年“巴巴多斯诉特立尼达和多巴哥案”[④]

巴巴多斯及特立尼达和多巴哥位于南美洲东北海岸外，巴巴多斯位于多巴哥东北116海里。特立尼达和多巴哥已经按照公约的规

---

① Cameroon v. Nigeria, para. 304.

② Ibid., paras. 306, 325(IV).

③ Ibid., para. 307.

④ Case between Barbados and the Republic of Trinidad and Tobago, Arbitral Tribunal Constituted Pursuant to Article 287, and in Accordance with Annex VII, of the United Nations Convention on the Law of the Sea, Arbitration Award of 11 Apr. 2006，载于常设仲裁法院网站：www.pca-cpa.org/showpage.asp?pag_id=1152。

定宣布自己为“群岛国”。[1]2004年2月16日，巴巴多斯将两国间的海洋划界问题提交1982年《海洋法公约》附件七的仲裁程序，主张用一条单一的海洋边界线划分它与特立尼达和多巴哥之间的专属经济区和大陆架。然而，特立尼达和多巴哥反对单一划界，强调国际法院和法庭之前有关确定一条单一边界线的决定都是基于当事方的协议，而本案中并无这样的协议。对此法庭指出：“很显然，除了极少数的例外……，国家实践已经压倒性地倾向建立单一的海洋边界线，而且法院和仲裁庭也已经认可了这一实践——或者通过确定一条单一的边界线……，或者确定几条理论上分离但事实上重合的界线……”。[2] 出于上述理由，法庭裁定：“（i）它有权通过划一条单一的海洋边界，来划分在当事方主张重叠水域内归属于各方的大陆架和专属经济区。（ii）它在这方面的管辖权包括划分200海里以外部分的大陆架的海洋边界。”[3]

关于划界的准据法，法庭指出，公约第74和第83条第1款分别规定了适用于专属经济区和大陆架划界的法律，而“这一表面上简单和不准确的公式实际上允许广泛考虑与各方之间划界相关的体现在条约和习惯法中的法律规则，而且也允许考虑一般国际法原则以及国际法院和法庭的裁判和学者们对理解和解释这些法律规则所做出的贡献。”此外，“当事方之间，以及任何一方与第三国之间的双边条约也可能在划界中有一定程度的影响。”[4] 关于划界的过程，法庭指出：“确定划界线通常采用一种两步走的方法。首先，划一条临时等距离线作为假设和实际的出发点。虽然是一个便利的出发点，但鉴于每个特定案件的特殊性，等距离本身在许多情况下将不会确保公平的结果。因此，第二步要求根据有关情况——它们因案而异，来审查这一临时界线，以便决定是否需要调整该临时等距离

① Barbados v. Trinidad and Tobago, paras. 42-44.

② Ibid., paras. 234-235.

③ Ibid., para. 217.

④ Ibid., paras. 221-223.

线以实现公平的结果……。该方法通常被称为‘等距离/有关情况’原则……。这样，确定性就与公平结果的需求结合起来了。”[①] 但法庭同时承认：“在这些法律所设置的约束范围内，法庭认为它既有权利也有义务去行使司法裁量权以便实现一个公平结果。鲜有独一无二公平的单一的一条线，如果有的话。为了决定一条在法庭看来既是公平的，在实践上又是尽量令人满意的，同时还符合实现一个稳定的法律结果的要求的线，法庭必须运用自己的判断。”[②]

具体的划界分为三个部分完成：西部、中部和东部。巴巴多斯主张在划界地区的中部和东部使用等距离线，但在西部主张将等距离线向特立尼达和多巴哥方向做大幅度调整。相反，特立尼达和多巴哥主张在划界地区的中部和西部使用等距离线，但在东部主张将等距离线向巴巴多斯方向做大幅度调整。

在划界地区的西部，巴巴多斯主张调整等距离线所依据的特殊情况是：“巴巴多斯渔民长期使用手工方法在多巴哥岛的西北、北部和东北部海岸外的水域内捕鱼”，特别是“飞鱼”。具体而言，巴巴多斯主张：（1）巴巴多斯渔民在多巴哥海岸外水域捕鱼已经有几个世纪的历史；（2）巴巴多斯渔民万分依赖于该渔业；（3）特立尼达和多巴哥渔民不在那些水域中捕捞飞鱼，因此他们的生计不依赖该渔业。[③] 法庭在审查了有关证据后裁定它不能认定巴巴多斯多所援引的上述事实情况中的任何一个已经被证实。关于巴巴多斯的第一个主张，法庭指出，证据的分量不足以支持有关其渔民一个世纪以来已经习惯于在多巴哥海岸外捕捞飞鱼的主张，支持该主张的证据显然是断断续续和非决定性的，而且1980年代之前的文献记录很少。关于巴巴多斯的第二个主张，法庭认为巴巴多斯未能成功证明其渔民不能利用有关水域的结果将是灾难性的。关于巴巴多斯的第三个主张，法庭认为，虽然有证据显示特立尼达和多巴哥的渔民更喜欢

---

① Barbados v. Trinidad and Tobago, para. 242.

② Ibid., para. 244.

③ Ibid., paras. 247-250.

沿岸捕鱼，而不是像巴巴多斯渔民那样喜欢在多巴哥海岸外的水域中捕鱼，但是该证据不是决定性的，而且，无论如何，它不能证明给予巴巴多斯渔民在特立尼达和多巴哥专属经济区内捕捞飞鱼权利的正当性。法庭进一步补充说："即使巴巴多斯成功地证明了它的一个或全部核心事实主张，在法律上讲，这也并不意味着它有关调整的主张就是决定性的。根据当事一国的国民在公海上的传统捕捞来决定两个国家之间的国际海洋边界完全是例外。习惯和条约国际法中很少有对这样一条原则的支持。"根据上述分析，法庭的结论是，等距离线应是两国西部之间的分界线。① 巴巴多斯还主张，如果法庭不调整等距离线，那么作为一种救济措施，它可以命令特立尼达和多巴哥允许巴巴多斯的渔民继续在其水域内捕捞飞鱼种群。但法庭认为它没有管辖权做出裁定，为巴巴多斯渔民在特立尼达和多巴哥专属经济区内捕捞飞鱼确立入渔权，因为根据公约第297条第3款（a）项所规定的限制，那样的裁决不在其管辖权之内，而将构成越权。② 但法庭裁定，特立尼达和多巴哥有义务与巴巴多斯就给予巴巴多斯利用特立尼达和多巴哥专属经济区内的渔业资源的协定善意进行谈判，但受制于该协定中规定的限制和条件，以及特立尼达和多巴哥养护和管理其管辖下的生物资源的权利和义务。③

中段界线位于巴巴多斯主张的点D和特立尼达和多巴哥主张的点A之间，只有大约16海里长。在该部分，当事双方都不主张根据任何有关情况对临时等距离线做任何调整，因此等距离线是该部分的界线。④

---

① Barbados v. Trinidad and Tobago, paras. 265-271.

② Ibid., paras. 273-283. 公约第297条第3款(a)项规定："对本公约关于渔业的规定在解释或适用上的争端，应按照第二节解决，但沿海国并无义务同意将任何有关其对专属经济区内生物资源的主权权利或此项权利的行使的争端，包括关于其对决定可捕量、其捕捞能力、分配剩余量给其他国家、其关于养护和管理这种资源的法律和规章中所制订的条款和条件的斟酌决定权的争端，提交这种解决程序。"

③ Ibid., paras. 292, 385（3）.

④ Ibid., para. 294.

在划界地区的东部，特立尼达和多巴哥主张将等距离线向北（巴巴多斯方向）做重大调整，并提出了三个重要的有关情况：相关海岸的延伸和避免任何截断效果或侵占；相关海岸长度的比例；以及划界的区域性影响。[①] 根据特立尼达和多巴哥的测量，其向东海岸前沿长度为74.9海里，而巴巴多斯的为9.2海里，比率为8.2∶1。[②] 法庭认定，特立尼达岛和多巴哥岛宽阔的海岸前沿以及所导致的当事方之间海岸长度的差别，是在划界时需要考虑的有关情况，因为这些前沿无疑邻接有争议的主张重叠区域。[③] 关于比例，按照特立尼达和多巴哥的估算，它所主张的调整将导致49%的重叠专属经济区归属巴巴多斯，而51%归属特立尼达和多巴哥。[④] 但法庭指出，比例的作用是检验已经实现了的划界的最终结果，作为最终的检验以确保公平不是一个不成比例的结果。“这样，法庭将不会诉诸任何形式的‘折中’或其他数学方法或使用比率方法论从而将从法律上讲属于一方的东西给予另一方。它将在考虑了任何其他有关情况，最主要的是海岸前沿对划界线的影响之后，根据作为公平的一个功能的比例来审查划界线的效果。”[⑤] 特立尼达和多巴哥提出的第三个有关情况是，划界需要考虑特立尼达和多巴哥与委内瑞拉在巴巴多斯以南地区的划界，以及法国（瓜德罗普和马提尼克）和多米尼克在巴巴多斯以北地区的划界，因为它们要求承认背离等距离线以避免截断的效果。[⑥] 虽然法庭排除了法国（瓜德罗普和马提尼克）和多米尼克之间的协定与本争端之间的任何联系，但认为它有义务考虑1990年特立尼达和多巴哥—委内瑞拉协定，因为“该条约虽然对巴巴多斯没有拘束力，但却确立了特立尼达和多巴哥对海

① Barbados v. Trinidad and Tobago, paras. 319-320.

② Ibid., para. 326.

③ Ibid., para. 334.

④ Ibid., para. 335.

⑤ Ibid., paras. 337-338.

⑥ Ibid., para. 340.

域的权利的南部界限。……特立尼达和多巴哥在1990年协定中已经放弃给委内瑞拉的海域不再属于特立尼达和多巴哥，由此法庭不能画一条划界线，其效果是将特立尼达和多巴哥不再主张的海域划给它。……法庭在决定划界线时将考虑这一点。”[①] 另一方面，巴巴多斯主张，特立尼达和多巴哥不能主张向北调整等距离线，因为特立尼达和多巴哥一直承认和默认巴巴多斯在该地区行使主权。巴巴多斯声称，它自1978年就在该地区进行油气活动，特别是进行地震调查和颁发石油特许权，以及其海岸警卫队对该地区进行常规巡逻，而特立尼达和多巴哥在2001年之前从未对这些活动提出抗议。[②] 但法庭在审查本案的记录后指出，它没有发现巴巴多斯在特立尼达和多巴哥主张的等距离线以北的地区从事过任何具有决定性法律意义的活动。零星授权的地震调查，在该地区颁发石油特许和进行巡逻虽然有关系，但并不能提供足够的证据来确立特立尼达和多巴哥的禁止反言或默认。法庭由此不认为任何一方的行为，或任何一方对他方行为的反应，本身构成在划公平的分界线时必须考虑的因素。[③]

综上，法庭认为，本案存在着要求调整等距离线的有关情况。关于如何调整的问题，法庭认为必须在准据法所设定的界限内行使法庭的裁量权。而法庭的结论是，适当偏离等距离线的点位于该临时等距离线与连接下面两点的测地线的交点：（a）小多巴哥岛上的群岛基线的转折点和（b）特立尼达和多巴哥的南部海洋边界与其200海里专属经济区界限的交点（图3，点10）。在法庭看来，该点对特立尼达岛和多巴哥岛的海岸前沿的存在都赋予了效力，这样就考虑到了一个将被未调整的等距离线所忽略的情况。然后从该点沿着划界线终点的方向画一条直线，终点位于特立尼达和多巴哥的南部海洋边界与其200海里专属经济区界限的交点（图3，点11）。该终点是划界线与特立尼达和多巴哥—委内瑞拉的协议海洋边界的交

① Barbados v. Trinidad and Tobago, paras. 344-348.

② Ibid., para. 361.

③ Ibid., paras. 363-366.

汇处。[①]

法庭在画了分界线后，还根据比例来审查这一结果的公平性并得出了令其满意的结论。[②] 但法庭没有进行相关的数学计算，而是强调“比例是一个更加宽泛的概念，它是一个比例感，法庭可以对照它来检验临时适用法庭所划出的线所产生的状况，从而避免划界结果中严重的不成比例”。[③]

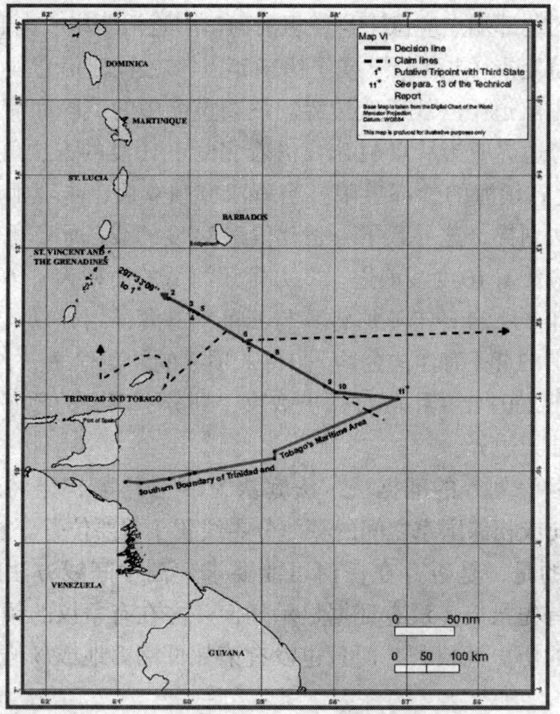

图3：“巴巴多斯诉特立尼达和多巴哥案”界线

① Barbados v. Trinidad and Tobago, paras. 373-374.

② Ibid., paras. 378-380.

③ Ibid., para. 376.

四、2007年"圭亚那诉苏里南案"[①]

圭亚那和苏里南位于南美大陆东北海岸，两国海岸线相邻——前者大致位于后者的西侧，它们在科兰坦（Corentyne）河河口相遇。两国历史上曾经分别是英国和荷兰的殖民地。1936年英国、荷兰和巴西成立的混合边界委员会建议英属圭亚那和荷属苏里南之间陆地边界的北部端点应位于科兰坦河河口附近河西岸（圭亚那一侧）上的一个特定点（"点61"或"1936年点"），同时沿着科兰坦河西岸而非其主航道中心线确定边界。该委员会中的英国和荷兰成员还决定，领海边界应当从点61出发沿着北偏东10度的方位角前进（10度线），直到领海的外部界限。当事双方独立后，圭亚那主张使用等距离方法划界，这导致了一条北偏东34度的线；而苏里南则继续坚持边界应沿着10度线前进。双方争议海域的面积为3.16万平方公里。2004年2月24日圭亚那将其与苏里南的海洋划界以及其他相关问题提交1982年《海洋法公约》附件七项下的仲裁程序。[②]经过审理，仲裁法庭于2007年9月17日做出裁决，划分了双方的领海、专属经济区和大陆架边界。

关于领海划界的准据法，法庭认为："公约第15条将使用中间线作为相向或相邻国家之间的领海分界线置于首要位置。"[③]接下来，法庭考虑的是，是否存在任何可能要求偏离中间线方法的特殊情况。法庭首先指出，没有证据显示任何一方在有争议的领海中享有某种形式的历史性权利，而且也没有诸如低潮高地或岛屿等法庭在

① Arbitration between Guyana and Suriname, Arbitral Tribunal Constituted Pursuant to Article 287, and in Accordance with Annex VII, of the United Nations Convention on the Law of the Sea, Arbitration Award of 17 Sep. 2007，载于常设仲裁法院网站：www.pca-cpa.org/showpage.asp?pag_id=1147。

② Guyana v. Suriname, paras. 1-2.

③ Ibid., para. 296.

划分领海的过程中需要考虑的地理特征。① 为支持其10度线的主张，苏里南提出，确保荷兰对所有通向处于其主权之下的科兰坦河航道中的航运交通的单独控制的需要构成一个特殊情况。② 法庭在考察了1958年《领海及毗连区公约》第12条（1）的制定历史以及有关国际判例后认定："航行的特殊情况可以要求偏离中间线。"③ 法庭接着考虑了以下事实：各方的被继承国就一条北偏东10度的分界线达成协议，原因是整个科兰坦河被划为苏里南的领土，而该10度线提供了穿过苏里南领海到达科兰坦河西侧航道的适当航路；苏里南已经提供了在西侧航道航行的证据，由此在西侧航道中存在一个"确立的航行实践"，而非只是一个假设；圭亚那自己也承认存在一个直到3海里的北偏东10度线。根据以上证据，法庭认定该10度线已经在各方之间确立，从出发点直到3海里的界限（图4，点2）。④

关于从3海里到12海里界限之间的领海边界——圭亚那和苏里南分别在1977年和1978年将各自领海宽度从3海里扩展到12海里，双方在这一问题上的分歧在于是否应当将北偏东10度线从先前的3海里界限自动扩展到目前的12海里界限。法庭对此持否定态度，强调本案的问题在于是否可以证明一个基于特殊情况的调整，而"沿着向海方向自动延长该线将迅速与导致其产生的航行和控制等特殊情况丧失关系。"⑤ 另一方面，法庭认为，苏里南在3海里以外的航行和其他利益的证据确有一些重要地位。在这方面，苏里南主张，不将该10度线扩展到3海里以外将造成圭亚那的领海抱合住苏里南领

① Guyana v. Suriname, paras. 297-298.

② Ibid., para. 282.

③ Ibid., paras. 301-306.

④ Ibid., paras. 306-307. 值得注意的是，虽然当事各方所主张的海洋边界的出发点是1936年点 / 点61，而且法庭也认为该点是直到3海里界限的10度线的参照点，但法庭所裁定的边界的出发点（点1）是：科兰坦河西岸的低潮线与穿过标记 B 的北偏东10度的测地线的交叉点，而标记 B 并非1936年点 / 点61，而是位于从该点所划190度方位角220米处。Ibid., para. 308.

⑤ Ibid., para. 314.

海北部界限的情况，而这将挫败当初选择该10度线的目的，即保护苏里南的航行利益。另外，“法庭以为，在决定一条划分各方从北偏东10度线在3海里的终点到12海里界限之间的领海分界线时，需要从具有非凡性质的历史性安排所确定的海上的一个点出发来划这条线本身就构成了一个特殊情况。”有鉴于此，法庭决定，界线从北偏东10度线在3海里的向海终点开始，划一条距离最短的对角线与本裁决后面所决定的用来划分各方大陆架和专属经济区的线相连（图4，点3）。在法庭看来，该线避免了对进入科兰坦河航路的贸然穿越，而且使得在从3海里到12海里的点之间有一个缓慢的过渡。同时还确保了该线便利于航行的目的。①

关于大陆架和专属经济区划界，法庭在分析了公约第74条（1）和第83条（1）后指出，在这两个条款中重点都被置于公平结果上。②另外，法庭认为“特别有必要指出的是，本法庭需要决定一条划分大陆架和专属经济区的单一海洋边界。这些制度是不同的，但是，为了避免由于一方拥有对水体的权利，而另一方拥有对该水体下面的海床和底土的权利而可能发生的棘手的实际问题，可以划一条单一的海洋边界。一般认可的是，单一海洋边界的概念并非源于公约，而是完全基于国家实践以及国际法院和法庭所发展的法律。”③由此，“本法庭必须受国际法院和法庭在这一问题上所发展出的判例法的指引。”④法庭指出，在过去20年里，处理有关大陆架和专属经济区划界争端的国际法院和法庭已经为等距离规定了一个明确的作用。划界过程分为两个阶段：首先，法院或法庭划一条临时等距离线，然后可能调整这条线以反映特殊或有关情况。而且，近来的裁判显示，在关于海岸相向国家的判例法中确立起来的有利于

① Guyana v. Suriname, paras. 323-324. 法庭认为这是“一种原则性强的方法”。Ibid., para. 315.

② Ibid., para. 332.

③ Ibid., para. 334.

④ Ibid.

等距离的假定同样适用于海岸相邻国家的情况。[①] 综上所述，法庭指出:“国际法院的案例法、仲裁判例，以及国际实践一致认定，在适当的情况下，划界过程应当以划一条临时等距离线开始，可以按照有关情况对其加以调整以实现公平解决。本法庭在本案中将遵循这种方法。”[②] 为了决定用来测算等距离线的适当基点，法庭考察了各方与海洋划界相关的海岸。关于相关海岸的标准，法庭指出:“由于本法庭计划用一条临时等距离线来开始划界过程，因此将各方能够产生该临时等距离线的‘全部路径’的海岸视为相关海岸似乎既符合逻辑，又是适当的。”在法庭看来，圭亚那的相关海岸从德文希雷·卡斯尔·弗莱茨（Devonshire Castle Flats）延伸到位于科兰坦河西岸的标记B的向海之点，而苏里南的相关海岸从位于科兰坦河东岸的布鲁夫（Bluff）点——该点1936年被用作该河河口，延伸至维瑟斯滩（Vissers Bank）上的一点。[③] 如此确定的两国相关海岸长度之比约为1.2∶1（圭亚那∶苏里南）。

法庭接下来审查是否有需要调整或移动该临时等距离线以便取得公平结果的情况。法庭注意到，当事双方都不认为临时等距离线代表了国际法所要求的公平划界。[④] 特别是，苏里南主张等距离方法截断了苏里南海岸前沿的延展，因此提出夹角平分法，即平分由苏里南和圭亚那的相邻海岸前沿所形成的夹角，从而产生一条北偏东17度的方位角线。[⑤] 但法庭指出，待划界海域的整体构造没有呈现出可以令其采用一种不同于国际法院和法庭在过去20年里所使用的方法的那种地理特点，因此法庭不相信它在本案中应当采用所谓的夹角平分线方法。[⑥] 关于海岸地理，法庭强调:“处理海洋划界的

① Guyana v. Suriname, paras. 335, 338.

② Ibid., para. 342.

③ Ibid., para. 352.

④ Ibid., para. 373.

⑤ Ibid., paras. 369-370.

⑥ Ibid., para. 372.

国际法院和法庭应谨记不去重做或完全重塑自然，而应在某种意义上尊重自然。”① 在法庭看来，相关海岸线没有呈现出任何显眼的凸起或凹陷。因此，相关海岸的地理构造没有呈现出一个有理由调整或移动临时等距离线以实现公平解决的情况。② 关于各方行为与调整临时等距离线的相关性问题，圭亚那主张：“本案中，各方的石油特许权可追溯到近50年以前……。这些特许权反映出一种事实上的接受方式，即从点61出发的一条沿北偏东34度方位角的线已经长期被视为反映了那条划分各方海洋空间的等距离线。”③ 法庭在审查了国际法院和法庭的相关判例后指出，这些案例显示国际法院和法庭极其不愿意在确定分界线时赋予各方的石油实践以重要性。用2002年国际法院在“喀麦隆诉尼日利亚案”中的话说，“石油特许权和油井本身并不能被视为应当调整或移动临时界线的有关情况。只有基于当事方之间明示或默示的协议，它们才有可能被考虑。”④ 法庭决定受这一判例的引导。经过仔细审查各方有关石油特许权和油井的实践，法庭没有发现各方之间关于此类实践存在协定的任何证据。由此，法庭裁定，在本案划分海洋边界的过程中不能考虑各方的石油实践。⑤

综上所述，法庭的结论是，其不认为大陆架或专属经济区内存在任何会要求调整临时等距离线的有关情况，不存在将会导致法庭所确定的等距离线不公平的因素。最后，法庭还适用了比例检验，并就相关海域的比例（圭亚那51% ：苏里南49%）和相关海岸的比例（圭亚那54% ：苏里南46%）得出几乎相同的结果。⑥

① Guyana v. Suriname, para. 374.

② Ibid., paras. 375, 377.

③ Ibid., para. 378.

④ Cameroon v. Nigeria, para. 304.

⑤ Guyana v. Suriname, para. 390.

⑥ Ibid., para. 392.

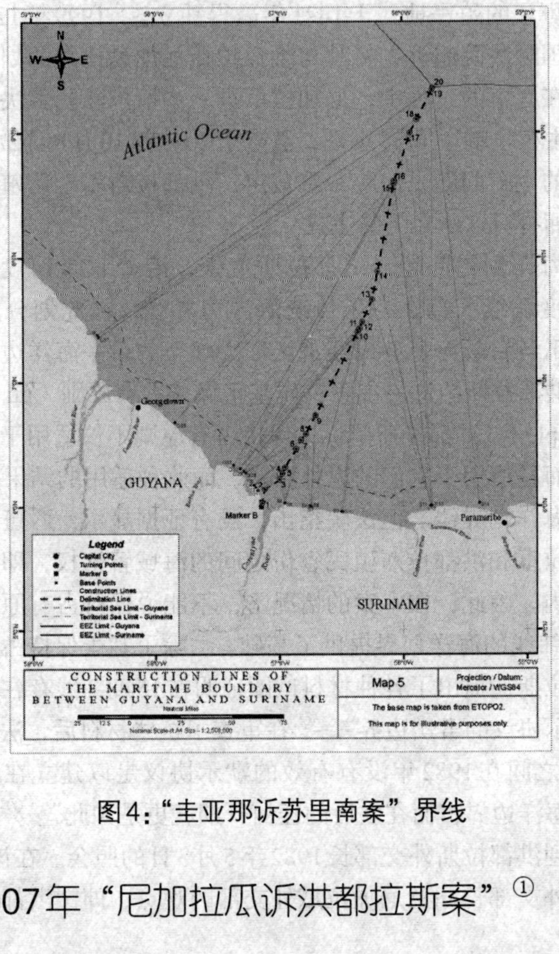

图4:“圭亚那诉苏里南案”界线

五、2007年“尼加拉瓜诉洪都拉斯案”①

尼加拉瓜和洪都拉斯位于加勒比海西南部。两国海岸相邻，在拉西亚斯—阿迪奥斯角（Cape Gracias a Dios）汇合。② 两国历史上

① Territorial and Maritime Dispute between Nicaragua and Honduras in the Caribbean Sea (Nicaragua v. Honduras), ICJ Reports 2007, p. 659.

② Nicaragua v. Honduras, paras. 23, 26.

都曾是西班牙的殖民地，于1821年赢得独立。[①]1999年12月8日尼加拉瓜向国际法院起诉，将其与洪都拉斯在加勒比海的划界争端提交法院。在庭审的过程中，尼加拉瓜进一步请求法院裁决争议海域内的岛屿主权争端。[②]经过审理，法院于2007年10月8日做出判决。关于岛屿的主权问题，法院一致裁定，洪都拉斯基于后殖民时期的有效控制拥有对这些岛屿的主权。[③]

关于海洋划界问题，洪都拉斯主张，沿着北纬14度59.8分的纬线（15度纬线）存在一条传统海洋边界线，因此划分洪都拉斯和尼加拉瓜各自领海、专属经济区和大陆架的单一海洋边界应沿着该线。[④]洪都拉斯的这一主张首先基于保持占有原则（uti possidetis juris principle）。洪都拉斯坚称，保持占有原则不仅适用于双方的大陆领土，而且适用于它们的岸外海域，而此种适用的结果是，15度纬线构成海洋划界线。但法院指出，没有证据显示，西班牙国王划分了尼加拉瓜和洪都拉斯殖民省份之间的海域管辖权，即使在领海的界限以内。因此，在本案的情况下，不能说保持占有原则已经为沿着15度纬线的海洋划界提供了基础。[⑤]除了基于保持占有的主张外，洪都拉斯还提出了各种材料试图证明在15度纬线存在一条"基于各方默示协议的事实边界"。[⑥]在审查了这些材料后，法院的结论是："各方之间在1982年没有有效的默示协议足以建立在法律上有拘束力的海洋边界，而在之后的任何日期就更是如此"。[⑦]其中，法院特别提到洪都拉斯外交部长1982年5月3日的照会。在该照会中，洪都拉斯外交部长同意尼加拉瓜外交部的观点，即"洪都拉斯和尼

① Nicaragua v. Honduras, para. 33.

② Ibid., paras. 1, 19.

③ Ibid., paras. 227, 321（1）.

④ Ibid., para. 19.

⑤ Ibid., paras. 229-234.

⑥ Ibid., paras. 237-246.

⑦ Ibid., para. 258.

加拉瓜之间的海洋边界在法律上尚未划定”，并建议双方至少就边界达成一个“临时”安排以避免更多的边界事件。法院认为，该照会反映出洪都拉斯自己当时在沿着15度纬线存在一条海洋边界的问题上也有些不很肯定。由于承认当时没有法律划界“不是在谈判过程中提出的建议或做出的让步，而是转给外［交部］的对事实的陈述，且没有对此提出任何保留”，因此应当被看做“反映当时［洪都拉斯］官方观点的证据”。①

在认定沿15度纬线不存在传统边界线后，法院着手处理尼加拉瓜和洪都拉斯之间的海洋划界问题。当事双方在其最后请求中都要求法院划一条“单一海洋边界”来划分位于争议地区的它们各自的领海、专属经济区和大陆架。待划界区域包括两个部分：一是两国相邻的大陆海岸外的划界；二是两国相向岛屿之间的划界。

关于领海划界的规则，国际法院指出：“与那些适用于划分其他的更为功能性的海域相比，用于领海划界的各种方法在国际法中获得了更为清晰的阐释。公约第15条和先前的1958年《领海及毗连区公约》第12条第1款一样，具体明确地提到了划分领海的‘等距离/特殊情况’方法。”② 而关于实施公约第15条的规定，法院再次重申了其在“卡塔尔诉巴林案”中的观点，即“最符合逻辑和最广泛使用的方法是首先划一条临时等距离线，然后按照存在的特殊情况考虑是否必须调整这条线。”关于用一条单一的海洋边界划分专属经济区和大陆架，法院在提及公约第74条第1款和第83条第1款规定后指出，它“曾在各种场合明确表示，当需要确定一条覆盖几个管辖重叠区域的线时，所谓的公平原则/有关情况方法或许是一个可以适用的有用方法，因为在这些海域中，该方法同样适于产生公平结果”。③ 然而，法院在指出等距离方法“由于其科学性和适用时的相对容易而具有某些内在优点”后强调，“等距离方法并不自动优于其

① Nicaragua v. Honduras, para. 257.

② Ibid., para. 269.

③ Ibid., paras. 270-271.

他划界方法，而且，在特定情况下，有些因素的存在或许会导致不适宜适用等距离方法”。[①]

关于本案应当采用的划界方法，法院在审查了有关的地理和法律因素后裁定：本案属于“公约第15条所规定的例外中，即面临着无法适用等距离原则的特殊情况。”[②] 法院所讲的特殊情况指的是双方陆地边界终点——拉西亚斯－阿迪奥斯角的特殊海岸构造。该角是一块极其外凸的领土，而其向北和向西南的两侧又都是凹陷的海岸线。由此，将要在位于该角顶端的科科河（Coco River）的两岸所确定的那一组基点势必在构建等距离线的过程中发挥决定性作用，特别是当该线远离海岸的时候。鉴于这些基点之间的距离很近，定位时候的任何误差或错误都将在构建等距离线时被不成比例地放大。而且，科科河带来并堆积在海中的沉积物导致该角南北两侧的海岸线呈现出一种极为活跃的形态变化。这样，该角的继续添附可能导致今天构建的任何等距离线在不远的将来就变成武断和不合理的了。鉴于本案的这种情况，法院认为它无法识别基点并构建一条临时等距离线以便划分当事方大陆海岸外的海域。[③] 同时，法院指出：“第15条的任何表述都没有暗示作为例外的‘特殊情况’肯定不包含地貌问题，也没有暗示该‘特殊情况’只能作为一条已画线的修正要素。其实，后一种暗示明显与第15条中描述例外的表述不符。……1958年《领海及毗连区公约》第12条的约文的起源显示，其制订者们真的预想到海岸的特殊构造或许会要求一种不同的划界方法。”[④] 而法院还注意到，本案当事方都设想用等距离线以外的方法划分领海。[⑤]

在得出从大陆构建等距离线不可行这一结论后，法院开始考虑

① Nicaragua v. Honduras, para. 272.

② Ibid., para. 281.

③ Ibid., paras. 277-280.

④ Ibid., para. 280.

⑤ Ibid., para. 282.

当事各方提出的替代方法的可适用性。在这方面，尼加拉瓜主张使用“代表两国整个海岸前沿的两条线的平分线”来实现从大陆的划界，而洪都拉斯主张沿着15度纬线划界或者使用调整的等距离线。① 由于洪都拉斯的两种主张均已为法院否定，因此法院决定使用大陆海岸线夹角的平分线方法。法院指出：“使用平分线——平分由海岸线的线性近似物所形成的夹角，已经被证明是一种在等距离不可能或不适宜的情况下可行的替代方法。在海洋划界中适用平分线方法的正当性在于相关海岸前沿的构造以及相关海岸前沿与待划界海域的关系。在法院所能够确定的任何基点都存在固有的不稳定性的情况下，如同本案的情况，平分线方法可以被视为等距离方法的近似物。和等距离一样，平分线方法是一个可以用来实现［对当事国海岸向海展延的重叠区域予以均分］标准的几何学方法”。② 关于相关海岸前沿的选择，法院在审查了各种建议后决定，从帕图卡角（Punta Patuca）到沃恩塔角（Wouhnta）的前沿将避免切断洪都拉斯领土的问题并同时提供了一个有充分长度的海岸正面以恰当考虑争端地区的海岸构造。“这样，法院认为，到帕图卡角的洪都拉斯的海岸前沿和到沃恩塔角的尼加拉瓜的海岸前沿是为划该平分线的目的的相关海岸。作为结果的平分线的方位角为70°14'41.25"”。③

在完成大陆海岸之间的划界后，法院转向岛屿之间的划界。该部分划界在15度线以北的4个原来有争议但已经被法院判归洪都拉斯的岛屿（波贝尔礁、萨凡纳礁、罗亚尔港礁和南礁），和15度线以南的尼加拉瓜的爱丁堡礁（Edinburgh Cay）之间进行。当事双方都承认这些岛屿都有权为沿海国产生它们各自的领海，但同时当事方都没有为这些岛屿主张领海以外的海域。④ 这些岛屿相互之间的

① Nicaragua v. Honduras, paras. 17-19.

② Ibid., para. 287.

③ Ibid., paras. 295-298.

④ Ibid., para. 262.

距离都不超过24海里，但距离它们西侧的大陆却超过24海里。[①]因此，需要划分这些岛屿之间的领海边界。法院指出，为这些相向岛屿之间的领海划界划一条临时等距离线并不引发从大陆画等距离线将引发的问题。而且，法院不认为该地区存在任何法律上相关的“特殊情况”要求调整该临时界线。[②]

这样，法院确定的单一海洋边界线的路径是：从大陆海岸开始沿着方位角70°14'41.25" 前进直到与波贝尔礁的12海里领海弧线相交。然后边界线沿着波贝尔礁的12海里领海弧线向南直到与爱丁堡礁的12海里领海弧线相交。从该点开始，界线沿着有关岛屿之间的中间线前进，直到遇到南礁和爱丁堡礁的12海里领海弧线的交点。然后界线沿着南礁的12海里领海弧线向北直到遇到方位角线。此后界线再次沿着70°14'41.25" 的方位角线前进直到可能影响到第三国（牙买加）权利的地方。[③]

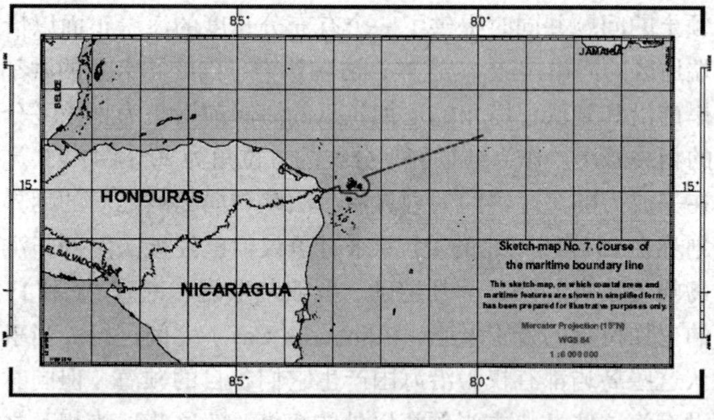

图5：“尼加拉瓜诉洪都拉斯案”界线

① Nicaragua v. Honduras, para. 264.

② Ibid., para. 304.

③ Ibid., para. 321(3).

六、2009年“黑海划界案”[①]

罗马尼亚和乌克兰位于黑海西北部。两国自1998年1月开始就大陆架和专属经济区划界问题进行谈判，但经过24轮谈判以及10轮专家级谈判，没有达成任何划界协定。[②] 在此情况下，罗马尼亚于2004年9月16日向国际法院提交申请书，请求法院用单一海洋边界划分两国在黑海的大陆架和专属经济区边界。[③] 经过审理，法院于2009年2月3日全体一致作出判决。[④]

影响双方就海洋划界达成协议的一个重要障碍是蛇岛（Serpents' Island）在划界中的作用。蛇岛距离多瑙河三角洲以东约20海里，高潮时高出水面，面积约为0.17平方公里。[⑤] 该岛原先属于罗马尼亚，1948年在《国家边界详细说明议定书》（1948年议定书）中割让给苏联，后为乌克兰继承。[⑥]1949年苏联—罗马尼亚共同边界委员会根据1948年议定书编写的《总议事录》（General Procès-Verbal）中将黑海中的海洋边界描述为：“国境线，从第1439号界标（灯塔）开始，沿12海里的海洋边界区的外缘前进，将蛇岛留在苏联一侧”。其中，第1439号界标是两国领海外部界限的交点。[⑦] 此外，在第1439号界标的个别议事录的草绘图中，边界线在到达点1439后在环绕蛇岛的弧线上继续延伸，一直到该草绘图的边缘。[⑧] 由此，罗马尼亚主张存在一条议定的环绕蛇岛的海洋边界，直到蛇岛正东的“点X”，而该边界划分了乌克兰的领海与罗马尼亚的大陆架和

---

① Maritime Delimitation in the Black Sea (Romania v. Ukraine), ICJ Reports 2009, p.61.

② Black Sea, para. 18.

③ Ibid., paras. 1, 12.

④ Ibid., para. 219.

⑤ Ibid., para. 16.

⑥ Ibid., para. 56.

⑦ Ibid., para. 58.

⑧ Ibid., para. 59.

专属经济区。[①] 法院认为，虽然1949年及以后的协定没有具体指出界线的终点，而点1439并不是终点，但上述文件并不能支持将点X作为议定边界的终点，因为："第一，同时期的地图和草绘图均未到达任何接近点X的地点。第二，这些协定都是关于'国境'的，这一表述不能轻易应用于领土（包括领海）之外的区域。"由此，法院的结论是："1949年罗马尼亚和苏联议定，它们之间的边界从由第1439号界标所代表的点开始，将沿环绕蛇岛的12海里的弧线前进，但没有说明任何终点"。[②] 此外，法院认为，罗马尼亚和苏联之间并没有生效的协定来划分它们的专属经济区和大陆架。[③] 法院指出："国家实践显示，当使用划分一个海域的议定边界来划分另一个海域时，应缔结新的协定，典型的情况是国家同意将它们的大陆架边界适用于专属经济区。……基于同样的理由，如果国家打算把以前议定的领海边界日后同样用来划分大陆架和/或专属经济区，那么它们应为此缔结新的协定。1949年的各项文书均没有提及专属经济区或大陆架"。[④] 因此它们仅与划分罗马尼亚和苏联之间的国界有关，而并不涉及苏联对领海之外的任何其他海域的权利。[⑤]

在具体划界过程中，法院首先确定了当事双方各自的相关海岸和相关海域。就罗马尼亚而言，其整个海岸均构成出于划界目的的相关海岸，按照海岸一般方向的长度约为248公里。[⑥] 就乌克兰的相关海岸而言，法院认为不能包括卡尔基尼茨卡湾（Karkinits' ka Gulf）的海岸，因为"该海湾的海岸彼此相对，而且其水下的延伸不能与罗马尼亚海岸的延伸相重叠。卡尔基尼茨卡湾的海岸没有投射到待划界区域"。基于同样的理由，雅霍伊茨卡湾（Yahorlyts' ka

① Black Sea, para. 43.

② Ibid., paras. 64-66.

③ Ibid., para. 76.

④ Ibid., paras. 69-70.

⑤ Ibid., para. 76.

⑥ Ibid., para. 88.

Gulf）和第聂伯河峡湾（Dnieper Firth）的海岸线也被排除在外。如此确定的乌克兰的相关海岸长度大约为705公里。这样，双方之间海岸线长度的比率约为1∶2.8（罗马尼亚∶乌克兰）。[①]

关于划界方法，法院指出："当被要求划分大陆架或专属经济区，或画一条单一分界线时，法院按照既定的步骤行事。首先，法院要使用多种方法建立一条临时界线，这些方法不但有几何学上的客观性，并且还适合划界区域的地理。就相邻海岸间的划界而言，将画一条等距离线，除非存在迫不得已的原因使得该操作在特定案件中不可行……。就相向海岸而言，临时界线将由两个海岸之间的中间线构成。……在这一构建临时等距线的初步阶段，法院不会关心任何可能获得的有关情况，而将根据客观的数据严格按照几何标准划出这条线。……法院将在下一个，即第二阶段考虑，是否存在要求调整或移动临时等距线以实现公平结果的因素。……最后，在第三阶段，法院将核实这条线（一条在考虑了有关情况后可能已被调整或未被调整的临时等距离线）本身不会因各自海岸长度的比例和该分界线划分的各国有关海域的比例之间的任何明显不成比例而导致不公平的结果……。一个最终的检验需要证明没有证据显示，根据比对海岸线长度的比率，海域存在明显比例失衡。"[②] 因此，法院在本案中将首先在罗马尼亚和乌克兰之间的相邻海岸之间划一条临时等距离线，继而在相向海岸之间划定一条中间线。[③]

为了构建临时等距离线，法院需要在双方海岸上选择适当的基点。在这方面法院指出，等距离线要从有关两国的海岸上的最合适的点来构建，特别需要注意那些最靠近划界区域的突出的海岸点；而在这一过程中，法院可以偏离当事各方为它们的领海所选择的基点，[④] 因为"出于测算大陆架和专属经济区宽度的目的而决定基线的

① Black Sea, paras. 100-104.

② Ibid., paras. 115-122.

③ Ibid., para. 119.

④ Ibid., paras. 117, 135-137.

问题，与出于划分相邻／相向国家之间的大陆架和专属经济区的目的而确定画等距离／中间线的基点的问题，是两个不同问题。在前一种情况下，沿海国可以按照公约的规定（第7、9、10、12和15条）确定有关的基点。但该操作总是具有国际性的一面……。在后一种情况下，海域划界涉及两个或更多国家，本院不应仅仅依赖其中一个当事国所选择的基点。本院在划分大陆架和专属经济区时必须通过参照相关海岸的实际地理来选择基点。”① 经过考虑，法院决定使用萨卡林半岛（Sacalin Peninsula）和苏里纳大坝（Sulina Dyke）向陆地一端作为罗马尼亚海岸上的基点；② 而使用茨冈卡岛（Tsyganka Island）、塔克汉克乌特角（Cape Tarkhankut）和克尔索尼斯角（Cape Khersones）作为乌克兰海岸上的基点。③ 关于蛇岛，法院指出，该岛不是构成乌克兰海岸的一连串链式岛屿中的一个——它单独位于大陆外约20海里处。因此，“把蛇岛作为海岸的有关部分将等于在乌克兰的海岸线上嫁接了一个外来因素；其结果将是在司法上重塑地理，而法律或海洋划界实践都不许可这样做。……鉴于这一理由，法院认为选择蛇岛的任何点作为构建罗马尼亚和乌克兰海岸之间的临时等距线的基点都是不适当的。”④

在根据上述基点构建了临时等距离线后，法院考虑了当事各方提出的各种主张调整或不调整该线的有关情况，包括：海岸长度之间的不成比例、黑海的封闭性质以及该地区已经实现的划界、蛇岛的存在、当事各方的行为（油气特许权、渔业活动和海军巡航）、任何截断的效果、当事各方的安全考量。其中，乌克兰基于当事双方毗邻划界区域的海岸长度之间的差别，主张将划界线向罗马尼亚海岸方向移动来调整临时等距离线。⑤ 法院指出，当海岸长度的差

① Black Sea, para. 137.

② Ibid., paras. 129-141.

③ Ibid., paras. 143-148.

④ Ibid., para. 149.

⑤ Ibid., para. 158.

异特别明显时，法院可能选择将该地理事实作为一个要求对临时等距离线做出某些调整的有关情况。然而，在本案中，尽管当事双方相关海岸的长度毫无疑问存在差异，但是法院没有“发现如此特别明显的差异以至于要求它在此调整临时等距离线。……法院进一步注意到，它不能忽视一个事实，即被法院视为相关海岸的乌克兰海岸的相当一部分与乌克兰海岸的其他部分一样都投射到了同一个区域，从而强化了，但却没有在空间上扩展乌克兰的权利。”[①] 关于蛇岛的问题，当事双方关于该岛的法律定性以及它在划界中应当发挥的作用意见相左。罗马尼亚认为蛇岛是公约第121条第3款意义上的岩礁，无权拥有专属经济区和大陆架，而乌克兰认为蛇岛是一个“岛屿”而非“岩礁”。[②] 法院指出，鉴于划界地区的地理构造和与罗马尼亚划界的背景，“任何可能由蛇岛产生的大陆架和专属经济区权利都不能超过因为法院所确定的划界区域的南部界限而由乌克兰大陆海岸产生的权利……。而且，任何可能由蛇岛在向东方向所产生的权利都完全归入了由乌克兰自己东部和西部的大陆海岸所产生的权利”。由此，法院的结论是蛇岛的存在并不要求调整临时等距离线。[③] 关于当事各方的行为，法院认为，在本案的情况中，这些行为不能在划界中发挥任何特殊的作用。在这方面，法院援引了“巴巴多斯诉特立尼达和多巴哥案”仲裁法庭的观点，即“国际法院和法庭的决定对与资源相关的标准则持有更为审慎的态度，没有将该因素作为有关考虑来普遍适用。”而关于渔业活动，法院补充道，乌克兰没有向它提交任何证据证明它主张以外的分界线将“有可能对……人民生计和经济福祉带来灾难性的影响”。[④] 此外，法院认为所划的临时等距离线避免了截断效果，[⑤] 同时充分尊重了任何一个当

① Black Sea, paras. 164-168.

② Ibid., paras. 179-184.

③ Ibid., para. 187.

④ Ibid., para. 198.

⑤ Ibid., para. 201.

事方合法的安全利益。① 总之，法院认为不需要根据上述情况对临时等距离线进行任何调整。

由此，法院确定的界线路径如下：起点为当事双方领海外部界限的交汇点（点1），即第1439号界标点。从该点开始，界线沿着环绕蛇岛的12海里的弧线前进，直到与当事双方相邻海岸之间的等距离线相交（点2）。从那里开始，界线沿着该等距离线延伸直到变为双方相向海岸之间的中间线（点4）。此后，界线沿着该中间线朝南延伸直到可能影响到第三国利益的点。②

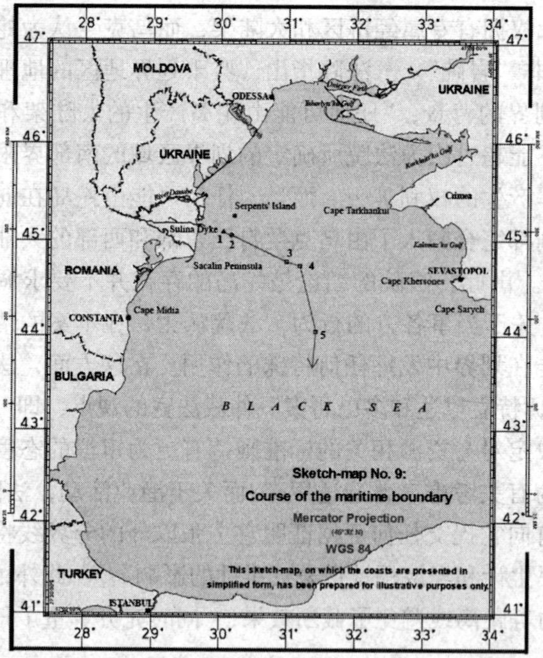

图6："黑海划界案"界线

① Black Sea, para. 204.

② Ibid., paras. 205-209.

作为划界过程的最后一个阶段，法院诉诸不成比例检验。法院指出，鉴于这最后阶段的目的是确保没有严重的比例失衡，因此这些测量必然不会十分精确。罗马尼亚和乌克兰各自海岸长度的比例约为1∶2.8，而它们之间相关区域的比例约为1∶2.1，“法院不认为这意味着必须对这条已构建并对所有可能要求调整的有关情况仔细核查了的界线做出任何改变”。[①]

七、2012年“孟加拉国/缅甸案”[②]

孟加拉国位于孟加拉湾的北部和东北部，而缅甸位于孟加拉湾东部。两国从1974年到1986年就海洋划界问题进行了数轮谈判。其间，双方代表团团长于1974年11月23日签署了《孟加拉国代表团和缅甸代表团之间关于划分两国间海洋边界的议定备忘录》（1974年备忘录）。在2008年恢复谈判后，双方代表团团长又于2008年4月1日签署了《孟加拉国代表团和缅甸代表团之间关于划分两国间海洋边界的议定会议记录》（2008年备忘录）。[③] 由于未能解决划界争端，孟加拉国于2009年10月8日将两国间的领海、专属经济区和大陆架划界争端提交公约附件七的仲裁程序。然而，两国随后分别按照公约第287条做出声明，就解决双方之间有关划分它们在孟加拉湾的海洋边界的争端接受国际海洋法法庭的管辖。在此情况下，孟加拉国于2009年12月13日将争端转交给海洋法法庭。而该案遂于翌日作为第16号案被列入法庭案件清单。[④]

关于领海划界，孟加拉国主张，两国间的领海边界应是那条

---

① Black Sea, paras. 210-216.

② Dispute concerning Delimitation of the Maritime Boundary between Bangladesh and Myanmar in the Bay of Bengal (Bangladesh/Myanmar), Judgment of 14 March 2012，载于国际海洋法法庭网站：www.itlos.org。

③ Bangladesh/Myanmar, paras. 34-38.

④ Ibid., paras. 1-5.

它们在1974年备忘录中首次议定并在2008年备忘录中再次确认的线。[①] 为此，法庭首先考虑了这两个议定备忘录是否构成公约第15条意义上的协议的问题。法庭指出，参照公约第15条的宗旨和目的，"协议"这一用语指的是有法律拘束力的协议，而议定备忘录有可能构成一个有拘束力的协定。然而，法庭认为："1974年议定备忘录的用语确认这些备忘录是谈判过程中达成的有条件谅解的记录，而非公约第15条意义上的一个协议。备忘录的语言支持这一结论，特别是鉴于其中明确规定的条件，即领海边界的划分应当构成一个全面的海洋边界条约的一部分"。此外，法庭注意到，1974年议定备忘录达成的背景显示它并非意图用来产生法律义务或体现有拘束力的承诺——从谈判伊始缅甸就清楚地表明它不打算就领海划界缔结一个单独的协定，而是希望一个包括领海、专属经济区和大陆架的全面的协定。同时，法庭还指出了关于缔结有法律拘束力协定的权限问题，即当签署1974年议定备忘录时，缅甸代表团团长非《维也纳条约法公约》第7条第2款规定的不需出示全权证书就能代表其国家缔结条约的官员；而且也没有证据显示缅甸的代表被认为具有按照该公约第7条第1款代表其国家缔结条约的必要权力。出于这些原因，法庭的结论是没有根据认为各方通过签署1974年议定备忘录而缔结了一个有法律拘束力的协定。而法庭关于2008年议定备忘录也得出同样的结论。[②]

关于领海划界，法庭认为公约第15条是准据法，而"按照公约第15条，在适用等距离原则之前，应当考虑可能存在的历史性所有权或其他与待划界区域有关的特殊情况。"[③] 这里法庭主要考虑了孟加拉国的圣马丁岛（St. Martin's Island）是否构成领海划界中的特殊情况问题。圣马丁岛面积约为8平方公里，上有居民约7000人，是孟加拉国海军和海岸警卫队一个重要的活动基地。该岛与当事双方

① Bangladesh/Myanmar, para. 31.

② Ibid., paras. 88-98.

③ Ibid., para. 129.

几乎等距离，都约为5海里。[1]法庭注意到，案例法和国家实践均未显示海洋划界中存在一条关于岛屿效力的一般规则，该问题取决于每个案件的具体情况。就圣马丁岛而言，法庭注意到，虽然它位于缅甸大陆海岸的前方，但距离两国海岸几乎一样近，而且该岛位于从孟加拉国大陆海岸量起的12海里领海界限以内。虽然案例法中并非没有在领海划界中不给与岛屿全效力的先例，但如此处理的岛屿一般是不重要的海洋特征。而法庭认为，按照其面积、人口、经济和其他活动的规模，圣马丁岛是一个重要的海洋特征。由此，法庭的结论是，在本案的情况下，没有迫不得已的原因要求将圣马丁岛作为特殊情况来处理，或是在当事双方间的领海划界中不给与该岛全效力。[2]在上述考虑的基础上，法庭认为应用一条等距离线来划分双方的领海，直到双方领海的最后一个重叠点（点8）。[3]此后，边界沿着圣马丁岛周围的12海里的领海弧线朝西北方向前进，直到与当事方之间的专属经济区和大陆架的划界线相交（点9）。[4]

关于专属经济区和200海里内的大陆架划界，由于当事双方都请求法庭划一条单一边界，因此法庭决定为专属经济区和大陆架划一条单一划界线。[5]关于划界方法，法庭指出，国际司法和仲裁判例已经发展出了一种被称为“等距离/有关情况”的一般方法，即“以中间线为临时界线开始划界，然后再考虑‘特殊情况’是否要求对该线加以调整或移动”。而国际法院在“黑海案”中将其扩展为一个包含三个阶段的方法。法庭注意到，判例的发展有利于等距离/有关情况方法，它是国际法院和法庭在大部分提交给它们的划界案件中所采用的方法。基于此，法庭裁定，它在本案中将适用等距离/有关

① Bangladesh/Myanmar, paras. 143-144.

② Ibid., paras. 147-152.

③ Ibid., paras. 153-169.

④ Ibid., para. 502.

⑤ Ibid., paras. 178-181.

情况方法来划分当事国之间的专属经济区和大陆架边界。[①] 为了构建临时等距离线，法庭在双方相关海岸上选择了六个基点。在这方面，法庭认为，因为圣马丁岛紧邻当事双方陆地边界终点缅甸一侧的大陆前沿，选择该岛上的基点将导致一条封锁缅甸海岸向海投射的线，从而导致对划界线不合理的歪曲。由此法庭排出圣马丁岛作为任何基点的来源。[②] 在划出临时等距离线后，法庭接着考虑是否存在可以被视为有关情况的因素要求调整该线以便取得公平解决。在这方面，法庭裁定，孟加拉国海岸的明显凹陷是本案中的一个有关情况，因为所构建的临时等距离线对孟加拉国海岸向南的投射产生了明显的截断效果，因此需要调整该临时界线。[③] 另一方面，法庭认为，公平解决要求用一种平衡的方式进行调整，从而避免划一条对缅甸海岸前沿的向海投射具有相反歪曲效果的线。[④] 鉴于本案中的地理情况，法庭决定临时等距离线应在它开始截断孟加拉国海岸向海投射的那个点（点11）转向——该点位于孟加拉国古杜布迪亚（Kutubdia）岛上一点的正南方，因为孟加拉国海岸的方向在该点明显从西北转向西。[⑤] 关于转向的角度，法庭指出，从孟加拉国海岸向南的投射贯穿了整个划界区域，由此需要不断地避免对该投射的截断效果。法庭由此相信有理由考虑通过划一条从一个特定的方位角开始的测地线来调整临时等距离线。法庭认为，任何令人信服的对临时等距离线的调整的方向都将不会大幅度偏离从215度方位角开始的测地线。对该方位角角度的重大移动将造成对一方或他方海岸的投射的截断效果——向西北移动将产生一条不能充分救济临时等距离线对孟加拉国海岸向南投射的截断效果的线，而向相反

① Bangladesh/Myanmar, paras. 229-240.

② Ibid., para. 265.

③ Ibid., paras. 291-297.

④ Ibid., para. 325.

⑤ Ibid., paras. 329, 331.

方向移动则将对缅甸海岸的向海投射产生截断效果。[①] 由此，法庭决定，从点11开始，划界线应是一条始自215度方位角的测地线，直到孟加拉国的200海里界限。[②]

关于200海里外的大陆架的划界问题，法庭裁定它有管辖权划分整个大陆架，包括200海里外的大陆架。[③] 而且，为了在本案中履行其在公约第15部分第2节项下的责任，法庭裁定它有义务行使该管辖权，但"该划界不妨害按照公约第76条第8款建立大陆架的外部界限。"[④] 在审查了有关的科学和法律问题后，法庭得出结论，孟加拉国和缅甸都拥有200海里外大陆架的权利，而两国分别提交给委员会的申请清楚地显示它们的权利在本案中的争议区域部分重叠。[⑤] 关于准据法和划界方法的问题，法庭指出："公约第83条处理海岸相向或相邻国家间的大陆架划界，而没有就区域做出任何限制。……第83条同等地适用于200海里以内和以外的大陆架划界"。[⑥] 同时，"法庭认为，本案中用于200海里外大陆架的划界方法不应当异于200海里范围内的方法。由此，等距离/有关情况方法继续适用于200海里外的大陆架划界。"[⑦] 鉴于孟加拉国海岸的凹陷仍被视为200海里外大陆架划界中的有关情况，法庭由此决定，划分各方间专属经济区和200海里内大陆架的经调整的等距离线在孟加拉国200海里界限外继续沿着同样的方向延伸，直到第三国的权利可能受到影响的区域。[⑧]

在划界过程的第三个，也是最后的阶段，法庭诉诸不成比例检验。经测算，各方相关海岸长度到比率为有利于缅甸的1∶1.42，而

① Bangladesh/Myanmar, paras. 333-334.
② Ibid., para. 340.
③ Ibid., para. 363.
④ Ibid., para. 394.
⑤ Ibid., para. 449.
⑥ Ibid., para. 454.
⑦ Ibid., para. 455.
⑧ Ibid., paras. 461-462.

所划分的相关区域的比率约为有利于缅甸的1∶1.54。法庭裁定："该比率没有导致任何重大的不成比例……从而要求移动该调整的等距离线以便确保公平解决"。①

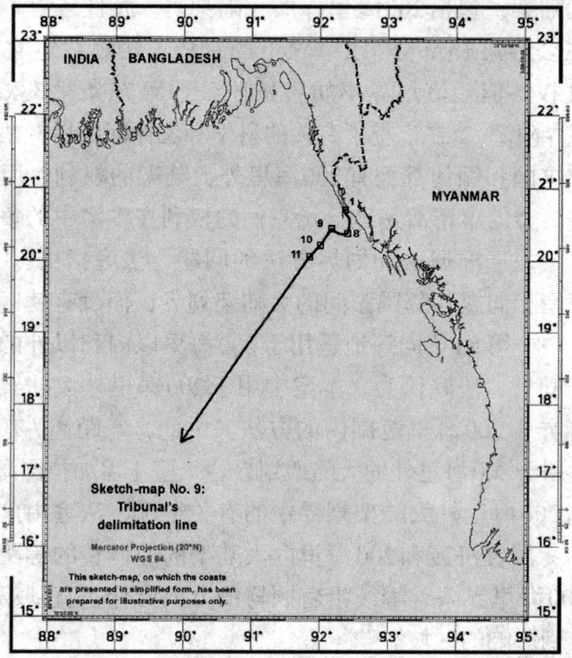

图7："孟加拉国/缅甸案"界线

八、评论

下表总结了上述七个案件在划界方面的主要情况。

① Bangladesh/Myanmar, paras. 498-499.

海洋划界案例分析（2001年—2012年3月）*

序号	案件名称	界线种类	海岸关系	划界方法	特殊情况
1	卡塔尔诉巴林案（2001年）	领海	相向	调整等距离线	岛屿、低潮高地
		单一边界	相邻	调整等距离线	岛屿
2	喀麦隆诉尼日利亚案（2002年）	单一边界	相邻	等距离线（G点以外）	无
3	巴巴多斯诉特立尼达和多巴哥案（2006年）	单一边界	相向	调整等距离线	海岸线长度差异、特立尼达和多巴哥—委内瑞拉的划界协议
			相邻		
4	圭亚那诉苏里南案（2007年）	领海	相邻	调整等距离线	航行利益、划界出发点的位置
		单一边界		等距离线	无
5	尼加拉瓜诉洪都拉斯案（2007年）	单一边界	相邻（大陆海岸）	夹角平分线	海岸地理
			相向（岸外岛屿）	等距离线	无
6	黑海划界案（罗马尼亚诉乌克兰）（2009年）	单一边界	相邻	等距离线（点2以后）	无
			相向		
7	孟加拉国/缅甸案（2012年）	领海	相向	等距离线	无
		单一边界	相邻	调整等距离线	海岸显著凹陷并导致截断效果
		200海里外大陆架			

* 本文作者收集整理。

从上表可以看出，在从2001—2012年的七个海洋划界案件中，除了领海划界外，国际法庭在为大陆架和专属经济区划界时都划了单一边界。由此，建立单一海洋边界的确是一个明显的趋势。然而，正如国际法院所言，“单一海洋边界的概念并非产生于多边条约法，而是源于国家实践，其原因在于国家希望确定一条不间断的边界来划分归属于它们管辖的各种不同的、且部分重叠的海域。”① 换言之，虽然为大陆架和专属经济区建立单一边界很诱人，但单一海洋划界并非法律上的要求。② 由此，对于审理海洋划界案件的法庭而言，它们有关单一划界的决定必须基于当事各方的“希望”，特别是它们之间的协议。如果当事各方之间没有此类协议，那么法院就应为大陆架和上覆水域分别划界，尽管它可以利用其裁量权确定两条理论上不同但实际上相互重叠的界线，就如同“扬马延案”（丹麦诉挪威）那样。③ 这样，仲裁法庭在“巴巴多斯诉特立尼达和多巴哥案”中决定为双方划一条单一边界的做法似乎是有问题的，因为虽然巴巴多斯寻求划一条单一的海洋边界，但特立尼达和多巴哥明确反对该单一划界的请求，理由是大陆架和专属经济区是两个不同的制度，因此其界线或许并不相同。④ 虽然法庭承认当事双方就待划海洋边界性质的看法并不一致，但未作任何解释就宣布：“它有权通过划一条单一的海洋边界，来划分在当事方主张重叠水域归属于各方的大陆架和专属经济区。”⑤

本案中特立尼达和多巴哥反对单一划界的一个重要原因是其在划界东部区域关于200海里外大陆架的主张。特立尼达和多巴哥主张，它的大陆架扩展到从其领海基线量起超过200海里的区域，该

① Qatar v. Bahrain, para. 173.

② Barbados v. Trinidad and Tobago, paras. 176-178.

③ Maritime Delimitation in the Area between Greenland and Jan Mayen (Denmark v. Norway), ICJ Reports 1993, p. 38.

④ Barbados v. Trinidad and Tobago, paras. 296-297.

⑤ Ibid., para. 217 (i).

区域部分位于巴巴多斯的200海里范围内，部分位于其以外。[①] 这就引发一个法庭应当如何处理200海里外大陆架主张的问题。巴巴多斯认为法庭没有管辖权就这一问题做出决定，因为这将"妨碍大陆架界限委员会的核心职责"。[②] 但是，法庭在宣称其有管辖权划分单一海洋边界后接着说："它在这方面的管辖权包括划分200海里以外部分的大陆架的海洋边界。"[③] 然而，法庭的这一裁判同样是有问题的，因为单一海洋划界似乎不能与200海里外大陆架的划界并存。在这方面，"圣皮埃尔和密克隆案"的仲裁法庭曾言："单一划界要求一条可以同时适用于划界区域的海床和上覆水域的单一边界线"，因此它"仅有权实现200海里外部界限以内的划界，这是一个同时适用于各方专属经济区和正常大陆架（normal continental shelf）（即根据1982年公约第76条第4款不是扩展大陆架）的单一划界"。[④] 另外，法庭在划界过程中，全然没有涉及特立尼达和多巴哥对200海里外大陆架的权利是否存在的问题。然而，如果特立尼达和多巴哥对扩展大陆架的权利没有被证实，那么当事双方大陆架的权利重叠区域和专属经济区的权利重叠区域就将完全重合。但是，如果特立尼达和多巴哥对扩展大陆架的权利得到证实，那么这两种权利重叠区域的范围就将大不相同：双方大陆架的权利重叠区域大于它们专属经济区的重叠区域，此时用同一界线来划分这两种范围不同的权利重叠区域显然是不公平的。从划界的结果来看，法庭完全否定了特立尼达和多巴哥对200海里外大陆架的权利主张。然而，2009年5月特立尼达和多巴哥不顾仲裁法庭所确立的界线，仍然按照公

① Ibid., para. 367.

② Barbados v. Trinidad and Tobago, paras. 81-82. 1982年公约第76条第8款规定："从测算领海宽度的基线量起二百海里以外大陆架界限的情报应由沿海国提交根据附件二在公平地区代表制基础上成立的大陆架界限委员会。委员会应就有关划定大陆架外部界限的事项向沿海国提出建议，沿海国在这些建议的基础上划定的大陆架界限应有确定性和拘束力。"

③ Ibid., para. 217(ii).

④ Delimitation of the Maritime Areas between Canada and France, Award of 10 June 1992, Reprinted in 31 ILM 1145 (1992), para. 82 (emphasis added).

约第76条第8款向大陆架界限委员会提交了200海里外大陆架外部界限的申请，理由是法庭在处理其有关扩展大陆架的权利主张“之前没有从委员会获得建议”。①

在“孟加拉国 / 缅甸案”中再次涉及200海里外大陆架的划界问题。但是，与“巴巴多斯诉特立尼达和多巴哥案”的仲裁法庭不同的是，国际海洋法法庭在处理该划界之前仔细考虑了当事各方对200海里外大陆架的权利问题。法庭指出：“划界意味着一个权利重叠区域。这样，任何划界中的第一步都是决定权利是否存在以及它们是否部分重叠。虽然权利和划界是由公约第76和第83条分别处理的两个不同的概念，但它们是相互联系的。……这样，法庭在本案中应当首先处理的问题是，各方是否对200海里外的大陆架拥有部分重叠的权利。如果没有，那么它将是在处理一个假设性的问题。”② 然而，国际法庭在当事各方按照公约第76条第8款在大陆架界限委员会建议的基础上划定大陆架外部界限之前划分它们200海里外的大陆架边界时不得不考虑的问题是，它在特定案件中是否能够以及应当决定当事方对200海里外大陆架的权利。前一个问题涉及专业能力问题，因为第76条“包含了法律和科学要素，因此它的恰当解释和适用同时要求法律和科学的专业知识。委员会是一个具有建议职责的科学和技术机构，公约授予其在沿海国申请的基础上考虑在实施第76条过程中引发的科学和技术问题，而法庭能够解释和适用公约规定，包括第76条。”③ 应当看到，“孟加拉国 / 缅甸案”在这方面是一个特殊的案例，因为孟加拉湾呈现出一种独特的情况，这在第三次海洋法会议的谈判中已经得到承认，即孟加拉湾的

① Submission to the Commission on the Limits of the Continental Shelf Pursuant to the Article 76, Paragraph 8 of the United Nations Convention on the Law of the Sea, Republic of Trinidad and Tobago, 12 May 2009, part 11, pp. 14-15. 该申请载大陆架界限委员会网站：www.un.org/Depts/los/clcs_new/commission_submissions.htm（2009/5/14）。

② Bangladesh/Myanmar, paras. 397-399.

③ Ibid., para. 411.

整个海底都被一层约14—22公里厚的沉积物所覆盖，其中包括邻接孟加拉国和缅甸的区域，由此法庭确信从缅甸海岸到200海里区域有一个连续和可观的沉积岩层。[①]另外，在本案中，各方就孟加拉湾海床和底土的科学方面没有争议。其实，它们争议的是公约第76条的解释，特别是该条第1款中“自然延伸”的含义。在法庭看来，由于各方对200海里外大陆架的权利问题所引发的争论点主要是法律性的，因此裁定它能够在这一特定案件中决定各方的权利。[②]然而，即便如此，法庭关于当事各方存在200海里外大陆架的权利重叠区域的决定以及由此进行的划界仍然存在诸多疑问。例如，国际法庭行使其有关大陆架划界的管辖权并不妨害委员会就与划定大陆架外部界限有关的事项行使其职责，[③]也就是说，虽然当事双方都已经分别按照第76条第8款向委员会提交了划定200海里外大陆架外部界限的申请，认为各自拥有200海里外大陆架的权利，而且法庭也已经划分了它们之间200海里外大陆架的界线，但委员会依然可能认为当事方的主张没有通过“从属权利检验”，即大陆边的外缘没有超过200海里。其实，孟加拉国就认为缅甸没有超过200海里的自然延伸。[④]而一旦发生这种情况，就意味着法庭的划界丧失了前提。

就划界方法而言，国际法庭在六个案件中都将等距离线或调整的等距离线作为最终的边界线。而这种情况既出现在相邻海岸的划界中，也出现在相向海岸的划界中。在“尼加拉瓜诉洪都拉斯案”中，虽然国际法院出于海岸特殊地理构造的原因没有使用等距离方法，而是使用了夹角平分线方法，但法院认为夹角平分线方法“是一种在等距离不可能或不适宜的情况下的可行的替代方法。……可

① Bangladesh/Myanmar, paras. 444-446.

② Ibid., paras. 412-413.

③ Ibid., para. 379.

④ Ibid., para. 441.

以被视为等距离方法的近似物”。[①] 其实，从2001年“卡塔尔诉巴林案”开始，国际法院和法庭就一再强调一种两步走的划界程序，即首先划一条临时等距离线，然后考察是否存在要求调整该线的有关情况。该方法被称为“公平原则 / 有关情况”方法或规则，有时也被称为“等距离 / 有关情况”方法。而在2009年“黑海划界案”中，国际法院更是第一次全面总结和阐述了它的划界方法，并增加了不成比例检验这一最终阶段。按照法院的表述，除了在海岸相邻的情况下可能存在某些导致等距离不适用的例外情况外（主要是海岸地理的情况导致无法确定可靠的划等距离线的基点），海洋划界应当以构建临时等距离线为开始步骤，而无论是进行大陆架、专属经济区或是单一划界。这样，等距离方法就在法院判例中获得了作为划界通常开始步骤的优先地位。关于等距离方法在海洋划界实践中被广泛使用的原因，法院将其归结为“它由于其科学性和适用时的相对容易而具有某些内在优点。”[②] 然而，更为重要的原因应当是，等距离方法在通常情况下能够产生公平结果。取得“公平解决”是按照公约第74条和第83条划界时的首要法律要求。显然，在实现这一要求时没有理由首先使用一种与之背道而驰的划界方法。换言之，虽然等距离方法在划界中的地位越来越突出和确定，但按照目前公约的相关规定，等距离方法在划界中的可适用性仍应首先取决于它在特定案件中能够有助于取得公平结果。按照国际法院的观点，划界需要实现“长期以来被认为公平而又简单的标准，即原则上，在顾及案件特殊情况的同时，应着眼于对当事国海岸向海展延的重叠区域予以均分。”[③] 由此，如果一条等距离线不能在特定案件中实现上述标准，那么它就不适宜被用作划界的开始步骤。而这种情况既可能发生在海岸相邻的划界中，也可能发生在海岸相向的划

① Nicaragua v. Honduras, para. 287.

② Ibid., para. 272.

③ Delimitation of the Maritime Boundary in the Gulf of Maine Area (Canada/United States of America), ICJ Reports 1984, p. 246, para. 195. Nicaragua v. Honduras, para. 287.

界中，特别是当大陆架划界中当事一方主张自然延伸而他方主张距离标准作为各自权利基础时。此时使用等距离方法作为划界的开始步骤无疑等于武断否定了当事一方关于200海里外大陆架的权利主张。这样，国际法院关于只有在海岸相邻的情况下才会存在排除等距离方法适用的情况的表述似乎并不准确。值得注意的是，国际海洋法法庭在2012年"孟加拉国/缅甸案"中同样强调："在划海洋划界线时应当适用何种方法的问题应当根据每个案件的情况加以考虑。此时，获得公平结果的目标必须是引导法庭行为的首要考量。因此，所要使用的方法应当是在每个案件的主要地理现实和特定情况下能够导致公平结果的那个方法。"①

关于调整临时等距离线的情况，国际法庭的标准似乎越来越严格。过去一些曾被视为有关情况的因素，如当事各方的油气活动、资源的分配等，在上述这些案件中都没有被赋予调整临时等距离线的效力。关于油气活动，国际法庭一致倾向于国际法院在"喀麦隆诉尼日利亚案"中确定的标准："石油特许权和油井本身并不能被视为应当调整或移动临时界线的有关情况。只有基于当事方之间明示或默示的协议，它们才有可能被考虑。"② 关于渔业资源，国际法庭的标准似乎是，只有当界线"有可能对有关国家的人民生计和经济福祉带来灾难性的影响"时才需要加以考虑。③ 在那些对临时等距离线进行调整的单一划界中，海岸地理——包括岛屿、海岸线长度的显著差异以及海岸显著凹陷并导致截断效果，是被承认的主要有关情况。海岸线长度的显著差异还与比例检验有关。值得注意的是，国际法院在"卡塔尔诉巴林案"、"喀麦隆诉尼日利亚案"和"尼加拉瓜诉洪都拉斯案"中均未使用比例检验。而仲裁法庭在"巴巴多斯诉特立尼达和多巴哥案"中虽然诉诸比例检验，但并未进行数

① Bangladesh/Myanmar, para. 235.

② Cameroon v. Nigeria, para. 304.

③ Gulf of Maine, para. 237; Barbados v. Trinidad and Tobago, para. 241; Black Sea, para. 198.

字比对，而是强调一种“比例感”。[①]另外，从这些诉诸比例检验的案件中似乎可以看出，国际法庭已经从最初追求一个“合理程度的比例”[②]转变为避免“明显的”[③]、“严重的”[④]或“重大的”[⑤]“不成比例”。这样的转变无疑会进一步增大法庭在运用比例检验这一工具过程中的灵活性，同时也间接降低了海岸线长度的显著差异这一情况的重要性。在近来唯一根据海岸长度的差异而调整临时等距离线的案件（“巴巴多斯诉特立尼达和多巴哥案”）中，当事双方相关海岸长度的比率约为8.2∶1。[⑥]

① Barbados v. Trinidad and Tobago, para. 376.

② North Sea Continental Shelf (FRG/Den.; FRG/Neth.), ICJ Reports 1969, p. 3, para. 101.

③ Black Sea, para. 122.

④ Barbados v. Trinidad and Tobago, para. 376.

⑤ Bangladesh/Myanmar, para. 499.

⑥ Ibid., para. 326.

略述国际私法学在中国的传播和发展

刘慧珊*

国际私法学是争论最多的学科之一，从它的名称到它的历史，从它的研究对象到具体内容与其中的核心概念，以至它的性质和归属，即它是国际法还是国内法？它是一个与国际法（国际公法）相并列的法学二级学科还是仅为国际法这个二级学科之下的一个专业方向？无不存在分歧。本文仅就国际私法学在中国兴起的历史过程进行探讨，中心问题是：国际私法作为一门学科，是最早形成于中国，还是从国外引入的？

有些学者断定，从世界范围看国际私法（无论作为法律还是作为学科），最早产生于中国，它在中国的历史要比通常被视为其发源地的中世纪地中海沿岸意大利城邦国家早七八百年。① 这种观点的依据是，早在公元651年，中国唐朝颁布的《永徽律》在其“名例篇”（即总则部分）中就包含了一条这样的规定：“诸化外人，同类自相犯者，各依本俗法；异类相犯者，以法律论。”翌年，又颁布了具有同等法律效力的《唐律疏议》，其中对上述条文的解释是：

---

* 原中国国际私法学会副会长、北京市国际法研究会副会长，外交学院教授（离休），中华人民共和国政府特殊津贴获得者。

① 例如，张仲柏教授指出：“凡是没有学过国际私法的人，都觉得这门课程生疏，学过的人总认为它只能发生在意大利地中海沿岸地区，中国没有这门法律和学科，即便有也是从外国来的，是舶来品，其实这是一个误解。”详见张仲伯：《中国国际私法史略和主要理论问题思考》，载于《中国国际私法与比较法年刊》，2007，法律出版社，第25—26页。

“化外人谓藩夷之国别立君长者，各有风俗，制法不同。其有同类自相犯者，须问本国之制，依其俗法断之。异类相犯者，若高丽与百济之相犯者，皆以国家法律论定罪名。”上述法律条文及其解释中所称之“化外人”，即外国人；“同类相犯者”，即同一国家的外国人相互侵犯；“本俗法”即本国法。“异类自相犯者”，即不同国家的外国人相互侵犯；“依法律论”，即依唐朝的法律论定罪名。

对于唐律的这个规定，中国法学界研究唐律的专家学者看法不同，评价不一。持肯定态度的学者认为“其立法精神是既尊重外国人的风俗与法律，又维护唐朝本国与法律适用的主权原则”①；“表明唐律充分尊重外国之法律，同时坚决维护本国之主权，其立意可谓公允惬当”②。有持否定态度的，认为“既难操作，代价又大”，理由是，法官未必通晓外国的语言及其法律的内容，即使通晓，适用起来，也“意味着唐朝司法权的丧失”，故“实是一大败笔，也是一大弊端”③。相反，国际私法学者中则多持肯定态度，有分歧也不在适用外国法的必要性这个问题上（即不认为处理涉外民事关系在一定条件下适用外国法会导致国家主权受损或国家“司法权的丧失”），而是在对这个规定本身的性质如何认定以及关注的程度上。例如，有的学者说，由于中国古代法律民刑不分，唐律中的这个条文应被视为“既是刑法规定，也是国际私法的规定”④；有的教材中说明，“上述规定还不能完全算作国际私法意义上的法律适用规范”⑤；另有学者则评价其为“同时期世界上任何其他地方所未见的国际私法现代冲突规范的先兆（forerunner）”，将其视为“研究现代国际私法的极其珍贵的史料”，并赞许地说，早在一千多年前“古

① 钱大群：《唐律疏议新注》，南京大学出版社，2007年版，第207页。

② 刘俊文：《唐疏议笺解》，中华书局，1996年版，第479页。

③ 王立民：《唐律新探》，北京大学出版社，2010年5月第四版，第116—117页。

④ 黄进：《国际私法》，法律出版社，1999年版，第93页。

⑤ 冯大同、刘慧珊、沈达明、姚壮、费宗祎、钱骅合著：《国际私法讲义》（全国法院干部业余大学法律教材），人民法院出版社，1988年版，第5页。

代中国法律学家不仅懂得划分内国法与外国法，而且还对适用外国法的必要性有所认识”[①]。“像这样的规定，在同时期的外国法中是没有见到的，可见我国是一个法律文化发达较早的国家。”[②] 这的确值得我们中国国际私法学者自豪，而看法上的分歧则更启示我们应进一步去研究和探索。

唐律的这条规定，对当事人双方同属一个外国的涉外案件，采用的是法律属人制度（Personality of Law），以国籍为连接点确定其准据法，显示出立法者将外国法与内国法置于平等地位，在适用上不对其持排斥态度，较之同时期西欧封建国家所实行的每人均须受治于当地法制的法律属地制度（Territoriality of Law），上述规定要开明得多，其立法宗旨要先进得多。这与古代中外民间交往的历史渊源是分不开的。中华文化的巨大魅力，东方特有的神奇物产，吸引无数富有冒险精神的西方人不远万里飘洋渡海来到这个古老的国家。从整个古代和中世纪，外国臣民频繁进出中国，人流源源不断。特别是盛唐时期，作为强大的封建帝国，经济繁荣，文化先进，在亚洲占据中心地位，对整个世界都有影响，因此统治者充分自信，不实行排外政策，而是来者不拒，外国人谁愿来都可以，“中国的大门总是向他们敞开”。[③] 唐律不仅被后世中国各朝奉为修法立制的楷模，而且对古代东南亚等国也产生了重大影响。

但是，唐代以后，上述处理“化外人相犯”条款中采用属人法律制度的内容只被宋代立法沿袭过[④]，到了明、清两代，立法者彻底改变了上述规定。《大明律·名例》“化外人有犯”完全采取了法

---

① See Zheng Zhaohuang: Two Chapters in the Historical Development of Chinese Private Law, at Johan Erauw; F. Laurent; Rijksuniversiteit te Gent. Faculteit Rechtsgeleerdheid.; et al, Liber Memorialis François Laurent, 1810–1887, Brussel: E. Story-Scientia, 1989, p.1199.

② 李浩培:《李浩培文选》，法律出版社，2000年版，第34页。

③ See V. K. Wellington Koo, The Status of Aliens in China, New York, Columbia Univ., Press, 1912, p. 19.

④ 《宋刑统》，薛梅卿点校，法律出版社，1999年版，第109页。

律属地主义制度，规定所有在明朝相犯的外国人全部适用明朝的法律[①]；清朝的《大清律例·名例》做了同样的规定。[②]历史事实说明，唐律中包含的世界上第一个国际私法胚胎，没有孕育成熟就早已经被杀灭了。而当欧洲度过了“黑暗时代”以后，世界上其他地方倒是零星地出现了国际私法新的胚胎或早期萌芽。例如，公元911年基辅俄罗斯与希腊缔结的条约第十三条规定：“如（在希腊的俄人中）有人死亡，而既未立有处分其遗产的遗嘱，又无自己人（即在希腊无卑亲属），则财产归属其在俄罗斯的年幼亲戚。如他（死者）立有遗嘱，则财产归属于他写明由其继承的人；继承人可由（在希腊）经商的俄罗斯人及来往希腊并愿与人方便的其他人那里获得此项财产”。[③]至于13世纪中叶以后意大利后期注释法学派代表巴托鲁斯创立的“法则区别说”及其在荷兰、法国的学派经历了怎样的兴衰过程；19世纪中叶德国法学家萨维尼创立的“法律关系本座说”怎样深刻而长远地影响各国国际私法理论与实践；19世纪上半叶美国法学家斯托雷如何继承和发展了荷兰学者胡伯所持的“礼让说”；英国法官如何从18世纪下半叶起破冰前行巧妙地将缘起于16世纪法国巴黎的“意思自治说”引入自己的司法实践[④]；19世纪下半叶英国法学家戴西在斯托雷式“礼让说”的基础上提出的“既得权说”是如何奠定了英美普通法系国际私法的基础；20世纪30年代又被美国学者无情批判从而导致“冲突法革命”，这场“革命”又怎样剧烈地冲击传统国际私法的理念和制度，则所有这些，我们都是或多或少讲授过、或深或浅研究过的，在此不必多说。上面稍微提一下

① ［明］王樵、王肯堂：《明律笺释》，载《四库未收书辑刊》第一辑第二十五册，北京出版社，2000年版，第322页。

② ［清］沈之奇：《大清律辑注》，法律出版社，2000年版，第102页。

③ 隆茨：《国际私法》，顾世荣译，人民出版社，1951年版，第55—56页。

④ 熊月之著：《西学东渐与晚清社会》（修订版），中国人民大学出版社，2011年3月第1版，第545页；历届年会内容综述详见《中国法律年鉴》“法学各主要学科发展概况综述”栏，法律出版社出版，第115—121页。

国际私法学说史的线索，是为了探讨这门学科的“故乡”究竟何在的问题。

虽然中国国际私法学界对唐律中的上述规定多持赞赏态度，但是，仅仅据此一个法条就断言中国是国际私法这门学科的故乡，国际私法学是中国自来就有的本土产物而不是“舶来品”，那就真是“一个误解”了。因为，所谓“学科”，应是指某个门类的系统知识，而知识是概念的连接及其符合逻辑的组合，是需要用科学的方法进行归纳或演绎、分析和综合，并且要用符合专业要求的语言词汇，加以恰当清晰的表述而成，绝不是从法典中抽引出一个孤立的法律条文就能代替得了的。一门学科的形成，需要人类共同的积累和智慧。好比盖房子，需要各种适合这座房子建筑设计的材料，茅草房用土坯稻草瓦片就可以了，好一些的房子需要钢筋水泥混凝土预制板玻璃幕墙等等……，就是一个鸟窝一个蜘蛛网，也不是一根草、一根丝就能构筑成功的。总之，无论怎样翻过来掉过去地重复唐律那一个法条，也无法造就出一门“中国的”国际私法学来。在这方面，我们不妨来看一看前苏联国际私法权威学者隆茨是怎样处理作为国际私法“早期萌芽”[①]的个别规范与国际私法整个学科之间关系的。他在考察国际私法学说史时，援引了上述基辅俄罗斯与希腊之间条约第十三条，接着很自豪地写道：“封建时期前俄罗斯国家国际文件中这种规范的存在证明了当时基辅俄罗斯与君士坦丁堡之间的商业曾引起何等复杂的法律关系，以及十世纪时俄罗斯的法学在当时说来已站在何等高超的水平上了。”[②]尽管如此，他并未据此条约规定就断言国际私法学的“故乡”在俄国，而是放眼世界，客观全面地阐述了国际私法学说的发展史。

那么，国际私法作为一门学科，或者说一门课程，在中国究竟是什么时候才开始有的呢？

① 隆茨：《国际私法》，顾世荣译，人民出版社，1951年版，第55页。

② 同上，第56页。

为了弄清楚这个问题，有必要回顾一下国际私法这门学科在中国兴起和传播的过程。

一、第一次引进（1892—1910）

现有资料表明，历史上，整个的国际法学都是从外国陆续引进中国的。据考证，1864年中国出版了丁韪良所译的《万国公法》，这是第一部较为系统的国际法译作。虽然国际法知识之传入中国还可以追溯到更早。1839年林则徐出任钦差大臣，“他利用一切接触西人的机会，尽量了解世界情况。销烟时，美国传教士、商人、报纸编辑前来参观，林则徐便向他们了解外国情况和国际知识。一次，一艘名为‘杉达’的英船遇风沉没，船上人员被迫停留广州，林则徐请该船医生喜尔修订有关照会译文……1839年7月，他派人与美国传教医师伯驾联系，请伯驾翻译有关国际法知识，伯驾同意并参与了这项工作”[①]。但是,《万国公法》一书无疑是最先向中国民众传播国际法知识的载体。尽管该书出版之前和之后都有其他的国际公法翻译著作出现（如《各国公法交涉论》[②]分三集陆续于1854年、1857年、1894年刊出；1894年前还出版了作为简明读本的《公法总论》）[③]。课堂更是直接传授知识的平台。1876年起，按照京师同文馆总教习丁韪良建立的新课表,《万国公法》被列为该校八年制学生第七学年的必修课，国际公法首次进入中国的课堂。[④] 到后来各地官办法政专门学校纷纷成立，学习这门课程的学生就更多了。

然而，国际私法知识传入中国的时间却要晚得多。第一部国际私法译著《各国交涉便法论》直到1892年至1902年间分为六集陆续

① 熊月之著:《西学东渐与晚清社会》(修订版)，中国人民大学出版社，2011年3月第1版，第177页、第179页。

② 同上，第411页、423页。

③ 同上，第423页。

④ 同上，第239页。

问世，它与上面提到的《各国交涉公法论》原属同一部著作，只卷次不同，都是英国学者罗伯特·J. 菲利摩尔（Robert J. Phillimore）[①]撰写的，英文书名为 *Commentaries Upon International Law*，是当时篇幅最大的国际法详本，共四卷，前三卷为国际公法内容；第四卷《各国交涉公法论》（傅兰雅译，钱国祥校），是专讲国际私法的，有单独的书名，但关于这点有两种说法：笔者收集到的原文复印本书名是 *Private International Law or Comity*，另一说书名是 *International Law, Private*[②]。这部国际私法中译本共分48章，内容颇为详尽。对于中国来说，它是系统的国际私法知识最初的来源，即第一个“舶来品”，从英国“舶来”，地地道道，不折不扣，没有半点“误会”。但是有多少中国人读过它、用过它？无据可考。鉴于这门学科内容艰涩，许多词语都是翻译过程中创新的，或直接移植过来的，可以想见，译者何其辛苦，读者何其艰难。为使读者对该书体系和内容有一个直观的印象，并能对那个时代特有的译书方法“西译中述”[③]及其效果有所了解，特将该书中英文章目对照表作为附录列于本文篇末。

19世纪末，除了《各国交涉便法论》以外，在中国没有其他的国际私法译著出现。到20世纪初，情况有了很大变化，短短十年间，就有一系列日本国际私法著作的中译本展现在中国读者面前。例如，加藤正雄著、李广平译的《国际私法》（1903年，东京，译

---

① 罗伯特·J. 菲利摩尔（Robert J. Phillimore）是英国议政大臣兵船部审问堂大堂律学博士。熊月之著:《西学东渐与晚清社会》（修订版），中国人民大学出版社，2011年3月第1版，第411页。

② 熊月之著:《西学东渐与晚清社会》（修订版），中国人民大学出版社，2011年3月第1版，第423页。

③ 由于外国学者不精通中文，中国学者不熟悉外文，故当时江南制造局翻译馆是系由中外学者共同组成。具体说，“西译中述”就是:“将所欲译者，西人先熟览胸中而书理已明，则与华士同译，乃以西书之义，逐句读成华语，华士以笔述之；若有难言处，则以华士斟酌何法可译明。如华士有不明处，则讲明之。译后，华士将稿改正润色，令合于中国文法。”隆茨:《国际私法》，顾世荣译，人民出版社，1951年版，第394页。

书汇编社）；石光三郎、森惣之佑合著、冯闓模译的《国际私法图解》（1906年，上海广益书局）；中村进午著、袁希濂译的《新译国际私法》（1907年，上海中国图书公司）；山田三良著、李倬译的《国际私法》（1911年，上海商务印书馆），等等。① 诸如此类的书还有多本，加上课堂笔记编成的讲义，种类就更多了，而且版本繁复，不胜考证。当然，这个时期从日本"转口"涌入中国的"舶来品"远不止国际私法这一门学科的译著，而是涉及自然科学、社会科学的各个门类。"数以百计的出版机构，数以千计的中译日书，数以万计的留日人员，难计其数的杂志、报纸，将形形色色的西方新学转口输入中国。欧美—日本—中国，成为20世纪初新学源源不断传入中国的主通道。范围之广，来势之猛，数量之多，令中国学术界大开眼界，目不暇接。"② 西学东渐第二个高潮中出现的这种局面，既为当时的历史背景所决定，也与日本语言文化来源有关。明治维新以后日本在学习西方的道路上大步向前，而日本本是汉字文化圈成员，日文中的汉字，本是一笔一划从中国学去的，语法和词法多与中文相通，"因此，日译西书所用的词汇，中国学者大多一看就懂，不用转译。他们在翻译日文书籍时，也就原样照搬。日译新书翻浪排空般涌来，日译新词也就水银泻地般渗入。"③ 国际私法中常用的"准据法"这个名词术语，就是具有典型意义的例子之一。它最初不是来自英文而是来自日文，是1896年德国民法施行法颁布

① 李贵连、俞江：《简论中国近代法学的翻译与移植——以我国第一部国际私法译著为例》，载汪汉卿主编《继承与创新——中国法律史学的世纪回顾及展望》，法律出版社，2001年版，第782页；张仲柏教授指出："凡是没有学过国际私法的人，都觉得这门课程生疏，学过的人总认为它只能发生在意大利地中海沿岸地区，中国没有这门法律和学科，即便有也是从外国来的，是舶来品，其实这是一个误解。"详见张仲伯：《中国国际私法史略和主要理论问题思考》，载于《中国国际私法与比较法年刊》，2007，法律出版社，第25—26页。

② 熊月之著：《西学东渐与晚清社会》（修订版），中国人民大学出版社，2011年3月第1版，第523页。

③ 同上，第545页。

后，日本学者用他们从汉语中学去的"准据"二字加上也是从汉语中学去的"法"字构成日文词组，将德国学者使用的 Maßgebendes Recht 一词译成日文，再照搬到中译日书里来。[①]

还要特别提到的是，由日本教师进行课堂讲授，成为20世纪初国际私法学在中国传播的有效方式。19世纪60年代洋务运动兴起后，经过对旧的教育制度的革新，清政府在20世纪初创办了京师法律学堂，国际私法成为必修科目之一。随后各省相继设立官办的法政专门学校。当时，专门法政教育几乎为日本学者所把持，如1911年5月京师法学汇编社分22册发行的《京师法律学堂讲义》注明，该校国际私法课的讲授人是岩井尊文。[②]

20世纪20年代，中国已经有了第一个国际私法立法，这就是1918年颁布的《法律适用条例》。有人认为，该法基本上是仿效大陆法系国家意、德、日的相关法律，规定甚略，并无值得重视的新内容。但是必须看到，其制定和颁布本身，却在一定程度上反映了废除帝国主义列强在华治外法权的强烈诉求，而且，与德国1896年民法施行法相比，毕竟列入了对合同之债实质成立要件及效力的准据法条款[③]。该条例的颁布，对于推动中国国际私法学的教学与研究也是起了积极作用的。[④]

经历了19世纪末20世纪初主要以译述或编译为传播方式的初

---

① 刘慧珊："'The proper Law'问题探究"，载《国际私法与比较法年刊》(2004)，法律出版社，第3—33页。

② 李连贵主编：《二十世纪的中国法学》，北京大学出版社，1998年版，第62页。

③ 见该条例第二十三条的规定。1896年的德国民法施行法对合同之债的法律适用未作规定，实践中，法院采用英国的准据法说，即在当事人既无明示选择又无默示选择时由法院根据具体案情"假设"出当事人选法的"意思"，依此"假设意思"而"假设选择"出来的法律作为合同准据法，无假设选择时适用合同履行地法。见《李浩培文集》第209页、245页。

④ 参见曹建明著：《卢峻先生与中国国际私法》。该文实际是卢峻先生1937年《国际私法之理论与实际》的再版序言，见卢峻著：《国际私法之理论与实际》，中国政法大学出版社，1998年。

始阶段之后，一批从欧美和日本归来的国际私法学发达国家的中国学者，陆续进入学术研究阶段。据统计，截至1949年2月，出版了教材18部，教学辅助资料2部；专著9部（其中4部是1905年至1932年间中国留学生分别于美国耶鲁大学、哥伦比亚大学、哈佛大学和英国伦敦大学用英文发表的博士论文，一部1942年留学加拿大多伦多大学的用英文发表的硕士论文）；专题论文36篇（作者共18位，其中李浩培先生一人发表了13篇）。应该说，在战乱频仍的年代，这批学者对中国国际私法学的初创是很有贡献的，起了开拓和奠基的作用。在此要特别提到的是享誉中外的两位大师"北李南韩"。李浩培先生于早年通过中英庚款公费留英考试，赴英国伦敦政治经济学院师从劳特派特教授研习国际公法，同时师从卡恩-弗劳因特教授研习国际私法和比较民法。1939年冬学成归国，受聘于武汉大学（抗日战争爆发后迁至四川乐山），担任法律系教授，1941年起又兼任法律系主任。武汉大学从1938年起为本科生开设国际私法课，是全国最早由中国教授通过课堂传授这门知识的大学之一[①]。李先生在此执教至1945年，将近六年期间，讲授的课程有国际私法、法理学、英美法和近代大陆法，还亲自指导学生撰写毕业论文。据不完全统计，已经查到确切的论文题目、毕业生姓名和写作年份的，就有19篇，选题包括"国际法之起源及其性质"、"敌国人民的地位"、"法律及其渊源"、"On Sovereignty"、"法治与司法"、"为法律奋斗"、"滂特（R. Pound）之社会法学"、"英国法与大陆法关于婚约之比较"、"宣战之研究"、"契约之本质论"、"各国离婚法之比较论"、"苏联之法律与司法"、"在华领事裁判权制度的研究"、"戴雪国际私法导论"、"领事裁判权述评"、"国际公秩序与外国法

① 东吴大学、朝阳大学可能是中国最早开设国际法课程的高等学府。资料显示，1927年就已经有了各自的教材：朝阳大学法律科《国际私法》（程树德，民国十六年十月）；东吴大学法学院《国际私法讲义》（鄂森，民国十六年八月）；1936年武汉大学《国际私法讲义》（梅天南，民国三十六年）。武汉大学还出了一部《国际私法总论》（李浩培，1945年铅印版）。

之适用”、“条约之效力”、“国际常设法院及其改建”、“国际私法中之反致与转致”等。李先生于1945年应浙江大学之聘，出任浙大法律系系主任，同时在浙大讲授国际私法等课程。韩德培先生则是在南京中央大学法律系毕业后考取中英庚款出国研究生，赴加拿大多伦多大学研究法学，获硕士学位[①]，又在美国哈佛大学继续从事研究，1946年回国后任武汉大学教授，1947年兼任法律系系主任。韩先生在武大法律系也开过多门法学课程，包括国际私法，据统计，两年间亲自指导的毕业生论文7篇，选题包括“国际私法中的公共秩序”、“国际私法中的反致问题”、“论国籍冲突问题”、“外国判决之承认与执行”等。在李、韩两位教授严格要求和悉心指导下，学生的毕业论文不仅选题很有意义，而且单是从注释就可看出论文援引了很多第一手外文资料，有的论文还直接用英文写成。篇幅最长的要数王名扬撰写的《敌国人民的地位》，竟有300多页（每页300字）。武汉大学法律系当时教学水平之高由此可见一斑。[②]

但是，从整体看，国内当时的研究水平正如李浩培教授所言，“不能称为发达”；在大学里，国际私法资料匮乏，不利于研究的展开；国际私法虽为法律系必修课，但也不受重视，无法面对未来废除领事裁判权之后的实践需要；由于领事裁判权存在，法院较少审理涉外案件，也就少用国际私法，法官考试也不考国际私法。因此，国际私法的实践现状不容乐观。[③]

① Han, Dupei, Substance and Procedure in Anglo-American Conflict of Laws, University of Toronto, 1942.

② 有关李浩培、韩德培两位教授在武大任教期间指导学生毕业论文的珍贵史料，系黄进教授博士生刘正中所提供，特此致谢。

③ 见李浩培：“怎样学习国际私法”，载于《读书通讯（重庆）》，1941年，第2卷，第27期。

二、第二次引进（1953—1966）

第二次引进国际私法学，是从前苏联引进，始于1953年。当时中国曾实行“一边倒”的政策，全盘“苏化”。过去的旧法统和整个法学，都被定性为“反动的”东西而被一概废除，全盘否定。一切从头开始，一切都得向苏联老大哥学习。为此，从1949年年底起，大规模培养俄语翻译人才，以应急需。中国人民大学外交系首次招收了与外交业务相关的各门学科的研究生，包括国际公法研究生和国际私法研究生。研究生的课程全部由苏联专家讲授，学校为各门学科配备了俄语口译和笔译。国际私法课从头到尾都是由前苏联专家明任斯基给研究生讲授的，教学方式是讲授和课堂讨论相结合。苏联专家对课堂讨论要求很严，研究生们必须阅读指定的参考书籍，按专家定出的讨论题目认真准备，写出课堂讨论的发言提纲，讨论时必须发言。那时候，高校教师和学生不管是哪个系的都必须学俄语，所以有些学得比较好的私法研究生依靠字典已逐渐能够直接阅读专业参考书，不能直接阅读的，由翻译帮助。但到课堂讨论时就都不行了，只能用中文发言表达自己的观点，由课堂口译给专家翻译成俄语，专家对发言一一点评，或当场答疑解惑，最后小结，这些也是通过课堂口译将其当堂译成中文。中国人民大学除俄语系外，在其他所有的系，凡由苏联专家讲课的，都是这样，也就是说，通过翻译作为桥梁，学一门课的时间要多花一倍都不止。但是课堂讨论这种缘起于德国传统的教学环节，却极有益于受业者消化吸收并加深理解从听课和读书当中所学知识。到中苏交恶之前，先后有三届国际私法专业的研究生从这里毕业，还有一些涉外部门干部和一些高校青年教师先后来此进修旁听。指定的主要教材是前苏联权威学者隆茨1949年所著《国际私法》一书的中译本（顾世荣译），参考书目中除列入必读的马列主义关于国家与法的论述外，凡与专业相关的学科，如国际公法、国际关系、外交史、民法学等等，都是苏联学者的著作。总之，研究生在学习期间没有机会直接接触任何一本西方国家的专业书籍，但是，间接接触的机会是有的，例如，通过阅读俄文版的介绍和论述英美国际私法学说与司法实践一类的专著和论文，[①] 可以了解很多西方著名学者的学术观点和一些著名的案例。隆茨的观点很明确："国际私法"是民法的一部分[②]，谈到苏联民法，虽然当时必称"苏维埃民法学"（以示与沙俄旧民法学有本质区别），但是，由于沙俄时代的民法同德国民法体系极为相近，十月革命后前苏联又没有像中国那样采取"废除旧法统"的做法，所以苏维埃民法学在体系和内容上与德国民法的基本概念是相一致的，这就使研究生通过阅读苏维埃民法学的参考书得以吸收大陆法系的民法知识。隆茨还论证说，国际私法并非国际法，因为它基本上不调整国家之间的关系；它又非私法，因为"我们不承认任何'私的'东西，在我们看来，经济领域中一切都属于公法范畴，而不是私的"[③]。隆茨这部教材俄文第二版是1949年出的，必然打上当时意识形态的烙印。他在20世纪50年代中期发表的论文中，特别强调"在民主和社会主义国家的相互关系中，那些能够大大地消除对外贸易方面冲突问题的法律形式得到了最广泛的适用……可见，在人民民主国家的关系中，国际条约是国际私法的

① 例如，柯列茨基著:《英美国际私法理论与实践》，刘文宗、刘慧珊、王荣宅译，刘文宗校，中国人民大学出版社，1958年;《国际私法论文集》，刘慧珊等合译，刘慧珊校，世界知识出版社，1959年；童京:《国际法理论问题》，刘慧珊、王可菊、黄嘉华、马骧聪等合译，刘慧珊校，法律出版社，1960年中文版，等等。

② 隆茨:《国际私法》，顾世荣译，人民出版社，1951年，第12页。

③ 参见曹建明著:《卢峻先生与中国国际私法》。该文实际是卢峻先生1937年《国际私法之理论与实际》的再版序言，见卢峻著:《国际私法之理论与实际》，中国政法大学出版社，1998年，第11页。在此需要说明的是，这段话引自1922年2月22日列宁给司法人民委员部的一份内部指示，顾世荣翻译得比后来的中译文更准确。参见《列宁全集》中文第二版，第42卷，人民出版社，1987年，第424—429页。

渊源中从比重上讲占主要地位的渊源”。[①] 可见隆茨处在当时的意识形态背景下，是怎样深深地陷入了自相矛盾的境地。而明任斯基本人则更倾向于国际私法是国际法这种前苏联学界的主流观点[②]，他在讲绪论部分时，从马克思主义关于国家与法的学说和列宁关于社会主义、资本主义两种制度平权的论述讲起，分析苏联与资本主义国家发展经贸关系的必要性，然后详细介绍苏联学者不同观点、详细解说西方各种学派，再逐一详细讲解国际私法各种制度以及著名案例。几乎在讲解每一个制度、介绍每一种西方学说时都得先批判其“资产阶级性质”。笔者印象最深的是，他非常强调国际条约中的实体规范对调整涉外民事关系的作用，强调苏联与社会主义阵营各国缔结的双边条约的意义，看重“交货共同条件”中的实体规定和程序规定。

前已述及，国际私法学是19世纪末20世纪初才从西方引入中国，中国的读书人从那时起才开始接受国际私法的启蒙；而当时沙俄时代的法学家对生发于西方资本主义国家的国际私法已经有所研究了，这方面显然领先于20世纪初的中国，但无论如何，比起同时期西方世界来还是落后很多的，这一点，就连俄罗斯自己的国际私法学者都坦承不讳。莫斯科2009年出版的一部《国际私法》教科书有专章阐述国际私法学在革命前俄罗斯的发展状况，其作者指出：“在俄罗斯，国际私法这门学科是比较年轻的，它形成于19世纪下半叶，而此前几百年的时间里，在西方，已经是一代又一代的法学家在研究冲突法了”；“俄罗斯直到很晚才进入该项工作”，“俄罗斯

① 隆茨：“国际私法的几个问题”，原载《苏维埃法学研究所学报》1955年俄文版，第3期。后被收入《国际私法论文集》，1959年中文版，世界知识出版社，1959年中文版，第1—25页。

② 作为前苏联最著名国际法学者之一的克雷洛夫将这个观点推向极端，认定国际私法所涉及的是民法问题方面的国家间的关系。他说：“在国际流转中每一个商行，每一个个人……的背后都有它的祖国，在这种民法关系方面的任何争执和冲突，归根到底都可能转化为国家之间的冲突。”见高等学校使用的《国际法》教科书，苏联国家法律书籍出版社，1947年俄文版，第28—31页。

的国际私法文献只有一个半世纪多一点的历史”。[①] 由此可见，十月革命前俄国国际私法学者们的研究，很难与同时期西方最先进的研究成果相提并论。

从以上所述可以看出，本文所称的“第二次引进”，一方面带来了前苏联学者的研究成果，同时，也是从前苏联“转口”将20世纪上半叶英、美、德、法等西方发达国家的国际私法学系统地引入了中国，在将近五年的时间里，国家培养了几批专业人才，翻译出版了一批前苏联学者的著作。遗憾的是，由于在20世纪50年代闭关锁国政策和计划经济的条件下，社会生活中极少有涉外民事关系发生；加之50年代中期以后中国的政治运动，毕业的研究生当中，大多数未能得到学以致用的机会，只有少数作为国际私法师资分配到高校。而有些分到高校的，也因为种种原因一直未能从事本专业的教学和科研工作。当时只有中国人民大学和外交学院等极少数高等院校为本科高年级学生开了国际私法课，外交学院国际法教研室编写出了20世纪50年代中国大陆第一套国际私法教材。[②] 同时，学院决定由李浩培教授指导青年教师进修英美国际私法学。

20世纪60年代初，根据中央关于加强外国问题研究的决定，经过一年多时间的筹备，在原外交学院国际法教研室基础上成立了中国第一个国际法研究所，设国际公法和国际私法两个研究组，集中了一批1949年前从国外留学归来的知名学者，包括陈体强教授、李浩培教授、史久庸先生等等，以及一些在国内学成的中青年学者专家。国家除了将1955年全国高校院系合并撤消法律系后其原有的国际法文献典籍全部调拨给研究所外，还拨出相当数量的外汇购置

① Международное частное право, Учебник 2-е издание, переработанное и дополнённое, под редакцией доктора юридических наук, профессора Г.К.Дмитриевой, <Издательство Проспект>, Москва, 2009, стр. 41.

② 这套教材由姚壮、陈力新、任继圣、谷正平、刘慧珊合编，分为12册打印供校内教学用，原准备修订出版，因编写者被抽调参加筹建外交部国际法研究所的工作而搁置下来，“文革”中被毁。

了大批外文的国际法、国际私法经典著作，以及权威期刊和资料。该所先在西苑宾馆办公，后搬至外交部东楼。不料研究工作刚步入正轨并取得初步成果（如关于南斯拉夫海员泊港登陆、关于中苏边境边民相关民事关系法律问题等系列专题研究报告），就遭遇到“文革”十年浩劫，研究所除了个别老专家留外交部工作外，均下“五七干校”去“接受贫下中农再教育”，图书资料被回收瓜分，一切成果灰飞烟灭。

三、改革开放以来中国国际私法学的发展（1979—2012）

中国共产党十一届三中全会决定实行改革开放的国策，中国大陆法学园地里国际私法这颗孱弱幼苗，终于迎来了生机盎然的春天。

“文革”后被撤消的中国高等院校，于1980年前后纷纷复校。据统计，当时劫后幸存的国际私法专业人才，包括已经改行的在内，仅有20余人。亟须培养师资力量，亟须编写教材。中国社会科学院法学研究所于1979年开始招收国际私法硕士研究生，由姚壮老师和任继圣老师授业指导。外交学院、中国人民大学、北京政法学院（后来的中国政法大学）、武汉大学等高校除为本科生开设国际私法课外，也都设立了该专业方向的硕士点，1980年开始招收硕士研究生。为缓解师资力量的紧缺，1983—1986年期间，司法部法规教育司、中国国际法学会先后在上海连续举办了几期国际私法师资培训班。武汉大学法学院在韩德培教授主持下于20世纪80年代初设立了全国第一个国际私法专业方向的博士点，1984年开始招生，已培养出296名博士，226位硕士。据不完全统计，截至2011年，国内设博士点的已增至14个，除武大外，还有北京大学、中国人民大学、中国政法大学、对外经济贸易大学、复旦大学、华东政法大学、厦门大学、吉林大学、西南政法大学、中南财经政法大学、大连海事大学、湖南师范大学等高校以及中国社会科学院法学研究所。硕士点就更多了。32年来，出国留学专攻国际私法的也为数不少。这些高端专业人才遍布全国高等院校、科研单位和实务部门，成为改革开放事业的中坚力量。

与此同时，国际私法的教材建设和科研工作迅速进展。李浩培教授担任国际私法部分主编的《中国大百科全书（法学卷）》，中国社会科学院法学研究所主持下编辑的《法学词典》，姚壮、任继圣合著的《国际私法基础》，韩德培教授主编的《国际私法（统编教材）》等最紧迫的工具书和教科书在20世纪80年代初期相继面世，使求知者如同久旱逢甘雨一般，及时得到了专业知识的润泽。而到现在，据不完全统计，32年来出版的国际私法教材（包括习题集、案例汇编等教学辅助材料）已达70余种，专著120多部；发表的论文（包括载于历届年会论文集上的）已有1000多篇。很多教授和副教授都是兼职律师或仲裁员，直接参与处理涉外民商事案件的司法实践和国际商事仲裁实践，以自己的专业知识为维护国家利益和形象、维护当事人合法权益做出贡献。教学科研能有今天这样的规模和局面，与全国性民间学术团体“中国国际私学会”的推动是分不开的。因此有必要进一步回顾和记叙20世纪80年代中期以来中国国际私法学界学术活动的情况。在此之前，先要说明一下，成立于1980年的中国国际法学会，是最先为国际私法学者提供学术交流机会和对外关系信息的重要的、国家级学术团体。1987年与中国国际私法学会同时成立的中国国际经济法学会，其学术研讨活动也是开放性的，向国际私法学者发出参加年会、研讨会的邀请和稿约。由于国际法三个专业研究方向有密切联系，整个国际法学界学术活动必然就呈现交叉并行局面，十分有利于扩大知识领域、加强学科建设、提高教学质量、繁荣学术研究，但是学界各人各有自己研究的侧重面，不是都有精力和时间在相近的时间段里参加所有相关的学术活动，而由于各学会都是实行参会代表名额制的，因此，客观上亦无参加多个学术活动的条件。这些也都是各学会具有相对独立性的原因。下面专就国际私法学会成立以来的主要学术活动及其对教学、科研、参与相关实践和提供立法咨询所起的推动作用进行回顾，加以梳理，展开叙述，以利沟通。

第一次全国性学术活动是1985年8月5日至11日，由武汉大学国际法研究所发起并与贵州大学法律系联合筹备的全国第一次国际私法学术研讨会在贵阳花溪召开。参加会议的有来自全国22所高等院校、十几个研究单位和有关实际部门的代表共50余人，其中既有长期从事国际私法教学和研究的资深学者，又有近年来脱颖而出的后起之秀；既包括教师和理论工作者，也包括富有实践经验的负责干部，可以说，贵阳会议基本上聚集了国际私法专业领域的全部骨干力量，是中国国际私法学界的一次空前盛会。

会议由中国著名国际私法学者韩德培教授主持。韩老在开幕词中指出，建国后的前30年，由于种种历史原因，中国的法学研究与法制建设没有得到正常的发展，国际私法更是处于落后状态，当时从事这门专业的教学和科研工作的人员寥寥无几，国际私法的出版物极其稀少，十年动乱更使得这门学科濒于绝境。党的十一届三中全会后，随着对外开放政策的贯彻执行，国际私法有如枯木逢春，教学、研究工作迅速发展起来，并取得了可喜的成果。这几年中，专业队伍不断扩大，青年力量茁壮成长，国内外学术交流有较大开展，陆续出版了多种国际私法教材、专著，报刊杂志上发表了不少国际私法论文和译文。尤其令人鼓舞的是，国际私法的作用日益受到社会的重视，国际私法理论与实践的发展已呈现出初步繁荣的景象。但是国际私法上的一些重大理论和实际问题的研究还很不充分，教学工作中还存在不少亟待改进的问题。尽管这种状况还不能适应对外开放形势的需要，但我们相信，只要坚持正确的指导思想和研究方法，紧密联系实际，中国国际私法教学与研究工作一定会开创出新的局面，一定能更好地为社会主义现代化建设服务。一些代表在发言和论文中也回顾了历史，分析了现状，展望了未来。

在为期一周的贵阳会议上，代表们花了将近两天的时间，听取了时任最高人民法院经济审判庭副庭长费宗祎同志就《民法通则》

第八章“涉外民事关系的法律适用”的立法草案（征求意见稿）[①] 所作的详细说明，并就该稿展开热烈认真的讨论。代表们在发言中指出，制定国际私法立法是中国贯彻执行对外开放政策的迫切需要，现在终于提到了立法机关的议事日程，这是健全中国法制的重要步骤，是令人鼓舞、值得庆贺的大事。代表们从各个方面提出了不少很有参考价值的意见。这项主要议程丰富了贵阳会议理论联系实际的内容，凸现了国际私法学实践性强的特色。同年，部分学者应邀参加彭真同志主持的《民法通则》草案座谈会，提出修改建议。

贵阳会议代表们提交了40多篇学术论文，内容涉及国际私法领域一系列重大的理论问题和实际问题。关于国际私法的范围及其与国际经济法的关系，是会上重点讨论的问题之一。在国际私法范围问题上，国内外学术界长期存在分歧，主要有两派观点，在中国一向被习惯地称之为“冲突法观点”（或称“小国际私法”观点）和“大国际私法”观点。这次会议期间代表们争相发言，讨论得十分热烈。分歧的焦点在于：国际条约与国际惯例所包含的统一实体规范是否属于国际私法的范围。一些学者在发言中强调指出，国际私法是调整广义上的涉外民事关系的，因此应包括规定外国人民事法律地位的规范、解决法律适用问题的冲突规范、国际条约与国际惯例中直接规定当事人权利义务的统一实体规范、国际民事诉讼程序的规范；其中冲突规范和统一实体规范都是国际私法的主要内容，而后者的功能更为重要。还有的代表虽仍坚持统一实体规范是国际私法组成部分的观点，但鉴于这类规范数量太大，而且还在不断增多，因而也承认国际私法不可能将其囊括殆尽，只能包含一些有关主体地位、合同之债的履行、违约责任等方面的规范，至于涉及国际投资、国际金融、国际技术转让等方面的规范则应分属国际经济法学之下的相应分支。

① 该稿形成之前，李浩培教授提交了一份他自己拟定的草案供法工委民法室参考。费宗祎同志与姚壮同志和笔者三人合作提供了另一个专家建议稿。

另一些代表认为，以调整对象作为划分不同法律部门的依据并不科学，因为它解释不了同类社会关系可能或者需要由不同法律部门调整的现象。只有将调整对象的特殊性与调整方法的特殊性结合起来考察，才能把握住国际私法最本质的属性，看清它的核心内容正是任何其他邻近法律部门所不能包容、无法替代的冲突法；国际私法作为整个法律体系中一个相对独立的法律部门，与国际私法学作为整个法学中一个相对独立的分支，其各自范围的大小是不相同的，后者大于前者，国际私法学所研究的问题并不止于国际私法规范本身。国际私法只是调整涉外民事关系的法律部门之一，从来就是以解决法律冲突问题为目标的，它与统一实体规范为特征的国际经济法之间是一种互为补充的关系，把实体规范特别是统一实体规范纳入国际私法范围有违历史传统和国际实践。有的代表就国际私法范围问题上存在不同学派的现象作了分析，指出国际私法所调整的涉外生活关系具有多层次多侧面的复杂性质，它的渊源早已从单一性发展成多重性，“大国际私法”观点是对传统国际私法概念的突破和发展。研究国际私法的历史，就可看出这个学派的形成并非出于某些学者的主观臆想，而是有其客观实践的依据，对这个学派的历史地位和积极作用不应否定。但是应该看到，在国际贸易法、国际经济法等新兴学科已经或正在形成的今天，“大国际私法”学体系的固有缺陷已日渐明显。如果坚持固守这种体系，甚至竭力将国际私法的范围无限延伸扩展，使之成为国际民商事各个领域无所不在、无所不包的法，那么这只能导致否定国际私法自身独立存在的结果。

在国际私法范围问题上除了以上不同主张外，还有学者提出，国际私法是调整涉及外国法适用的那一部分涉外民事关系的，因此，统一实体规范被当做外国法适用时，它就属于国际私法范围。至于国际私法与国际经济法的关系问题，则持“大国际私法”观点的代表中看法又不相同，主要有两种观点。一种观点认为，国际经济法就是经济国际法，已经从国际公法的一个分支形成为一个新兴的独立的法律部门，其调整对象是主权国家之间的经济关系；划分国际私法与国际经济法的界线时除了运用调整对象这一根本依据外，还应以主体的不同作为辅助依据。另一种观点认为，国际经济法的内容脱胎于国际私法，迄今为止，并未形成为一个统一的、独立的法律部门，国际经济法学还不成体系，还处于游移不定的状态。

关于国际私法的范围以及国际私法与国际经济法的关系，是一个十分复杂的理论问题，代表们指出，贵阳会议上的争论未能得出统一结论是正常现象。现代科学正朝着高度分化、高度综合的方向发展，分支学科、边缘学科、综合学科不断产生。很多学科都出现了一些能在更广泛的范围内起作用的概念和原理，它们往往超越本学科的传统领域，突破原有的分类界限，在更高的层次上、更广泛的范围内形成错综复杂的网络结构。因此，要想在相邻学科之间一刀切出一条泾渭分明的界线是不可能的。但是，运用科学的方法，从邻近学科之间相互作用、相互渗透的动态关系中去把握各该学科的核心内容，又是可能的，而且也是必需去做的。

但是，不论观点如何分歧，在讨论过程中，加强冲突法的理论研究和相关立法工作的呼声是强烈的。很多代表在论文或发言中指出，第二次世界大战后，特别是从20世纪60年代以来，在一些发达资本主义国家和东欧社会主义国家，冲突法的理论与实践都有很多新的发展，国内立法中法典化趋势明显加强，国际上的统一冲突法运动也在一些新的领域内显著进展。中国实行对外开放政策以来，在国际民商事交往过程中，经常要遇到管辖权冲突问题、法律适用问题以及涉外民商事案件判决承认与执行问题。而在中国海峡两岸实现统一的条件下，将存在三种不同的法域，区际法律冲突及管辖冲突已经出现，将来更会大量产生。因此，加强对国际私法核心内容的研究，是实践向中国国际私法学界提出的一项不容忽视的迫切任务。

与讨论国际私法范围问题相关，贵阳会议还就韩德培教授主编的、1983年初次出版的国际私法统编教材的修订问题进行了讨论。

发言者们充分肯定了这部教材的学术水平及历史作用，同时也指出了其中存在的问题，主要是内容比较庞杂；与相邻学科重复交叉之处甚多；需要补充国际私法历史一章以及国际私法最新发展资料等等，建议在适当时机加以修订。但是部分代表认为，目前观点纷纭难以统一，因此倾向于不把力量花在集体修订统编教材上，而是主张持不同观点的学者各自去努力完善自己的观点与体系，独立著书立说，写出不同体系的教材或专著，这样将更有利于提高学术水平，也更有利于服务实践。

最后，韩德培教授在闭幕式上作了总结，指出这次会议贯彻了百家争鸣、百花齐放的方针，充分发扬了学术民主，代表们各抒己见，畅所欲言，会议开得很成功，大家都感到很有收获，同时宣布，经过会议期间的酝酿和讨论，代表们一致同意会议主席团提出的关于成立国际私法研究会的建议，并通过了筹备小组的名单。

综上可见，贵阳会议对促进中国国际私法全面发展具有十分重要的意义，它已成为中国国际私法发展史上一座光辉的里程碑。

贵阳会议后过了两年，在1987年的金秋时节，中国国际私法学者和一些侧重研究国际经济法的学者到珞珈山参加由武汉大学国际法研究所举办的全国国际私法教学研讨会。在这次会议上中国国际私法学会和中国国际经济法学会这两个全国性的民间学术团体宣告成立。韩德培教授当选为中国国际私法学会会长，后选连任多届，因年事已高，曾一再恳切要求辞去会长职务，好由年轻学者执掌学会的领导工作。于是，在2003黄山年会上换届选举时，黄进教授当选为会长，韩老和费宗祎教授同为名誉会长。

中国国际私法研究会正式成立至今，已有将近25年的历史。1987年的国际私法教学研讨会，既是中国国际私法学会的成立大会，也是其第一届年会。以后年会从没有间断过。每次年会除各高校法律院系和研究机构的教师、科研工作者参加并提交论文外，还有最高人民法院和地方法院、外交部、经贸部／商务部、司法部、全国人大法工委等诸多实务部门的代表出席并在大会或小组讨论会上作专题报告或即席发言，因而使得年会开在理论密切联系实际的浓厚学术氛围之中，成为沟通信息、交流心得的有效平台。[①]1993年深圳年会更是具有特殊历史意义的一届年会。这次年会经费宗祎教授倡议，以社会主义市场经济条件下如何完善中国国际私法立法为中心议题。在学者们强烈呼吁下，为推动中国国际私法立法尽早臻于完善，本届年会期间经理事会研究决定和大会讨论通过，成立了由韩德培教授主持的"中国国际私法民间立法起草工作小组"（后称"示范法起草工作小组"），负责起草中国国际私法的民间范本，以便在适当时机提交立法机关参考。经过起草小组和几届大会的集体努力，七年之后，《中华人民共和国国际私法示范法》（中文附英译文，下称《示范法》）作为学会集体的科研成果，于2000年由法律出版社出版了。不久，这部第一次出现的民间范本的英译文被著名的《瑞士国际私法年刊》全文收载。[②]《示范法》还陆续被译成日文和韩文，在国际上引起关注，获得赞扬。诚如黄进教授所言："《示范法》通过民间立法的形式有效地推动了官方立法的进程，比如，2002年12月23日提请全国人大常委会审议的《中华人民共和国民法（草案）》第九编'涉外民事关系的法律适用法'就是在参考《示范法》的基础上拟定的，不少条文实际上复制了《示范法》的条文。所以，我们可以毫不夸张地说，《示范法》在中国国际私法立法史上是一个标志性的成果。"[③]2002年12月间，全国人大法工委将其所拟民法典草案上报全国人大常委会，其中第九编"涉外民事关系的法律适用"，就吸收了费宗祎、章尚锦和笔者三人在《示

① 历届年会内容综述详见《中国法律年鉴》"法学各主要学科发展概况综述"栏，法律出版社出版。

② See Yearbook of Private International Law Vol. III, Kluwer Law International, Swiss Institute of Comparative Law, pp.347-390.

③ 黄进："中国涉外民事关系法律适用法的制定与完善"，载于《政法论坛》，2011年第3期，第3—12页。该文受到国家社会科学基金项目资助，是2010年度国家社会科学基金重点项目"中国涉外民事法律适用法制定与完善研究"（批准号：10AFX015）的中期成果。

范法》基础上拟出的专家建议稿大部分内容。两年后，我们将专家建议稿的修改工作转给中国政法大学国际私法研究所进行，该所经过认真研究，写出了又一个专家建议稿，并对篇章设计和条文内容作了较为详细的论证说明，一并提出供全国人大法工委参考。2008年4月1日至2日，全国人大法工委召开了一次研讨会，邀请实务部门的同志们（主要是法院系统，包括最高人民法院、沿海地区高院、中院的法官）和部分国际私法学者参加。本次研讨会的重要议题之一，是就法工委起草的《涉外民事关系的法律适用法（草案）》提出修改补充意见。2008年4月会议结束时，主持会议的法工委领导向黄进会长表示，希望国际私法学会就该稿的修改进一步开展学术研究。同年7月16—19日，武汉大学法学院国际法研究所召开涉外民事关系法律适用法高级研讨会。2009年年会仍以讨论上述草案为中心议题。单是2010年1月至8月，学会召集的、法工委通知的、北京市中院民四庭邀约的关于修改该草案的专家会议就有5次。2010年10月28日，第十一届全国人民代表大会常务委员会第十七次会议通过了《中华人民共和国涉外民事关系法律适用法》，本法自2011年4月1日起施行。①

这些年来，除一年一度召开全国性的年会外，学会还根据形势发展的需要，适时地组织了一系列中小规模的专题研讨会。特别值得一提的是，2005年起一年一度轮流在台湾地区和大陆择地召开的《海峡两岸国际私法学术研讨会》，已经形成两岸国际私法学者固定的学术交流机制。与此同时，还召开了隔年期的内地、香港、澳门区际法律问题研讨会（2005在佛山，2007、2009在广州）。2011年12月，建立了中韩国际私法交流机制，学术研讨会轮流在中韩两国举行，已经开过一次。

---

① 黄进："中国涉外民事关系法律适用法的制定与完善"，载于《政法论坛》，2011年第3期，第3—12页。该文受到国家社会科学基金项目资助，是2010年度国家社会科学基金重点项目"中国涉外民事法律适用法制定与完善研究"（批准号：10AFX015）的中期成果。

在韩老倡导和带领下，学会创办了《中国国际私法与比较法年刊》，年刊编辑部设在武大国际法研究所，1998年创刊，迄今已经出了13期。[1] 作为一个纯民间学术团体，中国国际私法学会一无固定资金来源，二无在编专职干部，却能把工作做得如此有声有色，成效卓著，这应当归功于韩老的睿智卓识与坚持学术民主的风骨。当然，更要归功于时势，是改革开放不可阻挡这一时代潮流和客观需要使然。

最后，笔者想说的是，每当提到中国国际私法学的建立和发展，学界无不感念李浩培、韩德培这两位宗师的卓越贡献。以前，为纪念逝去的师长李浩培教授和韩德培教授，笔者曾先后发表过长篇文章[2]。此次撰写本文的初衷，则是为纪念参加2011年11月国际私法昆明年会期间不幸猝然病逝的章尚锦教授。他是笔者的同辈同行，20世纪50年代他是外交学院第三届国际私法研究生之一，品学兼优。算来与他认识将近60年了。他毕业以后分配到西南政法学院，由于当时的大环境，那里没有国际私法这门课程，便被分配当资料员、图书管理员。在西南一呆就是21年，夫妻分居21年，只每年春节得以短暂团聚，直到1979年才实现专业归队和与家人相守的梦想。这一年，他被调回北京到中国人民大学法律系开国际私法课，并协助刘丁教授，在中国最先从“大国际私法”体系中分离出一门新学科，从而为建立中国的国际经济法学起了奠基作用。他对国际私法持冲突法观点，即属“小国际私法”学派，却是该学派老年学者当中唯一一位同时深入研究国际经济法并有很多成果的学者。而他主编的《国际私法》教材已出了第四版，初版就获得了司法部优秀教材三等奖。为完善中国的国际私法立法，他做出了不懈

① 前几期系由法律出版社出版，2006年第9期起改由北京大学出版社出版。

② 详见“重读李浩培教授合同准据法论述——纪念李浩培教授诞辰一百周年”，载于《东吴法学》2006年春季卷（总第12卷），法律出版社2006年版，第100—121页；“深切悼念韩老”，载于纪念韩德培教授文集《春风化雨润桃李》，黄进、肖永平主编，武汉大学出版社2009年版，第279—292页。

的努力。噩耗传来，令笔者身心颤抖，在网上灵堂读着学界及他学生的唁函和悼念文章，感触良多。笔者希望并坚信，“文革”历史悲剧不会重演，法律虚无主义思潮不再泛滥，我们的祖国定能沿着法治轨道走向更加美好的明天。

本文附件：

《各国交涉便法论》中英文章目对照表*

Private International Law or Comity	《各国交涉便法论》
C.1 Jus Gentium-Private International Law	第一章 论交涉便法
C.2 Plan of The Work	第二章 论比卷之纲领大旨
C.3 Origo	第三章 论人所生之处
C.4 Domicil	第四章 论居处之律 论居处之解说
C.5 Definition of Domicil	第五章 论人能否有二居处
C.6 Can A Man Have Two Domicils	第六章 论人可否为无居处
C.7 Different Kinds of Domicil	第七章 论各种居处
C.8 Necessary Domicil-Wife	第八章 论妻从夫之居处
C.9 Necessary Domicil-Minor	第九章 论未成年人之居处
C.10 The Student-The Lunatic-The Servant	第十章 论游学及疯癫之人并奴仆之居处
C.11 The Public Officer	第十一章 论官员之居处
C.12 Domicil of Choice	第十二章 论自择之居处
C.13 Criteria of Dimicil-Place of Origin	第十三章 论分辨居处所依凭之第一，即出世之处
C.14 Miscellaneous Points	第十四章 论寄籍客民
C.15 Jus Personarum-Status	第十五章 论人之品级与身份所应得之益处
C.16 Statuta or Statutes	第十六章 论居住他国律

续表

Private International Law or Comity	《各国交涉便法论》
C.17　The Personal Statute-Status-Jus in Persona Position	第十七章　论与身体相关之律并人身份及人身应得之公理
C.18　Marriage	第十八章　论嫁娶
C.19　Marriage -Effects on Property	第十九章　论嫁娶之事与产业有相关之处
C.20　Miscellaneous Incidents to Marriage	第二十章　论与嫁娶有关之杂事
C.21　Divorce-Sentence of Foreign Court	第二十一章　论夫妻相离在别国审问定案
C.22　Foreign Divorce -English Law	第二十二章　论英律料理别国夫妻相离之案
C.23　Paternal Rights	第二十三章　论父能管子之权
C.24　Illegitimate Children-Police of States	第二十四章　论不合法所生子女各国如何料理
C.25　Guardianship	第二十五章　论照料之人
C.26　Rights Relation to Property	第二十六章　论与产业相关分当得之益处
C.27　Jura Incorporalia	第二十七章　论无形迹之公益
C.28　Acquisition and Alienation of Movable and Immoveable	第二十八章　论移动与不能移动之产业
C.29　Obligations-General Remarks upon	第二十九章　总论分当为之事
C.30　Obligation-Its Meaning in Roman Law	第三十章　论分当为之事在罗马律为之解说
C.31　Contractus in Roman Law	第三十一章　论罗马国合同之理
C.32　Obligations-English Law	第三十二章　论英律中分当为之事
C.33　Obligations-Conflict of Laws	第三十三章　论分当为之事各律法有相反处

续表

Private International Law or Comity	《各国交涉便法论》
C.34 Obligations-Substance-Reason of the Thing	第三十四章 论分当为之事其体与其理
C.35 Obligations-Substance-Division of Subject	第三十五章 论分当为之事其体与分论之法
C.36 Contract-Immediate Effects-Mutual Accounts-Agency Correspondence-Interest	第三十六章 论合同解说与通商之帐
C.37 Third Division-Mediate Effects or Accidental Consequences of Contracts-Damages-Currency-Story's Collateral Incidents, arising by (1) Operation of Law; (2) Act of the Parties-Liens, Priority of-Liability of Partners	第三十七章 论合同所遇之事银价参差及赔补等情
C.38 The Lex Loci Contractus and Lex Rei Site, considered with Reference (1) to the Transfer of Real Property (2) to Securities Liens upon Real Property	第三十八章 论立合同处与产货处之律法并传授产业之保与押质
C.39 Transfer or Assignment of Obligations: (1) By Act of Obligee; (2) By Operation of Law. Bankruptcy, Priority of Liens and Mortgages-Privileged Creditors-Partnership Liability	第三十九章 论债户欠钱及倒帐等事
C.40 Obligation-Discharge-Under What Law	第四十章 论分当为之事如何了解依何律法
C.41 Lex Mercatoria	第四十一章 论商律
C.42 Bills of Exchange and Promissory Notes	第四十二章 论汇票
C.43 Rights relating to Succession	第四十三章 论承业之利权

续表

Private International Law or Comity		《各国交涉便法论》	
C.44	Administration of Justice in the case of Foreigners-Civil Law: (1) Voluntary Jurisdiction: Notaries; Commissions; Littere Requisitorie. (2) Contentious Jurisdiction: Foreigner Plaintiff, Defendant; Action between Two Foreigners – Law of Foreign States except France-French Law-English Law	第四十四章	论办理别国之人案并钱债人命各种律法与不能移动之产业
C.45	Law Governing Procedure and Evidence-Lex Fori-Documentary Evidence-Proof of Foreign Official Acts-and of Foreign Law Oral Evidence Ordinatoria et Decisoria	第四十五章	论办案律法内论本处律法与凭据口证及别国律法
C.46	Foreign Judgments	第四十六章	论外国断案
C.47	Lex Fori-Provisional Measures-Interdicta	第四十七章	论审问地方之律法并暂用之律与禁止之事
C.48	Private Injuries: where to be Redressed	第四十八章	论本人受害何处控告伸理

* ①引自李贵连、俞江著《简论中国近代法学的翻译与移植——以我国第一部国际私法译著为例》，载汪汉卿主编《继承与创新——中国法律史学的世纪回顾及展望》，法律出版社，2001年版，第782页。

②本表英文章目摘自 Commentaries Upon International Law, Volume IV, Private International Law or Comity（third edition），by Sir. ROBERT. PHILLIMORE，Bart，D.C. L.，London，Butterworths，1879；中文章目摘自《各国交涉便民法》卷一，傅兰雅译，钱国祥校，江南制造局印，清末本。

“直接适用的法”之理论与实践问题*

——兼评中国《涉外民事关系法律适用法》第4条

刘仁山**

国际私法中的“直接适用的法”，是指为实现一国的重大社会经济利益制定的直接适用于涉外民商事关系的具有强制力的法律规范。该理论最初是由希腊裔法国学者弗朗西斯卡基斯（Francescakis）通过对司法实践的总结而首先系统提出来的。历经半个多世纪的发展，“直接适用的法”在理论上逐渐成熟，其不仅在各国司法实践中得到广泛运用，而且也逐步为国内及国际立法所采纳。“直接适用的法”在中国司法实践中亦有较为广泛的运用，2010年《涉外民事关系法律适用法》的相关规定表明中国已在立法上确立该制度，这是中国国际私法立法上的一大进步。但中国现有规定仍有进一步完善的空间，值得我们继续探索。

---

* 本文系作者主持的2011年度国家社科基金重点项目《〈涉外民事关系法律适用法〉实施问题研究》（编号：11AFX016）的阶段性成果之一。

** 法学博士，中南财经政法大学法学院教授，法学院院长，中国国际私法研究会副会长。本文在写作过程中，中国社会科学院法学研究所博士后流动站的研究人员张美榕博士、中南财经政法大学国际法专业2009级硕士研究生黄志慧同学帮助收集和整理了大量资料，特致谢意！

一、"直接适用的法"理论源起与争议

通说认为，弗朗西斯卡基斯是第一个提出"直接适用的法"（loi d'application immediate）理论的学者。但事实上，"直接适用的法"这一现象一直存在于国家间民商事交流领域之内，早在萨维尼提出"法律关系本座说"之时即已经提及该问题。弗郎西斯卡基斯在对"直接适用的法"进行系统的专门论述之后，该问题及相关理论引起了国际私法学者的广泛关注，此后国内外出现的系列研究和论述发展和丰富了"直接适用的法"的内涵。

（一）理论源起

打开有关"直接适用的法"的历史画卷，我们就会看到德国历史法学派的主要代表人物、著名法学家弗里德里希·卡尔·冯·萨维尼（Friedrich Karl von Savigny）的身影。萨维尼于1849年在其《现代罗马法体系》第八卷《法律冲突与法律规则的地域和时间范围》一书中提出了"法律关系本座说"，认为每一法律关系基于其自身性质，都与某一地域产生固定的联系，此联系即为该法律关系的"本座"，因此，要让某一法律关系达到法律适用的一致性，就必须适用以本座为指引而确立的法律制度，亦即以该法律关系本座所在地法律为准据法。同时，萨维尼也提出适用法律关系"本座"地法的两种例外：一是绝对的强制性法律规则，如多配偶制度与禁止犹太人获得不动产的法律规则；二是不被法院地所认可的外国法制度，

例如民事死亡制度与奴隶制度。[①] 他认为，对这些例外情形的界定，是“他的整个学说中最困难的任务”。[②] 萨维尼提到的有关“绝对强制性法律”（strictly positive law）的例外情形，今天被认为正是“直接适用的法”学说源起之所在。

萨维尼曾经视这些“强制性规则”为“异常规则”，坚信随着时间的推移，它们终会销声匿迹。[③] 然而，现代福利国家的出现击碎了他的这一期待。[④] 伴随经济干预主义的兴起，尤其是在20世纪50年代之后，一些国家为了所谓共同社会经济利益而制定了大量的“绝对强制性法律”，以解决可能影响国家重大社会经济利益的问题，并促进公共福祉。这些所谓“绝对强制性法律”，不仅适用于本国法律关系，而且扩展适用于涉外法律关系。其中产生的一些较为棘手的法律问题，往往是因公法的域外适用而引起的。例如出口管制法、反垄断法和证券法的域外适用所产生的一系列问题。[⑤] 为解决这些纷繁复杂的法律冲突问题，就迫切需要“多元主义方

---

① “I will endeavour to reduce such exceptions to two classes: A. Laws of a strictly positive, imperative nature, which are consequently inconsistent with that freedom of application which pays no regard to the limits of particular states. B. Legal institutions of a foreign state, of which the existence is not at all recognised in ours, and which, therefore, have no claim to the protection of our courts.” See F. von Savigny, A Treatise on the Conflict of Laws, 2d ed. W. Guthrie transi, 1880, pp.77-85. Also see Juenger Friedrich K, General Course on Private International Law, (1983) Rec. des Cours, 1985, IV, p.160.

② Friedrich Karl von Savigny, System des heutigen Römischen Rechts, Vol. VIII, Berlin, 1849, p.32. Cited from Frank Vischer, General Course on Private International Law, 1992 Rec. des Cours 232, p.153.

③ See Juenger, Friedrich K, “Savigny considered such ‘mandatory laws’ to be ‘anomalous’ and believed that they would vanish as time went on.” General Course on Private International Law, (1983) Rec. des Cours, 1985, IV, p.160. 亦参见［美］弗里德里希·荣格著:《法律选择与涉外司法（特别版）》，霍政欣、徐妮娜译，北京大学出版社，2007年版，第47页。

④ Juenger Friedrich K, General Course on Private International Law, (1983) Rec. des Cours, 1985, IV, p.202.

⑤ Lowenfeld, Public Law in the International Arena: Conflict of Laws, International Law, and Some Suggestions for Their Interaction, 169 Rec. des Cours 311, 1979, II.

法”。[①] 这期间出现不少论著，围绕着如何划分单一方法和其他方法之间的界线、冲突法规则与绝对强制性法律应如何协调等问题而展开。[②]

弗朗西斯卡基斯密切关注了这一现象，并在1958年《反致理论与国际私法的体系冲突》一文中指出，法国法院实践中经常在涉外案件中排除冲突法的适用，而直接适用法国的强行法或实体法，这种无需冲突法的援引而直接适用的强行法或实体法，即为“直接适用的法”。他认为，随着国家职能的改变及国家在经济生活中作用的增加，国家对经济生活的干预与日俱增，为了使法律在国际经济和国际民商事交往中更能维护国家及其社会经济利益，国家在这些领域制定了具有强制力的法律规范（即实体法），用以规范某些特殊类型的私法法律关系，这些特殊类型的法律关系，无论其为内国法律关系抑或涉外民事法律关系，皆应直接适用这种具有强制力的法律规范。[③]

随后，弗朗西斯卡基斯又陆续发表了其他有关“直接适用的法”的专论，诸如1966年《直接适用的法与冲突规范关系评述》、1967年《直接适用的法与冲突规范》、1968年《冲突法（一般原理）》，

① Batiffol, Le pluralisme des méthodes en droit international privé, Rec. des Cours 71 (1973-11), p.139; H. Neuhaus, Die Grundbegriffe des Internationalen Privatrechts, 2nd ed.,1976, p.40. Cited from Juenger, General Course on Private International Law, (1983) Rec. des Cours, 1985, IV, p.202.

② Juenger Friedrich K, General Course on Private International Law, (1983) Rec. des Cours, 1985, IV, p.202.

③ Francescakis, La Theorie du Renvoi et les conflicts de systemes en droit international Privé, pp.11-15. 亦参见韩德培主编:《国际私法新论》，武汉大学出版社，2003年版，第56页；刘仁山主编:《国际私法》，中国法制出版社，2012年版，第46—47页；吴光平:“重新检视即刻适用法——源起、发展，以及从实体法到方法的转变历程”，载《玄奘法律学报》第2期，第152—153页。

以及1974年《劳动法中的直接适用的法》等论文。[①] 受弗朗西斯卡基斯研究成果的影响，大陆法系国际私法学者开始广泛关注“直接适用的法”理论，这也奠定了“直接适用的法”在大陆法系国家得到发展的重要基础。

（二）理论争议

自弗朗西斯卡基斯于1958年首次明确提出这个概念后，“直接适用的法”问题在备受学者们广泛关注的同时，也产生了相当大的争议。其表现之一就是学者们在研究过程中关于“直接适用法”的称谓有让人眼花缭乱之势。诸如“强行法规则”（mandatory rules）、“国际性的强制规则”（internationally mandatory rules）、“警察法”（loi de police）、“即刻适用的规则”（rules of immediate application）、“自我限定的规则”（self-limiting rules）、“特殊法律选择条款”（particular choice of law clauses）、“必须适用的法”（loi d’application necessaire）、“立法定位法”（legislative localized laws）、“空间受限制的规范”（spatially conditioned rules），以及“专属规范”（exclusivnormen）等等[②]。但也正是因为学者们对“直接适用的法”关注和研究，使得其内涵得以不断丰富和发展。

1.“直接适用的法”之性质问题

“直接适用的法”属于公法还是私法？对此，国内外学者有不同

---

① Francescakis, Quelques précisions sur les ‘Lois d'application immédiate’ et les rapports avec les régles de conjlits de lois, 55 Revue Critique de droit international prive 1-18(1966). Francescakis, Lois d’application immédiate et régles de conflits, 3 Rivista di diritto internazionale private e processuale 691-698(1967). Francescakis, Conflits de lois(principes généraux), in Répertoire de droit international, edited by Francescakis, Phocion, Vol.I, 1968, pp.470-497. Francescakis, Lois d'application immédiate et droit du travail, 63 Revue Critique de droit international privé, pp.273-296(1974). 转引自吴光平：“重新检视即刻适用法——源起、发展，以及从实体法到方法的转变历程”，载《玄奘法律学报》第2期，第154页。

② Juenger Friedrich K, General Course on Private International Law, (1983) Rec. des Cours, 1985, IV, p.201.

观点。法国学者巴迪福（Batiffol）认为，此类规范应归入公法范畴，并以鲍尔（Boll）案为例说明瑞典关于为保护儿童权益而制定的监护法规是具有公法性质的，必须予以适用。[①] 法国学者兰多（Lando）则认为，国际法律中要求直接适用的强制性规范同时存在于公法领域和私法领域。[②] 弗朗西斯卡基斯同样以鲍尔案为例，指出“直接适用的法”是为维护国家的政治、经济和社会利益而必须予以实施的法律，这些法律包括“调整国家占主导、支配地位的关系的规范”以及“具有公法性质的规范或者介于公法和私法之间的灰色区域内的混合规范。”[③] 国内学者一般认为，“直接适用的法”作为“公法私法化”的一个表现形式，兼具了公法和私法的性质。[④]

2.“直接适用的法”之适用条件问题

一般而言，国际私法对国际民商事关系的调整有直接调整和间接调整两种方法。所谓直接调整方法是指根据国内法、国际条约或国际惯例中直接规定当事人权利义务的实体法规范（substantive law）来确定国际民商事关系当事人权利义务的方法。[⑤] 由此会产生的疑问是，用直接方法调整国际民商事关系所适用的实体法，与根据“直接适用的法”规则所适用的实体法之间，在适用条件上有何不同呢？

就前者而言，实体法的适用往往基于这样两种情况：第一，基

① 黄进、姜茹娇主编：《〈中华人民共和国涉外民事关系法律适用法〉释义与分析》，法律出版社，2011年版，第23页。

② Ole Lando, The Conflict of Laws of Contracts, General Principles, Rec. des Cours, Vol.189, 1985, pp.394-397.

③ Francescakis, Anlluaire de l'IlIstitut de droit iøtenaaUonal, Vol.56, 1975, p.192. 转引自徐冬根：“论‘直接适用的法’与冲突规范的关系”，载《中国法学》1990年第3期，第89页。

④ 肖永平、胡永庆：“论‘直接适用的法’”，载《法制与社会发展》1997年第5期，第48页；黄进、姜茹娇主编：《〈中华人民共和国涉外民事关系法律适用法〉释义与分析》，法律出版社，2011年版，第23页；齐湘泉著：《〈涉外民事关系法律适用法〉原理与精要》，法律出版社，2011年版，第73页。

⑤ 参见刘仁山主编：《国际私法》，中国法制出版社，2012年版，第6—7页。

于国家间的条约义务。在国际民商事领域内，已经存在有大量实体法条约，这些条约在成员国的适用，显然是基于国家所承担的条约义务。如中国是1980年《联合国国际货物销售公约》的成员，该公约可以在中国司法实践中成为法院处理相关争议的直接依据，[①] 这是中国履行公约义务的表现。[②] 第二，基于法律适用的补缺需要或“意思自治”的结果。在国际民商事领域，也存在大量实体性的民商事国际惯例。这类国际惯例的适用，要么是因为法院地国家的国内法或者其参加或缔结的国际条约没有规定而得以适用，要么是因为当事人根据“意思自治原则”做出的选择而得以适用。[③] 总之，国际民商事领域内实体法的适用，必须是基于一国国内法的相关规定，通常情况下，是基于一国冲突法或法律选择法的相关规定。

就后者而言，“直接适用的法”中的法律，是指那些可直接适用于跨国或跨法域民商事关系的强制性实体法。这类法律对特定类型法律关系具有排他性管辖效力或强制性效力，亦即这类法律之所以能够直接适用，是因为该类法律本身的效力所许可的。如果该类法律不属于强制性法律，是不会产生直接适用效力的。也正因为此，有人认为这类规范是直接依照其自我设定的“适用范围”来调整涉

---

① 在涉外合同领域，中国已有直接适用国际条约处理合同争议的实践。中国政府于1986年12月11日正式核准了1980年《联合国国际货物销售合同公约》，在该公约对中国生效之前（即1987年1月1日前），中国当时的对外经济贸易部发布了《关于执行〈联合国国际货物销售合同公约〉应注意的几个问题》，该文件指出：“我国政府已加入了公约，也就承担了执行公约的义务。因此，根据公约第1条（1）款规定，自1987年1月1日起，我国公司与上述国家的公司达成的货物买卖合同如不另做法律选择，则合同规定事项将自动适用公约的有关规定，发生纠纷或诉讼亦得依据公约处理。”为了便于在涉外经济审判工作中正确执行该公约，最高人民法院于1987年12月10日向各级人民法院转发了该文。参见《中华人民共和国最高人民法院公报》，1987年第4期。

② 《民法通则》第142条第2款规定：“中华人民共和国缔结或者参加的国际条约同中华人民共和国民事法律有不同规定的，适用国际条约的规定，但中华人民共和国声明保留的条款除外。”

③ 如中国《民法通则》第142条第3款规定：“中华人民共和国法律或者中华人民共和国缔结或参加的国际条约没有规定的，可以适用国际惯例。”

外民商事法律关系的。[①]

因此，“直接适用的法”中的“直接”显然不同于“直接调整方法”中的“直接”。前者是指某类强制性法律的直接适用效力；后者是指依据某类民商事实体法（包括民商事实体性国际条约和国际惯例在内）直接确定民商事法律关系当事人之间的具体权利义务。当然，在功能上，二者在确定当事人权利义务方面都具有直接性和明确性，但二者适用的条件显然是不同的。

3.“直接适用的法”之范围问题

国际私法所指“直接适用的法”，是指涉及一国极其重大的社会和经济利益领域的法律，并非一般性强制性规定。[②] 从范围来看，它包括直接适用本国法、直接适用外国法两个方面的内容。第一，直接适用本国法。弗朗西斯卡基斯将“直接适用的法”限于法院地的“直接适用的法”。[③] 维希尔（Vischer）认为，关于法院地的保护规则，只有在法院地国具有重大利益的案件中才予以适用，例如市场及经济管制法规、关于保护国家土地财产利益的法规、保护货币资源的法规、保护证券市场的法规、环境保护法规、劳工保护法规、保护合同弱势一方的法规、保护儿童的法规、关于抚养的法规、避免因种族性别宗教歧视的法规等。[④] 可以说，长期以来，大量的司法实践均认可：法院地的“直接适用的法”应予以优先适

① 徐冬根：“论国际私法规范的柔性化与刚性化”，载《法制与社会发展》2003年第3期，第29—39页。

② 参见［法］亨利·巴蒂福尔、保罗·拉加德：《国际私法总论》，中国对外翻译出版公司，1989年8月版，第349—351页；徐冬根：《国际私法趋势论》，北京大学出版社，2005年1月版，第392—433页；宋晓：《当代国际私法的实体取向》，武汉大学出版社，2004年1月版，第251—307页。

③ Thomas G. Guedj, The Theory of the Lois de Police, A Functional Trend in Continental Private International Law – A Comparative Analysis with Modern American Theories, 39 Am. J. Comp. L. 663 1991, p.670.

④ Frank Vischer, General Course on Private International Law, 1992 Rec. des Cours 232, pp.157-158.

用。[①]第二，直接适用外国法。目前，从已有司法实践和立法规定来看，已有从只承认法院地国的“直接适用的法”到扩大承认第三国的“直接适用的法”的趋势。戚希尔（Cheshire）和诺斯（North）认为，“直接适用的法”是指一国的特定国内法，[②]在特定情况下也有可能是外国的“直接适用的法”，而不仅限于法院地的“直接适用的法”。[③]

4.“直接适用的法”与“公共秩序原则”的关系问题

“直接适用的法”刚被提出来时，常常被归为公共秩序范畴或被混同于公共秩序原则。随着时间的推移，这种错误认识逐渐得以澄清，学术界已基本认同应将“直接适用的法”与公共秩序相区别。[④]为更好理解“直接适用的法”所涵盖的范围，有必要专门厘清“直

---

① Boll case, Netherlands v. Sweden, Judgment, 28 November 1958, I.C.J. Reports 1958, p. 55; Thomas G. Guedj, The Theory of the Lois de Police, A Functional Trend in Continental Private International Law – A Comparative Analysis with Modern American Theories, 39 Am. J. Comp. L. 663 1991, p.670. Also see Lipstein, General Principles of Private International Law, Recueil des Cours 1972, 1, p.205; A. Philip, General Course on Private International Law, Recueil des Cours 1978, II, p. 64.

② “The concept of mandatory rules is a positive one; the concern is to apply a particular domestic rule.” See Cheshire, North & Fawcett, Private International Law, Oxford University Press, 2008, p.151.

③ Discussed in Ralli Bros v. Compania Naviera Sota y Aznar, [1920] 2 KB 287 (CA). Cited from Audley Sheppard, Mandatory Rules in International Commercial Arbitration –An English Law Perspective,18 Am. Rev. Int’l Arb. 121, *145.

④ 刘仁山、胡炜：“‘直接适用的法’的若干问题”，载《当代法学》2002年第8期，第94页。

接适用的法”与“公共秩序原则”这组概念的关系。①

国际私法上所讲的公共秩序原则，是指法院依内国冲突规范本应以外国法（或外法域法）作为准据法，因外国法的适用（或其内容本身）将与法院地的重大利益、道德准则、法律原则相抵触而排除其适用的一种保留制度。②“直接适用的法”和法律选择过程中的“公共秩序原则”是既具有紧密联系又有显著区别的两种理论和制度。

二者间的联系主要体现为：第一，从立法技术上讲，“直接适用的法”是“公共秩序”的一种表述方式。③从各国关于“公共秩序原则”的立法实践看，主要有所谓“直接排除方式”、“间接排除方式”和“合并排除方式”三种。1896年《德国民法施行法》第30条规定：“外国法的适用，如违背善良风俗和德国法的目的时，则不予适用。”以德国为代表的国家所采用的这种立法方式就是“直接排除方式”，这也是各国在“公共秩序原则”立法上广为采用的方式，德国学者称之为“消极的排斥条款”。而1804年《法国民法典》第3条第1款规定：“有关警察与公共治安的法律，对于居住在法国境内的居民均具有强行力。”以法国为代表的国家所采用的这种立法方式则为“间接排除方式”，这种立法方式的特点在于，对某些国际民

---

① 已有不少中英文论文述及“直接适用的法”与“公共秩序原则”的关系，例如Thomas G. Guedj, The Theory of the Lois de Police, A Functional Trend in Continental Private International Law – A Comparative Analysis with Modern American Theories, 39 Am. J. Comp. L. 663 1991; Adeline Chong, Public Policy and Mandatory Rules of Third Countries in International Contracts, Journal of Private International Law,Vol.2 No.1, April.2006; 肖永平，胡永庆：“论‘直接适用的法’”，载《法制与社会发展》1997年第5期；陈隆修：《比较国际私法》，五南图书出版公司，1989年10月版；许兆庆：“国际私法上‘即刻适用法则’简析”，载《军法专刊》第42期第3卷，民国85年3月版；刘仁山、胡炜：“‘直接适用的法’的若干问题”，载《当代法学》2002年第8期，等等。

② 刘仁山主编：《国际私法》，中国法制出版社，2012年版，第140—146页。

③ P Nygh, Autonomy in International Contracts, Oxford, Clarendon Press, 1999, p.206. Cited from Adeline Chong, Public Policy and Mandatory Rules of Third Countries in International Contracts, Journal of Private International Law,Vol.2 No.1, April.2006, p.32.

商事关系适用外国法的可能性予以一般地性否定，专门保留或强制性要求以内国法为案件的准据法，德国学者称之为“积极的保留条款”。[①] 因此，我们不妨可以这样认为，从立法的表述方式及适用效果看，“直接适用的法”类似于“公共秩序原则”立法的“间接排除方式”；第二，“直接适用的法”所追求的目的通常具有“公共秩序”的属性。[②]

但同时，两者存在非常显著的区别：第一，根据“公共秩序原则”排除外国法（或外法域法）的适用，是适用法院地冲突规范的结果，即在适用公共秩序保留制度之前，法院地的冲突规范已经得以适用，只是因其所指向的外国法的适用（或者该外国法的内容）将与法院地公共秩序相抵触而被排除适用。而“直接适用的法”则是“直接适用”，无须国际私法中的冲突规范的援引；第二，“公共秩序原则”密切关注外国法在案件中适用的结果，只有当外国法适用的结果与公共秩序相抵触时，才以公共秩序为由排除外国法的适用。而“直接适用的法”只强调法律的强制适用性，并不关注外国法在案件中适用的结果；第三，“公共秩序原则”通常为一般性原则，其适用的范围并无特定限制，理论上应该适用于国际民商事交流的所有领域，而且，在特定问题上是否适用该制度，法官往往具有宽泛的自由裁量权。而“直接适用的法”集中在涉及一国重大社会经济利益的领域，其效力范围大致限于贸易与经济合作、劳工、外汇

① 参见日本国际法学会编：《国际法辞典》，世界知识出版社，1985年版，第110页。

② AN Zhilsov, Mandatory and Public Policy Rules in International Commercial Arbitration, 1995, Netherlands International Law Review, p.88. Cited from Adeline Chong, Public Policy and Mandatory Rules of Third Countries in International Contracts, Journal of Private International Law, Vol.2 No.1, April.2006, p.32.

管制等领域的法律。[①]

二、"直接适用的法"在实践上的发展

前文已提及,"直接适用的法"概念及理论最初来源于学者们对司法实践的思考,而各国学者对"直接适用的法"的广泛关注和系统研究,丰富了"直接适用的法"的内涵,自然也进一步推动了"直接适用的法"在司法实践及立法上的发展。

(一)在司法实践上的发展

1."直接适用的法"仅限于法院地具有强制性效力的法律

"直接适用的法"仅限于法院地的"直接适用的法"。这是早期司法实践体现出的特点。

前述1958年国际法院的鲍尔案就是该方面的典型案例。[②] 该案中,玛丽·鲍尔是一个具有荷兰国籍的未成年人。1945年出生于瑞典的一个荷兰侨民之家。父亲是荷兰人,其及家人长期住在瑞典。1953年,玛丽·鲍尔的母亲去世,遗下大量财产。瑞典当局根据瑞典1924年《关于保护未成年人法》的规定,决定对玛丽·鲍尔采取"保护性教育"措施,否认其父约翰·鲍尔对玛丽·鲍尔的监护权。约翰·鲍尔向瑞典最高行政法院上诉,但被驳回。为此,荷兰政府

① 当然,理论界对于"直接适用的法"的效力范围问题似乎还有较大分歧。如日本有学者认为,日本的"介入规范"(即直接适用的法)包括:卡特尔法、外汇法、劳动标准法、工会法、最低劳动工资法、因工事故保险法、利息限制法、承租人保护法,以及关于消费者保护的特别法等等;而瑞士学者则认为,《瑞士关于国际私法的联邦法》第18条所指的强制性法律规范涉及:对市场和国民经济的调整与控制(如反垄断、进出口限制)、对土地财产上国家利益的保护(如禁止外国人取得本国土地)、对货币来源的保护(如外汇平衡的保障)、对证券市场的控制(如兼并和信息披露)、对环境及劳动者的保护(如工作时间、最低工资保障)等问题。See Frank Vischer, General Course on Private International Law, 232 Recueil des Cours 9, 157 (1992).

② Boll Case, Netherlands v. Sweden, Judgment, 28 November 1958, I.C.J. Reports 1958, p. 55.

决定代表本国公民约翰·鲍尔将此案提交国际法院，并对瑞典政府违背1902年海牙《关于未成年人监护的公约》提起诉讼。[①] 荷兰政府提出：根据1902年海牙《关于未成年人监护的公约》第1条“未成年人的监护适用其本国法”的规定，案件所涉儿童是具有荷兰国籍的儿童，荷兰法作为儿童的本国法，是调整该涉外监护关系的准据法。瑞典政府辩称，瑞典1924年《关于保护未成年人法》具有公法性质，涉及到瑞典公共秩序，具有强制适用的效力，不管是否存在应予以适用的其他法律，也不管该规范所涉事项是否属于1902年海牙《关于未成年人监护的公约》所管辖的范围，瑞典的强制性法律都应当优先予以适用。[②] 国际法院在1958年的判决接受了瑞典政府的观点，指出瑞典1924年《关于保护未成年人法》具有公法性质，包括1902年海牙《关于未成年人监护的公约》在内的、旨在“保炉个人”的法律，与诸如瑞典1924年《关于保护未成年人法》等旨在“保护社会”的法律是有区别的。前者主要是为避免未成年人在物质上和精神上造成损害而设立的；而后者则是为了防止青少年酗酒、卖淫以及扰乱社会治安而制定的，具有强制适用的效力，必要时可以直接用于相关涉外民事法律关系。基于两类立法的目的差异，国际法院认为，在同时存在冲突规范和“直接适用的法”的情况下，法院可以优先适用法院地的直接适用的法。[③]

2.“直接适用的法”包括法院地及外国的具有强制性效力的法律

尽管早期的司法实践很少有案件支持适用外国的“直接适用的法”，但1966年荷兰Alnati案则是涉及外国“直接适用的法”的典

---

① 1902年海牙《未成年人监护的公约》在第三届海牙国际私法会议上通过，因法国、德国、比利时、卢森堡、罗马尼亚和瑞典等七国签署接受该公约而于1904年生效。为完善对未成年人的国际保护，第九届海牙国际私法会议讨论并制定了《关于未成年人保护的管辖权和法律适用的公约》。

② A. Philip, General Course on Private International Law, Recueil des Cours 1978, II, p. 64.

③ Boll Case, Netherlands v. Sweden, Judgment, 28 November 1958, I.C.J. Reports 1958, p. 55.

型案件。

荷兰法院在审理Alnati案过程中，参考了英国Ralli Brothers v. Compania Naviera Sota y Aznar案[①]和Regazoni v. Sethia案[②]，这两个判例均没有适用当事人合意选择的准据法，而适用外国的强制性规则。[③] 比如，在Regazoni v. Sethia案中，印度卖方和瑞士买方所签订的黄麻买卖合同约定英国法为合同准据法，因买方欲转售黄麻到南非，而印度法律禁止出口货物到南非，因此印度卖方取消合同，由此产生合同争议。买方向英国法院提出违约赔偿请求，但是英国枢密院适用印度强制性法律规定而拒绝了此项赔偿请求。[④]

1966年Alnati案[⑤]，是一个关于比利时提单的案件。荷兰船舶在比利时签发了一份提单，相关货物由承运人从比利时的港口运到巴西的港口。提单中包含了法律选择条款，约定荷兰法律是合同准据法。在运送过程中，货物遭受损坏。货物所有人在荷兰法院对船舶所有人提起诉讼。1966年3月，荷兰最高法院在判决中认为："对于涉及此类问题的合同，即使该合同在域外履行，外国因对其具有重大利益而制定的某些强制适用的法律应予以适用。荷兰法院应考虑

① Ralli Brothers v. Compania Naviera Sota y Aznar, (1920) 2K.B.(C.A.) 287, 这是关于外国价格控制的案件。在本案中，英国法院适用了西班牙法律，尽管英国法才是当事人合意选择的合同准据法。Also See Thomas G. Guedj, The Theory of the Lois de Police, A Functional Trend in Continental Private International Law – A Comparative Analysis with Modern American Theories, 39 Am. J. Comp. L. 663 1991, p.673.

② Regazzoni v. Sethia, (1944) Ltd., Q.B. 1956, p. 491. Also See Thomas G. Guedj, The Theory of the Lois de Police, A Functional Trend in Continental Private International Law – A Comparative Analysis with Modern American Theories, 39 Am. J. Comp. L. 663 1991, p.673.

③ Thomas G. Guedj, The Theory of the Lois de Police, A Functional Trend in Continental Private International Law – A Comparative Analysis with Modern American Theories, 39 Am. J. Comp. L. 663 1991, p.673.

④ Regazzoni v. Sethia, (1944) Ltd., Q.B. 1956, pp. 491. Also See Thomas G. Guedj, The Theory of the Lois de Police, A Functional Trend in Continental Private International Law – A Comparative Analysis with Modern American Theories, 39 Am. J. Comp. L. 663 1991, p.673.

⑤ See T.C.Hartley, Mandatory Rules in International Contracts: the Common Law Approach, 266 Recueil des Cours 1997, p.357.

到这些因素，这些外国强制适用的法律应优先于当事人合意选择的适用于合同争议的另一国家的法律。然而，（本案中）上诉法院所适用的比利时法，并不具有强制适用的特性，其适用也不涉及比利时的重大利益，因此应该优先适用当事人合意选择的荷兰法。”[①] 荷兰法院对该案的判决表明，如果需要适用的是涉及重大利益的外国强制性法律，法院可以直接适用该外国法，从而肯定了外国的“直接适用的法”的域外效力。虽然荷兰法院最终以比利时法并不属于强制性直接适用的法为由，而适用当事人合意选择的荷兰法，但是法官在该案中首次对外国“直接适用的法”所进行的阐释和肯定，具有重要的意义。

1972年10月17日，法国最高法院在Royal Dutch案中，直接适用了荷兰1944年《公司法令》。[②] 这是法国法院首次适用外国的“直接适用的法”。法国法院的理由是：1944年荷兰《公司法令》是荷兰政府为促使战后经济正常化而采取的措施，其措施在国外已经广为公布，并对外国股份持有者发出通知；该荷兰法令属于荷兰《公

① “It may be the case, with respect to contracts of the type here discussed, that for a foreign state such great interests are at stake in the observance also outside its territory of particular rules of law, emanating from that state, that the Dutch courts, too, should take them into account and therefore should give priority to the application of such provisions in preference to the law of another state chosen by the parties to the contract in question; however, the provisions of Belgian law which in this case have been applied by the Court of Appeal are not of such nature that the Dutch Courts should, with a view to the Belgian interests involved in the application thereof, be obliged to give priority to them in preference to Dutch law which has been chosen by the parties.” See Alnati Case, Hoge Raad 13 may 1966, Rev. Crit. 1967-523. Also See Thomas G. Guedj, The Theory of the Lois de Police, A Functional Trend in Continental Private International Law – A Comparative Analysis with Modern American Theories, 39 Am. J. Comp. L. 663 1991, p.672. 亦可参见吴光平：“重新检视即刻适用法——源起、发展，以及从实体法到方法的转变历程”，载《玄奘法律学报》第2期，第176页；肖永平、胡永庆：“论‘直接适用的法’”，载《法制与社会发展》1997年第5期，第53页。

② Cour de Cassation, 17 October 1972, Rev. Cirt dr. int. privé, 1973,520, Comment by Batiffol, Henri. 转引自吴光平：“重新检视即刻适用法——源起、发展，以及从实体法到方法的转变历程”，载《玄奘法律学报》第2期，第176页。

司法》的一部分，是荷兰的“直接适用的法”，应予以直接适用。

（二）在立法上的发展

在当代各国和国际立法实践中，已有不少国际立法和国外的国内法规定了“直接适用的法”。

1. 条约法上的发展

目前，已有一些国际或区域性条约明确规定了“直接适用的法”制度，该制度在条约法上的发展具有如下特点：

第一，除了允许法院地“直接适用的法”的适用之外，一般也允许外国“直接适用的法”的适用。这也体现了国际条约在平等对待法院地法和外国法方面的优势所在。例如1978年海牙《代理法律适用公约》第16条规定，如果根据与案件有重大联系的任何国家的法律规定，该国强制性规范必须适用的，则无论该国国际私法规则规定应适用何国法律，该强制性规范都必须予以适用。又如1980年《合同之债的法律适用公约》（以下简称为1980年《罗马公约》）第7条第1项规定，“根据本公约适用某一国法律时，如依其情况，与另一国家有密切的联系，而且如果该国法律规定，无论合同适用什么法律，这些强制性规则都必须予以适用，则可以适用该另一国法律的强制性规则。在考虑是否适用这些强制性规则时，应注意到其性质和目的，以及适用或不适用这些强制性规则所产生的后果。”又如1994年南美洲《美洲国家之间的国际合同法律适用法》第11条第2项规定，“法院得决定是否适用与合同有密切联系的第三国的强制性规定。”再如2007年欧盟通过的《关于非合同义务法律适用规则》第16条规定，不限制法院地强行法的适用，不论其他法律是否适用于非合同义务。

第二，“直接适用的法”的定义逐渐明晰。1980年《罗马公约》有5个条文提及“强制性规则”（mandatory rules），但是，各条款中的“强制性规则”的含义各不相同。其中，公约第3条第3款、第5条第2款和第6条第1款中的“强制性规则”则仅仅指的是“普通的强制性规则”[①]；而公约第7条、第9条第6款中的“强制性规则”是指“优先的强制性规则”（overriding mandatory rules）。[②]在Arblade案中，欧洲法院对《罗马公约》第7条中的“优先的强制性规则”进行了系统阐述。法院指出，所谓的“强制性规则”，对于一个主权国家而言，对一国的政治、社会、经济组织的安全至为重要，以至于不管适用于合同的其他法律如何，该规则都将被适用于该规则适用范围内的任何情形。[③]2009年欧盟《关于合同义务法律适用规则》也有4个条文提及强制性规则的适用，但是4个条文采用了不同表述，以期达到澄清混淆概念的目的。该规则第9条是关于“优先的强制性规则”的条款，该条第1款采用了Arblade案判决中的阐述，将“优先的强制性规则”定义为：“强制性规则是指一个国家为保护诸如政治、社会、经济组织的安全等公共利益而必须遵守的至关重要的规则。它们适用于其管辖范围内的任何情况，无论依据本条例本应适用的法律为何。”[④]

第三，对外国“直接适用的法”的适用条件，往往较适用法院地“直接适用的法”更为严格。以2009年欧盟《关于合同义务法律适用规则》为例。依据该规则第9条第2款规定，本条例的任何规

① 《罗马公约》中所谓“普通的强制性规则”，是指当事人意思自治原则在一些合同的适用，应受到本应适用的合同准据法所在国家的强制性规则的限制，例如公约第3条第3款、第5条第2款和第6条第1款。

② EC Convention on the Law Applicable to Contractual Obligations (Rome 1980). 王秀转：《论欧洲合同法律适用制度的统一》，中国社会科学院博士后研究工作报告，2011年8月，第58页。

③ Cases C-369/96 and C-374/96.

④ Art.9(1) of REGULATION (EC) No 593/2008 OF THE EUROPEAN PARLIAMENT AND OF THE COUNCIL on the law applicable to contractual obligations (Rome I): “ Overriding mandatory provisions are provisions the respect for which is regarded as crucial by a country for safeguarding its public interests, such as its political, social or economic organization, to such an extent that they are applicable to any situation falling within their scope, irrespective of the law otherwise applicable to the contract under this Regulation.”

定都不能限制法院地的优先强制性规则的适用。[①]可见，在适用法院地"直接适用的法"时，只需考虑法院地的强制性规则是否属于第9条第1款规定的范畴。而对外国"直接适用的法"的适用，除了必须满足第9条第1款的规定之外，还必须符合第9条第3款规定，即：如果依据合同义务的必将履行地或者已经履行地所属国的优先强制性规则，履行行为属于非法行为，则该国强制性规则的效力就应当予以考虑。在考虑是否承认这些强制性规则的效力时，法院应当考虑该强制性规则的性质、目的以及适用或不适用所导致的后果。[②]

2. 国外立法上的发展

新近一些国家的国内立法不仅确立了适用法院地的"直接适用的法"之制度，而且还确立了承认和适用外国的"直接适用的法"之制度。

（1）确立适用法院地国的"直接适用的法"之制度

部分国家的相关立法所采用的表述方式是，法院地强制性规则具有直接适用的效力，而在条文中完全不谈及经冲突规范指引的外国法。例如1994年《加拿大魁北克民法》"第十编国际私法"第3076条规定："魁北克法律可以以特殊目的为由而优先适用于本编中的冲突规范。"又如2002年《摩尔多瓦共和国民法典》第五卷"国际私法"第1582（1）条亦对强行规范的适用进行了专门规定，即"在

① Art.9(2) of Regulation (EC) No 593/2008 of the European Parliament and of the Council on the Law Applicable to Contractual Obligations (Rome I): "Nothing in this Regulation shall restrict the application of the overriding mandatory provisions of the law of the forum."

② Art.9(3) of Regulation (EC) No 593/2008 of the European Parliament and of the Council on the Law Applicable to Contractual Obligations (Rome I): "Effect may be given to the overriding mandatory provisions of the law of the country where the obligations arising out of the contract have to be or have been performed, in so far as those overriding mandatory provisions render the performance of the contract unlawful. In considering whether to give effect to those provisions, regard shall be had to their nature and purpose and to the consequences of their application or non-application."

摩尔多瓦共和国法律中，凡是由于其有明文规定或者由于其对保障民事法律主体的权利和利益特别重要而不论准据法为何均应调整相应关系的强制性规范，其效力不受本编规定的影响。”[①] 2007年《土耳其共和国关于国际私法与国际民事诉讼程序法的第5718号法令》第6条规定：“在适用外国法的情况下，如果就土耳其法律中直接适用的规范的立法宗旨和适用范围而言，案情应以这些直接适用的规范为准，则适用土耳其法律中的这些规范。”[②]

部分国家采用的表述方式则为，排除本应适用的外国法而适用法院地的强制性规则。例如1988年《瑞士关于国际私法的联邦法》第18条规定，瑞士法律中的强制性规定，基于其特殊目的，可以无须经该法中的冲突规范的指引而予以直接适用。[③] 又如1995年《意大利国际私法》第17条规定：“尽管已经指定适用外国法，但不排除基于目的和宗旨而应适用的意大利法律中的强制性规定。”2007年《马其顿共和国关于国际私法的法律》第14条关于“可直接适用的规范”规定：“用以确定本法第一条所指关系的准据法的各条款，并不排除马其顿共和国强制性规范的适用，不论确定准据法的规范有何规定，这些强制性规范基于本法或者其他法律的规定均应予以适用。”[④] 这些立法均规定，本应适用冲突规范所指引的准据法（包括外国法），但因为法院地有强制性规范，从而排除了本应适用的准

---

① 参见邹国勇译注：《外国国际私法立法精选》，中国政法大学出版社，2011年版，第55页。

② 邹国勇译：“土耳其共和国关于国际私法与国际民事诉讼程序法的第5718号法令”，载《中国国际私法与比较法年刊》第12卷（2009年），北京大学出版社，2009年10月版，第513—530页。

③ Art.18 (VI. Mandatory application of Swiss law) of Switzerland's Federal Code on Private International Law (CPIL), "This Code does not prevent the application of those mandatory provisions of Swiss law which, by reason of their particular purpose, are applicable regardless of the law designated by this Code."

④ 邹国勇译：“马其顿共和国关于国际私法的法律”，载《中国国际私法与比较法年刊》第12卷（2009年），北京大学出版社，2009年10月版，第538—567页。

据法。亦即强调法院地“直接适用的法”之优先效力。

（2）扩大承认外国“直接适用的法”

一般而言，允许外国“直接适用的法”的适用，是建立在允许法院地“直接适用的法”适用基础之上的。例如，2001年《俄罗斯联邦民法典》第三卷第六编“国际私法”首先规定了俄罗斯法律中的“直接适用的法”，然后再规定俄罗斯之外的另一国法律中“直接适用的法”，该法第1192条“强制性规范的适用”规定：“（1）俄罗斯立法中的强制性规范由于其本身的规定或鉴于其特殊意义，包括在保障民事流转关系参与者的权利和合法利益方面的意义，而不论应适用的法律为何而均调整相应的关系，则本编规定不影响俄罗斯联邦立法中强制性规范的效力。（2）法院在根据本编规定适用任何一个国家的法律时，如果依照与法律关系有密切联系的另一国法律，该另一国的强制性规范不论应适用的法律为何均应调整相应的法律关系，则可考虑适用该强制性规范。此时，法院必须考虑此类规范的目的和性质以及适用或不适用的后果。”①

当然，各国在进行这类立法时，往往会规定严格的适用条件，通常包括：其一，要求外国“直接适用的法”与案件有密切联系；其二，虑及外国“直接适用的法”本身的性质、目的及其适用结果等；其三，要求与法院地的法律观念不相抵触。瑞士、白俄罗斯、立陶宛、俄罗斯、土耳其等国的实践就是如此。如1988年《瑞士关于国际私法的联邦法》第19条规定，在冲突规则指定应适用另一国的强行法时，不得仅因其具有公法的性质而加以排除；但其适用，要受到以下几个方面的制约：一是根据瑞士的法律观念，这种强行法是合法且具有特别重要的利益；二是争讼或待处理的问题与该外国强行法有着密切的联系；三是在适用该强行法时，还应考虑到此

① 邹国勇译：“俄罗斯联邦民法典”（节录）（第1186条—第1224条），载《民商法论丛》第40卷，法律出版社，2008年6月版，第599—612页。

种外国法的目的及其适用的结果。[①] 又如1999年《白俄罗斯共和国民法典》第1100条关于“强制性规范的适用”的规定：“依本不分规定适用白俄罗斯共和国以外国家的法律时，法院可适用该国强制性的、与决定性法律关系具有密切联系的规范，只要依照该国法律此类规范独立于准据法而必须调整该法律关系。此时法院必须顾及此类规范的目的、特征及其适用后果。”[②]2001年《立陶宛共和国民法典》第二章“国际私法”第1.11条第2款规定：“与诉讼案件有最密切联系的立陶宛共和国及其他国家的强制性法律规范，不论合同当事人是否已协议选择另一外国法，必须予以适用。在解决此类问题时，法院须考查法律规范的性质、目的、适用或不予适用的目的及法律后果。”[③]

一些国家的立法在对“直接适用的法”制度进行概括性规定后，又在一些具体法律关系的法律适用问题上专门规定特别的“直接适用的法”制度。例如对于涉外合同问题，2001年《立陶宛共和国民法典》第1.37条第3款在第1.11条第2款的基础上进一步规定：“合同当事人已选择外国法为合同准据法之情势，不构成不适用立陶宛共和国或其他国家的强制性的、合同当事人的协议不能替代或者合

---

① Art.19 (VII. Taking into account of mandatory provisions of foreign law) of Switzerland's Federal Code on Private International Law (CPIL):“1If, pursuant to Swiss legal concepts, the legitimate and manifestly preponderant interests of a party so require, a mandatory provision of a law other than that designated by this Code may be taken into account if the circumstances of the case are closely connected with that law.

2 In deciding whether such a provision must be taken into account, its purpose is to be considered as well as whether its application would result in an adequate decision under Swiss concepts of law.”

② 邹国勇译：“白俄罗斯共和国民法典”（节录）第七编“国际私法”，载《中国国际私法与比较法年刊》第四卷（2001年），法律出版社，2001年版，第707—717页。

③ 邹国勇译：“立陶宛共和国民法典”（节录）（2001年7月1日生效）第一卷第一编第二章为国际私法条款，载《中国国际私法与比较法年刊》第七卷（2004年），法律出版社，2005年版，第617页。

同当事人不得放弃的法律规范之根据。”[①] 又如2007年《土耳其共和国关于国际私法与国际民事诉讼程序法的第5718号法令》第31条规定：“在适用支配合同关系的法律时，如果第三国法律与合同具有密切联系，则应考虑该第三国法律中直接适用的规范。[②] 在考虑这些规范以及判断应否适用这些规范时，应考察这些规范的目的、定性、内容及后果。”[③]

三、中国关于“直接适用的法”的实践

对于国际民商事的某些特别领域或特别问题，中国法律和行政法规有特别或专门规定。对这些领域所产生的纠纷或特别问题的争议，有的是必须适用中国法律（但不一定是强制性法律）的，有的是必须适用中国的强制性法律或行政性规定的。[④] 尤其对于这些强制性法律及规定的适用问题，中国的立法和实践还有一个逐步完善和发展的过程。

（一）中国关于“直接适用的法”的司法实践

从中国已有司法实践来看，各法院为适用强制性法律而寻找了

① 邹国勇译：“立陶宛共和国民法典”（节录）（2001年7月1日生效）第一卷第一编第二章为国际私法条款，载《中国国际私法与比较法年刊》第七卷（2004年），法律出版社，2005年版，第625页。

② 与本法第6条规定有所不同，第31条指的是，不论合同由内国法还是外国法支配，均要考虑第三国法律中的强制性规范。至于如何解释第6条和第31条彼此间的关系，或许只能由司法判例来回答。

③ 邹国勇译：“土耳其共和国关于国际私法与国际民事诉讼程序法的第5718号法令”，载于《中国国际私法与比较法年刊》第12卷（2009年），北京大学出版社，2009年版，第513—530页。

④ 2007年7月23日最高人民法院发布的《关于审理涉外民事或商事合同纠纷案件法律适用若干问题的规定》第6—7条，规定了若干排除适用当事人选择适用法律而必须适用中国相关规定的合同争议问题。当然，对于该《规定》中涉及“合同当事人的缔约能力问题以及合同形式问题”，是否属于本文讨论的范畴，是值得疑问的。

不同法律依据，其中以公共政策和法律规避理由居多。[1] 就适用法律的范围而言，在这些案件中，法院虽然未适用外法域法律的处理是正确的，但理由却有值得商榷之处。这些案件之所以不能适用外法域法律，并非因为外法域法律的适用会违反中国内地的公共政策或当事人规避了中国强制性规则，而是中国内地与案件相关的“直接适用的法”本来就应直接适用于这些案件。

1. 违反强制性法律的规定

在大量的涉外担保合同、涉外借贷类合同案件的司法审判中，中国法院已经意识到中国的强制性法律应予优先适用的问题，但法院在具体适用时有不同的做法。

第一种情形是以公共秩序为由而适用中国强制性法律规定。以中国银行（香港）有限公司诉中国广澳开发集团公司、刘天茂保证合同纠纷案为例。[2] 该案属于涉外担保合同纠纷案。关于其应当适用的法律问题，汕头市中级人民法院认为：本案所涉保证担保是外汇的担保，担保人分别是中国内地的公民和企业；而中国属于外汇管制的国家，只能由符合国家规定的金融机构和企业对外提供担保，并需经中国外汇管理部门批准、备案……对于外汇担保问题，因事关国家的经济安全，中国实行严格外汇管制，虽然本案所涉担保合同约定适用的是香港法律，但是根据中国《民法通则》第150条有关公共秩序保留的规定，本案纠纷应适用中国内地的法律。

---

① 中国银行（香港）有限公司诉中国广澳开发集团公司、刘天茂保证合同纠纷案；中国银行（香港）有限公司诉香港新纪元实业有限公司、佛山市东建集团有限公司等借款担保合同纠纷案；澳门大丰银行有限公司诉澳门桂兴置业有限公司、南海市桂城商业贸易物资总公司；南海市人民政府、南海市桂城区办事处、赵焕堂、何绍泉借款担保纠纷案；交通银行香港分行诉香港威宝登化工有限公司、广东省化工原料公司、谭丽仪借款及担保合同纠纷案；华比富通银行诉广东省水利厅担保合同纠纷案；中国银行（香港）有限公司与中国长城工业总公司担保合同纠纷案。详见万鄂湘主编:《〈中华人民共和国涉外民事关系法律适用法〉条文理解与适用》，中国法制出版社，2011年9月版，第36—42页。

② 万鄂湘主编:《〈中华人民共和国涉外民事关系法律适用法〉条文理解与适用》，中国法制出版社，2011年9月版，第37—38页。

第二种情形是以法律规避无效为由而适用中国强制性法律规定。以2001年中国银行（香港）有限公司与中国长城工业总公司担保合同纠纷案为例。在该案中，长城公司与中银香港公司在外汇担保书中虽明确约定“受香港法律管辖并根据香港法律阐释”。中国担保法规定，国家机关不能提供担保；行政法规规定，对外担保需要办理审批登记；最高人民法院司法解释则进一步规定，没有办理审批登记的对外担保行为无效。法院在判决中认为，这些规定属于强制性和禁止性规定。法院由此进一步认为，本案中内地公司提供的外汇担保并未履行内地法律强制规定的审批及登记手续，本案双方当事人有关适用香港法律的约定违反内地法律法规的强制性规定。① 因此，法院根据《关于贯彻执行中华人民共和国民法通则若干问题的意见（试行）》第194条关于“当事人规避我国强制性或者禁止性法律规范的行为，不发生适用外国法律的效力”之规定，认定本案当事人约定适用香港法律无效。② 这里产生的问题是，尽管该第194条有“当事人规避”的表述，但该条在实质上所确立的到底是“法律规避”制度，还是“直接适用的法”的制度（或者关于强制性法律适用的制度）？这本身是一个值得探讨的问题。而且，在中国《外汇管理条例》对相关外汇担保合同具有强制效力的情况下，若当事人在外汇担保合同中约定适用外法域法律，很显然已经不属于国际私法上所讲的法律规避问题。而法院若以法律规避的效力为由拒绝适用外法域法律，自然会留下法律适用上法理逻辑的困惑。

前述两个案件，中国法院适用中国强制性规定的理由是基于国际私法中的“公共秩序保留”原则或“法律规避”条款，而非“直

① 因为中国是实行外汇管制的国家。根据国家有关规定，境内机构对外提供外汇担保应当履行审批及登记手续。但本案担保并未获得国家外汇管理部门的批准，亦未办理外债登记手续。

② 参见(2001)民四终字第16号，载中国涉外商事海事审判网 http://www.ccmt.org.cn/shownews.php?id=7327。

接适用的法”理论，这主要是由于强制性规定的存在和中国国际私法立法的滞后，导致该时期法院在审理该类问题时法律适用的理由值得推敲。

2. 违反有关民商事法律中的相关条款

在民商事领域某些特定问题上，中国在有关民商事法律中有一些特别规定，尽管这些规定是否具有强制适用效力尚存疑问，但实践中这些规定也具有排除相关冲突规范所援引的法律之适用的效力，诸如排除当事人依照“意思自治原则”协议选择的法律的适用。由此产生的问题是，这些特别规定在相关案件中具有排除当事人协议选择法律的效力，是因为这些规定属于“直接适用的法”？还是涉及国际私法上的其他范畴的问题即法律规避问题或公共秩序保留问题？涉及这类问题的实践以如下案例较为典型：

一是涉及《海商法》第四章第44条和第71条的效力问题。在2003年江苏省纺织品进出口集团股份有限公司诉北京华夏企业货运有限公司上海分公司和华夏货运有限公司案中，当事人的法律选择协议（地区条款）约定适用的是美国《1936年海上货物运输法》及美国《提单法》，而依据上述美国法律，承运人有理由将货物交付给托运人在记名提单上记名的收货人，在向记名收货人交付货物时，承运人不负有要求记名人出示或提交记名提单的义务。由于当事人的约定违反中国《海商法》第四章第71条的强制性规定的情形，根据该规定，承运人必须凭提单交付货物，并不区分记名提单和不记名提单。据此，二审法院认为，依据中国《海商法》第44条的规定，海上货物运输合同和作为合同凭证的提单或者其他运输单证中的条款不得违反《海商法》第四章规定，本案当事人约定适用的美国法律的相关规定因违反了《海商法》第四章第71条而确认无效。该案表明，中国《海商法》第四章第44条和第71条在该案中是否被作为“直接适用的法律”而得以适用？这似乎是一个让人甚为疑惑的问题。[①]

二是涉及中国《婚姻法》关于法定婚龄规定之效力问题。在2000年中国公民王伟与中国公民张莉泰国旅游结婚案中，该案当事人未达到中国婚姻法规定的法定结婚年龄未能在中国完成婚姻缔结程序，而通过在泰国旅游期间以宗教方式缔结婚姻。中国法院判定当事人婚姻无效。该案实际上也是将《婚姻法》关于法定婚龄的规定作为"直接适用的法"予以适用的。[②] 当然，也有学者认为该案可能涉及法律规避的问题。但正如英国著名国际私法学家符赛特（Fawcett）所指出的，处理婚姻案件中涉及的国家利益和不公正性问题，最好的办法就是适用"直接适用的法"。原因在于法律规避制度并没有一般原则来解释为何规避一国法律可被接受而规避另一国法律则无效。[③] 事实上，在法律规避制度的诞生国法国，现在也有学者对这项制度充满怀疑。[④] 因此，很多看似涉及法律规避制度的国际私法案件，其实大多属于"直接适用的法"所蕴含的重大的社会和经济利益。

（二）中国关于"直接适用的法"的立法及其完善

在一些特殊的涉外经济法律关系领域，中国制定了一系列强制性规则以维护重大的经济利益，主要体现如下：1. 涉外借贷方面，中国实行严格的外汇管制制度。例如《外汇管理条例》第22条规定：

---

① 参见 (2003) 沪海法商初字第299号，载中国涉外商事海事审判网 http://www.ccmt.org.cn/shownews.php?id=6005。

② 该案具体案情参见林燕萍主编:《国际私法案例评析》，北京大学出版社，第49—52页。

③ See J. J. Fawcett, Evasion of Law and Mandatory Rules in Private International Law, 49 Cambridge. L. J.50-57 (1990).

④ 法国著名国际私法学者奥迪特 (Audit) 教授就认为：第一，法律规避没有为时何时改变连结点提供指导；第二，没有为"本应适用的法"提供任何指引；第三，没有任何司法实用性。See Bernard Audit, A Continental Lawyer Looks at Contemporary American Choice-of-Law Principle, 27 Am. J. Comp. L.599 (1979).

“借用国外贷款，由国务院确定的政府部门、国务院外汇管理部门批准的金融机构和企业按照国家有关规定办理。外商投资企业借用国外贷款，应当报外汇管理机关备案。”2. 涉外担保方面，因为对外担保有可能导致外债的产生并影响到中国的外汇储备和国际收支平衡，中国对此也实行严格的审批制度。根据最高人民法院《关于适用〈中华人民共和国担保法〉若干问题的解释》，未经国家有关主管部门批准或登记对外担保的，担保合同无效。3. 货物进出口方面，也实行严格的管制制度。2004年修订的《对外贸易法》第16条的规定，国家基于特殊原因可以限制或禁止有关货物、技术进出口。该条还规定了11种限制和禁止进出口的情形。[①] 4. 海上货物运输方面，也有严格的管制规定。依据1992年《海商法》第44条规定，海上货物运输合同和作为合同凭证的提单或者其他运输单证中的条款，均必须符合《海商法》第四章的规定。又依据2001年《中华人民共和国国际海运条例》第2条的规定，进出中华人民共和国港口的国际海上运输经营活动以及与国际海上运输相关的辅助性经营活动，均必须直接适用这一条例。

在涉外合同方面，原1985年《中华人民共和国涉外经济合同法》（第5条第2款）和现行的1999年《中华人民共和国合同法》（第

① 《中华人民共和国对外贸易法》（2004年4月6日修订，2004年7月1日起施行）第16条，“国家基于下列原因，可以限制或者禁止有关货物、技术的进口或者出口：（一）为维护国家安全、社会公共利益或者公共道德，需要限制或者禁止进口或者出口的；（二）为保护人的健康或者安全，保护动物、植物的生命或者健康，保护环境，需要限制或者禁止进口或者出口的；（三）为实施与黄金或者白银进出口有关的措施，需要限制或者禁止进口或者出口的；（四）国内供应短缺或者为有效保护可能用竭的自然资源，需要限制或者禁止出口的；（五）输往国家或者地区的市场容量有限，需要限制出口的；（六）出口经营秩序出现严重混乱，需要限制出口的；（七）为建立或者加快建立国内特定产业，需要限制进口的；（八）对任何形式的农业、牧业、渔业产品有必要限制进口的；（九）为保障国家国际金融地位和国际收支平衡，需要限制进口的；（十）依照法律、行政法规的规定，其他需要限制或者禁止进口或者出口的；（十一）根据我国缔结或者参加的国际条约、协定的规定，其他需要限制或者禁止进口或者出口的。”另见2001年《中华共和国技术进出口管理条例》第29条和2007年《中华人民共和国反垄断法》第13条。

126条）都规定：在中华人民共和国境内履行的中外合资经营企业合同、中外合作经营企业合同，中外合作勘探开发自然资源合同，适用中华人民共和国法律。针对《合同法》第126条的这一规定，2007年最高人民法院《关于审理涉外民事或商事合同纠纷案件法律适用若干问题的规定》（第8条）扩大了“直接适用”中国法律的合同范围，根据该规定，除了上述三种合同之外，以下合同也必须适用中国法律：中外合资经营企业、中外合作经营企业、外商独资企业股份转让合同；外国自然人、法人或者其他组织承包经营在中国领域内设立的中外合资经营企业、中外合作经营企业的合同；外国自然人、法人或者其他组织购买中国领域内的非外商投资企业股东的股权的合同；外国自然人、法人或者其他组织认购中国领域内的非外商投资有限责任公司或者股份有限公司增资的合同；外国自然人、法人或者其他组织购买中国领域内的非外商投资企业资产的合同；中国法律、行政法规规定应适用中国法律的其他合同。

在中国已有立法及司法实践基础上，《涉外民事关系法律适用法》第4条首次明确了关于“直接适用的法”的制度。该条规定：“中华人民共和国法律对涉外民事关系有强制性规定的，直接适用该强制性规定。”从前述中国的司法实践看，《涉外民事关系法律适用法》第4条的规定是必要的。该制度在《涉外民事关系法律适用法》中得以明确，无疑有助于解决法院在相关涉外民商事审判中所遇到的法律适用上的难题。[①] 对于类似前述中国银行（香港）有限公司诉中国广澳开发集团公司及刘天茂保证合同纠纷案、中国银行（香港）有限公司与中国长城工业总公司担保合同纠纷案，《涉外民事关系法律适用法》的实施，为法院处理类似情况提供了直接而合理的法律依据，即依据该法第4条关于“直接适用的法”规定，可以排除适用当事人约定的准据法，而直接适用中国《外汇管理条例》的规定，

① 参见刘贵祥：“涉外民事关系法律适用法在审判实践中面临的几个问题”（下），载《中国法律》2011年第6期。

认定此类担保无效。

但在理解和实施《涉外民事关系法律适用法》第4条时，有如下三点值得注意：

第一，该条使用的“强制性规定”的术语，在法律适用这个确定的语境下，其与“直接适用的法”的含义和外延应是相同的，其内涵有着高度的同质性，因此，中国现行法中有关强制性规定完全可以作为“直接适用的法”予以适用。①

第二，根据该条规定，中国法律中的强制性规定因其特殊目的而必须由处理涉外案件的人民法院和行政机关排他地予以适用，这些实体法规则有其自己的适用范围，在特定情形下直接适用于涉外民商事关系，且因其强制性而优先于冲突规则。② 这即意味着，受有关强制性法律支配的涉外民商事关系，即使存在当事人选择适用其他法律的协议，或者表面上与其他法律选择规则有联系，对该类涉外民商事关系，首先必须根据第4条适用相关的强制性法律。

第三，将“直接适用的法”规定于《涉外民事关系法律适用法》总则部分，可以更好地为涉外民商事关系的当事人和处理涉外民事案件的法官提供明确的指引，既符合“直接适用的法”规则本身的目的，也符合立法技术科学性的基本要求。

但中国关于“直接适用的法”的制度仍有进一步完善的空间：

第一，《涉外民事关系法律适用法》第4条是关于“直接适用的法”制度的宣示性规定，而对于“直接适用的法”的具体范围并没有明确规定。这也正是学者们对“直接适用的法”的模糊性多有批评的原因，因为究竟哪些法律依其政策是强制性而必须得到适用并没有确切的答案。③ 从已有的司法实践经验来看，中国有关“直接

① 黄进、姜茹娇主编：《〈中华人民共和国涉外民事关系法律适用法〉释义与分析》，法律出版社，2011年版，第24页。

② 同上，第20页。

③ See M. Whincop & M. Keyes, Statutes' Domains in Private International Law: An Economic Theory of the Limits of Mandatory Rules, 20 Sydney L. Rev. 442 (1998).

适用的法”至少应该涵盖如下几个领域:（1）经济法领域中的相关规则，如反垄断法、进出口限制法、价格管制法、利息限制法、外汇法;（2）社会法领域中的相关规则，如最低劳动工资法、工伤事故保险法、劳动标准法、工会法等;（3）民事法领域中的相关规则，如承租人保护法、消费者保护的特别法、涉及公共秩序和体弱者保护的婚姻家庭法，等等。根据《涉外民事关系法律适用法》第4条，上述领域内的相关强制性法律应当予以直接适用，这就排除了包括当事人意思自治原则在内的冲突规范在这些领域的适用。此外，从涉外合同领域内中国强制性法律来看，要求排他性地适用中国强制性法律的合同范围十分广泛，有些并不属于国内重大经济领域范畴。[①] 因此，建议将“直接适用的法”限于与国家社会经济有重大利益的领域，尤其应慎重地以“直接适用的法”为由排除当事人意思自治原则在合同领域的适用。即“直接适用的法”的运用不宜过多干涉当事人在合同中所选择的准据法。换言之，在合同领域，直接适用的法运用的情形更多是一种例外，不能将其适用作过于广泛的解释。

第二,《涉外民事关系法律适用法》第4条将“直接适用的法”的范围限于法院地的关于涉外民事关系的“强制性规定”，而不包括外国的“直接适用的法”。也就是说，根据该条款所适用的法律，是中国法律中的“直接适用的法”。尽管中国法院可以通过冲突规范的援引而适用外国的“直接适用的法”，但不是适用该第4条的结果，亦即不能以该条的规定为由直接适用外国的“直接适用的法”。前述已有越来越多的国际立法和国内立法对适用外国的“直接适用的法”予以了肯定，中国也可以适时承认外国“直接适用的法”之效力，但对外国“直接适用的法”的适用应进行严格的条件限制，如考虑外国法的目的和适用结果、与案件具有密切联系等等。

① 沈涓:“法院地法的纵与限——兼论中国国际私法的态度”，载《中国社会科学院论坛暨第八届国际法论坛论文集（2011年）》，第300—313页。

总之，“直接适用的法”直接关涉国际私法中的冲突规范能否得到适用，而且，某一具体案件是否牵涉到一国“直接适用的法”具有相当大的解释空间。因此，关于中国“直接适用的法”范围宜限定在何种程度以内？这是一个需要审慎对待但又必须予以考虑的问题。

四、结语

“直接适用的法律”理论的提出，是二战后国家干预主义思想在国际民商事领域的反映，也是功能主义思想对欧洲大陆国际私法理论产生影响的结果。在历经半个多世纪的实践后，该理论虽然尚在发展中，但该理论对各国及相关国际立法实践已经产生深远影响。尽管如此，我们应该认识到，一国制定强制性法律规范直接用于调整某些国际民事法律关系，其宗旨是维护民族国家的利益。而且，这种直接适用的法律可较好促成内国立法政策的实现，因而从表象上看，通过这类规范调整国际民商事关系的效果，似乎优于通过冲突规范选择准据法来调整国际民商事关系效果。但由于该学说在方法论上属单边主义，具有浓厚的属地主义色彩，因而，在国际经济格局出现区域化、一体化趋势的今天，在越来越多的国家主张以富有弹性的、开放性的法律适用规范代替僵硬的、封闭性的法律适用制度的背景下，“直接适用的法”的理论及实践备受争议也是可想而知的。

对于一个以对外开放为基本国策的国家而言，平等对待内外国法律，是健全和保障公平和谐的国际民商事秩序的基本要求。因此，如何在健全和完善中国涉外民商事实体法领域的强制性法律制度之同时，审慎实施好《涉外民事关系法律适用法》第4条之规定，对于构建和维护公平和谐的国际民商事交往秩序意义重大。

论国际私法中的“直接适用的法”

谢石松*

国际私法中的所谓“直接适用的法”（Directly Applicable Law），只是一些国际私法学者论著中的一个概念，① 按照笔者的观点，完全不属于国际私法的范畴。在国际私法领域，根本就不存在所谓“直接适用的法”。国际私法中的所有直接规范，都需要通过间接规范的指引才能得以适用，如2010年10月28日颁布的《中华人民共和国涉外民事关系法律适用法》（以下简称《法律适用法》）第2条第1款明确规定：“涉外民事关系适用的法律，依照本法确定。其他法律对涉外民事关系法律适用另有规定的，依照其规定。”而《法律适用法》第4条有关“中华人民共和国法律对涉外民事关系有强制性规定的，直接适用该强制性规定”这一条款本身就是一条单边间接规范。中华人民共和国法律中有关“涉外民事关系的强制性规定”也

* 武汉大学国际私法学博士，中山大学法学院教授、国际法研究所所长，中国国际私法学会副会长。本文系最高人民法院2010年重点调研课题项目《关于涉外民商事法律关系中法律适用问题的调研》（批准号：ZFZDKT201013-2）的成果之一。

① 参见李浩培编著：“警察法”，载《中国大百科全书（法学卷）》，中国大百科全书出版社，1984年版，第332—333页；李双元著：《国际私法（冲突法篇）》，武汉大学出版社，1987年版，第30—31页；韩德培著：“国际私法的晚近发展趋势”，载《中国国际法年刊》（1988），法律出版社，1989年版，第14—17页；肖永平著：《冲突法专论》，武汉大学出版社，1999年版，第159—182页；刘仁山、胡炜著：“‘直接适用的法’的若干问题”，载《当代法学》2002年第8期，第93页；徐冬根著：《国际私法趋势论》，北京大学出版社，2005年版，第392—433页。

都必须通过这一条款的指引才能得以适用。

一、国际私法中的所谓“直接适用的法”理论

虽然中国国际私法学界的学者们都对“直接适用的法”这个从西方国家舶来的概念[①]进行了极具热情的研究和探讨，并对“直接适用的法”的存在作了非常充分而又一致的肯定，但是，时至今日，却并没有对所谓“直接适用的法”的概念、范围、性质及调整方式等理论问题做出一个科学的界定。在这里，同样需要特别强调的是，所谓“直接适用的法”和与之相对应的“间接适用的法”所涉及的，是相关法律规范在实施过程中是被有关方面“直接适用”还是“间接适用”于调整有关国际民商事关系的问题，是一个动态的概念。

对于国际私法中所谓“直接适用的法”的概念，主张国际私法中存在“直接适用的法”的学者都从不同的角度作了不同程度的界定，大致可以归纳为：“直接适用的法”是指一个国家为了“保障其社会、政治、经济的重大利益或基本制度”[②]，或者为了“实现其本国的公共政策和社会利益”[③]而制定的，不需要法院地国家“冲突规

① 参见李浩培编著：“警察法”，载《中国大百科全书（法学卷）》，中国大百科全书出版社1984年版，第332页；李双元著：《国际私法（冲突法篇）》，武汉大学出版社，1987年版，第30页；韩德培著：“国际私法的晚近发展趋势”，载《中国国际法年刊》（1988），法律出版社，1989年版，第14页。

② 参见李双元著：《国际私法（冲突法篇）》，武汉大学出版社，1987年版，第30页。

③ 参见刘仁山、胡炜著：“‘直接适用的法’的若干问题”，载《当代法学》2002年第8期，第93页。

范”的指引，[①] 而“直接适用”于有关国际民商事关系的强制性法律规范。[②] 很显然，“直接适用的法”是与“间接适用的法”（Indirectly Applicable Law）相对应的一个概念。根据这个概念，所谓“直接适用的法”应该是“直接规范”，即可以直接确定当事人之间实体权利义务内容的法律规范，而不应该是“间接规范”；而且，应该是“直接适用”的“直接规范”，即不需要经过“间接规范”的指引而“直接适用”的规范，而不应该是“间接适用”的“直接规范”；还应该是涉及一个国家公共政策和国家及其国民重大利益的、强制性的法律规范；此外，其采用的调整方式当然也应该是一种直接调整方式。

但是，在国际私法学界，主张国际私法中存在“直接适用的法”的学者，在论及“直接适用的法”时，却又都在以《法国民法典》第3条“关于警察和治安的法律，对于住居在法国境内的居民均有强行力”；《意大利民法典》第28条“刑法、警察法和公共安全法，对在意大利领土上的一切人均有强行力”；[③] 或者以法国1926年《海上劳动法典》第5条规定的“本法适用于一切在法国船舶上完成劳动的雇佣合同”，“它不适用于在法国领域内订立而旨在外国船舶上履行的雇佣合同”，或者是意大利1941年《版权法》第185条规定的“本法适用于所有意大利作者或者居住在意大利的外国作者第

① 不过，韩德培教授强调的是：“不管根据一般冲突规范该国的法律能否适用于这种案件”；李双元教授更是明确指出：“在一定意义上讲，这类规范对涉外民事关系的直接适用性，也是以一种隐含的单边冲突规范的指引为条件的”；而李浩培先生则更加明确的强调：“警察法的适用并不通过双边抵触规则”，“但是，这种法律仍然有单边抵触规则限定其适用范围”。参见韩德培著：“国际私法的晚近发展趋势”，载《中国国际法年刊》（1988），法律出版社，1989年版，第14页；李双元著：《国际私法（冲突法篇）》，武汉大学出版社，1987年版，第30页；李浩培编著：“警察法”，载《中国大百科全书（法学卷）》，中国大百科全书出版社，1984年版，第332页。

② 当然，也有学者，如刘仁山教授主张：还应该包括“直接适用的外国法”和“直接适用的国际条约”。参见刘仁山、胡炜著：“‘直接适用的法’的若干问题”，载《当代法学》2002年第8期，第93页。

③ 参见徐冬根著：《国际私法趋势论》，北京大学出版社，2005年版，第400页。

一次在意大利发表的作品”[①] 等作为所谓“直接适用的法”的典型范例。而从这些“法条”所表达的意思来看，学者们所主张的所谓“直接适用的法”应该是这些“法条”所“指引”的“关于警察和治安的法律”、“刑法、警察法和公共安全法”、“本法”（即“《海上劳动法典》”或“《版权法》”），而不应该是这些“法条”本身。这些“法条”本身则是一种典型的“间接规范”（即“冲突规范”），[②] 只是这些“法条”采用了一种最古典的、与目前国际社会最主要的法律选择方法不同的准据法选择方法，即“按照法律规范的性质进行选择，即法则区别说的选择方法”。[③] 这些“法条”所“指引”的所谓“直接适用的法”则当然是经过了这些“法条”的“指引”才得以适用，显然不是“直接”适用的。

而且，不少学者还在探讨这些所谓“直接适用的法”是“实体规范”（即“直接规范”）还是“冲突规范”（即“间接规范”）；其采用的是“直接调整方法”还是“间接调整方法”的问题。甚至主张上述“法条”本身就是所谓“直接适用的法”，从而主张这些所谓“直接适用的法”属于“间接规范”，或者“具有间接规范的性质”，或者“既具‘冲突规范’的特征，又具‘实体规范’的特征，是介于‘冲突规范’和‘实体规范’之间的一种‘边缘规范’”；是

---

① 参见肖永平、胡永庆著：“论‘直接适用的法’”，载《法制与社会发展》1997年第5期，第51页；冰青、陈立虎著：“‘直接适用的法’之解析”，载《法商研究》2002年第1期，第103页；田曼莉著：“再论国际私法中‘直接适用的法’”，载《同济大学学报（社会科学版）》第14卷，第6期（2003年12月），第74页；徐冬根著：《国际私法趋势论》，北京大学出版社，2005年版，第403页。

② 李浩培先生也明确指出：这些“法条”属于“单边抵触规范”。参见李浩培编著：“警察法”，载《中国大百科全书（法学卷）》，中国大百科全书出版社，1984年版，第332—333页。

③ 参见韩德培主编：《国际私法》高等教育出版社、北京大学出版社，2000年版，第107页；黄进主编《国际私法》，法律出版社，2005年版，第169页；谢石松著：《国际私法学》，高等教育出版社，2007年版，第80—81页。

采用“间接调整方法”，或者“兼采”了“间接调整方法”。①

综上所述，主张存在所谓“直接适用的法”的国际私法学者在理论上并没有、也不可能提出一个明确而又统一的概念，更没有、也不可能提出一个科学的理论体系。

二、国际私法中并不存在“直接适用的法”

笔者认为，在国际社会各个国家开始承认外国人的民事法律地位，特别是相互承认对方国家的民商事法律制度的域外效力，从而产生了国际私法中的国际民商事法律冲突以后，所有国家的所有专门调整国际民商事关系的直接法律规范，在国际民商事关系中的适用，都是通过间接规范的规定和指引来进行的。甚至包括国际条约和国际惯例中的国际统一直接规范的所谓“直接适用”也是相对的，也都经过了有关国际条约和国内立法中的相关规定的指引才得以在一个国家境内予以适用。②如前述有关《联合国国际货物买卖合同公约》在中国的适用就是最好的实例。

而目前国际私法学界所探讨的所谓“直接适用的法”，无非就是如下三种法律规范：（1）是传统国际私法理论和实践中调整国际民商事关系的单边间接规范；（2）是传统国际私法理论和实践中经过单边间接规范的指引而适用的国内专门调整国际民商事关系的民商事直接法律规范；（3）是一个国家为了管理、干预、控制国际经济关系而制定的、管理性的国际经济法规范，虽然是直接适用的法

① 参见肖永平、胡永庆著：“论‘直接适用的法’”，载《法制与社会发展》1997年第5期，第48—52页；刘仁山、胡炜著：“‘直接适用的法’的若干问题”，载《当代法学》2002年第8期，第93—94页；田曼莉著：“再论国际私法中‘直接适用的法’”，载《同济大学学报（社会科学版）》第14卷，第6期（2003年12月），第73—74页；徐冬根著：《国际私法趋势论》，北京大学出版社，2005年版，第401—407页。

② 这种规定就是一种单边间接规范。参见谢石松著：《国际私法学》，高等教育出版社，2007年版，第119页。

律规范，但是，根本就不属于国际私法的范畴。所谓国际私法中的“直接适用的法”，只是一些国际私法论著中不够明确、不够科学的一个概念。在国际私法领域，并不存在“直接适用的法”。

《法律适用法》第4条有关“中华人民共和国法律对涉外民事关系有强制性规定的，直接适用该强制性规定”这一条款并不科学。因为国际私法领域并不存在直接适用的法，本条规定本身就是一条单边间接规范，中华人民共和国法律中有关涉外民事关系的强制性规定都需要通过这一条款的指引才能得以适用。为与第5条有关“外国法律的适用将损害中华人民共和国社会公共利益的，适用中华人民共和国法律”这一条款及其他相关条款的表述相协调，该第4条的科学表述应该是：“中华人民共和国法律对涉外民事关系有强制性规定的，适用中华人民共和国法律。”

（一）国际私法中的单边间接规范不是所谓“直接适用的法”

如前所述，主张国际私法中存在“直接适用的法”的学者，在论及“直接适用的法”时，所列举的《法国民法典》第3条“关于警察和治安的法律，对于住居在法国境内的居民均有强行力”；《意大利民法典》第28条“刑法、警察法和公共安全法，对在意大利领土上的一切人均有强行力”；或者法国1926年《海上劳动法典》第5条规定的“本法适用于一切在法国船舶上完成劳动的雇佣合同”，“它不适用于在法国领域内订立而旨在外国船舶上履行的雇佣合同”，或者是意大利1941年《版权法》第185条规定的“本法适用于所有意大利作者或者居住在意大利的外国作者第一次在意大利发表的作品”等典型范例，根本就是传统国际私法理论和实践中典型的“单边间接规范”。只是这些“单边间接规范”采用了一种最古典的、与目前国际社会最主要的法律选择方法不同的准据法选择方法，即“按照法律规范的性质进行选择，即法则区别说的选择方法”。[1] 如李浩培先生在编写《中国大百科全书（法学卷）》中《警察法》这个词条时，还特别列举了法国1926年《海上劳动法典》第5条的规定作为“单边抵触规范”的范例。[2] 这种“单边抵触规范”就是其他国际私法学者所主张的“单边冲突规范”，也就是笔者所主张的“单边间接规范”。而作为国际私法中的“间接规范”，在一般情况下，当然都是直接适用的。“单边间接规范”作为“间接规范”的一种形式，其适用当然也不可能例外。[3] 但是，这种直接适用的“间接规范”，显然不是学者们所探讨的所谓“不需要法院地国家‘冲突规范’指引”的“直接适用的法”。

（二）经单边间接规范指引的直接规范不是“直接适用的法”

对于经过单边间接规范的指引而适用的国内专门调整国际民商事关系的民商事直接法律规范，不管是中国原来的《中华人民共和国涉外经济合同法》中有关合同形式的规定，[4] 或者是中国现行法律中有关在中国境内履行的中外合资经营企业合同、中外合作经营企业合同、中外合作勘探开发自然资源合同等合同关系所必须遵循的直接法律规范，[5] 或者是包括中国在内的世界各国为了其国家或国民

---

① 参见韩德培主编:《国际私法》高等教育出版社、北京大学出版社，2000年版，第107页；黄进主编《国际私法》，法律出版社，2005年版，第169页；谢石松著:《国际私法学》，高等教育出版社，2007年版，第80—81页。

② 参见李浩培编著:“警察法”，载《中国大百科全书（法学卷）》，中国大百科全书出版社，1984年版，第332—333页。

③ 只有在发生反致、转致、或间接反致的情况下，才会作为例外，“间接适用”有关被“间接规范”所指引的“间接规范”。这个时候的“间接规范”才是间接适用的。参见谢石松著:《国际私法学》，高等教育出版社，2007年版，第79—83页、第93—94页。

④ 参见李双元著:《国际私法（冲突法篇）》，武汉大学出版社，1987年版，第30页；韩德培著:“国际私法的晚近发展趋势”，载《中国国际法年刊》（1988），法律出版社，1989年版，第17页。

⑤ 参见韩德培著:“国际私法的晚近发展趋势”，载《中国国际法年刊》（1988），法律出版社，1989年版，第17页。

的根本利益而规定的“间接的公共秩序规范”或者“积极的公共秩序规范”[①]所涉及的直接法律规范；还是法国1926年《海上劳动法典》第5条规定的“本法适用于一切在法国船舶上完成劳动的雇佣合同”，“它不适用于在法国领域内订立而旨在外国船舶上履行的雇佣合同”，或者是意大利1941年《版权法》第185条规定的“本法适用于所有意大利作者或者居住在意大利的外国作者第一次在意大利发表的作品”[②]等法条所涉及的法律规范，都属于国际私法中的直接规范的范畴，都不是所谓的“直接适用”的法，因为这些直接规范都不可能“直接适用”，都需要经过单边间接规范的指引才能最终得到适用。[③]

特别是国际私法学者们所援引的规定“间接的公共秩序规范”或者“积极的公共秩序规范”的相关法律条款，[④]如《法国民法典》第3条“关于警察和治安的法律，对于住居在法国境内的居民均有强行力”；《意大利民法典》第28条“刑法、警察法和公共安全法，

① 参见李双元著:《国际私法（冲突法篇）》，武汉大学出版社，1987年版，第30页；韩德培著：“国际私法的晚近发展趋势”，载《中国国际法年刊》（1988），法律出版社，1989年版，第14—15页；肖永平著:《肖永平论冲突法》，武汉大学出版社，2002年版，第128—129页；徐冬根著:《国际私法趋势论》，北京大学出版社，2005年版，第395—401页。

② 这种法律规范本身就是一种典型的单边间接规范，是其所指引的直接法律规范得以适用的前提。参见李浩培编著：“警察法”，载《中国大百科全书（法学卷）》，中国大百科全书出版社，1984年版，第333页；冰青、陈立虎著：“‘直接适用的法’之解析”，载《法商研究》2002年第1期，第103页。

③ 参见李浩培编著：“警察法”，载《中国大百科全书（法学卷）》，中国大百科全书出版社，1984年版，第332—333页；李双元著:《国际私法（冲突法篇）》，武汉大学出版社，1987年版，第212—215页；韩德培主编:《国际私法》，高等教育出版社、北京大学出版社，2000年版，第146—148页；黄进主编:《国际私法》，法律出版社，2005年版，第215—216页；徐冬根著:《国际私法趋势论》，北京大学出版社，2005年版，第112—114页；苏颖霞、王卿著：“‘直接适用的法’与相关立法的完善”，载《理论探索》2007年第3期，第135—138页。

④ 李双元教授认为：“国内立法者规定的‘直接适用的法律’，又叫‘必须适用的法律’，也就是‘属于国际公共秩序的法律’”。参见李双元著:《国际私法（冲突法篇）》，武汉大学出版社，1987年版，第30页。

对在意大利领土上的一切人均有强行力”等规定[①]，本身都属于典型的单边间接规范。[②]这些单边间接规范所指引的法律规范，不管是“警察和治安的法律”，还是“刑法、警察法和公共安全法”，在这里，都不是“直接适用”的，而是基于这些单边间接规范的指引才得以适用。而且，尤其是这些单边间接规范所指引的很多法律规范，不管是“治安的法律”，还是“刑法、警察法和公共安全法”等，都属于公法规范的范畴，自然应该在制定这些法律规范的国家境内得到绝对的、直接的适用，原本就不需要有间接规范来指引。因为世界各国在这些法律规范所涉及的领域根本就不承认外国法的域外效力，不可能发生国际法律冲突，也就不存在需要考虑适用内国法还是外国法的问题。

其实，主张存在“直接适用的法”的学者也都明确表述了一些与其主张明显不一致的观点。如刘仁山教授在论及“直接适用的法”时特别强调：“直接适用中的‘直接’这个词是用来强调这种规范无须通过传统国际私法理论所提倡的冲突规范的援引，即可直接依照法律自我设定的‘适用范围’来调整涉外民事法律关系。而所谓的‘直接适用’只是一种泛指，是指向所需适用的实体规则，而并非直接确定当事人之间的具体权利义务。而且，直接适用必须法律本身许可，如立法上不许可则不能直接适用。因此，‘直接适用的法’不是直接调整的规范，而是间接调整的规范。”[③]徐冬根教授在论及“直接适用的法”的产生时，认为“国家对社会经济生活的干预同样扩展到了涉外民商事关系之中。因此，在特定的跨国民商事案件中，

① 参见李双元著：《国际私法（冲突法篇）》，武汉大学出版社，1987年版，第213页；韩德培主编：《国际私法》，高等教育出版社、北京大学出版社，2000年版，第146—147页；黄进主编：《国际私法》，法律出版社，2005年版，第215页；徐冬根著：《国际私法趋势论》，北京大学出版社，2005年版，第114页。

② 参见谢石松著：《国际私法学》，高等教育出版社，2007年版，第73页。

③ 参见刘仁山、胡炜著：“‘直接适用的法’的若干问题”，载《当代法学》2002年第8期，第93—94页。

涉及到该国具有强制性效力的法律规范，法院无须援引法院地的双边冲突规范来确定案件裁判的法律，就可以而且必须将这种具有强制力的规范直接适用于该案件”。[①] 并认为“从形式上说，‘直接适用的法’具有双重属性，它既有冲突规范的功能，又有实体规范的特征”。而且，也认为“‘直接适用的法’不是直接调整的规范，而是间接调整的规范”。[②] 此外，肖永平教授也认为，“‘直接适用的法’兼具实体规范和冲突规范的特性”。[③] 李双元教授在论及“直接适用的法”时，更是明确表示：“在一定意义上讲，这类规范对涉外民事关系的直接适用性，也是以一种隐含的单边冲突规范的指引为条件的”。[④] 而李浩培先生在论及“直接适用的法”与“抵触规则”（即笔者所称的“间接规范”，或者其他国际私法学者所称的“冲突规范”）的关系时，更加明确的强调：“‘直接适用的法’由于其‘半公半私’的性质，其适用并不通过双边抵触规则，即并不以双边抵触规则指示应予适用为前提，所以称为直接适用的法律。但是，这种法律仍然有单边抵触规则限定其适用范围。这种单边抵触规则可以是明示的，也可以是隐含的。”[⑤]

（三）管理性的直接规范更不是国际私法中的“直接适用的法”

各个国家为管理、干预和控制国际经济生活而制定的管理性

① 很显然，徐冬根教授在这里强调的是“法院无须援引”法院地的“双边冲突规范”来确定案件裁判的法律。参见徐冬根著：《国际私法趋势论》，北京大学出版社，2005年版，第392页。

② 参见徐冬根著：《国际私法趋势论》，北京大学出版社，2005年版，第403页。

③ 参见肖永平、胡永庆著：“论‘直接适用的法’”，载《法制与社会发展》1997年第5期，第49页。

④ 参见李双元著：《国际私法（冲突法篇）》，武汉大学出版社，1987年版，第30页。

⑤ 参见李浩培编著：“警察法”，载《中国大百科全书（法学卷）》，中国大百科全书出版社，1984年版，第332—333页。

的、强制性的直接法律规范,[①]都属于国际经济法的范畴[②]，具有公法规范的性质，一直以来都具有“直接适用”的性质,[③]并且原则上都不具有域外效力。至于现在国际社会一些国家的国际私法立法和司法实践开始在一定范围内承认外国某些与国际民商事关系有关的、管理性的公法规范的域外效力，那也是外国公法规范的域外效力问题,[④]已经超出了国际私法的法律适用的范畴。而且，事实上这些公法规范的适用也是基于有关间接规范的指引来适用的，并不是它们自身的“直接适用性”。各相关国家的立法也都只是规定，当自己国家的间接规范指定适用某一个外国的法律作为准据法时，不能以这个国家的某些法律规范具有公法的性质而排除其适用。[⑤]这些管理性的、强制性的直接法律规范，不属于国际私法的范畴，更不属于国际私法中的所谓“直接适用的法”。

① 参见刘仁山、胡炜著:“‘直接适用的法’的若干问题”，载《当代法学》2002年第8期，第93页；徐冬根著:《国际私法趋势论》，北京大学出版社，2005年版，第392—393页。

② 参见谢石松著:“论国际私法与国际经济法的关系”，载《政法论坛》2001年第2期，第129—133页。

③ 而且，即使是这种性质的法律规范的“直接适用”也是相对的，也是基于“有关规定”才得以“直接适用”的。很显然，严格来讲，使得这种性质的法律规范得以“直接适用”的“有关规定”就是“间接规范”，而且同样是一种单边间接规范，而这种性质的法律规范的适用也是经过这种“单边间接规范”的指引来进行的。

④ 韩德培教授在论及“直接适用的法”时也特别强调:“直接适用的外国法，大部分都多少具有公法的性质”，这里存在一个“能不能适用外国公法”的问题。田曼莉教授认为:“‘直接适用的法’正是法律发展中的‘私法公法化’现象的反映。无疑，‘直接适用的法’具有公法性质”。参见韩德培著:“国际私法的晚近发展趋势”，载《中国国际法年刊》(1988)，法律出版社，1989年版，第15页；田曼莉著:“再论国际私法中‘直接适用的法’”，载《同济大学学报(社会科学版)》第14卷，第6期(2003年12月)，第72—75页。

⑤ 如《瑞士联邦国际私法》第13条规定:“本法对外国法的指定，包括依照该外国法应适用于案件的所有规定。外国法的适用，不得仅以其规定被认为具有公法性质而予以排除”。

活动与动态

中国国际法学会2011年主要活动综述

张爱宁*

时光荏苒，岁月如梭，转眼间又到了盘点中国国际法学会年度工作季了。

2011年，是中国国际法学会大发展的一年。中国国际法学会在李适时会长、饶戈平常务副会长，以及学会常务理事会的正确领导下，在外交学院的大力支持下，通过学会全体会员的共同努力和学会秘书处全体工作人员的辛勤工作，学会工作风生水起，取得了振奋人心的进展，实现了历史性的飞跃。

一、成功举办亚洲国际法学会北京双年会

2011年，中国国际法学会的最大成绩是成功举办了亚洲国际法学会第三届全体大会——“北京双年会”。

2011年亚洲国际法学会北京双年会于8月27—28日在北京天伦王朝酒店举行。出席2011年亚洲国际法学会北京双年会的代表近300人，其中外国代表100余人，中国代表150余人。此外，还有数十名中国高校和研究机构的法律专业博士生、硕士生参加了此次会议。外国代表中包括国际法院大法官、院长，联合国国际法委员会委员，国际海洋法法庭法官，以及来自亚洲、欧洲、北美洲、南美

* 《中国国际法年刊》执行编委。

洲和大洋洲的知名国际法学者及国际法学会的负责人等。

亚洲国际法学会会长、国际法院法官薛捍勤主持了2011年亚洲国际法学会北京双年会开幕式。中华人民共和国国务委员戴秉国、最高人民检察院检察长曹建明、全国人大常委会法工委主任李适时、全国人大常委会副秘书长李连宁、最高人民法院副院长万鄂湘、司法部副部长赵大成、商务部首席谈判代表崇泉、教育部部长助理林蕙青、外交部部长助理刘振民、中国法学会副会长周成奎、外交学院院长赵进军大使等领导同志应邀出席开幕式。

中华人民共和国国务委员戴秉国在开幕式上致辞，受到与会中外代表热烈欢迎，引起了普遍共鸣。中国国际法学会会长、全国人大常委会法工委主任李适时在开幕式上代表东道主对中外代表的到会表示热烈欢迎，并致欢迎词。

2011年亚洲国际法学会北京双年会的主题是："亚洲与国际法：一个新时代"。会议分全体会议及小组讨论两部分。全体会议的议题除北京双年会的主题之外，还涉及国际金融秩序的改革与发展。小组讨论的议题包括：人权与主权，灾难处置与国际法，国际刑法的发展，亚洲和区域自由贸易协定，移民和难民，亚洲和第三世界对国际法的态度，国际条约和外国法在国内法院的效力，知识产权与国际法，海洋法，亚洲的国际法教学与研究，跨国诉讼和仲裁，气候变化，武装冲突与人权等。会议收到来自世界各国约400篇论文摘要，其中大多数由外国学者提交。中国代表在多数专题讨论组中担任了发言人或主持人，与外国专家学者进行了友好与深入的交流和探讨。

2011年亚洲国际法学会北京双年会的参会的代表来自世界各国，具有广泛的代表性和国际性。除中国大陆和香港特区的代表外，参会的亚洲和大洋洲的代表分别来自日本、韩国、印度尼西亚、马来西亚、新加坡、菲律宾、越南、柬埔寨、泰国、尼泊尔、印度、巴基斯坦、孟加拉国、斯里兰卡、沙特阿拉伯、澳大利亚、新西兰。此外，欧洲、北美洲、南美洲和非洲国家均有代表参加。

中国国际法学会和外交学院作为亚洲国际法学会“北京双年会”的共同承办方，对这次会议高度重视，全面动员，认真谋划，精心组织，确保了会议的顺利召开和圆满结束。戴秉国国务委员对大会的组织工作予以充分肯定：“亚洲国际法学会北京会议开幕式组织得很好！会议开得很成功！”国际法院院长小和田恒认为，北京会议是亚洲国际法学会迄今为止开得最好的双年会。外交部条约法律司在会后专门致信中国国际法学会，对大会组织工作给予高度评价并予以表扬。

2011年亚洲国际法学会北京双年会规模大、级别高、议题广、代表性强，是一次真正意义的大型国际学术交流会议。对中国国际法学界而言，2011年亚洲国际法学会北京双年会是一次难得的机会，对于展示中国国际法事业的发展成就，历练中国国际法学界的人才队伍，宣传中国和平发展与尊重法治的理念，加强中外学者的沟通交流、凝聚亚洲共识等方面发挥了积极作用。

二、召开2011年中国国际法年会

2011年8月26日下午（亚洲国际法学会北京双年会召开的前一天），中国国际法学会2011年年会在北京天伦王朝酒店召开。来自国内各高校、法律事务部门和政府机构的200多位代表和嘉宾出席了年会。

中国国际法学会2011年年会开幕式由中国国际法学会常务副会长、北京大学教授饶戈平主持。中国国际法学会会长、全国人大法工委主任李适时在开幕式上讲话。外交部条约法律司司长黄惠康为年会做了题为“当前国际法领域中的热点问题”的专题报告；商务部条约法律司司长李成钢为年会做了题为“当前国际经贸领域中的若干法律问题”的专题报告。此外，联合国秘书处法律部法律编纂处代表弗吉尼亚·莫里斯（Virginia Morris）女士就有关联合国协助国际法教学、研究和传播的音像图书馆项目向大会做专题报告。

鉴于中国国际法学会2011年年会与亚洲国际法学会2011年“北京双年会”一起举办，故这届年会仅用半天时间安排了政府有关部门和联合国代表做专题报告，以及由中国国际法学会秘书处向大会汇报学会工作和处理学会相关事宜，而没有像往年一样设小组讨论，也未征集论文。

中国国际法学会2011年年会的召开为2011年亚洲国际法学会北京双年会拉开了序幕。

三、举办第二届暑期国际法讲习班

2011年9月20—28日，由中国国际法学会主办、西北政法大学承办的“中国国际法学会第二届暑期国际法讲习班”在古都西安圆满结束。

本届讲习班旨在提高我国特别是西部地区国际法师资的基础教学水平；重点讲授和讨论国际法基础理论方面的新问题、国际法热点问题，以及国际法研究和教学方法等专题。讲习班授课对象为中国高等院校从事国际法教学、科研工作的中青年教师。讲习班从全国40多所高等院校共招收正式学员50人，年龄均在45岁以下，其中超过50%的学员来自西部地区或者欠发达地区。除了正式学员，来自西安地区的高等院校国际法教师和西北政法大学国际法专业研究生也旁听了讲习班课程。

讲习班共设以下14个专题，分别由来自国内各高校、科研机构和实务部门的14位专家主讲：

1. 国际组织与国际法实施机制的发展（北京大学饶戈平教授）；

2. 当前国际航空法理论和实践中值得关注的新问题（西北政法大学王瀚教授）；

3. 中国民商事审判中的法律问题（最高人民法院万鄂湘大法官）；

4. 当前国际法的热点问题（外交部条约法律司司长黄惠康大使）；

5. 国际投资条约新发展（西北政法大学李万强教授）；

6. 国际环境合作法律问题（北京大学宋英教授）；
7. 海洋法专题（国家海洋局海洋发展战略研究所张海文研究员）；
8. 国际法热点问题（中国社会科学院国际法研究所刘楠来教授）；
9. 国际法治与国际法院的管辖权问题（外交学院江国青教授）；
10. 外空法的新发展（中国政法大学凌岩教授）；
11. 国际宪政思潮与国际宪法化趋势（西北政法大学王秀梅教授）；
12. 国际法的渊源（吉林大学何志鹏教授）；
13. 联合国改革法律问题（武汉大学杨泽伟教授）；
14. 条约法专题（南开大学张勇教授）。

在为期一周的学习中，学员们认真刻苦，课堂气氛热烈。讲习班结束后，由中国国际法学会和西北政法大学向学员联合颁发了培训合格证书。学员们纷纷表示参加此次讲习班学习收获颇多，非常感谢中国国际法学会为他们提供的这样一个深入学习国际法和与国内同行交流的平台。

受中国国际法学会委托，西北政法大学高度重视本次讲习班筹备工作。副校长王瀚教授亲自部署，国际法学院院长李万强教授主抓落实，成立了以国际法学院领导班子、行政工作人员组成的国际法师资讲习班筹备工作小组。就联系聘请任课教授、租赁教学场地、安排学员食宿、组织学员参观等事宜做了大量认真细致周到的准备工作，从而为成功举办本次讲习班提供了全面保障。

感谢西北政法大学的大力支持和为此次暑期国际法讲习班成功举办所付出的辛勤劳动！

四、评选第二届“航天科工”中国国际法学优秀成果奖

为推动中国国际法学的繁荣发展，发现并奖励中国国际法学优秀学术人才，鼓励中国的国际法学研究为国家“走出去战略”提供法律服务，在中国航天科工集团的财政支持下，中国国际法学会于

2009年设立了“中国国际法学优秀科研成果奖（航天科工奖）”。

继2010年中国国际法学会颁发第一届“航天科工”优秀国际法成果奖之后，中国国际法学会学术指导委员会于2011年12月10日召开了第二届“航天科工”优秀国际法成果奖评选会议。与会评选委员依据“中国国际法学优秀科研成果奖（航天科工奖）评奖办法”，遵循严格的评选标准，秉承宁缺毋滥的原则，对参评论文进行了认真遴选，最终评选出优秀奖论文两篇，纪念奖论文四篇。

获得优秀奖的论文及作者如下（排名不分先后）：

1. 刘大群：“在国际刑事司法机构司法实践中的恐怖罪”；

2. 李永胜：“论国际法上的反措施制度”。

四篇纪念奖获奖论文及作者分别是（排名不分先后）：

1. 刘敬东：“当前贸易保护主义的国际法辨析”；

2. 潘俊武：“解析国际争端解决机制及其发展前景”；

3. 王秀梅：“国际宪政思潮的兴起与国际法‘宪法化’趋势”；

4. 许育红：“当代中国领事认证若干问题的实证研究——以案例为视角”。

中国国际法学会希望藉此优秀国际法科研成果奖的评选工作，激励中国中青年一代学者迅速成长，扩大中国国际法学研究在国际上的影响力。因此，中国国际法学会优秀国际法科研成果奖的评选工作今后还将继续坚持下去。中国航天科工集团法律部主任王耀国代表航天科工集团对获奖作者表示祝贺，并表示将一如既往地支持该项工作。

感谢中国航天科工集团为推动中国国际法事业的繁荣和发展做出的积极贡献！

五、其他工作

2011年，中国国际法学会的其他工作同样可圈可点。得益于李适时会长的高度重视和直接强有力的推动，《中国国际法年刊》申请核心集刊工作进展顺利，将于2012年进入CSSCI法学核心集刊序列。由于刘楠来教授、凌岩教授以及其他编委会成员的辛勤工作，2010年《中国国际法年刊》顺利编辑出版。中国国际法学会网站建设也取得了实质性进展，将逐步成为国际法学界的一个重要的学术和信息平台。2011年，中国国际法学会还举办或参与了其他一系列国内外学术活动，如举办2011年新春报告会，邀请全国人大外事委员会主任委员李肇星作关于国际形势的专题报告；与国际红十字委员会合作召开国际人道法专题研讨会；派代表团参加2011年中日韩三国国际法研讨会……

总之，在过去的一年里，中国国际法学会围绕国内和国际两个大局，履行职责、承担使命，充分调动各个方面的积极性，共同推动了国际法知识在中国的传播，中国国际法人才的培养，以及国际法学在中国的研究、运用和发展。所有这一切努力，必将极大地促进中国国际法事业的繁荣和发展！

2011年亚洲国际法学会北京双年会

卢　松[*]　张爱宁[**]

亚洲国际法学会成立于2007年，是亚洲各国国际法学者和实践工作者的学术团体。亚洲国际法学会每两年举行一次全体会议（双年会），至今已举办两届全体会议。

第一届亚洲国际法学会全体会议2007年由新加坡承办。2009年，日本承办了亚洲国际法学会第二届全体会议。中国是亚洲国际法学会2011年度会长国，根据亚洲国际法学会的安排，2011年8月27—28日，由中国国际法学会和外交学院代表中国，在北京联合承办了亚洲国际法学会第三届全体会议（又称亚洲国际法学会北京双年会）。会议取得圆满成功！

一、2011年北京双年会会议概况

2011年亚洲国际法学会北京双年会有参会代表近300人。其中外国代表100余人，中国代表150余人。此外，数十名中国高校和研究机构的法律专业博士生、硕士生也参加了此次会议。在参会的外国代表中，有一些享誉世界的国际法学家，其中包括国际法院院长、国际法院大法官、联合国国际法委员会委员、国际海洋法法庭

---

*　中国国际法学会秘书长。

**《中国国际法年刊》执行编委。

法官，以及其他一些来自亚洲、欧洲、北美洲、、南美洲和大洋洲的知名国际法学者及世界各个国家和地区国际法学会的负责人等。

2011年亚洲国际法学会北京双年会的开幕式于8月27日上午9时在北京天伦王朝酒店大会议厅举行，开幕式由时任亚洲国际法学会会长、国际法院大法官的中国国际法学家薛捍勤女士主持。中华人民共和国国务委员戴秉国、最高人民检察院检察长曹建明、全国人大常委会法工委主任李适时、全国人大常委会副秘书长李连宁、最高人民法院副院长万鄂湘、司法部副部长赵大成、商务部首席谈判代表崇泉、教育部部长助理林蕙青、外交部部长助理刘振民、中国法学会副会长周成奎、外交学院院长赵进军大使等领导应邀出席了开幕式。

中华人民共和国国务委员戴秉国在开幕式上致辞。戴秉国国务委员在致辞中精辟分析了当前国际形势和国际法的作用；阐明了中国对国际关系与国际法的基本立场；强调了中国为亚洲乃至国际法治做出更大贡献的理念与决心，受到与会中外代表的热烈欢迎，引起了普遍共鸣。

中国国际法学会会长、中华人民共和国全国人大常委会法工委主任李适时代表东道主对中外与会代表的到来表示热烈欢迎，并在题为“亚洲与国际法：共同开创一个新的时代”的欢迎词中，表述了对加强亚洲国际法学研究与发展的殷切期望。

2011年亚洲国际法学会北京双年会采用全体大会和专题分组讨论的方式进行。会议在27日和28日分别进行了3场大会发言和14个专题的讨论。

北京双年会全体大会发言的主题为：

1. 亚洲和国际法：一个新的时代；

2. 金融秩序与发展。

北京双年会分设的14个专题组进行讨论的主题为：

1. 主权与人权；

2. 灾难处置与国际法；

3. 国际刑法的发展；

4. 亚洲和区域自由贸易协定；

5. 移民和难民；

6. 亚洲和第三世界对国际法的态度；

7. 国际条约和外国法在国内法院的效力；

8. 知识产权与国际法；

9. 海洋法；

10. 亚洲的国际法教学与研究；

11. 跨国诉讼和仲裁；

12. 气候变化；

13. 武装冲突与人权；

14. 纪念 R.P.ANAND 教授。

中国代表在上述大多数专题讨论组中担任了发言人或主持人，与外国专家学者进行了友好、深入的交流和探讨。

二、2011年北京双年会大会及专题小组主持人和发言人概况

开幕式嘉宾小组

主持人：国际法院院长 OWADA Hisashi 法官

发言人：国际法院前法官、院长史久镛先生

国际法院 Kenneth KEITH 法官

欧洲国际法学会会长、瑞士巴塞尔大学 Anne PETERS 教授

拉丁美洲国际法学会秘书长、瑞士日内瓦研究生院 Marcelo KOHEN 教授

美国国际法学会代表、伊利诺斯大学 Charlotte KU 教授

全体大会主题　1. 亚洲和国际法：一个新的时代

主持人：国际法院薛捍勤法官

发言人：日本明治大学 ONUMA Yasuaki 教授
印度贾瓦哈拉尔·尼赫鲁大学 Bhupinder Singh CHIMNI 教授
美国纽约大学法学院 Benedict KINGSBURY 教授
武汉大学易显河教授
泰国朱拉隆宫大学 Vitit MUNTARBHORN 教授

专题讨论 A1　人权与主权

主持人：日本东京大学 IWASAWA Yuji 教授
协调人：中国社会科学院法学研究所孙世彦教授
发言人：新加坡国立大学 TAN Hsien-Li 博士
英国伦敦经济学院 James IRVING 博士
印度新德里大学 Usha TANDON 教授
北京大学白桂梅教授

专题讨论 A2　灾难处置与国际法

主持人：澳大利亚新南威尔士大学 Shirley SCOTT 副教授
协调人：南开大学张勇教授
发言人：美国纽约大学法学院 Benedict KINGSBURY 教授
印度尼西亚阿特玛加亚天主教大学 Natalia Yeti PUSPITA 女士
日本红十字会国际部业务处副主任 HORI Otohiko 先生

专题讨论 A3　国际刑法的发展

主持人：中国人民大学朱文奇教授
协调人：西南政法大学全小莲教授
发言人：日本九州国际大学 TAKEMURA Hitomi 副教授
美国宾夕法尼亚大学法学院 Seunghyun NAM 女士
印度尼西亚艾尔朗卡大学 Amira PARIPURNA 女士

阿根廷底德拉大学助教 Alejandro CHEHTMAN

专题讨论 A4　亚洲和区域自由贸易协定

主持人：澳大利亚新南威尔士大学 Andrew BYRNES 教授

协调人：清华大学吕晓杰 副教授

发言人：越南河内法律大学 LUU Huong Ly 教授

加拿大卡勒顿（Carleton）大学 Paul DAVIDSON 教授

澳大利亚新南威尔士大学 Pornchai WISUTTISAK 先生

日本横滨国立大学 ARAKI Ichiro 教授

专题讨论 B1　移民和难民

主持人：孟加拉国达卡大学 Borhan Uddin KHAN 教授

协调人：外交学院江国青教授

发言人：瑞典世界海事大学 KOJIMA Chie 教授

巴西巴黎第一大学 Paula Wojcikiewicz ALMEIDA 副教授

联合国难民高专高级研究官员 Agnes HURWITZ 博士

印度国立法律大学助教 Saurabh BHATTACHARJEE

专题讨论 B2　亚洲和第三世界对国际法的态度

主持人：美国犹他大学 Antony ANGHIE 教授

协调人：吉林大学何志鹏教授

发言人：新加坡国立大学 M. SORNARAJAH 教授、WANG Jiangyu 副教授

印度金达莱法学院助教 Prabhakar SINGH

土耳其近东大学助教 Resat Volkan GUNEL

韩国釜山国立大学 PARK Pae-Keun 教授

专题讨论 B3　国际条约和外国法在国内法院的效力

主持人：菲律宾大学 Raul C. PANGALANGAN 教授

协调人：武汉大学甘勇副教授
发言人：荷兰阿姆斯特丹大学 Andre NOLLKAEMPER 教授
北京大学夏颖女士
日本东京大学 MATSUDA Hiromichi 先生
香港清华大学 Simon-Hoey LEE 博士

专题讨论 B4　知识产权与国际法
主持人：新加坡国立大学教授 Simon CHESTERMAN
协调人：中央财经大学肖芳博士
发言人：复旦大学张乃根教授
印度贾瓦哈拉尔·尼赫鲁大学 V.G. HEGDE 教授
美国太平洋大学 Kojo YELPAALA 教授
香港 CHEN Ann 女士

专题讨论 C1　海洋法
主持人：国际海洋法法庭法官、韩国首尔国立大学 PAIK Jin Hyun 教授
协调人：外交学院龚迎春副教授
发言人：越南剑桥大学 NGUYEN DANG Thang 先生
上海外国贸易研究院助教刘丹
新加坡国立大学 Robert BECKMAN 教授
印度尼西亚驻布鲁塞尔大使 Arif OEGRESENO

专题讨论 C2　亚洲的国际法教学与研究
主持人：马来西亚马来亚大学 Mary GEORGE 副教授
协调人：北京大学易平博士
发言人：日本九州大学 AGO Shin-ichi 教授
中国社会科学院国际法研究所李赞教授
柬埔寨专业大学 MEAS Bora 教授

印度古吉拉特国立法律大学 Bimal N. PATEL 教授

专题讨论　C3　跨国诉讼和仲裁

主持人：外交学院卢松教授

协调人：外交学院于丹翎教授

发言人：新加坡国立大学 TRINH Hai Yen 女士
厦门大学 CHI Manjiao 教授
泰国朱拉隆宫大学法学院 Pawat SATAYANURUG 先生
澳大利亚(Francis Burt Chambers) Kanaga DHARMANANDA 女士

专题讨论 D1　气候变化

主持人：北京大学宋英教授

协调人：厦门大学朱晓勤教授

发言人：日本索菲娅大学 MURASE Shinya 教授
马来西亚马来亚伊斯兰大学 Mohamed Razali RODZIANA 女士
意大利罗马大学助教 Borgia FIAMMETTA
联合国开发计划署 Kishan KHODAY 先生和埃及开罗美国大学助教 Usha NATARAJAN

专题讨论 D2　武装冲突与人权

主持人：日本早稻田大学 MOGAMI Toshiki 教授

协调人：中国政法大学朱利江副教授

发言人：瑞士国际红十字委员会 Antoine BOUVIER 先生
斯里兰卡国际法委员会 Rohan A. PERERA 博士
菲律宾大学 Herminio Harry L. Jr. ROQUE 教授
中山大学黄瑶教授

专题讨论 D3 纪念 R.P. ANAND 教授

主持人：国际法院薛捍勤法官

协调人：外交学院张华副教授

发言人：英国利兹大学 Surya SUBEDI 教授

印度贾瓦哈拉尔·尼赫鲁大学 Bhupinder CHIMNI 教授

美国犹他大学 Antony ANGHIE 教授

新加坡国立大学 M. SORNARAJAH 教授

埃及开罗美国大学助教 Usha NATARAJAN

全体大会主题　2. 金融秩序和发展

主持人：英国利兹大学 Surya SUBEDI 教授

发言人：国际货币基金组织副总顾问 Ross B. LECKOW 先生

亚洲发展银行首席顾问彭晓华先生

中国人民银行法律部副主任刘向民先生

香港大学 Douglas ARNER 教授

中国深圳证券交易所国际部主任毛志荣博士

三、2011年北京双年会的特点

回顾北京双年会的整个筹办和举行过程，具有如下几个特点：

1. 掌握方向，鼓励交流

国际法是国家间意志协调合意的产物。在许多领域，作为学术问题出现的国际法议题不可避免地带有鲜明的政治色彩。比如主权与人权的关系问题，海洋权益争端问题等。北京双年会是学术交流的盛会，各国学者间不同意见交锋应属正常现象。

组委会在相关部门的指导下，经过多方面的精心准备，很好地组织了世界各国代表参与的会议专题讨论。会议倡导学术自由，会场气氛宽松，各种不同的学术见解得到了充分地表述和深入地讨论，整个会议进行得十分顺利。

2. 突出国际性，体现中国特色

北京双年会完全按照国际学术会议的模式和标准进行筹备和举办。首先，会议的工作语言为英文，所有的书面材料、论文、发言和讨论全部使用英文。其次，会议筹办的全过程是在中方组委会与亚洲国际法学会的发展与研究委员会以及秘书处的通力合作与协商中进行的，会议的各个专题也是事先由中外专家充分讨论后决定的。第三，会议举办一年前即开始在全球范围内征集论文，设定内容、格式要求和截止日期。从实际情况看，征文反响强烈，会议收到来自世界各国约400篇论文摘要，其中大多数由外国学者提交。第四，所有提交的论文摘要由国际专家组成的委员会进行评议，筛选出高质量论文的作者作为发言人。因此，会议发言者主要是在国际层面通过竞争产生的。此外，少数由会议邀请的发言人都是在全球具有知名度的专家。

北京双年会邀请参会的代表来自世界各国，具有广泛的代表性和国际性。除中国大陆和香港特区的代表外，参会的亚洲和大洋洲的代表分别来自日本、韩国、印度尼西亚、马来西亚、新加坡、菲律宾、越南、柬埔寨、泰国、尼泊尔、印度、巴基斯坦、孟加拉、斯里兰卡、沙特阿拉伯、澳大利亚、新西兰。此外，欧洲、北美、南美和非洲国家均有代表参加。这是一次真正意义上的国际会议。

中国国际法学界以前尚未采用这种方式举办过大型国际会议。在这次会议上，中国学者以自己论文的质量和学术造诣，通过平等竞争获得发言人的位置，锻炼和培养了国际学术交流能力，展现了自己的专业水平。同时，也在国际舞台上传播了中国的声音，彰显了中国的影响力，给各国人士留下了深刻印象。

会议组织者在遵从国际会议标准的同时，也注意发扬中国文化的优良传统，用中国人自己的方式、本土的特色，热情、周到、细腻、得体地处理筹办过程中的各类问题，在国际交往中融入了中国文化的元素，使各国代表感受到了一个充满现代化气息的文明古国的文化魅力。

此次双年会上设立的“协调员”机制也是一个比较突出的特点。协调员机制是针对每一个专题组，由组委会指派一名本地协调员。他们是在该领域中具有相当造诣的专业人士，如教授、副教授、研究员或博士等。他们不仅协助专题组的中外主持人处理有关该组发言和讨论的各种事宜，而且在中外学者之间起到沟通和桥梁的作用，同时还协助组委会处理现场可能出现的情况。

3. 鼓励中国青年学者参与，着力锻炼新人

北京双年会的一个显著特点是组委会鼓励中国中青年学者积极参与，年轻学者出席比例很高。组委会积极鼓励中国中青年学者参与投稿，并在可能的范围内，向负责挑选发言人的亚洲国际法学会研究与发展委员会介绍和推荐中国中青年学者。这个国际竞争机制，使得中国的一些原来名气不大的中青年学者登上了国际学术平台，展示了中国年轻一代国际法学者的风采与研究、写作和参与国际研讨的能力。事实上，响应会议全球征文投稿的中国学者，多数也是中青年学者。他们有热情、有活力，敢于在会场讨论中发表意见，为各国代表听到中国学者的声音起到了重要作用。

4. 加强沟通配合，注重中外合作

这次会议的成功，有赖于中国组委会内部各单位、各部门的通力合作、紧密配合，也得力于中国组委会与亚洲国际法学会的密切合作。组委会与亚洲国际法学会的研究与发展委员会、秘书处等机构保持着密切沟通与合作，包括协商选择和安排专题组讨论，协助确定发言人和主持人，专门设立会议官方网站，解决筹备过程中遇到的问题等，使筹办工作顺利、有效，使北京双年会具有很大的吸引力，在国际上产生重要反响。这也为中国国际法学界与亚洲以及世界国际法学界的未来交流与合作奠定了基础。

四、联合承办、通力协作

这次北京双年会的成功举办，与各方的通力协作密不可分。中国国际法学会李适时会长高度重视会议的筹备工作，从宏观筹划到具体细节均予以关注。在会议筹备的一年多时间里，多次亲自主持会议，听取筹备工作进展汇报并及时做出指示，全程领导了会议的筹备工作。有关方面对会议的筹备工作也给予了重要的指导。

外交学院是此次北京双年会联合承办方之一，也是中国国际法学会秘书处所在地。对于联合承办2011年亚洲国际法学会北京双年会，外交学院党委高度重视，将此次会议作为中国民间外交的一次重大事件对待。外交学院院长赵进军大使指示外交学院各部门（外事办公室、科研处、财务处和交通中心等）全力配合会议筹备工作，多次听取会议筹备进展汇报，并在财政方面给予大力支持。外交学院还专门成立了以中国国际法学会秘书处和外交学院国际法系教师为主体的会议筹备组，由郑启荣副院长担任筹备组组长，制定工作计划，逐项任务落实到人，并定期召开筹备组工作例会，听取工作汇报，提供工作思路和建议。特别是在会议召开前两个月，每星期都要召集筹备组例会，以便及时发现问题，解决问题。此外，这次北京双年会的志愿者也均由外交学院国际法系学生承担，这些年轻的志愿者们以其高昂的工作热情、出色的工作能力、优质的服务水平赢得了外交部领导、中国国际法学会领导、国际法院院长、国际法院大法官，以及其他与会代表们的高度称赞。

结 语

2011年亚洲国际法学会北京双年会规模大、级别高、议题广、代表性强。这次会议的成功举办，充分显示了中国作为一个新兴大国的国际地位和国际影响力，在中国国际法学界与亚洲及世界各国国际法学界之间建立了沟通和交流的平台，对于提高中国国际法学者的研究热情、宣传中国和平发展与尊重法治的理念、加强中外学者的沟通交流、凝聚亚洲共识等方面发挥了积极的作用。当然，这次会议也让中国国际法学者看到了自己的差距和不足。愿中国国际法学界能以这次北京双年会为契机，进一步加强对国际法的研究，促进国际法知识的普及和国际法人才的培养，尽快提升中国研究和运用国际法的整体水平，使得国际法真正能够为中国改革开放，融入世界保驾护航！

联合国国际法委员会第63届会议情况

何　亮[*]　杨毓娅[**]

联合国国际法委员会第63届会议于2011年4月26日至6月3日、7月4至8月12日分两期在日内瓦联合国办事处举行，中国委员、外交部条法司司长黄惠康分阶段与会。本届会议选举喀麦隆委员卡姆托为主席，瑞典委员雅各布松为第一副主席，哥斯达黎加委员尼豪斯为第二副主席，罗马尼亚委员梅莱斯卡努为大会特别报告员，斯里兰卡委员佩雷拉为起草委员会主席。本届委员会还补缺选举了两名新委员：4月28日选举西班牙委员埃尔南德斯（女）填补葡萄牙委员埃斯卡拉梅亚病逝后的空缺；5月17日选举尼日利亚委员阿多克填补原尼日利亚委员奥霍辞职后的空缺。

作为本届委员会五年任期内最后一届会议，本届会议任务繁重，共审议了国际组织的责任、对条约的保留、武装冲突对条约的影响、驱逐外国人、发生灾害时的人员保护、国家官员的外国刑事管辖豁免、或引渡或起诉义务、条约随时间演变、最惠国条款等九项专题，并就其中国际组织的责任、对条约的保留、武装冲突对国家的影响三个专题正式通过了相关条款草案。会议具体讨论情况如下：

---

* 作者供职于外交部。

** 同上。

一、国际组织的责任

该专题于2002年列入委员会议程，由意大利籍委员乔治·加亚担任特别报告员。从2003年至2009年，委员会审议了特别报告员的7次报告，于2009年一读通过包含66项条款的国际组织的责任条款草案案文及其评注，并根据其章程第16至第21条，决定通过秘书长将这些条款草案发给各国政府和各国际组织，征求评论和意见。2011年初，多国政府和包括联合国在内的20余个国际组织根据联大决议就该草案提交评论或意见。本届会议上，特别报告员向委员会提交了第八次报告，综述了各国和各国际组织对一读条款草案的评论和意见，并在此基础上提出供委员会二读审议参考的建议。

特别报告员认为，一读通过的条款草案总体结构未受批评，不必改动。对于有关国家和国际组织提出的国际组织多样性未得到充分考虑、条款草案内容照搬国家责任条款、条款草案依据的实践有限等评论，特别报告员认为现有案文已最大程度解决了相关关切，没有必要再做调整。

关于条款草案的导言部分，特别报告员认同经合组织、世界银行、联合国秘书处和比利时的意见，认为可增加关于“国际组织的机关”的定义，建议将该定义作为原有第2条草案（术语）中的（C）段，并据此相应调整原有“国际组织的代理人”的概念。

关于草案第二部分“国际组织的国际不法行为”，考虑到批评意见集中于原条款草案第16条（现为第17条）第2款，即国际组织因“建议”其成员实施行为而需承担责任的情况，特别报告员建议委员会考虑删除该款，仅规定国际组织承担责任限于通过有约束力的决定使其成员实施某项行为的情况。

关于草案第三部分“国际组织的国际责任的内容”，特别报告员建议对原条款草案第39条（现为第40条）“确保履行赔偿义务”进行调整，以明确国际组织的成员有义务向组织提供履行责任的手段，但以其依“国际组织的规则”承担的义务为限。

关于草案第四部分“国际组织国际责任的履行”、第五部分“国家对国际组织行为的责任”及第六部分“一般规定”，特别报告员在报告中回应了少数国家及国际组织的意见，认为除个别措辞改动外可维持一读案文。

委员会共召开5次全体会议，审议特别报告员的第八次报告。经过辩论，委员会全体会议将一读通过的66条草案提交起草委员会。起草委员会在一读草案的基础上拟定了67条草案及评注，再次提交全体会议审议。6月3日，委员会经二读通过了一套共67条的国际组织的责任条款草案及评注，根据其《章程》第23条建议大会通过一项决议注意到该条款草案并将该条款草案附在该决议之后，并考虑在以后某个阶段根据该条款草案拟订一项公约。

二、对条约的保留

本专题1994年列入工作议程，特别报告员为法国委员佩莱，研究结果拟采取名为《实践指南》并附有评注的准则草案形式。上届会议暂时通过了全部准则草案和评注，本届会议，佩莱提交了第17次也是最后一次报告及增编，涉及保留对话问题、协助解决保留争端和《实践指南》导言草案。

本届会议未讨论准则实质内容，但委员会成立专门工作组（厄瓜多尔委员巴斯克斯–贝穆德斯任主席）完成有关收尾工作，包括：在暂时通过的准则草案基础上敲定《实践指南》正文部分；基于佩莱提出的草案，修改并通过拟作为《实践指南》附件的“导言”①、“关于保留的协助机制的建议”及“关于保留对话的结论”。《实践指南》正文及上述附件在由工作组提交委员会后，在全会获得最终通过，

① 导言作用类似于使用说明，旨在就指南的内容、目的和结构以及准则条款所述规则的法律性质做出澄清。

拟提交第66届联大审议。

（一）关于保留对话

"保留对话"指作为缔约方的国家和国际组织就一缔约方提出的保留或对保留的反对的可接受性、范围和含义开展的非正式的对话。佩莱强调，保留对话有助于各方加深相互理解，防止各方立场僵化。因此，报告提出了"关于保留对话的结论和建议草案"，建议联大呼吁各国、国际组织和条约监督机构启动、开展并推进保留对话。

委员会最终决定将"关于保留对话的结论"列为《实践指南》的附件，但有委员指出，条约保留问题的严重性被片面夸大，而"保留对话"的必要性和可行性未得到充分论证。各国间、国家和国际组织间就保留问题进行对话的渠道是畅通的，委员会没有必要就此问题提出建议。

（二）关于保留协助机制的建议

特别报告员提出，保留对话可能并不成功，导致分歧继续存在，为此有必要提出一项协助机制，在解决与保留有关的分歧过程中提供咨询意见和必要协助。关于该机制的具体设想如下：由一定数量的国际法（尤其是条约法）专家组成，视需要开会，审议提交给它的与保留或反对和接受保留相关的问题；该机制可向请求国提出建议，以解决关于保留的分歧，有此种分歧的国家可以承诺接受强制性解决；该机制还可在对条约提出保留或对其他国家的保留提出反对方面提供技术援助；在做出建议时，该机制应考虑到1969年《维也纳条约法公约》、1978年《关于国家在条约方面的继承的维也纳公约》和1986年《关于国家与国际组织间及国际组织相互间条约关系的维也纳公约》中所载对保留的规定和《实践指南》所载准则。此外，特别报告员还建议考虑在联大六委范围内设立对条约保留的

“观察站”（observatory），[1]并建议各国考虑在区域和次区域层级建立类似的“观察站”。尽管多位委员对上述建议的必要性和可行性提出质疑，但委员会最终还是通过了该建议并拟提交联大。

三、武装冲突对条约的影响

该专题于2004年列入议程。委员会2008年一读通过了前任特别报告员、已故英国委员布朗利提出的草案，第64届联大曾就该草案征求各国政府的意见。2009年，委员会任命瑞士委员卡弗利施为特别报告员，继续对该议题的研究。2010年委员会第62届会议审议了新任特别报告员提交的第一次报告，并指示起草委员会根据特别报告员的建议对条款草案进行二读。起草委员会在第62届会议期间暂时通过了除第15条之外的所有条款。

本届会议上，起草委员会继续对相关条款草案二读。相关讨论主要集中在以下几方面：

第一，条款草案的适用范围和武装冲突的定义。委员们普遍认为，条款草案适用于所有武装冲突对国家间条约关系带来影响的情况，无论受影响的条约是否有其他国际法主体，如国际组织的参与。也就是说，尽管该条款草案不涉及武装冲突对国际组织与国家间条约的影响，但适用于有国际组织参与的国家间多边公约。这一意见在最终通过的条款草案第2条中得到反映。关于武装冲突的定义，多数委员支持特别报告员有关借鉴联合国前南斯拉夫问题国际刑事法庭“塔迪奇案”中武装冲突定义的建议，但认为应排除一国国内有组织武装团体之间使用武力的情形，起草委员会最终决定采纳这一定义，将武装冲突定义为“国家间诉诸武力或政府当局与有组织武装团体之间长时间诉诸武力的情形”。同时，考虑到并非所

---

① 特别报告员认为欧洲委员会特设国际公法法律顾问委员会（CAHDI）自1998年起开始观察对国际社会具有重要意义的多边条约的保留及已是当事方的欧洲委员会成员国的反应，是此类观察站的先例，可供借鉴。

有非国际性武装冲突都可能对条约关系产生影响，起草委员会决定将这一点在评注中予以明确。

第二，关于“动机”（intention）在确定条约是否被终止、退出或中止时的作用，起草委员会与委员会全会均无法取得一致意见，最终采取了折中的办法，即加入新的第5条，规定：“为确定在发生武装冲突时条约是否可能被终止、退出或中止，应适用关于条约解释的国际法规则”，该条既可以照顾两种不同观点，也可为理解第6条“条约可能被终止、退出或中止的因素”及“条约因其主题事项而继续施行”提供指引。

第三，关于在武装冲突情况下继续适用的条约类别指示性清单，特别报告员希望将指示性清单作为正文的一部分，但委员会经过广泛讨论，最终决定恢复一读草案的做法，将其从正文移至附件，并对所列条约类型进行了调整。

第四，关于草案第15条“禁止侵略国受益”，起草委员会就援引关于侵略的联大第3314号决议还是将所有违反联合国宪章第2条第4款使用武力的行为都纳入该条款进行了讨论。最终起草委员会决定保留一读草案的做法，即援引联大第3314号决议。

起草委员会完成条款草案二读审议后向委员会全会提交了报告。委员会二读通过了一套共18条的条款草案和一项附件（指示性清单）以及这些条款草案的评注，并根据《章程》第23条建议大会在一项决议中注意到条款草案，将草案列为决议的附件，在以后某一阶段考虑根据条款草案拟定一项公约。

四、驱逐外国人

该专题于2004年列入委员会议程，由喀麦隆籍委员卡姆托任特别报告员。从2005年至2010年，特别报告员共提交了6次报告及第六次报告的增编一，包括15条条款草案，规定了保护被驱逐者人权、禁止变相驱逐、禁止以驱逐变相引渡、驱逐的理由和拘留的条件、驱逐的程序要求等问题。本届会议上特别报告员提交了第六次报告增编二，内容涉及驱逐的程序（包括执行驱逐决定、对驱逐决定提出上诉、确定目的地国以及过境国保护人权等问题）及驱逐的法律后果（尤其是对受驱逐的外国人的财产权和类似利益的保护、如发生非法驱逐情况下是否有权返回以及驱逐国对于非法驱逐的责任，包括外交保护等问题）。委员会全体会议经辩论，将有关上述问题的7项条款草案提交起草委员会。

（一）驱逐的程序

条款草案D1规定了被驱逐人自愿执行驱逐决定和驱逐国强制执行驱逐决定两种情况，并规定驱逐国须鼓励成为驱逐对象的外国人自愿执行驱逐决定。讨论中一些委员认为这种方式在驱逐国的权利和对外国人的尊严和人权的尊重之间实现了恰当平衡，也有人建议增加一项有关遵守被驱逐者尊严和人权的义务的说明，还有人表示在强制执行驱逐决定时，有必要审查采取限制人身自由措施的标准。

涉及被驱逐外国人的目的地国的条款草案E1得到了一些委员的支持，但也有委员认为该条款第1段“成为驱逐对象的外国人须被驱逐至其国籍国”限制性过强，实际上将外国人驱逐到不是其国籍国的第三国是可行的。另，该条第2段规定在无法确定国籍国，或作为驱逐对象的外国人在其国籍国面临酷刑或不人道和有辱人格待遇的风险时，须将其驱逐至居住国、护照签发国、登船或登机国，或者依照条约承诺或应驱逐国请求或酌情应当事人请求，同意接收该人的任何其他国家。对此，有委员认为应说明该段中提及的国籍国以外其他国家都没有任何接纳被驱逐者入境的义务，在选择目的地国方面还应优先考虑被驱逐人的意愿。

（二）驱逐的法律后果

委员们普遍认同应保护受驱逐人的财产、反对为获取财产进行驱逐，但认为各国对于非法驱逐情况下是否赋予返回权的做法不一，无法将其视为习惯法规则。特别报告员建议委员会明确规定返回权，以反映国际法的逐步发展，并为此拟定了H1条款，规定因不当理由或者在违反法律或国际法的情况下遭受驱逐的外国人，有权在驱逐决定撤消后返回驱逐国，但返回对公共秩序或公共安全构成威胁的情况除外。有委员指出，H1内容过于宽泛，建议将该条款的范围限制在因实质性理由而非程序性错误导致宣布驱逐决定无效的情况。一些委员还认为，只有当驱逐的情况与国际法的实体规则相悖时才可承认返回的权利。还有意见认为，在被非法驱逐的情况下，只有合法居住在驱逐国领土内的外国人才享有返回的权利。

（三）以驱逐变相引渡

上届会议讨论中，草案第8条有关以驱逐变相引渡的规定遭到较多批评。该条规定，将外国人以驱逐的方式移送到请求引渡该人的国家，必须先征得被驱逐人的同意。经讨论，特别报告员在案文中加入“在不影响正常引渡程序情况下”这一前提。本次会议讨论中，一些委员支持经修订的与引渡相关的驱逐的案文，但有人认为即便是在符合修订后案文的情况下，外国人还是有可能被送至某国服刑或接受审讯。因此必须确定额外的保障，如在要求引渡国获得公正审讯的保障。另一种观点认为，该规定不属于本条款草案的范畴，因为它更侧重于引渡而非驱逐。特别报告员总结认为，就与引渡相关的驱逐制订一项条款草案是有必要的，这一条款并不妨碍引渡的主题，但可用于处理驱逐和引渡的界线之间的事务。

（四）对驱逐决定提出申诉的问题

特别报告员及部分委员认为，条款草案C1已规定了对驱逐决定提出异议的权利，没有必要就对驱逐决定提出申诉的问题制订专门的条款草案，且国际法中没有一般规则要求驱逐国提供对有关驱逐决定具有暂缓效力的申诉权。委员们承认，关于对驱逐决定提出申诉是否会产生暂缓效力，习惯规则没有规定，但有观点认为，应当针对这一主题制订专门的条款草案，以反映国际法的逐步发展，并以《保护所有移徙工人及其家庭成员权利国际公约》第22条第4款为例，说明外国人有权要求暂缓执行驱逐决定。

特别报告员在本届会议上还提交了第七次报告，阐述了有关这一专题的最新情况，并提出修订后的条款草案概述。起草委员会主席在本届会议结束时提交临时报告，表示该条款草案的起草工作已接近尾声，有望在下届会议上提交委员会一读。

五、发生灾害时的人员保护

该专题于2007年列入委员会工作议程，由哥伦比亚委员巴伦西亚—奥斯皮纳担任特别报告员。特别报告员2008年至2009年先后提交3份报告，提出了9条草案。2010年，委员会通过了第1至第5条草案，并注意到起草委员会暂时通过的第6至第9条草案。本届会议上特别报告员提交了第四份报告，提出了3条新的草案，分别是第10条受灾国寻求援助的义务、第11条受灾国不得任意拒绝外部援助和第12条国际社会提供援助的权利。委员会围绕这3条新的草案进行讨论，情况如下：

（一）受灾国寻求援助的义务

特别报告员认为此项义务主要源于受灾国根据国际人权法律文书（如《经济、社会、文化权利国际公约》、《残疾人权利公约》）和国际习惯法规定，向其境内人员提供保护的首要义务，也与受灾国在灾害影响超出其救灾能力时进行合作的义务有关。特别报告员同时也强调：应考虑此类义务与主权和领土完整的原则及受灾国同意之间的关系；该义务仅在受灾国缺乏国家能力的情况下产生；受灾国负有“寻求”（seek）援助而非“请求”（request）援助的义务，因“请求”暗含只要第三国接受请求受灾国就会同意之意，但“寻求”仅意味着“启动协商一致的进程”（initiation of a process through which agreement may be reached）。

有委员对特别报告员的论据提出质疑，认为特别报告员的主要依据是《经济、社会、文化权利国际公约》有关食物权的规定，但相关规定本身不足以支持特别报告员的结论，又没有充分的国家实践表明可将国家寻求援助的义务作为国际法逐步发展的内容纳入条款草案。

也有委员表示，委员会在制定条款草案时主要需要解决的是突发性大规模自然灾害，在应对此类灾害的过程中，灾民安置阶段受灾国最需要外部援助。然而，委员会应更多从国际合作角度看待受灾国与援助国之间的关系，即使是谈及权利与义务，受灾国寻求援助应是一种权利，而国际社会提供援助则更多是一种“道德义务”（moral duty）。有委员对该条款可能被滥用，成为一国非法干涉他国内政的借口表示关切，还有委员认为有必要弱化“义务’’措辞，但多数意见坚持将原有案文提交起草委员会。

（二）受灾国不得任意拒绝外部援助

特别报告员认为，受灾国基于主权和不干涉原则有权拒绝外部援助，但国际人权法、人道法及有关境内流离失所者的法律中均有对这种权利的限制，为平衡国家主权及个人利益，国家不应“任意拒绝外部援助”（Consent to external assistance shall not be withheld arbitrarily）。在判断是否“任意拒绝”时，可考虑第三国提供的援助是否满足某些标准（如条款草案第6条规定的标准），同时受灾国应通知其关于拒绝的决定，说明理由。

（三）国际社会表示援助意向的权利

特别报告员认为未受灾国、国际组织及其他相关行为体均有权向受灾国表示援助意向，这不应被视为干涉受援国内政或侵犯其主权，在此基础上提出了第12条草案。委员们支持不应将提供援助视为干涉受灾国内政的一般观点，但认为提供的援助不影响受灾国的主权及其对于指挥、控制、协调和监督此种救济和援助的主要作用（草案第9条第2款）。委员会对第12条草案意见不一：有人认为既然国际法不禁止国际社会提供援助，就无需特别规定国际社会有此项权利；有人认为援助通常是国际合作的一部分，而非权利主张；还有人认为可将该条款进一步引申为为国际社会提供援助的积极义务。

最终本届会议全会暂时通过了特别报告员提交的第6至第11项条款草案及其评注，将于2012年继续对该议题的审议。

六、国家官员的外国刑事管辖豁免

本议题于2007年列入工作议程，特别报告员是俄罗斯委员科洛德金。科洛德金于2008年第60届会议提交了首次报告，其中涵盖了该专题的讨论历史、法律渊源、豁免与管辖的关系及其研究范围等问题。本届会议审议了科洛德金提交的第二次和第三次报告。其中，第二次报告是本次会议讨论的重点，其核心问题是对国家官员外国刑事管辖豁免的范围和例外，此外还讨论了豁免的属地范围、对外国官员可采取哪些刑事诉讼措施等问题。第三次报告主要讨论了提出管辖豁免的时间、由谁及如何援引、放弃豁免等程序问题。

（一）关于第二次报告

该报告中，特别报告员主张豁免主体和可豁免事项均有较宽范围，且豁免没有例外。他强调其结论系以实在法为基础分析得出，并援引了大量相关实践案例和法院判例作为依据。他还建议委员会只编纂现有法律，而不就有关规则的未来发展做评判，以避免出现无视豁免从而引起争议的做法。多数委员批评报告没有考虑国际法的发展趋势，尤其是严重侵犯人权的罪行和对主权平等、不干涉内政原则的新理解对豁免问题的影响。关于委员会应编纂还是发展该领域国际法的问题，一些委员认为，该专题尤其适合编纂和逐步发展，而这正是委员会任务的两方面。不少委员建议在下届会议成立工作组，以确定本专题应如何推进。

1. 豁免的例外

特别报告员认为：国家官员享有外国刑事管辖豁免是原则，目前虽然有各种主张豁免存在例外的理由，但并不充分，因此豁免例外既不是国际法现行规则，也无法断言其已成为发展趋势。对上述观点，多数委员从保护人权出发，表示反对。他们认为，特别报告员没有充分考虑国际刑法、人权法的发展趋势；保护人权已经成为国际社会整体的最高利益，国家主权不能与之对抗；国际强行法将严重侵犯人权的行为定为犯罪并加以禁止，这在法律规则层级中高于豁免规则；国际法规定的严重罪行不应视为职务行为；官员个人刑事责任与国家责任相互独立，即使不给予涉案官员豁免，也不影响对其所属国国家责任的追究。甚至还有委员认为应从相反方向看待豁免及例外的问题，即应以不享有豁免为原则，享有豁免是例外。

少数委员支持特别报告员的观点，强调豁免原则确立已久，在确保国际关系稳定和国家有效行使职能方面发挥重要作用，否则政治性滥诉将成为棘手问题，并指出，制裁严重侵犯人权的强行法规则优先于豁免规则这一主张混淆了实体规则和程序规则。但支持者同时也提出，可进一步分析，随着国际法的发展，豁免可能受到哪些限制。

2. 豁免的范围

特别报告员认为：国家官员以官方身份实施的行动享有属事豁免，包括非法行为和越权行为，不包括就职前的行为，但包括前官员任职期间的公务行为；属人豁免是绝对豁免，包括以私人身份从事的非法行为、越权行为和就职以前的行为，官员离职即告中止；所有官员都有属事豁免，但属人豁免的享有者只能是少数高级别国家官员，包括但不限于传统的“三巨头”：国家元首、政府首脑、外交部长。

一些委员以国际法研究院2009年有关决议[①]和国际法院“逮捕令案”判决中的反对意见为理据，认为上述豁免范围过于宽泛。他们尤其反对将属人豁免归为绝对豁免[②]和将属人豁免的时间范围延伸到就职前。甚至有委员认为属人豁免的享有者不包括外交部长。此外，不少委员建议就特定行为属于职务行为还是个人行为（行为归属）问题做出更详细的分析，有人主张，应明确享有属事豁免的行为不应包括越权或非法行为；也有人提出，确定国家责任是确定行为归属的重要前提。

（二）关于第三次报告

该报告集中讨论了与国家官员刑事豁免有关的程序问题，其中主要结论有：法院应在诉讼程序初期考虑豁免问题，并应告知官员所属国；只有官员所属国有权援引豁免，并应通过外交途径向法院地国提出；对于“三巨头”，法院地国需自动考虑豁免问题，而无需官员所属国提出；除“三巨头”外，放弃豁免的权力属于国家，但不因放弃官员的豁免而免除国家责任，明示放弃豁免后不能再次援引；官员行为的定性，由其所属国做出，但法院地国不必盲目接受。

第三次报告主要阐述有关程序问题，引起的争议较少，多数委员对特别报告员上述结论本身基本不持异议。有委员认为，从研究顺序上看，一些基本的实体问题是决定程序问题的基础，应在委员会就第二次报告有关问题形成结论后再继续深入研究第三次报告。一些委员还试图从程序角度收紧豁免的适用：应激励官员所属国就

① 国际法研究院2009年通过的《关于国际罪行案件中国家和以国家名义行事者管辖豁免问题的决议》规定，在国际罪行方面，适用的管辖豁免只有属人豁免，没有其他豁免；属人豁免随享有者职务结束而终止。

② 特别报告员后来承认，将属人豁免归为绝对豁免并不妥当，因为这种豁免在时间和实质内容上是有限制的，但绝没有例外。

其为官员援引豁免说明理由，而不是仅声称其享有豁免；豁免的放弃方式应不限于就个案明示放弃，当国家接受了关于国际罪行的公约，其中规定了普遍管辖或排除豁免的适用，应认为该国同时一般性地放弃了其官员就相关罪行享有的豁免。

七、或引渡或起诉义务

该专题自2005年第57届会议列入委员会工作方案，特别报告员、波兰委员加利茨基在第58至第60届会上先后提交了三次报告，但第61、62届会上均未能提交报告。为向该专题的工作提供参考，第61届会议曾设立由法国委员佩莱任主席的研究组，制订了专题研究工作的总框架；秘书处也在第62届会上编写了一份对61项世界性和区域性的有关多边文书的调查报告。本届会议上特别报告员提交了第四份报告，在前三次报告的基础上阐述了或引渡或起诉义务的来源问题。委员会围绕特别报告员的报告展开讨论，情况如下：

（一）合作义务

特别报告员按照2010年工作组的建议，围绕打击有罪不罚的合作义务展开对该专题的论述，认为合作义务是理解或引渡或起诉义务的出发点，建议增加一条关于合作义务的新草案（现第2条草案）。有委员质疑该项草案的实际意义。

（二）现有条约中的或引渡或起诉义务

特别报告员在本次报告中提出对涉及或引渡或起诉义务的条约进行分类，讨论了几种可能的分类方法，在此基础上认定相关条约条款种类繁多且存在差异，数量也在不断增加，可确认条约是或引渡或起诉义务最重要的法律依据，并建议在原有第3条草案（作为或引渡或起诉的义务来源的条约）中增加第2段，明确缔约国的国内法须依照确立或引渡或起诉义务的条约及国际刑法的一般原则，规定实施或引渡或起诉义务的条件。

讨论中有委员认为特别报告员的分类有助于厘清相关条款，但建议进一步分析这些条款，并探讨如何应用现有分类，如这些分类是否有助于了解不同条约中为或引渡或起诉义务设定的限制和条件。关于新增的第3条第2段，一些委员认为现有措辞有待明确。

（三）国际习惯作为或引渡或起诉义务的来源

特别报告员分析相关学说、实践及联大六委讨论情况后认为，目前很难证明存在或引渡或起诉的一般性国际习惯义务，研究重点应放在确定哪些具体类型的犯罪可能引起此类义务，建议在条款草案中增加有关国际习惯作为或引渡或起诉义务来源的条款（第4条），该条第1款规定“如果”或引渡或起诉义务源于习惯国际法则每个国家负有该义务，第2款则列出灭绝种族罪等几种可能具有产生此类习惯国际法义务的罪行清单（清单内容待修改），第3款规定了强行法也可能导致或引渡或起诉义务。

一些委员对上述条款提出批评，认为特别报告员的分析无法得到这一结论；但也有人表示第2款和第3款有可能发展成一项重要规则。有委员建议特别报告员对该领域国家实践及哪类严重犯罪可能产生或引渡或起诉的义务进行更详细的研究。

八、条约随时间演变

委员会第60届（2008年）会议决定将“条约随时间演变”专题列入其工作方案，委员会第61届、62届会议均设立研究组，对该专题进行研究。第62届会议上，担任研究组主席的德国委员格奥尔格·诺尔特就国际法院和具有特别管辖权的仲裁法庭的相关判例编写了介绍性报告，研究组开始了本专题与嗣后协定和惯例有关的各方面的工作。

本届会议上，研究组继续讨论主席就国际法院和具有特别管辖权的仲裁法庭的相关判例编写的介绍性报告，根据第二次报告所载的20条“一般结论”，对报告进行了审议。讨论包括：条约（尤其是人权条约和国际刑法条约）的特殊性在多大程度上影响有关裁决机构对条约的解释；不同裁决机构对条约解释方式（如目的解释和文义解释）侧重有所不同；用于条约解释的嗣后惯例概念，包括惯例可视为“嗣后”的时间点；相关的嗣后惯例可能有哪些行为者；在嗣后惯例的情况下，演进性解释作为目的性解释的一种形式等。

研究组主席根据研究组的讨论重新拟订了9点初步结论，包括《维也纳条约法公约》第31条规定，被视为解释适用的条约的通则规定；解释方针包括以案文为导向、以宗旨为导向等不同类型；原则上承认以嗣后协定和嗣后惯例作为解释资料等。

研究组预计在委员会第64届（2012年）会议期间会完成对主席第二次报告的讨论，然后进行对与司法或准司法程序无关的国际惯例进行分析的第三阶段工作。

九、最惠国条款

最惠国（MFN）条款专题于2008年列入工作议程，第61届会议设立了以加拿大委员麦克雷和斯里兰卡委员佩雷拉为联合主席的研究组。上届会议，研究组成员分别起草并提交了对该专题下有关问题的研究文件，其中包括佩雷拉撰写的“关于投资条约下的马菲基尼（Maffezini）问题”的文件。① 在参考该文件的基础上，麦克雷于本届会议向研究组提交了“投资协定中最惠国条款的解释和适

---

① “马菲基尼案”中，解决投资争端国际中心 (ICSID) 裁决将最惠国 (MFN) 条款适用于投资协定中的程序性事项。该案引起的主要问题是：1. 能否判定缔约方在将 MFN 条款列入投资协定时承担何种义务；2. MFN 条款与争端解决条款之间的关系；3. 与第三方条约中的有利条件能否被该投资者以 MFN 条款援引。佩雷拉的文件结论是，应建立一套准则，帮助各国在将 MFN 条款纳入投资协定时确保这些条款的法律确定性，这可以成为委员会今后工作的方向之一。

用”工作文件，有关讨论主要围绕此文件展开，其中核心问题是最惠国条款能否适用于投资争端解决的程序事项。

麦克雷的文件审查了包括有关裁决在内的实践，讨论了最惠国待遇权的来源及范围，认为探究最惠国条款能否适用于争端解决问题时，应采取两步走方式，第一步确定其能否（明示或暗示地）原则性适用，第二步是通过解释有关最惠国条款确定是否实际适用。研究组经讨论认为，就上述问题，实践和理论均有很大分歧，难有一般性结论。但借鉴“解决投资争端国际中心”（ICSID）在“英波基洛公司诉阿根廷案”中的裁决，研究组认为在通过两步走确定是否适用前，应首先确定能否根据属人、属事或属时因素享有双边投资条约所赋予的权利。

关于该专题的未来工作，研究组认为，需进一步研究与服务贸易和投资协定有关的最惠国问题，以及最惠国待遇、公正公平待遇及国民待遇标准之间的关系，并应进一步考察国际法其他领域中最惠国条款的适用情况。

研究组预计在今后两届会议内结束其工作，并表示不会编写任何条款草案或修订1978年条款草案，但会起草一份汇编报告，介绍一般背景，对判例法进行分析，提请注意已出现的问题和实践中的趋势，酌情提出建议，包括示范条款。

十、其他事项

（一）委员会规划组有关工作

1. 长期工作方案

规划组设立了长期工作方案工作组，阿根廷委员坎迪奥蒂任主席。经讨论，工作组拟定了列入委员会长期工作方案的五个新专题，并经委员会讨论通过，包括：习惯国际法的形成与证据，保护大气层，条约的临时适用，国际投资法律中的公正和公平待遇标准，与武装冲突有关的环境保护。此外，长期工作方案中还有四个专题尚未开始审议：国际组织的管辖豁免、信息跨界流动的个人数据保护问题、域外管辖权和国家海事管辖范围以外的沉船的所有权及保护。

2. 委员会工作方法

规划组设立了工作方法工作组，埃及委员哈苏纳为主席，就改进委员会的工作方法进行了讨论，并得出结论，其中缩减文件篇幅成为重要内容：要求特别报告员的报告应在50页以内，关于条款草案的评注及起草委员会的报告也应尽量精简。此外还对特别报告员提出了数项要求：每年编写一份实质性报告，并于每届会议开始至少6周前向秘书处提交；较多地参加会议，以免对委员会既定日程造成影响；在讨论后尽快做出总结；条款草案通过后应尽快提交评注草案供审议。

（二）和平解决争端

和平解决争端问题在委员会历史上由来已久。委员会曾在1949年、1971年至1973年和1996年考虑过是否要审议与和平解决争端有关的具体问题，并决定不进行审议。但第61届会议再次决定在“其他事项”下讨论和平解决争端问题。第62届会议决定由英国委员伍德起草文件供本届会议讨论，以确定将来可审议的具体问题，其中建议由长期工作方案工作组考虑，就改进涉及国际组织的争端解决程序的方式方法开展研究，该建议得到委员会支持。讨论中，一些委员强调和平解决争端日益重要，并且认为解决争端与国际法治密切相关，各国接受和平解决争端程序会对国际层面的法治做出贡献。

（三）其他

国际法院院长小和田恒在会上发言，通报了法院近期的活动和正审理的案件，并与委员们进行了意见交流。欧洲法律合作委员会、欧洲委员会国际公法法律顾问、美洲法律委员会、亚非法协等区域法律机构均派代表出席会议并与委员们进行了交流。此外，红十字国际委员会也到会就其关于加强对武装冲突受害者法律保护的项目作了介绍。

委员会决定，2012年第64届会议将于2012年5月7日至6月1日，7月2日至8月3日举行。

联合国打击网络犯罪政府间专家组首次会议

胡 斌[*] 王理心[**]

一、会议概况

2011年1月17日至21日，联合国打击网络犯罪政府间专家组（以下简称“专家组”）首次会议在维也纳召开，来自100多个国家、国际组织及互联网行业、研究机构的代表参加了会议。中国外交部、公安部、工信部、司法部联合组团与会。会议选举南非为主席，中国、巴西及塞尔维亚（分别作为亚洲组、拉美组及东欧组代表）当选副主席，加拿大代表任报告员。会议围绕各国打击网络犯罪的立法和实践进行了交流，讨论了加强各国国内及国际立法，促进国际合作打击网络犯罪等问题，还探讨了制订新的打击网络犯罪国际公约的可行性问题。经过一周讨论，会议通过了《专家组研究议题范围》和《专家组工作方法及时间表》成果文件，明确了专家组的后续工作、研究方法和议程安排。

该专家组是在网络犯罪及相关网络安全成为国际热点问题的背景下应运而生的。随着人类社会迈入网络化、信息化时代，包括

* 作者供职于外交部。

** 同上。

网络犯罪在内的各种网络安全威胁日益突出，每年给国际社会造成巨额损失。在此情形下，合作应对网络犯罪及其他各种网络安全威胁，维护网络安全已成为国际共识。2010年4月，联合国第12届预防犯罪和刑事司法大会将合作打击网络犯罪问题列为会议议题，并决定设立不设名额的政府间专家组机制，专门就各国合作打击网络犯罪问题进行磋商和研究。

专家组首次会议有三个突出特点：一是参会者代表性强，其中既有各国家和国际组织的代表，也有来自微软公司等互联网行业和研究机构的代表，既有美、欧等西方发达国家的代表，也有俄罗斯、巴西、印度等新兴国家和发展中国家的代表；二是讨论议题广，既包括刑事定罪等实体法问题，也有调查程序、电子证据等程序法问题，还涉及国际合作层面的问题，基本涵盖了网络犯罪的各个方面；三是交流程度深，各国围绕合作打击网络犯罪相关问题进行了广泛交流，为下一步继续研究该问题打下了基础。

二、各议题讨论情况

会议期间，各国围绕打击网络犯罪的实体法、程序法及国际合作层面等各领域的问题进行了广泛交流。从会议情况看，各国普遍认为，网络犯罪属于新型犯罪，传统国际合作模式无法满足打击网络犯罪的需要，国际社会有必要加强协调与配合，共同打击网络犯罪。但另一方面，各国在打击网络犯罪重点以及是否制订新公约等问题上，也有不少分歧和争议。

（一）实体法方面

关于网络犯罪的范围及入刑问题。各国一般认可网络犯罪包括针对计算机系统的犯罪（如非法侵入）、利用计算机的犯罪（如网络诈骗）以及与计算机数据内容相关的犯罪（如网络色情），但在具体范围方面存在差异。欧、美、加拿大等西方国家强调打击网络儿童色情行为，伊朗等国强调网络色情不仅包括儿童色情，也应包括成人色情；欧美还强调打击与网络有关的侵犯知识产权行为，巴西等国表示各国有权自行认定此类行为是否构成犯罪；哥伦比亚、智利等国呼吁将打击网络恐怖主义列入专家组未来研究范围，但巴西、阿根廷等其他拉美国家表示反对。中国及伊朗表示应尊重各国在刑事定罪方面的主权，中国还主张对网络犯罪利益链条（如参与网络赌博行为的支付网站）单独定罪。

（二）程序法方面

调查取证。各国普遍认为网络犯罪给传统刑事调查手段提出新挑战，依靠传统执法司法手段难以快速收集网络犯罪证据，进而影响侦破案件和追究刑责。西方国家强调通过跨境取证等手段提高打击网络犯罪能力，美国、加拿大、比利时等国表示其执法机构有权要求境外的企业提供相关数据信息；俄罗斯表示跨境取证应尊重别国主权，并对欧洲委员会2001年通过的《网络犯罪公约》第32条b款，即所谓的“跨境取证”条款提出批评（该款规定，公约缔约方在未获另一缔约方授权的情况下，只要征得有权披露数据人士的合法、自愿同意，即可通过其境内的电脑系统，使用或接收位于另一缔约方境内的电脑数据）。中国及马来西亚表示应平衡考虑取证效率和尊重主权原则。

电子证据。采信电子证据的一些国家为确保其真实性，大都规定了严格的司法程序，如比利时一般采用原始电子证据，仅在特殊情形下才允许复制证据；印度尼西亚等国尚未采用电子证据。各国关于电子证据保存期限的规定也有差异，如欧委会《网络犯罪公约》规定的期限为90天，智利为6个月，阿尔及利亚为1年。国际电信联盟（ITU）表示正对电子证据问题进行研究，并愿同各国分享有关成果。中国介绍了相关司法实践。

（三）国际合作

合作方式。各国认为，通过执法合作、司法协助等途径开展国际合作，是打击传统犯罪的有效方式，但网络犯罪具有跨境性、匿名性、技术对抗性等突出特点，传统的国际合作机制难以满足现实需要。欧、美、加拿大等发达国家提议进一步完善现有国际合作机制，并积极推介24/7网络等欧委会《网络犯罪公约》规定的合作制度；俄罗斯、巴西等国强调应探讨建立新的国际合作机制。欧、美还表示对外合作需依据国内法及相关司法协助条约，中国、埃及等指出过严适用“双重犯罪”原则对国际合作构成障碍，呼吁灵活适用该原则，促进相关国际合作。

技术支持。广大发展中国家要求发达国家向发展中国家提供人员培训、技术和能力建设等方面支持，帮助其提高打击网络犯罪的能力；科隆大学等西方智库强调交流和支持是双向的，发达国家同样需要发展中国家的支持。

（四）网络服务商责任

各国普遍认同网络服务商的协助和支持对于调查网络犯罪至关重要，但在范围认定方面存在差异，印度尼西亚、智利等国强调应明确网络服务商范围。埃及、印尼、马来西亚等国强调网络服务商在预防网络犯罪和协助执法机关调查方面负有法律责任；欧盟、加拿大等表示应对服务商责任做出必要限制，并对服务商在协助调查方面的费用做出必要补偿。

（五）“法律标准”之争

尽管各国都认同加强合作，共同打击网络犯罪，但在是否制订新的打击网络犯罪国际公约问题上分歧明显。俄罗斯、巴西及一些发展中国家提议制订新的打击网络犯罪国际公约；欧美则宣称欧委会《网络犯罪公约》已成为事实上的“全球法律标准”，反对“另起炉灶”。

欧委会代表在会上专门介绍了公约推广情况，称欧洲公约是当前世界上唯一的打击网络犯罪的专门公约，在实体法、程序法和国际合作制度方面做出了全面和先进的规定，是应对网络犯罪的有力工具，包括各大洲的47个国家已签署公约，墨西哥、阿根廷、菲律宾、智利等7个发展中国家已受邀加入公约。加拿大、日本、澳大利亚、阿根廷等国或表示即将批准公约，或表示正根据公约调整国内相关立法。

俄罗斯、巴西、伊朗、津巴布韦等批评欧洲公约存在诸多缺陷，起草过程缺乏代表性，“跨境取证”条款构成侵犯别国主权，加入程序具有选择性，难以成为全球性公约，主张国际社会应重新谈判制订新公约。

由于各方争执不下，会议最终决定将研究制订新公约的可行性问题继续列入专家组研究范围。可以预见，各国间围绕是否制订新公约问题所展开的“国际法律标准”之争还将持续下去。

三、专家组后续工作

根据会议通过的《专家组工作方法及时间表》文件，专家组将根据会议讨论情况，进一步研究加强各国国内立法及国际合作机制，打击网络犯罪所涉的各项问题，为此，专家组授权秘书处先行起草研究报告稿，其中包括向各国普发调查问卷，咨询各国意见等。专家组将于2011年12月召开第二次会议，听取秘书处工作汇报，于2012年10月召开第三次会议，最终议定研究报告稿，提交给2013年4月的预防犯罪和刑事司法委员会届会审议通过。专家组工作将对国际社会合作打击网络犯罪产生重要影响。

中国是网络大国，网络用户已达4．5亿，手机上网用户也已突破3亿，面临的网络犯罪威胁日益上升，特别是不法分子利用境外网络资源实施犯罪活动比较突出。据统计，中国所调查的网络犯罪案件中，超过90%的诈骗、“钓鱼”、色情、赌博等违法网站和超过70%的“僵尸网络”控制端位于国外。因此，积极参与专家组工作，推动打击网络犯罪国际合作符合中国利益。中国的法律工作者们应高度重视这一问题，系统梳理中国打击网络犯罪方面的法律法规，认真研究国内立法、实践以及对外合作中存在的问题与不足，深入分析国际合作的现状及发展趋势，积极为中国积极参与国际合作及相关国际立法进程，提升打击网络犯罪的能力建言献策。

200海里以外大陆架外部界限划界新动态

丘　君[*]　张海文[**]

大陆架是沿海国海洋权益的重要组成部分。根据1982年《联合国海洋法公约》（以下简称《公约》）第六部分大陆架及其附件二的规定，大陆架是沿海国陆地领土向海洋的全部自然延伸，包括其下的海床和底土，直至大陆边的外缘。沿海国陆地领土的自然延伸不足200海里，其大陆架扩展到200海里；若自然延伸超过200海里，沿海国可以主张200海里以外的大陆架（以下简称“外大陆架”）。外大陆架被认为是沿海国合法扩展其管辖范围的最后空间。

一、划定外大陆架外部界限的基本规则

主张外大陆架的沿海国须根据《公约》设定的一系列科学标准，准备和编制关于划定其外大陆架外部界限的信息资料（以下简称“划界案”），并提交联合国大陆架界限委员会（以下简称“委员会”）。委员会负责审议划界案并向该国提出建议。沿海国可根据这些建议，划定具有确定性和拘束力的外大陆架的外部界限。

《公约》第76条为各国划定大陆架的外部界限规定了一个科学

* 国家海洋局海洋发展战略研究所副研究员。

** 国家海洋局海洋发展战略研究所研究员。

与法律相互交汇的复杂规则[①]，可概括为“两条公式线”和“两条限制线”。为指导编制划界案沿海国确定大陆架外部界限并，委员会还编制了《大陆架界限委员会科学与技术准则》(CLCS/11)。

第76条第4款规定了两条公式线。一是沉积岩厚度公式线：以最外各定点为准划定界线，每一定点上沉积岩厚度至少为从该点至大陆坡脚最短距离的1%；二是陆坡坡脚公式线：以离大陆坡脚的距离不超过60海里的各定点为准划定界线。沿海国大陆架的外部界限既可以扩展到沉积岩厚度公式线，也可以扩展到坡脚公式线，还可以是同时扩展到这两条公式线。

为了限制宽大陆架的沿海国过度的扩展其外大陆架，防止侵蚀作为“人类共同财产”的国际海底区域，《公约》第76条第5款规定了两条限制线，外大陆架不应同时超过这两条限制线。一条是距离限制线，外部界限线上各点不应超过从测算领海宽度的基线量起350海里；另一条是深度限制线，线上各点不应超过2500米等深线向外100海里。

如遇“在海底洋脊上的大陆架”的情况，由于海底洋脊的纵向延伸远，且深度相对浅，沿海国若选用深度限制线，仍可沿着洋脊将其大陆架延伸到非常远的距离。考虑到这种情况，第76条第6款规定，划定在海底洋脊上的大陆架外部界限不能采用深度限制线，只能采用距离限制线，即“在海底洋脊上的大陆架”无论如何“不应超过从测算领海宽度的基线量起三百五十海里”。第6款同时规定作为大陆边自然构成部分的“海底高地”则不受限制，即，海底高地上的大陆架可用距离限制线，也可用深度限制线。这条关于“海底洋脊”和“海底高地”的不同规定导致了划定外大陆架外部界限过程中关于如何界定海底高地的激烈而广泛的争议。

---

① Peter J. Cook & Chris M. Carleton, Preface,, in Continental Shelf Limits: The Scientific and Legal Interface 17 (Peter J. Cook & Chris M. Carleton eds. 2000).

二、外大陆架外部界限划界的基本态势

（一）划界案提交的基本情况

根据《公约》附件二、《公约》缔约国大会第72号决议、183号决议，拟划定200海里以外大陆架外部界限的沿海国，最迟应于2009年5月13日之前，或者《公约》对该国生效后10内向委员会提出划界案或者初步信息[①]。截至2009年5月13日，委员会共收到44份初步信息和50份划界案，至2011年12月31日，委员会又陆续收到了1份初步信息和8份划界案[②]。

目前，提交初步信息的国家共41个，绝大多数都是发展中国家[③]。提交划界案的国家共49个，其中多数是发达国家。尚未提交划界案或初步信息的沿海国一共有59个，其中包括29个《公约》对其

① 见《联合国海洋法公约》缔约国大会决议，《关于联合国海洋法公约附件二第四条所订向大陆架界限委员会提交资料的十年期间的起算日期的决定》SPLOS/ 72, 2001；以及《关于大陆架界限委员会工作量以及各国、特别是发展中国家履行《联合国海洋法公约》附件二第四条和 SPLOS/72 号文件 (a) 段所载决定的能力的决定》，SPLOS/ 183, 2008；根据《公约》缔约国大会第183号决议，初步信息是“载有有关200 海里以外大陆架外部界限的指示性资料，并说明根据《公约》第76条的要求以及《大陆架界限委员会议事规则》和《大陆架界限委员会科学和技术准则》编制划界案情况和打算提交划界案的日期”的“初步资料”。

② 见大陆架界限委员会网站：http://www.un.org/Depts/los/clcs_new/commission_submissions.htm。

③ 分别是阿曼、安哥拉、巴布亚新几内亚、巴哈马、贝宁、赤道几内亚、多哥、斐济、佛得角、刚果、刚果民主共和国、哥斯达黎加、古巴、圭亚那、几内亚、几内亚比绍、加蓬、喀麦隆、毛里求斯、毛里塔尼亚、密克罗尼西亚、莫桑比克、墨西哥、尼加拉瓜、塞拉利昂、塞内加尔、塞舌尔、圣多美和普林西比、所罗门群岛、索马里、坦桑尼亚、瓦努阿图、文莱、赞比亚、智利、中国和科摩罗。

生效满十年的国家[①]，以及30个尚未加入《公约》或者《公约》对其生效未满10年的国家[②]。

上述29个《公约》对其生效满十年的国家没有在规定的时限内提交划界案或者初步信息，意味着这些国家已经放弃提交划界案或者初步信息的权利，放弃了主张外大陆架。这些国家大部分是地中海、波罗的海或加勒比海的沿岸国，与海岸相邻或相向国之间的距离较短，拓展200海里以外大陆架的地理空间受限。危地马拉和瑙鲁等国虽直接面向大洋，但陆地领土的自然延伸距离较短，不具备主张外大陆架的自然条件。

上述30个尚未加入《公约》或者《公约》对其生效未满10年的国家仍有向委员会提交划界案的权利。这些国家可为两类，第一类是大陆架自然延伸距离较远，自然条件能满足其主张外大陆架的沿海国，例如美国和加拿大。这类国家数量相对较少；第二类是拓展外大陆架地理条件不利的沿海国。这类国家在数量上占多数。其地理条件不利表现在两个方面，一是与相邻海岸相向国之间的距离较短，拓展外大陆架的地理空间受限，如卡塔尔、黑山、利比里亚等，二是陆地领土的自然延伸距离较短的岛国，拓展外大陆架的地质和地貌条件不足，例如基里巴斯、图瓦卢等。

已有的58个划界案主张的外大陆架遍布四大洋，总面积约为

---

① 这些国家是巴林、比利时、伯利兹、保加利亚、克罗地亚、塞浦路斯、德国、吉布提、埃及、意大利、格林纳达、危地马拉、希腊、洪都拉斯、伊拉克、牙买加、约旦、科威特、黎巴嫩、摩纳哥、巴拿马、波兰、瑙鲁、荷兰、罗马尼亚、芬兰、瑞典、突尼斯、乌克兰。各国加入《公约》的情况根据联合国海洋事务和海洋法办公室公布的数据得来，http://www.un.org/Depts/los/reference_files/status2010.pdf。

② 这些国家是加拿大、卡塔尔、图瓦卢、多米尼加、纽埃、立陶宛、泰国、阿尔巴尼亚、黑山、拉脱维亚、基里巴斯、利比里亚、爱沙尼亚、摩洛哥、朝鲜、萨尔瓦多、厄立特里亚、以色列、东帝汶、土耳其、美国、柬埔寨、哥伦比亚、厄瓜多尔、伊朗、利比亚、秘鲁、叙利亚、阿拉伯联合酋长国、委内瑞拉。各国加入《公约》的情况根据联合国海洋事务和海洋法办公室公布的资料得来，http://www.un.org/Depts/los/reference_files/status2010.pdf。

2800万平方千米①，有些区域被多国重复主张，比如挪威和俄罗斯同时主张在巴伦支海的外大陆架，日本和帕劳在九州—帕劳海脊的主张几乎完全重复。扣除重复主张后的实际主张外大陆架面积约2500万平方千米②，约占各国200海里以外海床和底土面积（约2.4亿平方千米）的1/10一。若这些外大陆架的主张都得到认可，相当于各沿海国的大陆架面积在200海里大陆架的基础上增加了25%。

澳大利亚主张的外大陆架面积最大，超过323万平方千米（包括依南极大陆的外大陆架主张面积），古巴主张的外大陆架面积最小，仅约为1400平方千米。斯里兰卡主张的外大陆架面积约为170万平方千米，约是其原有200海里大陆架面积的3倍，印度尼西亚主张的外大陆架位于印度洋，约为5000平方千米。

（二）委员会审议划界案的进展

从2002年开始审议俄罗斯划界案至第28届会议，委员会共完成了14个划界案的审议工作③，另有5份划界案还在审议过程中④。委员会已经审议完成的划界案所涉外大陆架总面积为994万平方千米

① 有些国家的划界案执行摘要以“面”的形式标示其主张外大陆架的具体范围，有些国家则以“线”的形式标示外大陆架的外部界限位置，未构建明确的区块。

② 根据UNEP Shelf Programme负责开发整编的各划界案shapefile数据统计得来，http://continentalshelf.org/onestopdatashop/4204.aspx。

③ 根据大陆架界限委员会第9届会议至第28届会议《大陆架界限委员会的工作进展——主席的说明》http://www.un.org/Depts/los/clcs_new/commission_documents.htm#Statements by the Chairman of the Commission已审议完成的划界案分别由以下国家提交：俄罗斯、巴西、爱尔兰（关于豪猪深海平原）、澳大利亚、新西兰、四国（法国、英国、爱尔兰、西班牙）联合、挪威、法国（关于法属圭亚那和新喀里多尼亚）、墨西哥（关于西侧区块）、巴巴多斯、英国（关于阿森松岛）、印度尼西亚（关于苏门答腊岛西北区域）、毛里求斯和塞舌尔联合（关于马斯卡林海台）、苏里南。

④ 根据大陆架界限委员会第28届会议《大陆架界限委员会的工作进展——主席的说明》（CLCS/72）http://daccess-dds-ny.un.org/doc/UNDOC/GEN/N11/501/38/PDF/N1150138.pdf?OpenElemen，这些划界案分别是日本划界案、法国关于法属安的列斯和凯尔盖朗群岛的划界案、菲律宾关于宾汉海隆区域的划界案、乌拉圭划界案，以及库克群岛关于马尼希基海台的划界案。

（各国主张重叠区不重复计算），经委员会审议并认可的外大陆架面积约700万平方千米。

有些外大陆架主张得到委员会完全认可，有些外大陆架主张被委员会完全否定，大部分外大陆架主张的外部界限在委员会审议后有调整。未被委员会审议或认可的外大陆架主张总面积约294万平方千米，主要包括三部分：（1）英国关于阿森松岛的外大陆架主张未得到委员会认可，涉及面积约64万平方千米。（2）澳大利亚关于南极大陆的外大陆架主张未得到委员会的审议，涉及面积约57万平方千米。（3）俄罗斯主张罗蒙诺索夫海岭为海底高地，俄罗斯的外大陆架可沿该海岭一直延伸到北极点，委员会认为其证据不充分，未认可，涉及面积约158万平方千米。

根据《公约》规定，划界案提交国有权接受或不接受委员会对其划界案的审议结论，即委员会建议。从目前已经完成审议的情况看，有些划界案提交国完全接受委员会建议，有些沿海国并不完全接受委员会的建议。例如，俄罗斯和巴西等国先后明确表示，不接受对委员会否定其划界案中部分地区的外大陆架外部界限的审议结论。

三、审议划界案过程中的几个法律热点问题

《公约》第76条为沿海国拓展200海里外大陆架制定了非常复杂的规则。沿海国与第76条相关的海底地形、地貌、沉积等自然条件千差万别，还可能存在陆地领土主权和海洋划界争端等政治因素的影响，这导致大陆架界限委员会和沿海国在应用这套规则过程中面临诸多难题[①]。其中有些是纯粹的科学问题，比如坡脚点位置的确定，地壳性质判定等；有些涉及到复杂的法律问题，例如如何处理

① Ted L. McDorman, The Role of the Commission on the Limits of the Continental Shelf: A Technical Body in a Political World, The International Journal of Marine and Coastal Law. 301, 304 (2002).

存在“尚未解决的陆地和海洋争端”的划界案，如何处理那些权利基础存疑的划界案，如何适用第76条规定的“海底高地”、“深洋洋脊”和“海底洋脊”三类海底地形等。

（一）对涉及“尚未解决的陆地和海洋争端”划界案的处理

为了避免对海岸相向或相邻国家间大陆架边界的划定产生不利影响，《大陆架界限委员会议事规则》附件一（以下简称“附件一”）对存在着海岸相向或相邻国家间大陆架划界争端或其他未解决的陆地或海洋争端的划界案的审议作了限制性规定。根据这些规定，委员会对涉及上述争端的划界案采取四种处理模式。

（1）审议。划界案虽涉及陆地或海洋争端，但在所有争端当事国均明确表示同意或不反对委员会对该划界案进行审议的情况下，委员会将审议该划界案。根据《公约》第76条第10款规定，委员会给出的建议并不妨害陆地或海洋争端各国的立场，也不妨害未来争端各国划定其边界。目前有多个划界案存在类似的情况，如挪威划界案。

（2）部分审议。划界案部分区域涉及陆地或海洋争端，委员会可就不存在争端的部分进行审议。例如，对法国在新喀里多尼亚提出的划界案，委员会只审议无争议的西部区块。[①]

（3）暂不审议。如果划界案涉及陆地或海洋争端，且有争端当事国明确反对审议的情况下，委员会将暂不审议该划界案。直至相关争端已经得到解决，或争端当事方经协商后一致并同意委员会审议后，委员会才开始审议。目前有4个划界案因存在尚未解决的争端而被搁置，包括英国、爱尔兰和丹麦提交的关于哈顿—罗科尔区

---

① 根据大陆架界限委员会第20届会议《大陆架界限委员会的工作进展——主席的说明》（CLCS/56）http://www.un.org/Depts/los/clcs_new/commission_documents.htm#Statements by the Chairman of the Commission。

域的重叠的划界案、缅甸划界案、也门划界案等。[①]

（4）不予审议。若划界案涉及严重的陆地主权冲突，委员会将不予审议。阿根廷和英国就马尔维纳斯群岛（福克兰群岛）存在严重的主权争端，并分别就该群岛提出了划界案，委员会不予审议。[②] 澳大利亚和阿根廷等一些国家依据其在南极大陆所主张的领土而提出了外大陆架划界案，由于涉及《南极条约》和南极领土主权问题，委员会也不予审议。[③]

《附件一》争端规则的适用是委员会工作面临的一项重要问题。委员会主要通过划界案提交国的主动告知以及争端当事国家提交的照会来判断划界案是否存在附件一所述争端。如果争端当事国在照会中明确援引了《附件一》[④]，并要求不审议，委员会将根据当事国的要求暂不审议。目前出现的有关争端的情形绝大多数属于这一类。也有部分国家在照会中声明存在争端，但没有明确援引《附件一》，委员会认为这种情形不能阻却审议。

关于何种争端属于《附件一》范畴内的争端目前也没有明确规定。除了涉及陆地主权或海洋划界争端之外，《附件一》所述争端还包括“其他陆地或海洋争端”，这一类争端范畴较广。有学者认为，

① 根据大陆架界限委员会第28届会议《大陆架界限委员会的工作进展——主席的说明 》（CLCS/72）http://daccess-dds-ny.un.org/doc/UNDOC/GEN/N11/501/38/PDF/N1150138.pdf?OpenElement。

② 根据大陆架界限委员会第24届会议《大陆架界限委员会的工作进展——主席的说明》（CLCS/64）http://www.un.org/Depts/los/clcs_new/commission_documents.htm#Statements by the Chairman of the Commission。

③ 根据大陆架界限委员会第24届会议《大陆架界限委员会的工作进展——主席的说明》（CLCS/64）http://www.un.org/Depts/los/clcs_new/commission_documents.htm#Statements by the Chairman of the Commission。

④ 《附件一》5. (a) 规定：如果已存在陆地或海洋争端，委员会不应审议和认定争端任一当事国提出的划界案。但在争端所有当事国事前表示同意的情况下，委员会可以审议争端区域内的一项或多项划界案。

此类争端也具有阻却委员会审议的效力，[①] 例如，中国和韩国认为日本划界案中的冲之鸟礁属于《公约》第121（3）规定的岩礁，不应有200海里专属经济区和大陆架，该观点与日本所持观点相反。中韩与日本就冲之鸟礁法律地位的争端应属《附件一》的争端范畴。[②]

（二）主张外大陆架的权利基础

根据《大陆架界限委员会科学与技术准则》要求，沿海国必须先证明具有“划定大陆架外部界限的合法权利”，而后再运用第76条的规定划定其大陆架外部界限，[③] 这涉及大陆架的权利基础问题。根据《公约》，大陆架是沿海国陆地领土的自然延伸，对陆地领土的主权是主张外大陆架的必要条件，沿海国只能基于其主权之下的陆地领土主张其外大陆架。

并非所有陆地领土都可拥有大陆架。《公约》121条第3款所定义的岩礁“不应有专属经济区或大陆架”。从已经提交的划界案看，权利基础方面的问题包括两类，一是陆地领土主权问题尚未解决，主要涉及南极大陆的主权问题，二是以岩礁为基点主张外大陆架问题。

1. 依南极大陆主张外大陆架

《南极条约》冻结了缔约国对南极洲大陆的领土主权要求。《南极条约》还规定“在本条约有效期间发生的任何行动或活动不得成为提出、支持或否认对在南极洲的领土主权的要求的根据，或创立在南极洲的任何主权权利。”部分国家基于其对南极大陆的领土主

① Michael Sheng-ti Gau, The Commission on the Limits of the Continental Shelf as a Mechanism to Prevent Encroachment upon the Area, Chinese Journal of International Law, (2011), 3–33.

② Ibid.

③ 参见丘君，柳文华，“冲之鸟礁是否应有大陆架——200海里以外大陆架划界案中无居民岛屿的对比研究”，《中国海洋法学评论》，2009（2）：19–32；同时参见《大陆架界限委员会科学与技术准则》(CLCS/11) 第2. 2部分：从属权利检验。

张，对南极大陆的部分海床和底土提出了大陆架权利要求。截止2011年12月31日，共有5个划界案和1个初步信息涉及南纬60度以南的南极地区。① 在对南极大陆提出领土主权要求的7个国家中，澳大利亚、阿根廷、挪威、英国和新西兰已分别向委员会提交了划界案，智利提交了初步信息，法国表示保留今后提出划界案的权利。

利用扩展大陆架的权利而侵占和侵蚀南极地区的海床和底土的具体表现形式有两类：一是有些沿海国在重申其南极领土主张的基础上，对这些领土提出了200海里外大陆架权利要求。二是，有些沿海国以其南极附近的岛屿为基点主张的200海里以外大陆架已经进入到南极地区，最为典型的是澳大利亚划界案。澳大利亚虽然主动提请委员会不要审议其以南极领土为基础主张的部分区块，但对2个自然延伸进入南极地区的岛屿大陆架区块提出了权利要求。委员会的建议实际上同意了澳大利亚的主张。

2. 依岩礁主张外大陆架

《公约》第121条第3款规定："不能维持人类居住或其本身的经济生活的岩礁，不应有专属经济区和大陆架"。也就是说，此类岩礁不具备"划定大陆架外部界限的合法权利"，不能运用第76条的规定划定其大陆架外部界限。根据《大陆架界限委员会科学与技术准则》（CLCS/11），沿海国必须先证明其"划定大陆架外部界限的合法权利"，方能运用第76条的规定划定其大陆架外部界限，这一程序即"从属权利检验"。"划定大陆架外部界限的合法权利"包括两种情形："以其陆地领土向大陆边外缘的全部自然延伸为界限"或"在大陆边外缘距离不到200海里的情况，以离该基线200海里为界限"。这两种情形均是在一个关键前提下才发生的，即沿海国的陆地领土可以拥有大陆架。

2008年11月，日本向委员会提交的划界案包括以冲之鸟礁为基

① 《南极条约》将南纬60度以南的区域定义为南极地区，本文从此规定。

础主张的专属经济区和外大陆架[①]，成为沿海国滥用大陆架权利、侵蚀国际海底区域的典型，引起国际社会对有关岛礁划定200海里以外大陆架的权利基础问题的关注和讨论。

中国政府和韩国政府先后发表照会质疑日本冲之鸟礁相关主张的合法性，认为冲之鸟礁属于《公约》121条第3款定义的岩礁，不应拥有专属经济区和大陆架，更不应拥有200海里以外大陆架，要求委员会不对日本划界案中涉及冲之鸟的部分采取任何行动。大陆架界限委员会认为"其在涉及《公约》第121条法律解释的事项上无法发挥作用"，"决定指示小组委员会着手审议日本的整个划界案。但委员会决定不对小组委员会撰写的涉及上述中韩照会中提到的地区的那部分建议采取行动，直至委员会决定这样做"。委员会第29届会议将对相关问题做出最后决定。

（三）海底高地规则的滥用

《公约》第76条提到的三类海底高地形（sea floor highs）[②]，包括深洋洋脊（oceanic ridge）、海底洋脊（marine ridge）和海底高地（marine elevation），具有不同的法律地位。海底洋脊和海底高地属于沿海国陆地领土的自然延伸，而深洋洋脊不属于沿海国陆地领土的自然延伸。海底洋脊和海底高地的区别是：海底洋脊上的大陆架外部界限不应超过领海基线350海里，而海底高地是大陆边自然构

---

① 冲之鸟礁是位于西太平洋菲律宾海的九州–帛琉海脊上的3块礁石，总面积不足10平方米，日本将其作为最南端的领土。为防止冲之鸟礁因风化和海水侵蚀而消失，日本自1987年开始耗巨资在3块礁石四周构筑堤防设施，形成3个直径约50米的圆形钢筋混泥土人工构造平台。2008年11月，日本向委员会提交的划界案，依据冲之鸟礁主张了面积约43万平方公里的专属经济区，并进一步依据冲之鸟礁主张了面积约25万平方公里的外大陆架（KPR区块）。此外，日本主张的另外两个外大陆架区块（SKB区块和MIT区块）也与冲之鸟礁相关的，面积约30万平方公里。

② 海底高地形（sea floor highs）不是《公约》使用的名词，而是《大陆架界限委员会科学和技术准则》第7.1.2部分出现的，对深洋洋脊、海底洋脊和海底高地三类海底地形的统称。

成部分，不受该条规定的限制，它们可以适用2500米等深线外100海里的制约。显然，沿海国力图将其所依据的地貌单元认定为海底高地，以期将大陆架拓展得更远。

海底高地形相关规则的适用既是划界案中最经常出现的问题之一，也是委员会审议过程中面临的难题之一。据统计，至少有34个划界案中涉及使用海底洋脊或海底高地规则，其中比较典型的是冰岛利用大西洋中脊，主张最远超过800海里的外大陆架，日本沿九州帕劳洋脊主张的外大陆架最远超过550海里。此类问题之所以难以处理，主要是因为《公约》第76条并没有给出三类海底高地形的明确定义，地学界也没有与之对应的专门术语。很多国际法专家和地质学家对如何区分这三类海底高地形开展了研究，大陆架界限委员会和联合国海洋法与海洋事务办公室也就界定三类海底高地形提出建议。但是直到目前，此问题依然没有获得一致认识，也没有形成统一标准。正如委员会在其《大陆架界限委员会科学和技术准则》中所说的那样“很难建议统一的标准来区分海底高地和脊，而应逐案审理”。

从已完成审议的划界案看，委员会主要依据地貌学的证据区分深洋洋脊和海底洋脊（或海底高地）。若判断某一特征是否为《公约》第76条第6款意义上的海底高地，除了地貌学证据外，委员会还必须依据地质学证据，特别是地质起源方面的证据。

综上所述，大多数拥有外大陆架的沿海国都已经向大陆架界限委员会提交了划界案或者初步信息，委员会面临非常繁重的划界案审议任务。在划界案审议过程中，争端认定、权利基础认定、海底高地判定等科学与法律交汇的复杂问题，暴露了《公约》规定本身的瑕疵和疏漏。寄望沿海国确定外大陆架外部界限与维护人类共同继承财产之间能够合理平衡，以使海洋能够公平惠益于世界各国和人民。

国际海洋法法庭2011年审理案件情况综述

贾　宇[*]　密晨曦[**]

国际海洋法法庭（以下简称“法庭”）是联合国为裁定因《联合国海洋法公约》（以下简称《公约》）的解释和适用所引起的争端而特设的独立司法机构。法庭于1996年成立，所在地为德国汉堡自由汉萨城，由21位“享有公平和正直的最高声誉，在海洋法领域内具有公认资格”的独立法官组成。法官的选举要确保代表世界主要法系。法庭现任庭长是日本籍法官柳井俊二，自2011年10月起担任庭长职务，任期3年。2011年6月15日，第21次《公约》缔约国会议对7名任期届满的法官进行了补缺改选，中国籍法官高之国以141票赞成、8票弃权高票连任。

截至2011年12月底，法庭共受理了19起案件。2011年审结案件1起：国家担保个人和实体在“区域”内活动的责任和义务的咨询意见（第17号案）；在审案件2起：孟加拉国和缅甸在孟加拉湾的海洋划界案（第16号案）[①]，巴拿马/几内亚比绍M/V “Virginia G”

* 国家海洋局海洋发展战略研究所研究员。

** 国家海洋局海洋发展战略研究所助理研究员。

① 第16号案已于2012年3月14日审结宣判。

案（第19号案）。[①]

一、对第16号案的审理

孟加拉湾位于印度洋的东北部，周边国家有斯里兰卡、印度、孟加拉国和缅甸。孟加拉国和缅甸间的争议海域位于孟加拉湾的东北部。孟缅两国于1971年划定了陆地边界，但在孟加拉湾的海上边界争端悬而未决，因海洋油气勘探开发问题的争议，两国关系一度剑拔弩张。2009年底，两国正式将海上划界问题提交法庭裁决。

（一）案件审理的程序问题

2009年11月4日和11月12日，缅甸和孟加拉国分别根据《公约》第287条第1款，声明接受国际海洋法庭对两国在孟加拉湾海洋划界的管辖权。2009年12月13日，孟加拉国提请法庭为解决孟加拉国和缅甸间的海洋划界争端行使诉讼管辖权。次日，该案被列为法庭的第16号案。在立案后，缅甸曾于2010年1月14日将撤消声明递交联合国秘书长，声称撤消缅甸外交部之前做出的对该争端接受法庭管辖权的声明。同日，缅甸将声明事项知会法庭书记官长和孟加拉国。2010年1月25日和26日，法庭庭长与两国代表进行了磋商，鉴于该案已列入法庭的16号案，双方认同立案的日期为2009年12月14日。

本案的审理经历了当事国双方提交两轮书面诉辩状、各自推举一名临时法官[②]，法庭举行听证，对判决书内容进行讨论等多个阶段，于2011年3月14日做出裁决。

---

① 关于圣文森特和格林纳丁斯诉西班牙M/V“Louisa号”案（第18号案），法庭已于2010年12月23日发布命令，认定当事国向法庭提交的证据不足以采取临时措施。法庭保留最终决定诉讼费用等问题的权利。

② 因法庭无两当事国国籍的法官，两国各自推选了一名临时法官。

（二）案件审理的实质问题

在审理过程中，重点论证的事项主要有以下几点：

1. 关于两国是否已达成领海划界协议。这涉及认定1974年协商记录（the 1974 Agreed Minutes）和2008年协商记录的法律效力问题。孟加拉国认为，孟加拉已于1974年与缅甸已达成领海划界协议；而缅甸认为1974年协商记录至多是一个附条件协议，即未解决两国间包括专属经济区和大陆架在内的全部争议海域划界前，不是具有法律约束力的领海划界协议，2008年协商记录也体现了这一点。法庭认定两国间不存在《公约》15条①所指的领海划界协议。

2. 关于200海里外大陆架划界管辖权问题。两国认同法庭对200海里外大陆架划界有管辖权，但对应否在本案中行使此管辖权存在争议。孟加拉国主张法庭对海洋划界的管辖权应包括200海里外大陆架，缅甸认为法庭在本案中不适宜行使此项管辖权。法庭认定对200海里外大陆架划界行使管辖权。

3. 关于本案适用的海洋划界步骤和方法、岛礁的划界效力以及应考虑的其他因素。本案依据《公约》第15条划分两国的领海边界。在适用等距离方法确定领海边界前，法庭首先考察了历史性权利及其他特殊情况②。在确定划界相关海岸后，法庭对专属经济区和200海里以内的大陆架划界基本采取了以下三步骤：一是划取一条临时的等距离线；二是考虑特殊情况予以调整；三是通过成比例检验（disproportionality test）检测各国所划取的海域面积与海岸线长

---

① 《公约》第15条“海岸相向或相邻国家间领海界限的划定”：如果两国海岸彼此相向或相邻，两国中任何一国在彼此没有相反协议的情形下，均无权将其领海伸延至一条其每一点都同测算两国中每一国领海宽度的基线上最近各点距离相等的中间线以外。但如因历史性所有权或其他特殊情况而有必要按照与上述规定不同的方法划定两国领海的界限，则不适用上述规定。

② 领海划界中，本案当事国的主张虽未涉及历史性所有权（historic title），法庭还是在判决书第130段提到了这一概念，将历史性权利和其他特殊环境一并视为划界时应考虑的因素。

度的比例是否合理，以确保划界结果的公平性。

关于200海里内专属经济区和大陆架划界，本案采用了单一海洋边界。缅甸主张适用等距离方法，认为等距离虽不是划界规则，但通常能产生公平的结果。孟加拉国表示反对，认为等距离仅是一种划界方法，在适当的情形下使用此方法才可达到公平的划界结果。孟加拉国通过援引国际法院关于北海大陆架案①、利比亚和马耳他大陆架案②以及尼加拉瓜和洪都拉斯在加勒比海的海洋划界案③等既往案例，指出等距离不是一种优先的划界方法，在海岸不规则、有明显凹陷或凸起等情况下，适用等距离方法可能导致不恰当的划界结果。孟加拉湾北部凹型海岸情形应采用角平分线方法划界，特别是采用215°方位角线可避免因等距离方法导致的不公平结果。法庭指出，应根据一般地理实况和特殊情况选择适当的划界方法，以达到公平划界结果。法庭进一步指出，如果适用角平分线方法，当事国需自陆地边界终点起，确定各自海岸的一般走向，进而确定角和角平分线。然而，对海岸一般走向的假设不同，产生的角和角平分线也不尽一致。鉴此，法庭采用等距离/特殊情况方法划分了两国专属经济区和大陆架界限，此处的特殊情况主要是指孟加拉国的海岸凹陷特征。

关于200海里外大陆架划界，两国一致认为，《公约》和习惯国际法均未规定200海里内、外大陆架划界应有所区分。法庭认为，本案中200海里内大陆架划界适用的划界方法对200海里外部分也应同样适用。本案200海里外大陆架划界也采用了等距离/特殊情况方法。

关于岛礁的划界效力，法庭指出判例法和国家实践中均没有一般性规则，需视各案例的特殊情况而定。岛礁的划界效力还可能取决于划界的范围是领海还是领海外的管辖海域，既要顾及沿海国的

① Judgment, I.C.J. Reports 1969, p. 3, at p. 23, para. 24.

② Judgment, I.C.J. Reports 1985, p. 13, at p. 44, para. 56.

③ Judgment, I.C.J. Reports 2007, p. 659, at p. 741, para. 272.

权利，还要考虑岛礁向海的位置和程度。圣马丁岛几乎位于孟加拉国和缅甸大陆岸线的中间位置，在孟加拉国大陆岸线向海一侧的12海里内。法庭给予圣马丁岛12海里的划界效力。法庭认定圣马丁岛对两国专属经济区 / 大陆架划界不应产生任何效力，这主要是考虑到如果赋予该岛效力将导致海洋边界产生不合理的扭曲效果。

2012年3月14日，法庭公布了对本案的最终裁决。法庭的21位法官全部参加了此案的审理。中国籍法官高之国对本案发表了独立意见（separate opinion），发表独立意见的还有恩迪亚耶（Ndiaye）和科特（Cot）法官；尼尔森（Nelson）、钱德拉塞卡拉·拉奥（Chandrasekhara Rao）和科特法官发表了联合声明，沃尔弗鲁姆（Wolfrum）和特雷韦斯（Treves）法官分别发表了声明；卢基（Lucky）法官发表了反对意见（dissenting opinion）。

该案是法庭自成立以来裁决的首起海洋划界案。孟加拉国和缅甸政府均表示接受法庭的裁决。国际司法机构涉足200海里外大陆架划界，之前鲜有先例。16号案对今后的海洋划界实践和学界研究有着重要的影响。

二、对第17号案的审理

第17号案是法庭自成立以来的首个咨询意见案，是法庭的海底争端分庭首次依据《公约》相关条款，经国际海底管理局（以下简称“管理局”）大会或理事会请求，履行对其活动范围内发生的法律问题提出咨询意见的职责。海底争端分庭对第17号案的审理经过了有关国家和国际组织提交书面陈述[①]，举行口头陈述，进行初步审理，对法律咨询意见初稿进行审读，发表正式的法律咨询意见等几个主要阶段。

① 中国政府向法庭提交了关于国家担保个人和实体在“区域”内活动的责任和义务的书面陈述。

2011年2月1日上午，分庭就国家在担保个人或实体进行“区域”内活动的法律责任和义务问题发表了法律咨询意见。咨询意见由四部分组成，包括导言和对理事会所提三个问题的答复意见，主要内容涉及案件管辖权、可审性、适用的法律、“区域”内活动担保国所应承担的责任和义务、担保国应采取的必要和适当措施、严格法律责任和剩余责任的制度、损害赔偿的范围和限度等问题。咨询意见有两大特点：一是特别强调担保国应采取法律、规章和行政措施，以履行其“确保遵守”的义务，二是特别重视“区域”内活动的海洋环境和生态保护问题。

总体上看，国际海洋法法庭关于第17号案的咨询意见，是一个比较衡平的“软性判决”，既客观、科学地解释了《公约》和相关法律文件中关于担保国的法律责任和义务的条款和规定，也积极认真地考虑了深海开发各个方面的立场和利益。尽管咨询意见在“顾及发展中国家有效参与‘区域’内活动的利益和需要”的问题上，没有明确为属于发展中国家的担保国在承担责任和义务方面规定“共同但有区别的责任”，但分庭在咨询意见中也强调指出，为使发展中国家能够在国际海底区域开发中与发达国家处于平等的地位，《公约》中关于发展中国家特殊利益和需求的条款和规定，应积极创造条件以有效执行。

不同于诉讼案件，咨询意见一般不具有法律拘束力。但从以往的国际司法实践看，咨询意见往往被视为对一般国际法的主导性的权威陈述。国际海洋法法庭作为最重要的国际司法机构之一，就国家担保个人和实体在“区域”内活动的责任和义务所发表的咨询意见，对今后“区域”内的活动以及国际海洋法的发展有着重要而深远的影响。

三、对第19号案的审理

2011年7月4日，巴拿马知会法庭：巴拿马共和国和几内亚比绍共和国已达成特别协议，就因扣留 Virginia G 号船舶引起的损失赔偿争端提请法庭解决。在此之前，两国曾依据《公约》附件七协商将争端提交仲裁。

巴拿马是 Virginia G 号船舶的船旗国。巴拿马称，2009年8月21日，Virginia G 号油轮在几内亚比绍专属经济区为渔船进行换料操作时遭扣留，至2010年10月22日才得以释放。14个月的扣留令该船舶遭受了严重的损失，巴拿马因此向几内亚比绍提起索赔。根据法庭2011年12月23日发布的命令，巴拿马共和国递交诉状的时间期限延至2012年1月23日，几内亚比绍共和国递交诉状的时间期限延至2012年6月11日。

总之，国际海洋法法庭成立以来，审案范围越来越广。2011年的典型案例涉及发表咨询意见和200海里外大陆架外部界限的划定。法庭的裁判对国际海洋法的发展和研究将会产生重要的影响。

文件资料

第66届联合国大会中国立场文件

（2011年9月9日）

一、联合国作用

当今世界正在经历大发展、大变革、大调整，和平、发展、合作的时代潮流更加强劲。世界多极化、经济全球化深入发展，全球经济治理出现新变革，新兴市场国家合作蓬勃发展，世界各国面临难得的发展机遇。但国际金融危机的深层次影响仍未根本消除，世界经济复苏仍面临一些不确定因素，债务危机依然突出，大宗商品价格上涨，全球通胀压力增大。主要经济体应继续加强宏观经济政策协调，努力推动世界经济强劲、可持续、平衡增长。国际安全形势更趋复杂，地区热点问题此起彼伏，西亚北非局势持续动荡。气候变化、能源安全、粮食安全、恐怖主义、核安全等非传统安全问题更为突出，国际形势中不稳定不确定因素上升，维护世界和平、实现共同发展任重道远。

联合国作为最具普遍性、代表性和权威性的政府间国际组织，是实践多边主义最重要的舞台，自成立以来，为维护世界和平、促进共同发展、推动国际合作发挥了不可替代的重要作用。当前形势下，联合国的作用不应削弱，而要加强。

今年是中华人民共和国恢复在联合国合法席位40周年。40年来，中国全面、积极、深入地参与联合国事务，双方合作水平日益提高，合作领域逐渐拓展，合作成果不断涌现。作为安理会常任理事国，中国一直倡导并支持联合国在国际事务中发挥核心作用，并为此做出不懈努力。中国将一如既往地秉持《联合国宪章》的宗旨和原则，支持联合国发挥自身优势，成为维护世界和平的使者，促进共同发展的先驱，推进国际合作的典范。

二、联合国改革

中国支持联合国根据国际形势的发展，进行必要、合理的改革，提高联合国权威和效率，增强其应对新威胁、新挑战的能力，更好地履行《联合国宪章》赋予的职责。这是联合国进一步自我完善和发展的需要，也是广大会员国的普遍共识和期待。改革应提高发展中国家在联合国事务中的发言权。这将有助于联合国在协调各国努力、应对全球性挑战方面发挥更重要作用。

安全、发展和人权是联合国的三大支柱，改革应在这三大领域均衡推进，特别是要推动在发展领域取得积极成果，从机制和资源上对发展给予必要保障，切实推动落实千年发展目标，让广大发展中国家真正从中受益。

安理会改革是联合国改革的重要组成部分。中国支持对安理会进行必要、合理的改革，增强其权威和效率，更好地履行《联合国宪章》赋予的维护国际和平与安全的职责。改革应优先增加发展中国家、特别是非洲国家在安理会的代表性。改革应有利于让更多国家，特别是中、小国家有更多机会轮流进入安理会，参与其决策。安理会改革涉及议题广泛，各方应继续通过广泛、民主协商，兼顾各方利益和关切，寻求“一揽子”改革方案，并达成最广泛一致。“分步走”和“零散处理”的做法是行不通的。中国愿同各国共同努力，推动安理会改革朝维护联合国整体利益和会员国团结的方向发展。

三、安全领域

（一）联合国维和行动

联合国维和行动是联合国维护国际和平与安全的重要、有效手段。当前，联合国维和行动规模不断扩大，授权日趋广泛，面临挑战也在增多。中国坚定支持并积极参与联合国维和行动，主张联合国维和行动应遵守安理会有关决议授权，坚持“当事国同意、中立、非自卫不使用武力”的“哈马舍尔德维和三原则”，同时进行合理改革与创新，突出战略设计，加强与当事国沟通与协调，改进后勤工作机制，优化资源配置，提高维和行动效率和效力及其部署、规划和管理水平。各方也应更加重视维和行动与缔造和平、建设和平的衔接及统筹。中国呼吁联合国继续重视加强与区域组织在维和领域的合作，尤其要关注非洲国家的需求。

1989年以来，中国共向28项联合国维和行动派出军事人员、警察和民事官员1.9万余人次。截至2011年8月，共有1925人在12个任务区执行任务，是联合国维和行动第15大出兵国，也是安理会五大常任理事国中最大的出兵国。

（二）建设和平

建设和平是涉及联合国全系统的任务。建设和平委员会是联合国改革的重要成果，是联合国系统内首个协调冲突后重建的机构，地位独特，作用突出。中国一贯支持联合国在冲突后重建工作中发挥领导作用，支持建设和平委员会及建设和平基金工作。下阶段，建设和平委员会应进一步完善内部机制建设，加强与联合国其他机构协调，强化与当事国的伙伴关系，并更好地发挥建设和平基金的作用。联大、安理会、经社会等相关机构均应结合各自特点发挥优势，为建设和平委员会工作提供支持。

（三）武装冲突中保护平民

中国对平民生命、财产安全在武装冲突中受影响和威胁深表关切，敦促各方认真遵守国际法和安理会有关决议，在武装冲突中充分保护平民。

根据《联合国宪章》和国际人道法，保护平民的责任首先在于当事国政府。国际社会和外部组织的帮助应坚持公正、中立和客观原则，获得当事国同意，并充分尊重当事国主权与领土完整，避免介入当地政治纷争或影响和平进程。

要把保护平民问题放在和平解决冲突的政治进程中加以处理。

在冲突后和平重建中也应重视保护平民。联合国各有关机构应加强协调，形成合力。

（四）反对恐怖主义

中国支持打击一切形式的恐怖主义。国际社会的反恐努力应以《联合国宪章》、国际法和其他公认的国际关系准则为基础，充分发挥联合国及其安理会的领导与协调作用。中国支持并积极参与制定《关于国际恐怖主义的全面公约》，希望各方本着建设性的合作态度继续协商，尽早达成一致。

中国反对一切形式的恐怖主义。中方主张，反恐应采取综合办法，标本兼治，消除恐怖主义滋生的土壤。联合国应发挥自身优势，在消除贫困等滋生恐怖主义的根源问题上发挥积极作用，促进不同文明之间对话，帮助发展中国家加强反恐能力建设。中方反对将恐怖主义与特定的国家、民族、宗教或文明挂钩，或采取双重标准。

中国也是恐怖主义的受害者。以"东突厥斯坦伊斯兰运动"（简称"东伊运"）为首的"东突"恐怖势力长期策划、煽动对中国政府和人民的暴力恐怖行为，打击"东突"恐怖势力是国际反恐斗争的重要组成部分。中国将继续积极参与国际反恐合作，与各国一道共同反对包括"东突"在内的国际恐怖势力。

（五）朝鲜半岛局势问题

维护朝鲜半岛和平稳定、实现半岛无核化符合有关各方共同利益，也是国际社会的一致呼声。在有关各方共同努力下，近来半岛局势出现积极变化，中国对此表示欢迎。中国始终认为，对话协商是解决半岛有关问题的唯一有效途径，六方会谈是平衡解决各方关切、实现半岛无核化的有效平台。希望有关各方保持对话接触，继续致力于通过谈判解决分歧，争取早日重启六方会谈。中国愿同各方一道，继续为此发挥建设性作用。

（六）缅甸问题

缅甸新政府已正式成立并顺利运作，这标志着缅甸民主进程取得了重要进展。中国希望看到缅甸政局稳定、经济发展、社会进步。缅甸问题本质上属于一国内部事务，国际社会应向缅提供建设性帮助，为缅推进国内民族和解、逐步实现民主与发展创造宽松环境。制裁和施压无助于问题的解决。中国支持联合国秘书长及其特别顾问的斡旋努力，愿继续同国际社会一道，为促进缅甸民主与发展提供支持和帮助。

（七）阿富汗问题

阿富汗局势事关国际和地区的和平与稳定，也事关国际反恐斗争的顺利进行。阿富汗在政治和解与经济重建方面取得了积极进展，同时仍面临一些困难和挑战。要实现一个和平、稳定、独立、发展的阿富汗，还需要阿富汗自身和国际社会共同做出努力。

作为阿富汗的友好邻邦，中国一贯支持并积极参与阿富汗和平重建，支持阿富汗政府主导的和解与再融合计划，支持阿富汗与地区国家紧密合作，赞赏阿富汗为改善安全形势所作努力。中国呼吁国际社会为阿富汗政府承担安全责任创造条件，切实履行对阿富汗经济和社会发展的援助承诺，并加强彼此间的协调与配合。中国支持联合国继续在援助阿富汗方面发挥主导作用。

（八）伊朗核问题

中国一贯支持维护国际核不扩散体系，主张通过对话与谈判妥善解决伊朗核问题，维护中东地区和平与稳定。伊朗作为《不扩散核武器条约》缔约国，享有和平利用核能的权利，也应履行相应国际义务。

中国始终认为，对话和谈判是妥善解决伊核问题的正确途径，也符合各方根本利益。当前形势下，有关各方应加大外交努力，早日恢复对话，逐步建立互信，为全面、长期、妥善解决伊核问题创造条件。中国将不遗余力地劝和促谈，从维护国际核不扩散体系和中东和平稳定的大局出发，继续为推动外交努力取得进展发挥建设性作用。

（九）中东问题

中国一贯支持中东和平进程，主张有关各方在联合国有关决议、“土地换和平”原则、“阿拉伯和平倡议”和中东和平“路线图”计划等基础上，通过政治和外交途径妥善解决彼此争端，最终实现巴勒斯坦独立建国，以色列同所有阿拉伯国家关系正常化。

和平谈判是解决中东问题的唯一正确途径。中国对巴以和谈陷于停滞深表关切，呼吁有关各方从巴以人民福祉和地区和平稳定大局出发，排除障碍，重建互信，为早日复谈创造有利条件。中国认为建立拥有完全主权的独立的巴勒斯坦国是巴勒斯坦人民的合法权利，支持通过和谈建立以1967年边界为基础、以东耶路撒冷为首都的巴勒斯坦国，实现“两国方案”。中方支持有关各方为此做出持续努力，并愿继续提供力所能及的帮助。中国欢迎巴勒斯坦各派达成内部和解，支持巴各派加强团结、合作，为推动中东和平进程发挥积极作用。叙以、黎以两线是中东和平进程的重要组成部分，同样应予重视和推进。中国愿同国际社会一道，推动中东问题早日得到公正、全面、持久的解决。

（十）苏丹问题

7月9日南苏丹共和国顺利建国。中国尊重苏丹及南苏丹人民的意愿和选择，希望双方继续本着互谅互让精神，通过对话与协商妥善解决未决问题。国际社会应继续支持双方对话，确保苏丹、南苏丹及地区和平稳定大局。

中国支持达尔富尔问题的政治解决，主张应充分发挥联合国、非盟、苏丹政府“三方机制”的主渠道作用，平衡推进维和部署和政治谈判的“双轨”战略。中国欢迎苏丹政府与“解放与正义运动”签署和平协议，呼吁达尔富尔地区其他反对派别尽快加入政治谈判进程。同时应帮助苏丹改善达尔富尔人道和安全局势，早日实现该地区的和平、稳定与发展。

中国为推动苏丹问题的解决做出了自己的努力。中国应邀派团观察了苏丹南方公投，并向公投提供了现汇和物资援助；向南苏丹提供了6800万元人民币的无偿援助，并为南方培训人才，参与南方建设。中国向达尔富尔地区提供了1.8亿元人民币人道和发展援助，向非盟和联合国信托基金分别提供了230万美元和100万美元捐款。中国还积极参与联合国苏丹特派团、联合国/非盟达尔富尔特派团和联合国驻南苏丹特派团的维和行动。中国将继续为苏丹问题的妥善解决做出自己的努力。

（十一）索马里问题

索马里问题久拖不决，海盗问题严重影响国际航运安全，中国对此深表关注，希望索有关各方以国家和人民利益为重，积极参与和平进程，通过对话和协商解决分歧，早日结束战乱，实现持久和平和国家重建。

联合国为推动索马里和平进程发挥了积极作用，中国对此表示赞赏。国际社会应继续通过各种途径劝和促谈，同时尽快兑现对索援助承诺，支持索过渡政府加强国家安全部队建设，以增加其自身防卫能力，增加对非盟驻索马里特派团在资金、技术和后勤等方面的援助，同时积极考虑在索部署联合国维和行动。

中国一贯支持索和平进程，近年来多次向索过渡政府和非盟在索维和行动提供援助。近日，中方决定通过世界粮食计划署向索提供1600万美元的粮援现汇，并呼吁国际社会加大对索问题的关注力度，以帮助受灾民众渡过难关。中国将一如既往地支持联合国、非盟和非洲国家为解决索马里问题所作的努力，同国际社会一道，继续为推动索马里和平进程发挥建设性作用。

（十二）西亚北非局势

西亚北非地区一些国家局势持续动荡，中国对此十分关注，希望地区国家尽快恢复稳定和正常秩序。西亚北非地区战略地位特殊，在世界政治、经济、能源等事务中有重要影响，其局势关系世界安全与稳定。推动地区实现和平稳定与发展繁荣符合地区国家和国际社会的利益。

中国对西亚北非地区局势的基本立场有三点：一是坚持不干涉内政原则，尊重和支持地区国家自主处理内部事务，尊重地区国家人民的愿望诉求。希望地区国家有关各方通过政治对话途径缓解分歧，尽快恢复稳定和正常秩序。相信地区国家和人民有能力、有办法找到一条适合本国国情的政治制度和发展道路。二是呼吁国际社会与地区国家一道，发挥积极建设性作用，缓解紧张局势，推动该地区早日走向稳定，应发挥联合国在稳定地区局势以及相关国家战后重建中的主导作用。三是主张各方努力推动巴勒斯坦—以色列争端、伊朗核等问题的解决进程，为地区稳定和发展创造有利环境。

中方支持一切有助于地区局势恢复稳定的外交调解努力。作为联合国安理会常任理事国和负责任的大国，中方愿与国际社会共同努力，促进西亚北非地区的和平、稳定与发展。

（十三）利比亚问题

当前，利比亚局势已进入一个新的阶段，但仍存在一些不确定因素，利战后重建任重道远。

中国一直十分关注利比亚局势的发展，始终主张通过政治手段解决利危机，认为有关各方应遵循《联合国宪章》的宗旨和原则以及相关国际法准则。中方认为，当务之急是尽快恢复利局势稳定。希望利问题有关方采取切实措施，恢复社会秩序，使利人民早日过上正常的生活。尽快开启包容性政治过渡进程，充分照顾不同派别、部族和地域的利益诉求，最大限度地维护利团结和统一。国际社会应切实尊重利主权、独立、统一和领土完整，尊重利人民的自主选择。联合国应在利重建过程中发挥主导作用，国际社会应在联合国框架内积极支持利进行经济社会建设，继续对利提供人道主义援助。

中国支持有关各方为恢复利局势稳定、推动利政权平稳过渡所作的努力，将继续与国际社会一道，推动利早日实现和解与重建。

（十四）叙利亚问题

中国高度关注叙利亚局势发展，对持续出现流血冲突感到痛心，呼吁叙各方保持最大限度克制，摒弃暴力，避免局势进一步升级和更多人员伤亡。中方认为，叙危机应通过迅速开启由叙主导的包容性政治进程加以化解，叙有关各方应以对话和协商等方式和平、妥善地解决问题。叙利亚的前途应由叙自主决定。国际社会应尊重叙的主权、独立和领土完整，有关行动应有助于推动叙政府落实改革承诺，有助于鼓励各方建设性地参与政治进程，有助于推动叙局势早日稳定。

（十五）科特迪瓦问题

科特迪瓦结束选后危机、迈入和平重建以来，大力推进民族和解，努力开展战后重建，中国对此表示赞赏。但科政府和人民在巩固和平稳定局面和实现振兴发展的道路上仍面临诸多挑战，需要国际社会继续给予关注、支持和帮助。中国愿同国际社会一道，继续为促进科特迪瓦的和平、稳定和发展发挥积极作用。

四、发展问题

（一）千年发展目标

千年发展目标是指导国际发展合作的纲领。11年来，国际社会为实现目标做了大量工作，取得了一定进展。但从全球来看，要在2015年按时实现目标仍然任重道远，尤其是撒哈拉以南的非洲国家面临很大挑战。

2010年9月召开的联合国千年发展目标高级别会议为推动全球如期实现千年发展目标注入新动力。国际社会应积极落实会议成果，鼓励和支持各国走适合本国国情的发展道路，探索有利于促进发展和消除贫困的发展模式；建立平等、互利、共赢的全球发展伙伴关系；不断完善千年发展目标工作机制，加强协调、评估落实各项目标的进展情况，监督国际发展援助的落实情况。

（二）非洲发展

维护非洲稳定与发展不仅是非洲国家面临的紧迫任务，也是国际社会的共同责任。国际社会特别是发达国家应继续加大对非援助和支持力度，切实兑现援非承诺，努力帮助非洲提升自主发展能力；应尊重非洲国家自主选择适合本国国情的发展道路，支持其自主解决非洲事务的努力，帮助非洲维护和巩固和平稳定局面，为非洲发展提供保障；应推动建立更加公正合理的国际政治经济新秩序，为非洲发展创造有利的外部条件。

多年来，中国向非洲国家提供了真诚的援助，为促进非洲经济社会发展做出了积极贡献。中国在中非合作论坛框架内推出了一系列对非合作举措，并在2010年9月举行的联合国千年发展目标高级别会议上再次宣布对外援助6项举措，非洲国家是主要受益对象。上述举措的落实已取得重要进展，为帮助非洲国家消除贫困、改善民生、提高自主发展能力发挥了重要作用。中国愿与非洲国家和国际社会一道，继续为非洲的减贫与发展事业做出自己的贡献。

（三）粮食安全

粮食安全问题不仅攸关各国经济和民生，也事关全球发展和安全。粮食供需的不平衡不利于实现世界持久和平和共同繁荣。国际社会应本着共同发展理念，采取积极有效的协调措施，稳定粮食等大宗商品价格，防止过度投机和炒作，共同维护世界粮食安全。

中国一贯高度重视农业特别是粮食问题，坚持立足国内，基本自给，适当利用进出口调剂余缺的政策。中国用占世界7%左右的耕地和6.5%左右的淡水资源，解决了世界20%左右人口的粮食问题，实现了人民生活从温饱不足向总体小康的历史性跨越，提前实现千年发展目标中的减贫目标，这是中国为全球粮食安全以及世界和平与发展事业做出的巨大贡献。当前中国的粮食安全形势是好的，我们有信心、有能力长期主要立足国内生产保障粮食安全。

中国重视并积极参与国际社会消除饥饿和减少贫困的努力，帮助发展中国家尤其是非洲国家发展农业和粮食生产。中国一直积极支持联合国粮农组织的工作，向粮农组织捐款3000万美元设立信托基金，并在粮农组织“粮食安全特别计划”框架下向8个非洲国家派遣了700多名农业专家。2006年中非合作论坛北京峰会以来，中方已在论坛框架下建成14所援非农业示范中心，并向非洲派遣了272名农业专家和技术人员。中国近期向遭遇严重旱灾和饥荒的非洲之角地区提供了4.432亿元人民币的粮食援助，这是新中国成立以来中国政府对外提供的最大一笔粮食援助。中国愿与国际社会一道，携手努力，共同维护世界粮食安全，推动建立持久和平、共同繁荣的和谐世界。

（四）能源安全

能源安全同世界经济稳定发展和各国人民福祉息息相关。在世界经济逐步复苏背景下，维护能源安全对推动世界经济强劲、可持续、平衡发展具有重要意义。

国际社会应树立互利合作、多元发展、协同保障的新能源安全观，共同稳定能源等大宗商品价格、防止过度投机和炒作，保障各国特别是发展中国家能源需求，维护能源市场正常秩序。同时，各国应改善能源结构，加强先进能源技术的研发和推广，大力发展清洁和可再生能源，积极开展国际合作。

中国高度重视能源和能源安全问题，始终坚持“节约优先、立足国内、多元发展、保护环境”的原则，加强国际互利合作，大力改善和调整能源结构，努力构筑稳定、经济、清洁、安全的能源供应体系，加快建设资源节约型、环境友好型社会。2009年哥本哈根气候变化大会前夕，中国宣布到2020年非化石能源占一次能源消费比重达15%，单位国内生产总值二氧化碳排放比2005年下降40—45%的目标。中国愿与世界各国一道共同努力，建立能源合作长效机制，为保障全球能源安全、应对气候变化做出应有贡献。

（五）气候变化

气候变化是人类共同面临的严峻挑战，关系到人类生存和各国利益，也关系到世界的公平和正义，国际社会应在《联合国气候变化框架公约》及其《京都议定书》基础上加强合作，共同应对。中国始终以积极、建设性态度参与气候变化谈判和国际合作，主张在可持续发展框架下应对气候变化，坚持公平原则和“共同但有区别的责任”原则，坚持减缓和适应并重，坚持依靠科技创新和技术进步，坚持全民参与和广泛国际合作。

2010年坎昆会议达成了相对平衡的“坎昆协议”，中国予以积极评价。对于广大发展中国家而言，2011年德班会议成功的关键是谈判确定《京都议定书》第二承诺期，必须继续坚持以《联合国气候变化框架公约》和《京都议定书》作为谈判主渠道，坚持联合国进程的民主、公开、透明和广泛参与。各方应增强政治互信，创造有利于合作的谈判气氛，推动谈判取得实质性进展，按照“巴厘路线图”授权达成全面、平衡的积极成果。中国也希望发达国家展现足够诚意，提供资金和技术支持，帮助发展中国家应对气候变化，推动谈判进程朝着积极方向发展。

中国本着对本国人民和人类长远发展负责的精神，为应对气候变化采取了一系列强有力的政策措施，成效显著。中国全国人民代表大会通过的“十二五”规划将中国应对气候变化的目标列入约束性指标，并提出绿色、低碳发展理念，这是中国政府对未来发展模式的选择，同时也是为全球应对气候变化做出的重要贡献。我们愿继续本着积极、建设性姿态参与国际谈判，与各方一道，共同推动德班会议在“巴厘路线图”授权基础上取得积极成果。

（六）南南合作

南南合作是发展中国家间取长补短、实现共同发展的重要渠道，是发展中国家相互帮助，携手应对各种发展挑战的重要途径。近年来，南南合作取得积极进展，南方国家之间贸易、投资活跃。发展中国家间还建立了一些新机制和倡议，为南南合作注入新活力。

中国认为，南南合作是发展中国家互利合作的一种形式，具有互惠性、自发性和无条件性，不是援助；南南合作不同于南北合作，只能是南北合作的补充，而非替代。发展中国家应在重大国际问题上积极开展磋商与协调，采取一致行动，共同维护正当权益；应根据形势发展和自身需要，本着平等互利原则，不断拓展合作渠道、丰富合作内涵、创新合作模式；还应加强协调，有效利用多边机制，共同致力于建立公正合理的国际政治经济新秩序。受国际金融危机的影响，广大发展中国家面临的发展环境不容乐观。在此形势下，广大发展中国家更要加强南南合作，共同应对危机，促进经济健康持续增长，增强自我发展能力。

（七）发展筹资

发展融资不足问题一直是国际发展领域面临的主要挑战，特别是在国际金融危机给低收入国家造成严重冲击的背景下，这一问题显得更加突出。

当务之急是建立并完善平等、互利、共赢的全球发展伙伴关系，切实落实《蒙特雷共识》，确保如期实现千年发展目标。中国主张，重点从以下五方面做出努力：一是增加发展资源，加强发展机构。二是发达国家兑现官方发展援助占国民总收入0.7%的承诺，进一步对发展中国家减免债务和开放市场。三是努力减少金融危机对发展中国家特别是最不发达国家造成的损害，切实帮助其保持金融稳定和经济增长。四是抑制贸易保护主义，推动多哈回合谈判达成发展回合目标。五是为发展中国家创造良好外部发展环境，反对动辄对发展中国家采取经济、商业、金融封锁等措施。

（八）多哈回合谈判

维护并继续推动多哈回合谈判，将有利于巩固多边贸易体系的地位，抑制贸易保护主义，巩固世界经济复苏和可持续发展，符合各方共同利益。

中国始终致力于建立公正、合理、非歧视的多边贸易体制，一直以建设性姿态积极参与多哈回合谈判。我们呼吁各方拿出足够的政治意愿，切实推动谈判，维护多边贸易体制的信誉。中方对各种有利于推动谈判的尝试持开放态度。我们主张，一是必须维护多哈回合十年的谈判成果；二是必须坚持发展目标，充分照顾发展中国家特别是最不发达国家的利益和关切；三是必须坚持一揽子协议。

（九）国际金融体系改革

国际金融危机充分暴露了现行全球经济治理体系的弊端和不足。加强全球经济治理，塑造一个有利于世界经济长期健康稳定发展的体制框架，符合国际社会共同利益。各方都希望对现有国际金融体系进行必要改革，目标是建立公平、公正、包容、有序的国际金融体系。

中国主张：应完善国际金融治理体系，继续推进国际金融机构改革，加强国际金融机构的发展和减贫职能，提高新兴市场国家和发展中国家的发言权和代表性；应完善全球金融监管体系，加强对具有重要金融中心的发达经济体及其宏观经济政策的监督，加强对跨境资本流动、大宗商品交易金融衍生品和评级机构的监管，制订全球统一的会计准则；应完善国际货币体系，健全储备货币发行调控机制，保持主要储备货币汇率相对稳定，探讨建立币值稳定、供应有序、总量可调的国际储备货币体系，增强发展中国家应对金融风险的能力。

（十）环境与可持续发展（里约+20）

2012年将在巴西里约热内卢召开的联合国可持续发展大会，为推进全球可持续发展合作提供了一个重要契机。中国支持联合国可持续发展大会，愿与各方共同努力，推动大会全面评估20年来可持续发展领域的进展和差距，重申已有政治承诺，并制定具体行动方案，协调落实各项承诺，切实推进全球可持续发展进程。

大会要取得上述成果，一是要坚持可持续发展原则，紧紧围绕可持续发展目标，统筹协调经济、社会、环境因素。二是应坚持1992年里约热内卢环境与发展大会各项原则，包括“共同但有区别的责任”原则。三是坚持发展模式多样化原则，尊重各国可持续发展自主权，确保足够的政策空间。四是坚持协商一致原则。大会重在面向行动，凝聚共识。要注意听取发展中国家意见，求同存异，扩大共识。

关于绿色经济。减少贫困应是发展中国家发展绿色经济的首要任务。国际社会要采取切实措施，坚决反对以发展绿色经济为由搞贸易保护主义，或将发展绿色经济变成对外援助的条件。发达国家应率先采取行动，改变不可持续的消费方式，同时积极帮助发展中国家发展经济，包括提供资金，转让技术，加强能力建设，扩大市场准入等。

关于可持续发展的机制框架。有关机制框架应有助于加强联合国发展支柱，有助于统筹经济发展、社会发展和环境保护，有助于解决发展中国家面临的资金和技术匮乏以及能力建设不足等问题。应充分发挥联合国核心领导作用，强化联合国政策指导和整体行动能力，协调指导国际社会各有关机构、多边机制和条约机制采取步调一致的行动，共同推动可持续发展。

五、军控、裁军与防扩散

中国一贯重视并支持国际军控、裁军与防扩散努力，主张全面禁止和彻底销毁核武器、化学武器、生物武器等各类大规模杀伤性武器。

中国坚决反对大规模杀伤性武器及其运载工具的扩散，认真、严格履行中国承担的国际义务和相关承诺。为实现防扩散目标，各国应致力于营造互信、合作的国际和地区安全环境，消除大规模杀伤性武器扩散的动因；坚持通过政治外交手段解决防扩散问题；切实维护和加强国际防扩散机制；平衡处理防扩散与和平利用科学技术的关系，摒弃双重标准。中国愿同有关各方加强交流合作，共同推动国际防扩散进程。

中国一贯主张并积极倡导全面禁止和彻底销毁核武器。中国坚定奉行自卫防御的核战略，始终恪守在任何时候、任何情况下不首先使用核武器，无条件不对无核武器国家和无核武器区使用或威胁使用核武器的承诺。中国在核武器的规模和发展方面始终采取极为克制的态度，不在别国部署核武器，从不参加任何形式的核军备竞赛，将继续把自身核力量维持在国家安全需要的最低水平。

中国坚定支持《全面禁止核试验条约》，并积极推动条约早日生效。中国支持裁军谈判会议尽快达成全面平衡的工作计划，早日启动“禁产条约”谈判，并就防止外空军备竞赛、“无核安保”等议题开展实质性讨论。中国在今年担任裁谈会轮值主席期间，为推动各方缩小分歧、开展实质性工作做出了积极努力。

中国始终认为，《不扩散核武器条约》是国际核不扩散机制的基石，欢迎条约2010年审议大会取得积极成果，希望各方共同努力，认真落实大会制定的最后文件。当前形势下，各方应继续维护和加强条约的普遍性、权威性和有效性，使条约在防止核武器扩散，推动核裁军和促进和平利用核能方面发挥更大作用。

中国重视核安全问题，反对核恐怖主义，支持加强相关国际合作，欢迎华盛顿核安全峰会在此方面取得的进展。中国愿与各方共同努力，推动2012年首尔核安全峰会取得积极成果。

中国认为，核能利用必须以安全为前提。中国支持国际社会采取切实措施加强核能安全，积极开展相关国际合作，以促进核能的健康、可持续发展。

中国支持《禁止化学武器公约》和《禁止生物武器公约》的宗旨和目标，全面、严格履行两公约义务，支持不断加强两公约的普遍性。中国呼吁各方妥善处理化学武器销毁逾期问题，维护公约权威和信誉，同时敦促化武拥有国和遗弃国进一步加大工作力度，尽快完成销毁。中国将本着积极和建设性态度参加《禁止生物武器公约》第七次审议大会，并愿就全面加强公约有效性做出自己的贡献。

中国一贯主张和平利用外空，反对外空武器化和外空军备竞赛，认为国际社会应尽早谈判制定新的国际条约，从根本上消除外空安全威胁。中国重视外空“透明与建立信任措施”在维护外空安全方面的积极作用，主张坚持“兼收并蓄、相辅相成”的原则，推进防止外空军备竞赛和外空“透明与建立信任措施”进程。中国将以建设性姿态参与联合国外空“透明与建立信任措施”政府专家组相关工作。

中国认为信息安全是国际社会面临的共同挑战，只有加强国际合作，才能有效应对，联合国应在此进程中发挥核心作用。制定相关国际规则，有助于促进各国在信息空间采取负责任行为，并为加强国际合作提供良好基础。

中国重视军事透明问题，致力于增进与世界各国的军事互信。从2007年起，中国参加了联合国军费透明制度，并恢复参加联合国常规武器登记册。中国还以建设性态度积极参与了联合国军费透明政府专家组工作。

中国重视军控领域的人道主义问题，积极致力于增强《特定常规武器公约》及所附议定书的普遍性和有效性，以建设性姿态参加公约政府专家组有关集束弹药问题的谈判。中国积极参与国际扫雷援助活动，努力帮助有关国家摆脱雷患困扰。中国积极参加“武器贸易条约”相关进程，支持国际社会采取必要措施，合理规范武器贸易行为，防止和打击常规武器非法转让和贩运。中国支持打击轻小武器非法贸易的国际努力，认真落实联合国轻小武器《行动纲领》和《识别与追查非法小武器国际文书》。

六、人权问题

世界各国政府均有义务按照《联合国宪章》宗旨和原则以及国际人权文书的有关内容，结合本国国情，促进和保护人权。国际社会应尊重各类人权的不可分割性，同等重视经济、社会和文化权利以及公民权利和政治权利两类人权和发展权的实现。由于国情不同，各国在人权问题上采取不同的做法和模式，不应强求以同一模式来促进和保护人权。

中国积极倡导人权领域国际合作，主张在平等和相互尊重的基础上，就人权问题开展建设性对话与交流，以增进了解，相互借鉴，反对将人权问题政治化和搞双重标准。

中国始终积极、建设性地参与联合国人权理事会各项工作。第65届联大已通过人权理事会重审决议。中国愿与各方共同努力，认真落实联大决议规定，推动人权理事会坚持《联合国宪章》的宗旨和原则，以更加公正、客观和非选择性的方式处理人权问题。

七、社会问题

（一）跨国犯罪

随着经济全球化发展，制贩毒品、贩卖人口、洗钱等跨国有组织犯罪活动不断蔓延，并与恐怖主义活动勾连，严重危害各国经济发展和社会秩序，给地区和平与稳定带来挑战。

加强国际合作，预防和打击跨国有组织犯罪，是国际社会的共同需要和共识，也是各国义不容辞的共同责任。《联合国打击跨国有组织犯罪公约》和《联合国反腐败公约》是国际社会在打击跨国犯罪领域的重要成果，国际社会应根据公约宗旨和精神，在相互尊重基础上加强合作，尤其是在司法协助和引渡方面。

中国重视并积极参与打击跨国有组织犯罪国际合作，先后批准了《联合国打击跨国有组织犯罪公约》和《联合国反腐败公约》，与联合国毒品和犯罪问题办公室、联合国预防犯罪和刑事司法委员会等联合国机构及相关国际和区域组织保持良好合作，并与有关国家积极开展了双边警务及司法合作。中方愿继续与国际社会加强合作，共同努力打击跨国有组织犯罪活动。

（二）艾滋病

艾滋病严重威胁人类健康，影响各国经济社会发展。防治艾滋病是国际社会刻不容缓的任务，也是落实千年发展目标的重要方面。

国际社会尤其是发达国家应为发展中国家加强艾滋病防治能力建设提供更大帮助。联合国艾滋病规划署和全球防治艾滋病、结核和疟疾基金等国际机构应该加强相互协调，为帮助发展中国家防治艾滋病发挥更大作用。

中国政府采取一系列艾滋病防治措施，努力提高艾滋病人权利保障水平，增强全社会关心艾滋病感染者和患者的意识。中国积极参与艾滋病领域国际合作，愿同国际社会一道继续为减轻艾滋病危害做出贡献。

（三）公共卫生安全

公共卫生安全事关各国人民身体健康和生命安全。确保全球公共卫生安全是国际社会的共同责任。各国政府应通过不断加强公共卫生能力建设，为人民健康生活提供有力保障，促进经济社会协调和可持续发展。

中国政府坚持以人为本，高度重视公共卫生建设，正在进一步深化医药卫生体制改革。中国愿同各国及有关国际组织加强信息、经验、技术交流共享，深化合作，为更好应对全球公共卫生挑战、促进人民身心健康而共同努力。

（四）反腐败

腐败问题已成为影响世界各国政治、经济和社会的跨国现象，只有充分而全面的国际合作才能对腐败予以有效控制和惩治。《联合国反腐败公约》是一项全球性反腐败法律文书，体现了国际社会治理腐败的共同意愿和决心，对促进各国国内反腐败行动、加强反腐败国际合作具有重要而积极意义。应充分重视和利用《联合国反腐败公约》在国际反腐败斗争中的主渠道作用，其他国际层面确立的反腐败机制或框架不应替代、弱化或变更公约确立的原则和机制。

中国高度重视反腐败合作，积极参与了《联合国反腐败公约》整个谈判进程及公约有关机制的建立过程，为国际反腐败体系的建立和运转做出了重要贡献。作为《联合国反腐败公约》缔约国，中国将全面认真履行公约义务，促进公约有关机制有效发挥作用，在相互尊重主权和平等互利基础上，加强与各国和国际组织的有效合作。

八、联合国财政问题

联合国所有会员国应根据《联合国宪章》精神，根据联大决议确定的支付能力原则，继续认真履行联合国财政义务，及时、足额、无条件地缴纳联合国会费和维和摊款，确保联合国具有坚实、稳定的财政基础。

联合国资源的利用应根据资源与方案相结合的原则，进一步提高资源使用效率，并充分考虑和照顾发展中国家的合理关切和要求。会员国应进一步加强协调与沟通，提高工作效率，加强在方案协调和财政预算方面对秘书处工作的指导。

九、法治问题

（一）国际和国内两级法治

实现国内和国际两级法治是各国普遍追求的目标。各国有权自主选择适合本国国情的法治模式。各国的法治模式可以相互借鉴、取长补短和共同发展。在加强国际法治方面，必须维护《联合国宪章》的权威，严格遵循公认的国际法原则和准则，坚持国际法的统一适用，避免采取双重标准，并不断完善国际立法，促进国际关系民主化。

（二）国际法院

中国支持加强国际法院在和平解决国际争端及促进国际法治方面的作用，欢迎法院不断改进工作方法，提高工作效率，希望法院在维护国际秩序稳定、伸张正义方面发挥积极作用。各国自由选择和平解决争端方式的权利应得到尊重。

（三）国际刑事法院

中国支持建立一个独立、公正、有效和具有普遍性的国际刑事司法机构，以作为对国家法律体系的补充，惩治最严重的国际罪行，促进世界和平和实现司法正义。国际刑事法院的工作应秉承促进国际和平与安全、维护全人类福祉的宗旨，与其他国际机制协调合作，避免干扰有关和平进程。中国会继续关注国际刑事法院的工作，希望法院在未来工作中以客观、公正的表现赢得国际社会的广泛信任和尊重。

（四）海洋与海洋法事务

推动建设和谐海洋，是建设持久和平、共同繁荣的和谐世界的重要组成部分。为建立和维护和谐的国际海洋秩序，中国主张：第一，兼顾海洋的科学保护与合理利用。在促进海洋可持续利用为人类创造福祉的同时，加强对海洋的保护，实现人类与海洋之间的和谐。第二，公平分配海洋利益，分担保护责任，特别要考虑发展中国家，特别是最不发达国家、小岛屿发展中国家的实际情况和关切，重视发展中国家的能力建设。第三，平衡沿海国权利和国际社会整体利益。应根据国际法划定200海里以外大陆架外部界限，在保障沿海国依国际法享有权利的同时，要保护作为人类共同继承财产的国际海底区域。第四，维护以《联合国海洋法公约》为基础的国际海洋法秩序。《联合国海洋法公约》是在海洋领域解决新问题、处理新挑战的重要依据，是现代海洋秩序的法律基础。国际社会应确保《联合国海洋法公约》的完整性和权威性得到维护。

中国希望各国在科学和法治基础上，通过平等对话、相互合作，和平解决海洋领域的各种问题、分歧或争端，促进海洋的和平、安全、开放、有效保护和可持续利用，实现国际社会成员的共同发展和互利共赢。

中国代表在第66届联大四委关于“和平利用外层空间的国际合作”议题的发言

（2011年10月12日）

主席女士：

今年对于人类的和平利用外空事业是具有特殊意义的一年，半个世纪前，加加林进入太空，将人类引入载人航天时代，常设的联合国和平利用外层空间委员会也于同年召开了第一次会议。在今年的外空委会议期间，外空委主席团和联合国外空司成功地组织了高级别论坛、载人航天展览等纪念活动，为世界航天人提供了很好的合作交流的平台。在此，请允许我代表中国代表团，向他们的卓越领导和辛勤工作表示感谢。

主席女士，

中国政府派出高级别代表团参加了联合国外空委和载人航天50周年的纪念活动，与世界航天人进行了深入交流，展示了中国航天事业50年的辉煌成就。与此同时，中国的航天事业在今年继续保持蓬勃发展的势头。北斗卫星导航系统组网继续稳步推进，即将完成区域导航系统建设，并为亚太地区提供服务；在不久之前的9月29日，中国成功发射了“天宫一号”，标志着中国空间站建设迈出了关键的第一步。另外，中国政府非常注重空间技术的实际应用转化，将其应用于测绘、渔业、交通运输、气象以及防灾减灾等领域，造福于人们的日常生活。

主席女士，

探索和利用外空应实现包容性发展，使外空活动的利益惠及所有国家，特别是尚未具备空间能力的国家及其人民。我愿借此机会，阐述中方主张。

首先，随着外空活动主体的多元化和外空探索领域的拓展，人类航天事业在不断发展的同时，也面临着许多问题。空间环境日益拥挤，外空资源渐显紧张，外空活动的长期可持续发展面临挑战。我们主张，外空活动的开展应与空间环境相协调，与外空可持续发展相结合，保护人类共同的空间环境，实现探索和利用外空对空间环境的包容。

其次，近年来人类的航天事业总体取得长足进步，但各国的空间事业呈现发展不均衡的特点，部分空间技术能力不足的国家不仅难以开展空间活动，也难以享受空间技术转化带来的效益。我们主张，不论国家大小、强弱，各国都拥有和平利用外空的平等权利，每一位地球公民都有权分享空间技术带来的高效和舒适的生活。因此，要致力于使更多尚未具备空间能力的国家参与航天事业，实现探索和利用外空对各国的包容。

第三，外空探索拓展人们的视野，赋予人类历史连续感，这些成果跨越国界，使人们更深入地认识人类。目前，商业发射、太空旅游等迅速发展，更多的人有了近距离体验太空的机会，在这一过程中，我们也要注重将太空探索的体验赋予欠发达国家的人民，使每一个人都有机会欣赏太空的壮丽和深邃，从而实现探索和利用外空对全人类的包容。

主席女士，

包容性发展是所有空间活动主体机会平等、成果共享的发展，是各个国家和民族互利共赢、共同进步的发展，是兼容并蓄，各种文明、人与自然和谐相处、良性循环的发展。只有坚持平等互利、开放包容的国际合作，才能实现包容性发展的目标。国际合作既是人类探索和利用外空的成功经验，也是指导各国空间活动的基本准则。外空法是建设和谐外空、防止外空武器化和实现外空可持续发展的重要保障。要实现外空领域的包容性发展，应继续坚持国际合作，不断推进外空法治建设。

主席女士，

中国将继续秉承和谐外空理念，与国际社会一道，致力于实现外空领域的包容性发展，建设一个和平、发展、合作、法治的外空。

再次感谢主席女士。

中国代表在第66届联大六委关于“消除国际恐怖主义的措施”议题的发言

（2011年10月3日）

主席先生：

今年是“9·11”恐怖袭击10周年。10年来，国际反恐斗争取得一些重要进展，但恐怖主义并没有消除，在一些地区还有滋生蔓延之势，部分地区的人们仍处在恐怖活动威胁当中。此外，恐怖分子不断变换手法，袭击方式日趋多样，国际反恐斗争面临新挑战，反恐形势依然复杂严峻。

主席先生，

中国政府一贯反对一切形式的恐怖主义，同时主张，反恐必须遵循《联合国宪章》的宗旨和原则以及公认的国际法准则，依法进行；必须尊重国家主权，不得采取双重标准，不得将恐怖主义与特定文明、民族、宗教挂钩。中国政府支持国际社会消除恐怖主义的努力，支持加强国际合作，支持联合国在反恐活动中发挥主导和协调作用，支持将《联合国全球反恐战略》作为指导国际反恐合作的指针。中国政府也主张，反恐要标本兼治，预防和惩治并重，应致力于维持和平与安全，消除贫困和社会不公，从根本上消除恐怖主义滋生的土壤。

主席先生，

中国政府致力于消除恐怖主义产生的根源，通过促进经济发展、提升教育水平、加强法制建设等综合手段，积极营造和谐的社会环境，实现社会公平正义和安定团结。中国正在加紧推进反恐立法，不断完善反恐法制建设，加强反恐怖能力建设。中国继续认真履行已参加的各项联合国反恐条约义务，重视反恐宣传和教育，使人们远离极端暴力思想的毒害。

主席先生，

中国坚决支持并积极参与国际反恐合作，本着“平等合作、双向互利”原则稳步推进与各方在反恐领域的交流与合作。

在联合国框架下，中国积极支持和全面参与了安理会制裁基地组织委员会（1267委员会）和制裁塔利班委员会（1988委员会）、反恐委员会（1373委员会）以及联合国反恐执行工作组（CTITF）等机构的工作。首先，中国以审慎负责的态度参与1267和1988两个制裁委的列名、除名工作，旨在既最大限度地发挥制裁的效力，同时尽量减少制裁对普通民众和第三国的负面影响，维护安理会的权威。其次，中国深入参与了反恐委员会工作，先后7次向其提供中国的反恐国别报告。中国在参与该委员会对他国国别报告的审议工作时，主张应尊重会员国对本国反恐策略和方法的选择，充分考虑各国国情和实际困难，提出公平合理的建议。第三，中国支持安理会反恐执行局的有关工作，鼓励执行局筹措各方资源，向发展中国家提供反恐方面的技术援助，切实帮助发展中国家提高反恐能力建设。

在双边和区域反恐合作层面，中国先后同日本、印度、俄罗斯、韩国等举行了反恐磋商，积极参与“全球反恐论坛”的相关筹备和研讨，重视发挥上海合作组织等在推进地区反恐务实合作方面的作用。迄今，中国与近60个国家签订了30多项引渡条约、40余项刑事司法协助协定，初步形成了具有一定规模的司法合作网络，为中外合作打击包括恐怖活动在内的各种犯罪奠定更加坚实的基础。

主席先生，

我们认为，制订一项综合性反恐公约，对国际社会面临的新反恐形势做出回应，是对现行国际反恐法律框架的有益和必要补充，对完善反恐国际法律制度具有重要意义。中国政府高度重视并积极支持联合国制定《关于国际恐怖主义的全面公约》，将继续本着合作和建设性的态度参与公约的制定，希望公约的遗留问题得到妥善解决，尽早获得通过。

谢谢主席先生。

中国代表在第66届联大六委关于“国际法委员会第63届会议工作报告”议题的发言

（第一部分：报告第一至三章、第四章、第五章）

（2011年10月25日）

主席先生：

今天是我在联大六委第一次发言。首先请允许我祝贺您当选本委员会主席，相信在您的领导下，委员会工作会取得积极成果。我同时也祝贺其他主席团成员的当选。

昨天，国际法委员会第63届会议主席卡姆托先生就委员会工作做了精彩介绍，我对此表示感谢，同时也感谢准备此次委员会工作报告的特别报告员佩雷拉先生。

主席先生，

今年是国际法委员会本届任期的最后一年。在本届任期内，委员会通过了《国际组织责任条款草案》及其评注、《武装冲突对条约影响条款草案》，以及《对条约的保留实践指南》，还开始了对灾害中的人员保护、国家官员在外国法院的刑事管辖豁免、条约随时间演变、最惠国条款等议题的讨论。可以说，中国代表团对委员会的工作总体是满意的。借此机会，我愿对付出了智慧和心血的全体委员表示感谢。与此同时，必须指出的是，委员会工作中也存在一些不容忽视的问题，如个别议题进展缓慢，成果文件篇幅过长，学术性过浓。委员会有必要在未来进一步改进工作方法，提高工作效率，在严格坚持学术严谨性的同时，要兼顾成果文件的实用性和可操作性。新一届委员会产生后，联大应加强对委员会的政治指导，特别是在选择新议题方面。

中国代表团注意到委员会在长期工作方案中列入习惯国际法的形成与证据、保护大气层、条约的临时适用、国际投资法律中的公正和公平待遇标准及与武装冲突有关的环境保护等5项新议题。中国代表团欢迎委员会就具有实践指导意义的新议题展开研究，希望委员会充分听取联大六委意见，履行联大赋予的职能，为国际法的编纂和逐渐发展做出更大的贡献。

主席先生，

关于"对条约的保留"专题，中国代表团欢迎委员会在今年会议上通过了《对条约的保留实践指南》及其评注。谨向特别报告员阿兰·佩莱先生表示祝贺，感谢他长期以来为完成《对条约的保留实践指南》所做工作。总体看，这份文件梳理了大量条约保留领域的理论、案例，有助于该领域的学术研究和实践。但我们对其中一些试图发展现行规则的条款存在关切，比如准则4.5.3采用的肯定推定方式可能与条约法中的自愿原则不符。另外，这份实践指南内容过于繁杂，将为其实际应用带来困难。关于《对条约的保留实践指南》所提出的建立一个保留协助机制的问题，本代表团赞成其他代表团做出的评论意见，同样对建立这一机制的必要性存有疑虑。中国代表团将在明年第67届联大期间就《对条约的保留实践指南》发表进一步的具体评论。

主席先生，

关于"国际组织的责任"专题，中国代表团对委员会二读通过的《国际组织责任条款草案》及其评注表示欢迎，感谢特别报告员加亚先生的工作。中国代表团认为，该条款草案是继《国家责任条款草案》后编纂和发展国际责任领域国际法规则的重要进展，是委员会近年来工作取得的重要成果。

中国代表团注意到，多个国家及包括联合国在内的20余个国际组织依据联合国大会决议，对一读通过的《国际组织责任条款草案》提交了评论。有关评论提出，国际组织不同于国家，草案总体结构不能照搬《国家责任条款草案》；国际组织的规则、宗旨等各不相同，与其成员国及与非成员国的关系也各不相同，是否可以适用统一的国际责任规则存在疑问。

主席先生，

国际组织的责任是国际法中一项较新的问题，相关实践还不够丰富。各国政府、国际组织的评论意见也表明，国际社会尚未就国际组织责任的相关规则达成共识。中国代表团认为，目前的条款草案虽不完美，但其对实践、判例和文献的梳理有助于该领域的实务和学术研究，为我们进一步讨论国际组织责任问题，指引国际组织开展活动打下了良好基础。因此，中国代表团支持将委员会二读通过的《国际组织责任条款草案》及其评注列入大会决议附件，并愿与各国代表团一道，进一步讨论国际组织的责任问题。

谢谢主席先生。

中国代表在第66届联大六委关于“国内和国际法治”议题的发言

（2011年10月5日）

主席先生：

首先，请允许我对您当选本届联大六委主席表示祝贺，同时对主席团其他成员的当选表示祝贺。我还要感谢秘书长关于“加强和协调联合国法治活动”的报告。

主席先生，

法治是人类文明和进步的重要标志，加强国内和国际的法治是国际社会共同的目标和责任。我们欢迎联大六委继续就“国内和国际法治”议题进行审议，这不仅体现了联合国对法治工作本身的重视，而且为成员国提供了分享经验的平台，对推动各国加强法治建设，从而促进国际社会的稳定和发展具有积极意义。

主席先生，

中国代表团认为，坚持以《联合国宪章》的宗旨和原则为核心的国际法治有利于维护世界和平、稳定和发展，符合世界各国人民的共同利益。加强国内法治有利于维护社会稳定、促进经济发展，实现社会正义。在全球化继续快速发展的今天，国际法治和国内法治的联系越来越紧密，国际社会应推动国际法治和国内法治的良性互动，使两者相互借鉴，取长补短，共同发展。

主席先生，

中国代表团认为，在探讨冲突和冲突后情况下的法治和过渡司法问题时，应注意协调好以下几组关系：

第一，法治与其他手段的关系。要综合运用法治与其他手段，建立多元化社会管理和调节机制。一方面，要充分发挥法治在冲突预防和冲突后社会重建过程中的根本作用，特别是重视其预防和惩治犯罪方面的功能。另一方面，要根据冲突和冲突后国家的特点，鼓励运用政治、社会、经济等多种调节手段实现冲突后社会的和平、稳定和发展目标。

第二，普遍性与特殊性的关系。要坚持普遍性和特殊性相结合，选择与冲突国国情和实际情况相适应的法治和司法制度。一方面，要坚持《联合国宪章》和公认的国际法原则，借鉴吸收国际通行做法。另一方面，要尊重冲突国独特的历史、文化和法治传统，使法治建设与冲突国国情和实际情况相协调适应。

第三，短期计划与长期目标的关系。要协调短期计划与长远目标，稳步推进冲突国法治建设。通往和平与法治的道路不会一蹴而就，不能操之过急，应明确冲突国和人民需求的轻重缓急，优先推动解决那些冲突国和人民最为关心、最为紧迫的议题。同时制定好长远规划，循序渐进地推进冲突国法治改革、制度建设等长期目标，不断迈向和平与正义的目标。

第四，自主重建与国际援助的关系。要坚持自主重建与国际援助并举，合理有效利用各种资源推动法治建设。鼓励冲突国依靠本国力量开展社会重建工作，建设具有本国特色的法治体系。同时，国际社会应根据冲突国和人民的需求和愿望，提供诸如资金、基础设施建设、人员培训等方面的支持，加强冲突国的能力建设。联合国应在协调国际社会支持方面发挥主导作用。

主席先生，

建设和完善国际和国内法治任重而道远。中方愿意就法治问题与联合国及其他国家加强交流，不懈努力，共同促进法治目标的实现。

谢谢主席先生。

中国代表在第66届联大六委关于“联合国宪章和加强联合国作用特别委员会报告”议题的发言

（2011年10月6日）

主席先生：

中国代表团感谢宪章特委会主席对特委会2011年届会情况的介绍。

特委会在2011年届会上，审议了“制裁的影响和实施”、“援助受制裁影响的第三国”等议题。中国代表团认为，安理会应慎重使用制裁措施，并尽量避免制裁对第三国和平民产生不利影响。中方注意到，安理会在不断改进方法，以更精确地执行制裁，中方认为对有关努力应予肯定。与此同时，考虑到制裁措施影响大、涉及面广，对第三国产生不利影响的可能性仍然存在，两项与制裁相关议题的探讨仍具有现实意义。因此，中国代表团支持特委会在下届会议上继续优先审议以上议题。

关于请国际法院就未经安理会授权诉诸武力的法律后果发表咨询意见，中方认为，该议题有助于进一步厘清使用武力的国际法规则，乐见特委会对其进行审议。

主席先生，

中国代表团在支持特委会审议上述传统议题的同时，也对具有现实意义和可行性的新提案持开放态度。中国代表团注意到，加纳在2010年届会上建议将“加强联合国同区域组织合作的法律原则和措施”问题列入特委会议题，委内瑞拉在2011年届会上建议设立不限成员名额的工作组，研究执行和贯彻《联合国宪章》规定的法律问题。中国代表团愿意与其他各国代表团一道，在下次届会上听取两国关于各自建议更加详细的介绍，以便参与讨论。

主席先生，

关于改进特委会工作方法和提高工作效率，中国代表团一贯赞成在肯定特委会工作的前提下，不断探索新思路和新方法，以解决这一问题。中国代表团愿借此机会呼吁各方拿出政治意愿，认真参与特委会工作，积极利用这一平台，为维护《联合国宪章》权威、维护国际和平与安全做出积极贡献。

主席先生，

中国代表团高兴地看到《联合国机关惯例汇编》编写和《安理会惯例汇辑》增订工作取得进展，赞赏秘书处为此付出的努力。中国代表团希望秘书处进一步做出努力，落实特委会报告中的相关要求。

主席先生，

最后，中国代表团愿再次对特委会在维护宪章权威、维持国际和平与安全、促进和平解决争端方面发挥的积极作用表示赞赏。

谢谢主席先生。

中国代表在第66届联大六委关于“普遍管辖权原则的范围和适用”议题的发言

（2011年10月12日）

主席先生：

普遍管辖权是一个涉及法律、政治和外交的综合性问题。明确普遍管辖权的含义、范围及适用关系到国际法律秩序和国际关系的健康发展。中方已于2010年4月提交了关于“普遍管辖权原则的范围和适用”的书面意见，具体分析了普遍管辖权的含义、适用范围和条件。我愿借此机会重申中方的基本看法和主张：

第一，所谓“普遍管辖权”只是学理上的称谓，没有公认的确切含义。基于国家主权平等原则，国际法承认一国在其领土内的管辖权，同时亦承认一国在另一国享有管辖豁免。基于有关国际法规则，各国可以对公海上发生的海盗等犯罪行为行使管辖。

第二，一国在行使管辖权时，必须尊重另一国根据国际法所享有的豁免，包括一国国家元首和其他官员的豁免，外交和领事人员豁免，一国国家及其财产豁免等。一国不能因实施国内法上的管辖权而损害另一国根据国际法所享有的相关权利。

第三，关于部分国际条约包含的“或引渡或起诉”原则，中方认为该原则是一项条约义务，仅适用有关条约缔约国之间，不能简单地称之为“普遍管辖权”。

第四，滥用所谓“普遍管辖权”构成违反国际法。根据国际法上的国家责任制度，如果一国国内司法机关滥用所谓“普遍管辖权”，侵犯了另一国根据国际法所享有的合法权益，该国应承担相应的国际责任。

主席先生，

中方乐见各国继续在联大六委对普遍管辖权问题进行讨论，包括设立一个工作组对其进行研究，希望通过深入交换意见，各方能就该问题达成一致认识。各方达成一致之前，任何一国均应避免以所谓普遍管辖权为由对另一国行使管辖，避免因普遍管辖权的滥用给国际关系造成负面影响。

谢谢主席先生。

中国代表在第66届联大全会关于“海洋和海洋法”议题的发言

（2011年12月6日）

主席先生：

今年以来，海洋与海洋法事务受到国际社会更广泛的关注，《联合国海洋法公约》（下称《公约》）各项制度深入实施、稳步发展，各国围绕海洋事业的合作与互动日渐密切。明年将迎来《公约》签署30周年。中国愿以此为契机，继续与各国一道，进一步推动建设和谐海洋，在以包括《公约》在内的国际法基础上，促进海洋的和平、安全、开放，平衡海洋的科学保护与合理利用，实现国际社会成员的共同发展和互利共赢。中国代表团秉持和谐海洋秩序的理念积极参与了本届联大海洋和海洋法决议和可持续渔业决议案文的磋商。在此，我愿感谢巴西的瓦莱（Valle）大使和美国的霍莉（Holly）女士作为两决议磋商协调员做出的贡献。

主席先生，

我愿借此机会阐述中国代表团关于海洋和海洋法各相关领域的立场和主张。

一、关于大陆架界限委员会。中国政府高度重视大陆架界限委员会工作，积极评价委员会各位委员的辛勤努力和所取得的成绩，支持委员会严格按照《公约》及议事规则履行职责，希望外大陆架划界平衡处理沿海国合法权益和国际社会整体利益。委员会当前工作量繁重，不少来自发展中国家的委员在纽约履职期间的医疗费仍难保障，中国代表团呼吁各方继续推进妥善解决相关问题，帮助委员会顺利开展工作。

二、关于国际海底管理局。中国代表团祝贺国际海底管理局一年来取得的成就，特别是管理局理事会核准了四项国际海底资源勘探申请，显示国际海底工作活力进一步增强。中国代表团希望，正在拟订的“富钴结壳资源勘探规章”草案能平衡反映各方关切，尽早出台。我们认为“克利伯里—克拉里昂区环境管理计划”应遵循《公约》，具备充分科学依据，妥善处理保护海底环境和开发利用海底资源之间的关系。

三、关于国际海洋法法庭。中国代表团注意到，国际海洋法法庭受理的第一宗海域划界案已经开始审理，海底争端分庭就国际海底活动担保国责任问题发表了咨询意见。这表明法庭作为根据《公约》设立、处理有关《公约》解释和适用问题争议的司法机构，已进入全面履行《公约》所赋予职责的新阶段。中国政府重视和支持法庭在和平解决海洋争端、维护国际海洋秩序方面的重要作用。

四、关于国家管辖范围以外区域海洋生物多样性养护和可持续利用问题。我们注意到国际社会高度重视这一问题，联大框架下的特设工作组已就有关问题提出了具体工作建议。中国代表团支持联大通过上述建议，同时愿强调指出，公海和国际海底区域涉及国际社会整体利益，妥善处理上述区域中的海洋生物多样性问题对于维护公正合理的国际海洋秩序具有重要意义，相关工作应循序渐进，充分顾及各国特别是发展中国家合理利用海洋生物资源的需要。

五、关于全球海洋环境报告与评估经常性进程。中国代表团很高兴地注意到，进程的制度框架已经基本确立，相关工作正在积极推进。中国代表团认为，为使进程顺利开展和发挥应有作用，须妥善制订“全球海洋环境状况综合评估大纲”。中国已申请于2012年2月下旬举行东亚和东南亚海区研讨会，希望此次研讨会能为本海区的海洋环境评估工作和海区内国家能力建设做出有益的贡献。

六、关于可持续渔业。作为负责任的渔业大国，中国积极参加各国际渔业组织的工作，致力于加强对渔业资源的养护和管理。中国政府愿继续与有关各国一道，共同促进国际渔业制度的发展和完善，合理规范渔业行为，为实现海洋生物资源的可持续利用、确保海洋生态平衡和各国共享渔业利益做出积极努力。

主席先生，

海洋是人类发展与进步的重要基础。国际社会应进一步加强合作，团结互助，共同应对海上挑战，共享海洋机遇和财富，共谋海洋永续发展，让海洋永远造福于人类。中国愿与各国一道，为建设和谐海洋而努力。

中国代表在国际海底管理局第17届会议大会发言

（2011年7月18日）

主席先生：

中国代表团首先祝贺您当选本届大会主席，我们将一如既往地支持主席及其领导下的主席团的工作。相信在您的指导下，本届会议将取得圆满成功。

中国代表团认真听取了秘书长所作的年度报告。我们认为，该报告内容丰富、资料翔实，全面总结了一年来国际海底管理局的工作，详细介绍了2011年至2013年期间管理局实务工作方案的执行情况和有关安排。中国代表团对该报告总体满意，期待着在奥敦通秘书长的带领下，在全体管理局成员的共同努力下，管理局工作不断取得新的进展。

主席先生，

近年来管理局的核心工作是制订国际海底新资源勘探规章。在去年会议上，管理局通过了多金属硫化物勘探规章。该规章的出台，有利于进一步落实《联合国海洋法公约》（下称《公约》）所确立的“人类共同继承财产”原则，有利于包括广大发展中国家在内的管理局成员有效管理“区域”资源，并从资源的开发和利用中分享利益，是继2000年出台多金属结核勘探规章之后管理局取得的又一重大成就。

本届会议正在审议富钴结壳勘探规章草案。该规章草案与硫化物规章草案有许多相通之处，我们希望，对富钴结壳规章草案的审议能借鉴硫化物规章审议的一些有益经验和工作成果。中国代表团愿与其他代表团一道，本着务实合作的精神，推动富钴结壳规章在平衡反映各方关切的基础上尽快出台。

主席先生，

应管理局理事会的请求，国际海洋法法庭海底争端分庭于2011年2月就国家在担保“区域”内活动中的责任和义务问题发表咨询意见。这是管理局和法庭两个根据《公约》设立的机构首次就处理国际海底问题开展务实合作，意义重大、影响深远。中方对咨询意见进行了初步研究，认为该咨询意见在担保国责任和义务问题上的立场较为平衡、务实，符合《公约》规定和精神，体现了国际社会的主流观点。咨询意见对管理局工作、各国实践以及未来可能的司法裁决将发挥重要指导作用，有利于规范“区域”内活动、维护公正合理的国际海底秩序。正如秘书长在报告中指出的那样，“咨询意见不仅是管理局史上的一个里程碑，也是海洋法方面的一个里程碑”。

主席先生，

外大陆架划界是近年来国际海洋事务中的热点问题。沿海国外大陆架外部界限的划定与确定“区域”的范围密切相关，对开展有关“区域”内活动具有重要影响。

根据《公约》，管理局代表全人类组织和控制“区域”内活动，行使对“区域”内资源的一切权利。关注外大陆架划界问题，是管理局履行《公约》职责的必然要求。中方认为，沿海国按照《公约》规定划定外大陆架界限的权力应当得到尊重，但对违反《公约》规定提出的外大陆架划界主张，管理局及其成员国应当表达关切，共同维护“人类共同继承财产”原则，确保“区域”免受非法划界主张的侵蚀。第64届和65届联大通过的《海洋和海洋法决议》均指出，“鼓励《公约》设立的各机构在履行各自任务时酌情加强协调与合作”。中方认为，在外大陆架划界问题上，管理局应发挥积极的建设性作用，与大陆架界限委员会和国际海洋法法庭加强沟通与交流，共同维护公正合理的国际海洋秩序。

主席先生，

深海环境保护是国际海底工作的重要领域，日益受到国际社会广泛关注。在保护深海环境方面，《公约》赋予管理局重要职责，管理局也通过举办技术研讨会、协调有关国际合作等方式开展了大量工作。中方支持管理局在深海环保领域发挥积极作用，对管理局在该领域做出的贡献表示赞赏。

现阶段，人类社会对深海环境的认识还很有限，秘书长报告指出，“目前严重缺乏关于与不同类型矿物伴生的深海生物多样性方面的科学知识和了解”，“对深海生态的理解水平还不足以对大规模商业采矿做出结论性风险评估”。中方支持管理局就加强深海环境研究与各国和从事“区域”资源勘探工作的承包者进一步开展合作，逐步推进有关工作。

秘书长报告还提及克拉里昂—克利珀顿区的环境管理计划。中方赞同按照《公约》和管理局有关规章的规定，逐步出台保护深海环境的具体规则。上述规则的制定应具备充分科学依据，平衡处理保护深海环境与开发利用“区域”资源的关系，保持国际海底工作的活力。中方认为，目前出台该管理计划的时机还不成熟。

主席先生，

如何有效、全面地参与国际海底事务是许多发展中国家面临的共同挑战。管理局在发展中国家多次举办关于“区域”内活动的地区研讨会，先后设立自愿信托基金和海洋科研捐赠基金，切实推动发展中国家积极参与国际海底事务，中方对此表示赞赏。

中国虽然也是发展中国家，但愿意在力所能及的范围内，为支持其他发展中国家参与国际海底事务做出积极贡献。中国政府已于2008年和2009年两次向自愿信托基金捐款，今后还将继续向该基金捐款，以资助发展中国家委员出席管理局法律技术委员会和财务委员会会议。中方还愿积极运用海洋科研捐赠基金与发展中国家开展科研合作，邀请发展中国家的科研人员参加中国大洋科考航次，与中方共同开展深海科学研究。此外，根据与管理局签订的合作协议，中方已资助5名发展中国家的海洋科研人员，在中国同济大学攻读硕士或博士学位。

主席先生，

秘书长在报告中介绍了管理局为执行《公约》第82条第4款所开展的工作，这些工作旨在为管理局履行《公约》赋予的有关职责预作准备，具有前瞻性。执行《公约》第82条第4款，涉及复杂的法律和技术问题，中方支持管理局开展广泛的研究工作，确保管理局会员国尤其是发展中国家，在公平的基础上从沿海国外大陆架非生物资源开发中分享利益。

谢谢主席。

中国代表在国际海底管理局第17届会议理事会上的发言

（2011年7月14日）

主席先生：

近年来，国际海底管理局（下称“海管局”）的核心工作是为多金属硫化物和富钴结壳这两种国际海底新资源制订勘探规章。该项工作旨在为有关“区域”内活动确立法律规范，对于海管局履行《联合国海洋法公约》（下称《公约》）所赋予的职责、进一步维护和落实《公约》所确立的“人类共同继承财产”原则具有重要意义。

2010年，海管局通过了多金属硫化物勘探规章，国际社会给予高度评价。该规章的出台是反复磋商、广泛协调的结果，各方在规章审议中充分展现了诚意和灵活性。我们相信，各方在硫化物规章审议中所体现出来的合作精神，对于富钴结壳规章的审议将起到积极的促进作用。

众所周知，富钴结壳规章和多金属硫化物规章有许多相通之处。法律技术委员会（下称“法技委”）就两种资源分别起草的规章草案中，大部分条款内容相通或表述相近。理事会在审议硫化物规章时，妥为顾及各方关切，就反垄断、重叠争端解决等重要问题做出了务实安排。我们相信，硫化物规章关于上述问题的处理方案对于富钴结壳规章的审议将提供有益的借鉴。

中方愿同其他各方一道，本着务实合作的精神，积极参加富钴结壳规章审议，推动规章在平衡反映各方关切的基础上尽快出台。

2010年，中国代表团就矿区面积问题提交了修改案文和解释性说明，但理事会未及讨论。2011年，中方上述修改案文和解释性说明已作为理事会文件散发，下面，我首先就中方修改案文作一简要介绍。

中方的修改案文涉及规章草案第12条和第27条，修改的内容主要包括三个方面，分别是勘探区面积、开采区面积和矿区组合形式，具体如下：

关于勘探区面积。根据规章草案第12条2款，每一份申请书所包含的钴结壳区块不超过100个。因为每个区块的面积不超过20平方公里，申请书包括的总区域，即勘探区面积最大为2000平方公里。中方建议将勘探区面积确定为3000平方公里，该建议体现在案文中，就是将每一份申请书可包含的钴结壳区块从100个增加到150个。

关于开采区面积。开采区面积是指满足投资者从事一项经济上有利可图的商业开采作业所需要的矿区面积，是富钴结壳规章矿区面积问题的核心要素。规章草案规定的勘探区面积为2000平方公里；根据该草案第27条2款和3款，在第一次区域放弃结束时，承包者应至少放弃勘探区面积的50%，在第二次区域放弃结束时，承包者应至少放弃勘探区面积的75%，那么承包者最终可保留作开发的区域，也就开采区的面积不超过500平方公里。中方建议将开采区面积确定为1000平方公里，该建议体现在案文里，就是在将勘探区面积确定为3000平方公里的同时，将两次区域放弃的最低放弃比例分别调整为1/3和2/3。需要强调的是，中方一直高度关注富钴结壳矿区面积问题，尤其是开采区的面积。近年来，中方在理事会讨论法技委工作报告时，以及在管理局有关技术研讨会上，持续对富钴结壳的矿区面积问题表达关切，现在的修改案文体现了中方的一贯立场。

关于矿区组合形式。根据规章草案第27条3款，申请书中的钴结壳区块组群应局限在一个不超过550公里乘550公里的地理区块内。中方建议将其修改为钴结壳区块组群应局限在一个不超过30万平方公里的长方形区块内，最长一边的边长不超过1000公里。中方的考虑是：富钴结壳储存在海山上，而海山呈链状分布，因此在限定申请区的地理分布范围时，选用长方形区域更为合理。中方强调指出，上述关于矿区组合形式的修改建议与硫化物规章的有关规定完全一致。

在中方提交的解释性说明中，重点就勘探区和开采区面积问题进行了分析。中方认为，富钴结壳规章的矿区面积条款应体现两项基本原则：一是矿区面积不能过小，应满足对富钴结壳进行商业开发的需要；二是勘探区面积不能太大，应尽量避免申请者之间出现重叠主张。

关于上述第一项原则，中方注意到，规章草案的勘探区和开采区面积是根据一个假设的矿址模型计算出来的，该模型的基本信息载于 ISBA/12/C/3/Part 1 号文件。中方研究认为，该模型存在两个主要问题：一是在计算勘探区面积时仅考虑回采率一个系数，未考虑其他限制性因素；二是回采率的系数定得太高，不符合客观实际。上述问题产生的后果就是，根据该模型计算出来的矿区面积太小，过于理想化。

中方根据自身调查和研究成果，也提出一个计算矿区面积的矿址模型，该模型除采用回采率系数外，还采用了品位、结壳厚度和地形等国际采矿界通行的系数，同时参照陆地采矿作业有关数据，为上述系数确定了合理的数值，其中回采率系数定为70%。根据该模型，为满足商业开采的需要，勘探区和开采区面积应分别为4000和1000平方公里。

应当补充指出的是，在确定多大的矿区面积才能满足商业开采需要时，一个重要的因素是采矿规模。采矿规模越大，平均成本越低，开采收益率越高；只有达到一定的开采规模，才可能取得合理的商业利润；采矿规模过小，将无法满足商业开采的需要。在确定合理的采矿规模后，根据上述品位、地形、回采率等采矿系数，就可以推算出满足商业开采需要的矿区面积。中方注意到，在前述

ISBA/12/C/3/Part 1号文件中的矿址模型里，采矿规模被假定为100万吨湿结壳。为了比较的方便，中方的矿址模型也沿用了该数据。但必须强调的是，有关研究表明，在采矿规模为100万吨湿结壳的情形下，开采收益率仅为8%左右，不仅远低于全球陆地采矿至少20%的平均收益率，而且也低于深海底多金属结核资源的预期收益率。可以说，这样的开采规模仅能勉强满足商业开采的需要；按照该规模推算出来的矿区面积，即勘探区和开采区分别为4000和1000平方公里，只是刚刚符合商业开采的最低条件。

关于第二项原则，中方认为，为尽量避免出现重叠申请，应合理控制一项申请书所涉及的勘探区面积。勘探区面积越大，发生重叠申请的可能性就越高。基于此，尽管科学数据显示，商业开发所需勘探区面积为4000平方公里，但中方仍建议将勘探区面积减少为3000平方公里。

中方愿强调指出，中方的修改案文既有科学数据作为支撑，又顾及减少重叠申请的政治考虑，是在鼓励从事“区域”内活动和减少各方争端之间找到的恰当平衡。希望各方对中方修改案文给予认真考虑。

谢谢主席先生。

中国代表团团长黄惠康在第54届联合国外空委大会上的一般性发言

（2011年6月2日）

主席先生：

首先请允许我祝贺您再次担任大会主席，并对联合国外空司司长奥斯曼博士及秘书处为会议付出的辛勤劳动表示感谢。

主席先生，

今天，世界航天人士汇聚一堂，共庆联合国和平利用外层空间委员会和载人航天走过半个世纪的历程。1957年第一颗人造卫星上天，和平利用外空特设委员会也应运而生，并从此与航天事业紧密相连。50年前，加加林进入太空，将人类引入载人航天时代，同一年，外空委召开了第一次会议，确认外空是人类的共同利益所在，并以宣言、条约一再重申这一庄严承诺。1969年，人类第一次在月球上留下足迹，不久后，中国第一颗人造卫星在太空奏响东方红。1975年，“联盟号”和“阿波罗号”飞船在太空成功对接，两位太空使者在遥远的地球之外相拥，这一年，中国发射了首颗返回式卫星，登记公约开放签署。1980年代，中国批准了一系列外空条约，并以积极开放的态度加入外空委的大家庭。今天，外空委已从18个成员国的临时委员会发展成为拥有70个成员的引领外空合作的联合国常设机构。我们欢迎阿塞拜疆及其他致力于航天事业的国家加入我们的行列。中国为外空委的发展壮大感到欣喜，也为能在此过程中有所贡献感到自豪。

主席先生，

展望未来，中国代表团主张，在下一个50年，探索和利用外空应实现包容性发展，使外空活动的利益惠及所有国家，使空间技术创新和应用的效益最大化并惠及所有人群，特别是尚未具备空间能力的国家及其人民。

航天事业的包容性发展具有多个层面的含义：首先，包容性发展蕴含对空间环境的包容，探索和利用外空应与空间环境相协调，与外空可持续发展相结合，保护人类共同的空间环境。其次，包容性发展蕴含对各国的包容，不论国家大小、国力强弱，各国都平等地拥有和平利用外空的权利，每一位地球公民都有权利分享空间技术带来的高效和舒适的生活，更近距离地欣赏太空的壮丽和深邃。第三，包容性发展蕴含着对全人类的包容，外空探索拓展人们的视野，赋予人类历史连续感，这些成果必将跨越国界，使人们更深入地认识人类。

主席先生，

回顾外空委和载人航天的历史，不能不提国际合作和外空法治。要在未来实现外空领域的包容性发展，应继续坚持国际合作和外空法治建设。

国际合作既是人类探索和利用外空的成功经验，也是指导各国空间活动的基本准则。随着外空活动主体的多元化和外空探索领域的拓展，人类的航天事业面临着前所未有的机遇和挑战，只有坚持平等互利，开放包容的国际合作，使更多尚未具备空间能力的国家参与其中，人类航天事业才能抓住机遇、战胜挑战，实现可持续、包容性发展。

外空法是建设和谐外空、防止外空武器化和实现外空可持续发展的重要保障。外空委主持制订的各项条约、原则和宣言，在规范空间活动、维护空间秩序、促进空间合作方面发挥了重要作用。任何国家的外空活动都应坚持以这些条约、原则和宣言为指导，依法进行。同时，外空活动的商业化趋势和外空军事化的现实风险要求制定新的外空法律文件，以完善现有外空法律体系，保障航天事业的包容性发展。

主席先生，

最后，在这一继往开来的庄严历史时刻，我愿代表中国政府再次重申，中国将继续秉承和谐外空理念，与国际社会一道，致力于实现外空领域的包容性发展，建设一个和平、发展、合作、法治的外空，

再次感谢主席先生。

杨洁篪外长特别代表、驻阿根廷大使殷恒民在《南极条约》生效50周年庆祝活动上的讲话

（2011年6月23日）

阁下，

女士们、先生们：

2011年是《南极条约》生效50周年。我非常荣幸能在这里与新老朋友一起，回顾历史，展望未来。首先，我谨对这次庆祝活动的举行表示热烈祝贺，对阿根廷政府和《南极条约》秘书处所作的精心安排表示由衷感谢。

50年来，《南极条约》已发展成为涵盖环境保护、海洋生物资源养护等方面的体系，南极科研蓬勃发展，南极海洋生物资源利用井然有序，《南极条约》体系取得巨大成功。我们认为《南极条约》体系取得成功最为重要的因素是合作与协商精神。正是基于这种精神，《南极条约》得以缔结，领土主张引发的争议得以创造性地搁置，南极紧张局势得以缓解，南极仅用于和平目的、南极科考自由、条约协商国集体决策等原则得以确立，南极地区合作之路得以铺就。《南极条约》体系的发展，缔约国的增加、缔约国与非缔约国理解的增加，无不体现了合作与协商的精神。条约为南极地区的和平、稳定与环境保护做出显著贡献，树立了国际合作的成功典范。

当前，南极地区仍面临严峻挑战。气候变化和其他全球性环境

问题对南极的影响日益严重。南极旅游和环境保护对《南极条约》协商国的智慧构成新的考验。大部分南极问题都具有全球性，没有任何国家可独自解决。这就需要所有相关国家共同努力，重视科学研究的基础作用，加强科学界的合作以及科学家与决策者之间的互动，加强在《南极条约》体系、《联合国海洋法公约》、国际海事公约等框架内的合作。为了共同的利益，展现政治智慧，做出必要妥协。中国将一如既往地与世界各国的科学家和决策者共同努力，为南极的和平、稳定和可持续发展做出贡献。

Correspondence:
Chinese Yearbook of International Law
24 Zhanlan Road
Beijing 100037, China
Website: www.csil.cn

Content

· Special Features ·

· Articles ·

· Notes and Comments ·

· Academic Institutions and Activites ·

· Documents and Materials ·